Das Buch

»Auf dem Rückweg begegne ich einem offenen Wagen, auf dem zwei Mädchen aufgeladen sind, die von der Gestapo weggebracht werden. Die eine ist schwarzhaarig. Ich erkenne sie sofort. Sie hat einmal Schauspielunterricht genommen und wollte eine Rolle in einem meiner Stücke spielen... Nun sehe ich, wie jung und hübsch sie ist, da sie ihrem Tod entgegenfährt.« Nur durch ein fragwürdiges Dokument der Vichy-Regierung geschützt, das ihm bescheinigt, daß er *kein* Jude sei, flüchtet Drach vor den Deutschen durch Frankreich. In der ihm eigenen, unnachahmlich lakonisch-ironischen Schreibart vermittelt er die Atmosphäre des Exils: Angst, Flucht, Verfolgung, bürokratische Willkür, Rivalität und Denunziation. Die Gestalten der Zufallsgefährten auf dem Weg ins Auslieferungslager sind ebenso unvergeßlich wie die der berühmten Emigranten, denen er begegnet: Lion Feuchtwanger, Franz Werfel und Walter Hasenclever. Unsentimental bleibt diese Reise bis zum Schluß, als sich der Autor sterblich in eine junge Engländerin verliebt. Aber auch für den Überlebenden gibt es kein Happy-End. »Der Zynismus«, hat Drach einmal gesagt, »ist ein Anwendungsfall der Ironie.« Wer sich die Erlebnisse des Autors vorzustellen versucht, wird seinen bitteren Humor begreifen.

Der Autor

Albert Drach wurde am ... eines jüdischen Mathematikprofessors geboren, studierte Jura und war seit 1926 Rechtsanwalt in Wien. 1938 Emigration über Paris nach Nizza, mehrfach verhaftet, entkam er der Auslieferung knapp. Seit 1947 wieder Rechtsanwalt in Mödling bei Wien. Erhielt 1988 den Georg-Büchner-Preis. Weitere Werke: ›Das große Protokoll gegen Zwetschkenbaum‹ (1964), ›Z.Z. – das ist die Zwischenzeit‹ (1968), ›Untersuchung an Mädeln‹ (1971).

Albert Drach:
Unsentimentale Reise
Ein Bericht

Deutscher
Taschenbuch
Verlag

Ungekürzte Ausgabe
1. Auflage Juli 1990
Deutscher Taschenbuch Verlag GmbH & Co. KG,
München
© 1988 Carl Hanser Verlag, München · Wien
ISBN 3-446-15168-0
Umschlaggestaltung: Celestino Piatti unter Verwendung des
Gemäldes ›Die Reise‹ (1944) von Max Beckmann (© 1989 VG
Bild-Kunst, Bonn)
Gesamtherstellung: C. H. Beck'sche Buchdruckerei,
Nördlingen
Printed in Germany · ISBN 3-423-11226-3
1 2 3 4 5 6 · 95 94 93 92 91 90

Erster Teil

Die Vorhänge sind dicht zugezogen. Nach einem Ruck bin ich in Bewegung, ohne mich zu rühren. Sie tragen mich maschinell. Ich bin in voller Fahrt. Wohin es geht, weiß ich nicht. Ich strebe nirgends hin, liege auch. Niemand hat mich um das Fahrziel befragt. Ich erinnere mich nicht, eine Fahrkarte gelöst zu haben.

Ich fahre mit Komfort. Der Wagen hat Polsterbelag. Ich liege ziemlich bequem auf drei Sitzen ausgestreckt. Die Mitreisenden unterhalten sich lebhaft miteinander. Sie sind nicht gerade guter Laune. Ich richte meinen Kopf nicht auf. Irgendwo werden wir uns ohnehin trennen. Ich habe meine Mitreisenden nicht ausgesucht.

Jedenfalls ist der Mann, der meinem Kopf gegenüber sitzt, nicht alt. Er könnte an die achtzehn sein, ist schlank und gut gekleidet. Sein Bart scheint jungen Datums. Er trägt ihn vielleicht nur, weil er hierzu genötigt ist. Sein Nachbar, den ich mit noch weniger Anstrengung ausnehme, ist nicht wesentlich älter, aber beleibter als er. Allerdings hat sein Fett eine schwammige Art. Er zeigt sich als besser rasiert, vielleicht wächst ihm der Bart schlecht. Er dürfte den Frauen nicht gefallen, doch trägt er einen Ehering rechts, ist also Mitteleuropäer. Ich kenne keinen von den beiden.

Den dritten Herrn in der Ecke an der Tür glaube ich schon wo getroffen zu haben. Bei welcher Gelegenheit, weiß ich nicht mehr. Er dürfte an die sechzig sein oder sogar darüber. Doch wiegt er sich jugendlich auf seinem Sitz. Er schaut mich an, als ob ich zu ihm gehören würde. Das stimmt aber jedenfalls nicht.

Es ist wohl nicht am Platz, zu fragen, wo ich bin. Im übrigen weiß ich das eine: ich bin in einem Zug. Ich könnte mich höchstens erkundigen, wohin es geht. Doch scheint es beschämend, das einen andern zu fragen. Die Tatsache, daß ich hier auf drei Sitzen liege, deutet allerdings auf ein Privileg, das ich mir genommen habe oder man mir eingeräumt hat. Wahrscheinlich habe ich bis jetzt geschlafen. Aber von wo an? Ich finde auch das Einsteigen in meiner Erinnerung nicht.

Inzwischen nehme ich eine abwartende Haltung ein. Es könnte nützlich sein, den Gesprächen der andern zu folgen. Wahrscheinlich ist es am besten, die Augen wieder zu schließen und sich zu stellen, als ob man nicht vorhanden wäre. Vielleicht erfährt man so auch etwas über sich selbst.

Der junge Mann meinem Kopf gegenüber ist der erste, dessen Worte ich aufnehme. Er spricht Deutsch ohne Akzent und erzählt, daß er im Krieg war. Er rühmt sich dessen nicht. Er meint nur, daß es vielleicht ein Atout sei. Hoffentlich würden sie es berücksichtigen, hoffentlich würden sie ihn auslassen. Es scheint, daß es irgendwohin geht, wo er nicht hinwill.

Der Mann mit dem schwammigen Gesicht redet in sichtlich gerührtem Tonfall von sich selbst, sagt auch, daß er »sozusagen« gerade geheiratet habe und seine Frau mit einem Kinde schwanger gehe. Er meint, daß er besagtes Kind gern gesehen hätte, was eigentlich verständlich ist, obwohl das Wort »sozusagen« keine gesetzmäßige Verbindung mit der Mutter seines Kindes andeutet. Anscheinend befürchtet er trotzdem, den Kontakt mit daheim zu verlieren.

Der ältere Herr in der Ecke bei der Tür stellt sich soeben vor. Er ist der Dr. Honigmann. Er spricht seinen Namen so aus, daß man dessen ganze Süßigkeit schmeckt. Sie kennen nicht den Dr. Honigmann? Keiner kennt ihn, jeder glaubt, ihn kennen zu sollen. Er erzählt, was er gewesen ist, richtiger, wen er gekannt hat. Er ist also aus Österreich oder hat zumindest dort längere Zeit gelebt. Den Seipel hat er auch gekannt und manche Spende gegeben. Das soll jetzt helfen. Jurist ist er auch gewesen, hat aber nicht »ausgeübt«, das heißt von keinem juristischen Beruf gelebt, sondern aus andern Mitteln. Wie er in den Westen geflohen ist, hatte er nicht das nötige Papier und ging zu Fuß. Darum haben ihn die Grenzer zurückweisen wollen. Er sei aber schon diesseits der Grenze auf einem Stein gesessen. Warum hinaus, wenn er schon herinnen sei? Aber jetzt ist es ein ernster Fall. Der Präfekt (den kennt er also auch und vertraulich) habe ihm gesagt, er solle fortgehen und sich nicht zeigen. Warum sich nicht zeigen, wo die Puppe so schön ist? Sie ist ein »arisches Mädchen« und fünfzig Jahre jünger als er. Er ist also offenbar siebzig oder sie ein Kind. Warum hinaus, wo er schon herinnen ist? Er hat ihr noch fünfzigtausend Franken gegeben, wie sie ihn geschnappt haben, auf der Polizei direkt, wo der Präfekt doch allmächtig ist. »Puppe behalte das! Es ist ein ernster Fall. Ich hätte dem Präfekten glauben sollen!« Wird der Präfekt ihn »herausbringen«? Er wird nicht, ihm sind die Hände gebunden. Hitler hat zwanzigtausend Juden »geliefert« verlangt.

Ich weiß also den Grund der Reise und somit auch das Ziel. Erübrigt sich noch, zu wissen, wie sie mich bekommen haben. Von Bedeutung wäre es nur, einen Ausweg zu finden. Ich glaube allerdings nicht, daß meine Mitreisenden recht haben, wenn der eine seine militärischen Dienste, der andere sein zu erwartendes Kind, der dritte Spenden und Beziehungen für einen Entlassungsgrund hält. Ich selbst habe überhaupt keinen und doch nicht die Absicht, das »Ziel« zu erreichen.

Die mir gegenüber haben anscheinend lange genug über sich selbst gesprochen und suchen nach einem anderen Thema. Nun liege ich ihnen gerade bequem gegenüber. Sie sind zwar vielleicht nicht sicher, ob ich nicht wache, doch glauben sie offenbar, daß ich dies dann nicht zeigen würde.

Dr. Honigmann findet, daß ich ein Simulant sei. Der junge Soldat ist mit dieser Annahme einverstanden, was er auch durch die Worte »bestimmt« und »Drückeberger« zum Ausdruck bringt. Nur der schwammige Ehemann übernimmt meine Verteidigung. Er glaubt an meine Unschuld. Ich hätte mich nicht verstellt und sei umgefallen wie ein Stock. Die Wärterin habe mich links und rechts so stark gewatscht, daß ein normaler Mensch gestorben wäre, doch sei bei mir keine Reaktion eingetreten.

Ich erinnere mich jetzt einiger Einzelheiten. Sie hatten mich um sechs arretiert. Ich zeigte die Papiere der mütterlichen Großeltern meiner Halbschwester. Es hat nichts genützt. Sie sagten: Auf morgen! Ich schlug mit der Faust auf den Tisch und schrie: Auf heute! »Man wird Sie schlagen«, war die Antwort. Sie behielten mich noch den nächsten Tag und vielleicht auch weitere Tage. Der alte Herr Siegfried hat mir ein Paket mit Zigaretten gebracht. Das fehlt jetzt. Man ließ ihn nicht zu mir hinein, und das war gut für ihn. Sie hätten ihn vielleicht auch geschnappt, obwohl er so alt ist. Ich wollte einen Gallenanfall bekommen und kaufte von einem Polizisten eine Flasche Bordeaux. Die trank ich auf nüchternen Magen leer. Als der Arzt noch da war, kam keine Wirkung, vielleicht aber später. Der Gürtel fehlt. Man muß mich also entkleidet haben. Ich liege auf drei Sitzen. »Auf drei Sitzen muß er liegen«, meint Dr. Honigmann. »Ohne ihn wären wir alle im Viehwagen gefahren«, erklärt der junge Ehemann, er hat offenbar keinen Sinn für Humor. Man wollte also jedes Aufsehen vermeiden. Welche Delikatesse!

Meine Tasche liegt unter meinem Kopf. Da waren nur meine Dokumente darin, vielleicht sind sie es noch. Mit einem Ruck setze ich mich auf. Ja, sie sind noch immer darin. Der junge Soldat ruft aus: »Habe ich es nicht gesagt?« Der Vater eines vermutlich nachgeborenen Kindes ist verdutzt. Ich gehe zur Tür. Dr. Honigmann faßt mich am Ärmel: »Man darf nicht hinaus.« Dann bin ich auf dem Korridor. Ein Brigadier der Gendarmerie schreit: »Wo wollen Sie hin?« Ich nenne den Abort. Er meint, ich sei bisher krank gewesen und hätte nicht können. Ich versetze, daß ich noch immer krank sei, aber jetzt müsse. Ich bleibe so lange aus, als ich es für richtig halte, und habe vor, in Zukunft nichts anderes zu tun. Ich kehre in mein Abteil zurück und reiße den Vorhang und das Fenster auf. Der Brigadier stürzt durch die Tür und brüllt, daß er das nicht dulde. Ich verteidige mich schreiend mit dem Bedürfnis nach Luft und Licht. Dr. Honigmann tuschelt zum Familienvater: »Jetzt werden sie ihn niederschlagen«, und ist enttäuscht, daß man es nicht gleich tut. Der Brigadier wirft mir zwar einen unguten Blick zu, schließt auch das Fenster, läßt aber den Vorhang offen. Der Kompromiß ist nicht mehr rückgängig zu machen.

Der Brigadier betrachtet mich jetzt durch die Glastür, und ich betrachte ihn auch. Bauch und Gesicht sind ihm gedunsen, die Augäpfel machen Planetenbewegungen, wobei es gleichgültig ist, wo das Weiße und wo der Kern sitzt. Doch entsetzen ihn offenbar die Blicke von Toten. Sein Schatten entschlüpft, und kurz darauf kommt ein anderer an seinen Platz. Der gehört einem Gendarm ohne Distinktion, aber von Gestalt und mit Zügen. Er öffnet die Tür zu unserem Abteil, dann auch einen Spalt des Fensters und zieht ein Stück des Vorhangs darüber. Dann erklärt er knapp, daß der Chef das Hinausschmuggeln von Briefen befürchte, nun aber vom Gang aus die von ihm vorgenommene Veränderung nicht wahrnehmen könne.

Die Stimmung im Coupé hat ein wenig zu meinen Gunsten umgeschlagen. Ich bin zwar ein Simulant, aber die andern profitieren von meiner Impertinenz. »Trauen Sie sich nur nicht zuviel zu, junger Mann!« äußert sich Dr. Honigmann. Er hat immerhin meine Abwesenheit dazu benützt, um seine Beine auf einem der von mir verlassenen Sitze zu postieren. »Man soll uns nur niemand hineingeben«, antwortete er auf den Vorwurf in meinem Blick. Er hätte dies auch wahrscheinlich auf einer Vergnügungs- oder Geschäftsreise gesagt.

Nun streckt er seine Beine auch noch seitlich aus. »Ob man wird schlafen können?« begleitet er diesen Vorgang. Jetzt streift er mit seinen Schuhen meine Hose. Sie bildet einen Teil des neuen Anzugs, den ich anhabe. Ich putze an der betreffenden Stelle. Dr. Honigmann ist beleidigt: »Wozu wollen Sie sie aufheben?« »Für die Zeit nachher!« »Wieso?« fragt Dr. Honigmann, »haben Sie nachher noch eine Zeit?« »Vielleicht«, antworte ich ihm. »Sie sind also gar kein Jud?« fragt er weiter. »Kann sein, daß Sie recht haben«, muß ich nun antworten, um mich nicht in seine Hände zu geben. »Hört, hört! Er ist als Goi geboren, daher hat er die Frechheit«, triumphiert jetzt der befriedigte Fragesteller. Der junge Soldat greift ein und will sich auf mich stürzen. Er findet die Solidarität der Todgeweihten durch mich verletzt. Die vom verhinderten Familienvater vorgebrachte Beschwichtigung, ich sei krank, er möge mich lassen, erweist sich als unzureichend. Sie ist mir auch nicht recht. Da hat sich ein junges Mädchen durch die Tür hereingeschoben und verhindert den Angriff auf mich mit den Worten, ich sei zwar nicht krank, es stehe aber nicht dafür, sich mit mir zu befassen.

Die Neuangekommene spricht Französisch, ist mondän gekleidet und trägt als einziges Uniformstück das Häubchen, das allerorten die weltlichen Krankenpflegerinnen aufhaben. Sie begleitet also offenbar die Kranken, deren einer oder einziger ich bin, im Zug bis zur Ablieferung. Das sieht gut aus. Wir haben schon Marseille hinter uns und bleiben doch an der Küste, wie ein verstohlener Blick hinter den Vorhang lehrt. Vielleicht sollen die Leute glauben, daß man uns über die Pyrenäen nach Spanien abschiebt, während man vorher Halt machen oder die Richtung rechtzeitig ändern wird.

Die Krankenpflegerin setzt sich auf halbem Hintern zwischen den Soldaten und den verhinderten Familienvater. Niemand hätte Lust, mit ihr »anzufangen«. Sie ist übrigens nicht Französin, sondern, wie sie sagt, Polin. Ihre Stimme hat das Herbsüßliche von Huren, die viel Bier genossen und einen guten Fang gemacht haben. Sie spricht lem Soldaten Mut zu, den er nicht braucht. Sie verspricht ihm, daß man ihn auslassen wird, weil er Frankreich verteidigt habe. Das sei eine Selbstverständlichkeit (obwohl doch gerade Frankreich ihn an seine früheren Feinde ausliefert): »Geben Sie mir zur Vorsicht Ihren Namen, den Namen Ihrer Leute! Was? Sie haben niemand? Ihre Anschrift in Nice! Ich habe Beziehungen.« Sie hat schon mehrere Transporte begleitet und weiß, daß man dort, wo man ausgeladen wird, eine Zeitlang bleibt. Wohin es geht, darf sie nicht sagen. Sie fährt aber gleich zurück. Die Zeit wird reichen. Der junge Soldat diktiert einen Haufen Anschriften. Einige Vorgesetzte und viele Kameraden wissen, daß er sich gut gehalten hat. Die Krankenpflegerin verspricht, alle Kommissionen zu besorgen.

Der verhinderte Familienvater mischt sich ins Gespräch. Er erzählt seinen Fall. Seine Frau erwartet ein Kind, das heißt: sie ist nicht einmal seine Frau. Sie haben ihn vier Tage vor der angesetzten Hochzeit festgenommen. »Ihr Fall ist nicht leicht. Wir werden sehen. Wir wollen hoffen.« Es stellt sich heraus, daß seine Frau Französin ist. Das könnte helfen. Die häubchentragende Hure schenkt ihm einen süßen Blick. Der schwammige Anwärter auf ein postumes Kind wiegt sich in Hoffnungen.

»Haben Sie keine Braut?« fragt sie wieder den jungen Soldaten, dessen Fall oder auch nur dessen Person ihr interessanter vorzukommen scheint. Wahrscheinlich hat er eine, aber er ist diskret oder intelligent genug, sie nicht zu nennen. Die Krankenpflegerin addiert indessen seine Frontzeiten. Die *drôle de guerre* war zu kurz, und er ist zu jung. Er hat sich tapfer gehalten, um so besser. Dann war die Sache aus, um so schlimmer. Sie wird ihr Möglichstes tun, trotzdem.

Der Brigadier öffnet plötzlich eigenhändig die Tür und schiebt zwei weitere Leute in das Abteil. Das ist seine Rache an mir. Ich sei ja jetzt gesund, brauchte keine drei Plätze mehr. Ein Herr nimmt neben den Füßen des Dr. Honigmann Platz, die dieser langsam zurückzieht. Er ist ein russischer Typ und ein Schuster aus Ostpolen, schon zwölf Jahre in Frankreich, aber noch nicht naturalisiert. Das war nämlich so: Einmal ging er auf fünf Monate heim zu seinen Leuten, dazwischen war seine Identitätskarte abgelaufen. Er hatte alle Mühe, wieder Aufenthaltserlaubnis zu bekommen. Darum genügt seine Zeit nicht. Nun raucht er eine Zigarette nach der anderen. Dr. Honigmann hustet, aber unterläßt es, zu protestieren.

Der Schuster trägt seinen Fall der Krankenpflegerin vor. Am neuen Hafen von Nice steht eine Bar, da hat er jemand. Schon zweimal haben die Deutschen ihn gehabt, beide Male haben sie ihn ausgelassen. Ein Schuster ist verwendbar, den läßt man nicht verhungern. Die Krankenpflegerin starrt diesen sonderbaren Gläubigen mit offenem Mund an. Vielleicht geht es, daß man ihm dicke Wäsche schickt, sonst ist ihm nicht bang. Man müßte freilich in der kleinen Bar am Hafen vorsprechen. Sein Fall wird angeblich von der Häubchenträgerin notiert, doch sieht man, daß sie kritzelt und nichts schreibt. Dr. Honigmann hebt warnend den Zeigefinger. »Diesmal wird es ernst«, sagt er.

Nun fragt die Krankenpflegerin ihn um seine Daten. Er hat einen ganzen Akt bei sich. So und soviel hat er immer für das Rote Kreuz gegeben, so und soviel dem Dr. Seipel. Er ist zwar ein Jude, aber glaubt allen, die glauben. »Auch Hitler ist vielleicht ein Gläubiger.« Dem jungen Soldaten widerstrebt diese umfangreiche Gesinnung. Er vergißt die Gegenwart des Mädchens und meint: »Wir Juden müssen zusammenstehen.« Die Dame vom Roten Kreuz gibt ihm einen verzeihenden Blick, er ist auch zu hübsch. Im übrigen gehört sie bereits dem Dr. Honigmann. Der hat eine gelähmte Schwester in Nice, die »furchtbar viel« für das Rote Kreuz hergibt. Ein Besuch bei dieser Schwester kann jedenfalls nicht schaden. »Sie kommen heraus«, wird ihm gesagt. »Vielleicht«, meint er, doch glaubt er selbst nicht daran.

Der zweite vom Brigadier hereingeführte Herr läßt sich jetzt zum ersten Mal vernehmen. Er ist beleibt und groß und stark und kann nur aus Deutschland stammen. Das tut er auch, und das wäre an sich nicht schlecht. Er ist aber Jude, und darin liegt der Mangel. Es hilft auch nichts, daß er in Aussehen, Gesten, Gesinnung und Worten eine lebendige Widerlegung der Rassentheorie ist, ganz im Gegenteil, ein Grund mehr, ihn beiseite zu schaffen. Er war Fabrikant und ist mit zwei großen Reisekoffern gekommen, im übrigen aber vollkommen skeptisch. »Meine Frau ist auch irgendwo im Zug«, sagt er und setzt überlaut und mit Rednermiene hinzu: »Meine Herren, lassen Sie sich nichts vormachen! Wir werden natürlich alle vergast.«

»Woher wissen Sie das?« ruft die Krankenschwester, die gerne diese Ansprache überhört haben würde, aber offenkundig nicht konnte. »Ich habe meine sicheren Informationen. Sie machen das jetzt noch in den Zügen, hermetisch verschlossen selbstverständlich. Sie bauen aber schon eigene Gebäude dafür, ungemein praktisch. Ja, die Deutschen verstehen das«, bemerkt er bewundernd. »Natürlich Sie, Frau Krankenpflegerin, wissen rein gar nichts. Dabei pfeifen es allmählich schon die Spatzen von dem Dach. Sie begleiten die Züge bis zur Ablieferung, aber Sie wissen wahrscheinlich nicht, warum. Nach dem Krieg wird es ohnehin so was gar nicht gegeben haben, meine Herren. Keiner wird dabeigewesen sein. Sie verstehen auch wahrscheinlich nicht Deutsch, Sie kleines Aas, dabei können Sie es so gut wie ich! Sprechen Sie Deutsch, zum Teufel! Wir sind ja hier alle Deutsche oder verstehen es doch besser als Französisch!«

Die Krankenpflegerin wird blaß, bleibt aber beherrscht. Sie sucht nach einem fremden Akzent, zieht ihn mit der Zunge nach, indem sie ihn Deutsch fragt: »Was haben Sie für Atouts?« »Ich habe keines. Man wird mich vergasen wie die, die welche haben.« »Wozu dann das viele Gepäck?« forscht sie höhnisch. »Mir ist es noch lieber, daß es die Deutschen bekommen als ihr, verfluchtes Pack, die ihr uns verkauft habt«, lautet die Antwort.

Die Krankenpflegerin ist sichtlich aufgebracht, sei es namens des Roten Kreuzes, sei es namens der französischen oder polnischen Nation, vielleicht sogar privat. Sie kann aber diesem Mann gar nichts anhaben, der dazu ausersehen ist, von deutschen Händen gemartert und ermordet zu werden. Sie könnte nur seine Lage verbessern, wenn sie ihn anzeigte und vor ein französisches Gericht stellen würde. Sie kann ihm nicht einmal etwas androhen, denn er kennt seine Lage genau und würde ihren Drohungen nur ins Gesicht lachen. In diesem Augenblick fällt ihr Blick auf mich, und sie erinnert sich an etwas, an das ich mich nicht erinnere: »Du auch hier? Aber es geht schon besser, wie ich sehe. Meine Ohrfeigen sind dir wohl bekommen. Der Brigadier ist viel zu gut für dich! Man sollte dich schlagen, schlagen, schlagen, bis du nicht mehr aufstehst! Wenn sie alle auslassen, für dich ist keine Hoffnung, du wirst vergast.«

Sie wartet nicht auf Antwort, sondern ist schon verschwunden. Ich hätte zwar Lust, ihr nachzulaufen und ihr einen Tritt in den Hintern zu geben, bin aber der Güte des Brigadiers und der andern Gendarmen nicht so sicher, wie sie offenbar annimmt. Ich schaue daher in die Luft und tue, als ob mich das gar nichts anginge. Das gelingt mir natürlich nicht. Der deutsche Fabrikant freut sich königlich und gibt mir einen Renner mit dem Ellbogen. »Das gilt mir«, wiehert er, »nur mir traut sie es sich nicht zu sagen!«

Dieser Ausspruch deklariert meine Schlappe mit ihrem wahren Namen, und es zählt nicht, daß ich nicht einmal weiß, worauf sie anspielte und was sie eigentlich gegen mich hat, aber ich mag sie auch nicht, und das könnte gegenseitig sein. Dr. Honigmann findet übrigens, das bekäme mir auch nicht schlecht, und ich sei bereits zu frech gewesen. Der junge Soldat schließt sich seiner Meinung an, und diesmal widerspricht sogar der postume Kindesvater nicht, denn er befürchtet keine Tätlichkeit. Selbst der Schuster stimmt zu, obwohl er mich wahrscheinlich gar nicht kennt und zum ersten Mal sieht. Ich glaube, ich werde mich über die öffentliche Meinung hinwegsetzen müssen. Nur ist dieses Hinwegsetzen schwer, wenn man gefangen ist und mit ihr in einem Wagenabteil.

Wir fahren in einer größeren Station ein, und es scheint, daß die meisten Gendarmen ausgestiegen sind. Ein eleganter Mitgefangener, es ist der Waggonkommandant, wie er sagt, erscheint in der Tür und ermächtigt uns zum Lösen des Vorhangs und Offenhalten des Fensters auf seine Verantwortung. Er ist übrigens gleich wieder fort. Die Krankenpflegerin kommt zurück und verteilt Rasierseife, Seife und Schokolade, die die Israelitische Gemeinde der Stadt gespendet hat. Mir bringt sie nichts. »Sie sind ja kein Jud«, bemerkt sie. Damit hat sie die andern weiter auf ihrer Seite, dann huscht sie fort. Ein Zug fährt gegenüber ein. Fette Spießbürger zeigen sich an den

Fenstern und beäugen uns schadenfroh. Der allerfetteste schreit, wobei ihm der Bauch vor Erregung zittert, als er die Seitentür öffnet, um sich zur Gänze im Türrahmen zu zeigen: »Wohin führt man diese koscheren Juden spazieren?« »Dorthin, wohin ihr feigen Schweine uns verschachert habt!« brülle ich ihm zu und reiße das Fenster ganz herunter. »Wir sterben! Du Stück Dreck stinkst weiter!«

In diesem Augenblick prägt sich mir, obwohl ich mir sonst weder Gesichter noch Körper leicht merke, Statur und Fresse meines Gegenübers so genau ein, daß ich ihn überall erkennen würde, wo immer und in welcher Kleidung ich ihn wiedersähe, auch nach Jahren. Aber würde ich ihm noch einmal wieder begegnen können? Im Augenblick glaube ich, ja. Ich habe plötzlich den Entschluß gefaßt weiterzuleben, obwohl ich noch keine Ahnung habe, wie er ausführbar wäre.

Ich erinnere mich eines Vorfalls aus friedlicher früherer Zeit, in dem ich auch angesichts des Todes, der mich schon in den Krallen hatte, im Zorn den Entschluß zu leben faßte und später durchsetzte. Ich lag in einem Krankenhaus, auf den Tod versehrt und in dessen Erwartung. Ein schlechter Diagnostiker, aber guter Operateur hatte meine Krankheit ursprünglich nicht ernst genommen und meinen Bauch erst geöffnet, als die Gedärme geplatzt, das Fell von Eiter und Kot geschwollen, das Blut vergiftet, die Eingeweide gelähmt und Lungen und Rippen entzündet waren. Man hatte mir Champagner gebracht, um mich für die letzte Stunde zu berauschen. Doch lehnte ich ab zu trinken, denn ich befand mich auch so in fröhlicher Euphorie, ja hatte schon dem Arzt beim Erwachen aus der Narkose auf seine Frage nach meinem Befinden das Testament Nestroys zitiert, daß man mir in Anbetracht der hohen Fortschritte der medizinischen Wissenschaft, »indem die Ärzte, wenn sie einen umgebracht haben, nicht einmal genau wissen, ob der wirklich schon tot sei, einen Herzstich verabreichen möge«. Er war damals böse von mir gegangen und ist, wie viele große Versager, später ein großer Nazi geworden oder war es schon damals. In der dritten Nacht hatte eine geistliche Schwester bei mir Dienst gemacht und sich darüber beklagt. Sie stank nach Fisch, gegen dessen Genuß ich eine angeborene Abneigung habe. Ich hieß sie, mich zu verlassen, was sie nicht tat, worauf ich – mit zwei Löchern im Bauch und mit je einem Schlauch darin, aus dessen einem Kot, dessen andrem Eiter abfloß, und zufolge Lähmung der Därme weder mit Kräften ausgestattet noch beweglich – mühsam das Holz, das für leichter Aufrichtbare herabhing, aus den pendelnden Schnüren löste, um mit ausgestreckter Linker, verlängert durch diesen Stab, und mit einem Bein, das ich langsam aus der Decke zog, die Passage zum Fenster zu sperren, wohin die Fischstinkerin gegangen war, damit sie Ozon hole, wie sie erklärte. »Behalten Sie Ihr Ozon,« sagte ich damals, »und bewahren Sie mich vor Ihrem Fischgestank. Sie werden früher sterben als ich, wenn Sie es wagen, vom Fenster hervor zu meinem Bett zu kommen.« Dabei blieb ich die ganze Nacht wach, um meinen Entschluß durchzusetzen, und drohte mit dem Stab, den ich krampfhaft hielt und den sie mir nicht zu entwinden versuchte. Als ich am Morgen wegen aufgetauchter Schmerzen nach meinem Champagner verlangte, verweigerte man mir diesen, da schon ein wenig Hoffnung auf Überleben vorhanden war.

Obwohl es zweifellos zu den richtigsten Erkenntnissen gehört, daß der Kampf gegen die Dummheit, die zumeist auch die Gemeinheit und immer das Schlechte ist, wenig Aussicht auf Erfolg hat, und es viel empfehlenswerter ist, sich ihrer zu bedienen, als gegen sie aufzutreten, habe ich ausnahmsweise vielleicht noch gründlicher gesiegt als der Fabrikant gegen die Krankenschwester. Denn der feiste Mann im Türrahmen senkt nicht nur seine Augen, weil er meinen Blick nicht aushält, sondern schließt die Tür und danach das Fenster, und die andern Feisten folgen nach und nach seinem Beispiel.

Zum ersten Mal dankt mir der junge Soldat, indem er schweigt. Der deutsche Fabrikant meint, daß ich nicht schlecht Französisch spreche. Nur Dr. Honigmann vertritt zum andern Mal den Standpunkt: »Jetzt werden sie ihn erschlagen.«

Man erschlägt mich aber nicht. Die Gendarmen kommen wieder zurück. Sie zerren den eleganten Waggonkommandanten mit sich, der uns das Fensteröffnen gestattet hat, und schleifen ihn an der Weste vorwärts. »Haben wir dich, Kujon«, schreit der Brigadier. »Ich habe bloß einen Kaffee kaufen wollen«, wimmert er mit hochrot blutigem Gesicht. »Und darum bist du aus dem Stationsgebäude hinausgelaufen«, gibt ihm der gütige Brigadier mit der Faust zu verstehen, indem er weiter an der Visage des Wiedereingefangenen arbeitet. Dieser spuckt Blut und ein paar Zähne aus. »Ein Glück, daß der Zeitungsverkäufer dich gleich angegeben hat.« Es ist glücklicherweise immer wer da, der wen angibt. In meine einschlägigen Erinnerungen, die zu überblicken mir nicht Zeit genug bleibt, zischt bereits der Schlag des Brigadiers. Der Kopf des verhinderten Flüchtlings schlägt springend wie ein Ball an die Wagenwand und macht dort Lärm. Das Ergebnis wird zugedeckt weggetragen.

»Den bekommen die Deutschen nicht mehr«, sage ich. »Erledigt«, meint der Schuster. Der Brigadier zuckt zusammen, sicher nicht aus moralischer Reue. Vielleicht ist er für die richtige Stückzahl verantwortlich und hat dies in einem unbeherrschten Moment übersehen. Auch gibt es noch zu viele Zeugen, die erst nach Übergabe und nicht schon jetzt erschlagen werden dürfen. Er tritt bei uns ein, aber nicht wild, sondern gedämpft, und weist beinahe leise bittend darauf hin, daß er das Öffnen der Fenster nicht gestattet habe. Dann wendet er sich an den Schuster: »Wie heißen Sie?« »Ich war es nicht«, sagt der und hat Angst, für das Fenster verantwortlich zu sein. »Ich will nicht wissen, wer das war«, sagt der Brigadier. »Ich will nur wissen, wie Sie heißen.« Der Schuster heißt Pollatschek. »Pollatschek, Sie kommen mit mir und sehen auf Ordnung! Sie sind jetzt der Kommandant des Waggons«, bestimmt der Brigadier. »Ich werde Ihnen nicht davonlaufen«, prahlt der Schuster Pollatschek, doch achtet niemand mehr auf diese Bemerkung.

Während der Schuster an Farbe gewinnt, seit er aufgehört hat zu fürchten, als Fensteröffner oder Fensterhinaussprecher verdächtigt zu werden, und an Ansehen verliert, seit er Waggonkommandant geworden und dem Brigadier pflichtschuldigst gefolgt ist, beginnen die Nachrufe für seinen Vorgänger. Sie sind alle bedauernd, im übrigen aber sachlich. Dr. Honigmann fängt an mit der Feststellung, daß ich wieder einmal Glück gehabt hätte. Er meint, daß die Wache in Anbetracht der wichtigeren Ereignung des Fortlaufens eines Abzuliefernden meine unzulässigen Rufe durch das Fenster überhört habe. Sodann geht er auf den seligen Niedergeschlagenen über, der nicht mit Devisen, aber mit Seide gehandelt habe. Wenn einer nicht viel Geld besitze und die Franzosen erlaubten ihm nicht zu arbeiten, was solle er machen? Man müsse leben. Der Familienvater, der sich jetzt vorstellt, ein Toter dem andern, und Stiglitz heißt, wiewohl er nicht so gut singen dürfte wie der Vogel, wohl aber vielleicht wie der Dichter gleichen Namens, der auch dann keiner wurde, als seine Frau sich umbrachte, damit er einer werde, unser gefangener Stiglitz also dringt in die Mitte der Sache ein und schildert, wie der verblichene Waggonkommandant sich bei einem ehrsamen bürgerlichen Besitzer einer biederen Miene und von sichtbaren Hosenträgern und Glatzenmütze und breiten weichen Hausschuhen einquartierte und wie dann von diesem Biedern die Meldung an die Polizei erging. Der junge Soldat, der Ehrlich heißt und es wahrscheinlich auch ist, stellt richtig, der Biedermann in Hausschuhen sei nicht der Quartiergeber, sondern der Nachbar gewesen. Die Polizei habe gesucht, aber nichts gefunden. Der Nachbar, ein kleines Männchen, immer noch in Hausschuhen, habe bescheiden geläutet und die suchenden Herren gefragt, ob man auch schon im Kasten nachgeschaut habe, er sei der Nachbar und habe von nebenan bei der Ankunft der Polizei ein verdächtiges Knarren gehört. Die Polizei, die vielleicht dort nicht suchen wollte, muß beschämt die Rüge ihrer Unterlassung zur Kenntnis nehmen. Man holt das Versäumte nach und zieht an der Seidenkrawatte einen eleganten Herrn, natürlich einen jüdischen Schieber, ans Tageslicht. Der kleine Nachbar wird als Patriot beglückwünscht. Der Findling mit dem seltenen Pech hat den Humor behalten. Irgendwie werde es schon gehen. Der Fabrikant, wiederum gut informiert und klar denkend, macht den Abschluß: »Offenbar hat der Mann gedacht: erst Zimmerkommandant, dann Waggonkommandant, das ist schon eine Rolle, mit der man versuchen kann, herauszukommen.« Für jeden hatte er ein gutes Wort. Gute Worte sind zwar billig, nur findet man sie nicht immer. Nun ist es also vorüber.

»Krone, mein Name.« Auf diese Vorstellung, die der Fabrikant bereits an mich gerichtet hat, erwartet er die meine. »Peter Kucku«, sage ich, um dem zu entsprechen. »Wie bitte?« Er glaubt mir meinen Namen nicht. Ich warte zu. »Da fehlt noch was.« »Sie meinen das zweite ck. Das gehört nicht mehr dazu. Wir alle sind unvollständig.« »Aber daß sich das schon im Namen ausdrückt«, zweifelt er kopfschüttelnd. »Ich würde eher meinen, daß irgendeiner von Ihren Angehörigen aus Frankreich stammt, da heißen diese Vögel so ähnlich.« »Schon möglich«, meine ich, »solche Vögel kommen viel herum und deponieren überall ihre Nachkommenschaft. Nur was mich betrifft, so glaube ich schon, daß ich eher ein deutschsprachiger Kucku bin als ein französischer, denn ich empfinde, daß mir zu einem Kuckuck noch einiges fehlt!« »Jetzt werden auch Sie noch pessimistisch«, meint Krone. »Und was waren Sie früher?« »Irgendein Doktor und ein Dichter.« »Beides? Nun, das ist vorbei«, tröstet er sich und mich.

Inzwischen ist es Nacht geworden, und jeder hat sich mit dem ersten Unfall abgefunden. Nur Dr. Honigmann stößt noch hin und wieder ein nachträgliches »Gott hab ihn selig« aus. Die Hinterbliebenen glauben einander nähergekommen zu sein, seit jeder den Namen des andern weiß, und vielleicht glaubt einer oder der andere sogar, daß so ein Leichenbegängnis seine gewissen Vorteile hat. Im übrigen kümmert sich niemand mehr um uns. Die Krankenpflegerin, die wahrscheinlich nur meinetwegen den Zug begleitet, flirtet jetzt mit einem Gendarmen. Die Gendarmerie hinwiederum wiederholt die Kontrolle nicht, und der Vorhang bleibt vorschriftswidrig vom Fenster weg. Dieses wird inzwischen vom Fabrikanten Krone geöffnet, der, vielleicht auch angeregt von Dr. Honigmann, zum Wiederkäuer mit neuen Aspekten wird: »Jetzt schlägt er keinen mehr nieder«, murmelt er halb zu sich selbst, halb zu mir. »Sie wollen nicht, daß es aufkommt. Denn vielleicht kommt doch einer zurück. Sie vielleicht, Herr Kukkuck!« Er ergänzt meinen Namen mit Absicht. »Warum gerade er?« findet Dr. Honigmann. »Wir andern haben mehr Atouts als er!« beklagt er sich mit Recht. Krone zwinkert mir zu. Er gibt mir den Vorzug, ohne daß ich weiß, warum. Ich empfinde das als angenehm und fühle mich in meinem Entschluß zu leben bestärkt und bestätigt.

Gleich darauf gehe ich auf den Korridor hinaus in Richtung Abtritt. Im dritten Coupé von uns gewahre ich weibliche Wesen. Darunter ist eine Blonde mit waschblauen Augen, die mich sofort begrüßt: »Kennen Sie mich nicht, Peter? Ich bin Agnes.« Ich kenne diese Agnes zwar nicht, doch tut das auch nichts zur Sache. Woher weiß sie bloß meinen Vornamen? Ich kann ihr irgendwann begegnet sein und habe sie samt Figur und Gesicht vergessen. Das Mädchen neben ihr ist krumm und bucklig, aber ihre Augen sind gescheit. Mit ihr ließe sich allenfalls sprechen, wenn das noch einen Sinn hätte. Und es könnte ja einen Sinn bekommen. Dann ist dort eine schmächtige Frau mit einem sehr kleinen Kind, und eine andere hat einen großen Buben auf dem Schoß. Eine alte Frau und ein ganz junges Mädchen, höchstens sechzehn, reden Münchner Dialekt und gehören offenbar zueinander. Die Kinder laufen auf den Korridor hinaus. Die Gendarmen hindern sie nicht daran.

Ich setze meinen Weg fort, denn er ist dringend. Auf dem Rückweg begegne ich dem Brigadier. Er schaut weg, ich tue es auch.

Wir haben alle schon genug von der Fahrt. Zwei Tage

und eine Nacht sind wir unterwegs, haben aber nur wenige Kilometer zurückgelegt, weil wir nämlich an einen Zug, der sonst nur Lasten transportiert, gekoppelt sind. Früh, mittags und abends wird Essen verteilt. Ich habe meinen Teil immer den anderen gelassen. Sie finden das Essen zwar nicht reichlich, aber gut. Bevor man das Lamm in die Wüste hinausschickt, soll man ihm doch ein Glöckchen anhängen. Das klingt fromm.

Eine neue Nacht beginnt. Die Krankenpflegerin erscheint. Sie warnt davor, Briefe hinauszuwerfen, und erklärt sich bereit, solche zu übernehmen.

»Die werden nie ankommen«, spricht Krone meine Meinung aus. Das Ziel der ersten Etappe der Reise liegt vor uns. Die Krankenpflegerin nennt den Ort: Rives Altes. Sie wird jetzt nach Nice zurückkehren.

Drei Bleistifte und eine Füllfeder beginnen zu schreiben, die letztere gehört dem Dr. Honigmann. Er schreibt nur einige Worte. Aber wahrscheinlich sind sie gewichtig und an die richtige Stelle gerichtet. Der junge Soldat schreibt einige Briefe und verhält sich viel ausführlicher. Am ausführlichsten ist Familienvater Stiglitz, wiewohl er nur einen einzigen Brief zur Beförderung gibt. Der ist vermutlich an seine schwangere Braut gerichtet. Der Schuster namens Pollatschek, der plötzlich wieder hier ist, schreibt nur eine Zeile, wahrscheinlich wegen der dicken Wäsche. Krone und ich schreiben nichts.

Ich erinnere mich an den Brief, den ich vor meiner Verhaftung geschrieben habe. Er war an den alten Herrn Siegfried gerichtet und sollte gegebenenfalls an meine Schwester weitergeleitet werden. Darin war zunächst die ohnehin bekannte Tatsache vermerkt, daß die Polizei der Regierung von Vichy Judenrazzien durchführt, da Hitler zu Ermordungszwecken nach und nach alle Juden dringend braucht. Viele Polizisten haben sich damals krankgemeldet, andere haben nicht gut gesucht, schon Gefundene entfliehen lassen und ihnen Bekannte nicht festgenommen. Ich habe auch noch geschrieben, daß ich selbst nicht gesucht werde, daß aber meine Aufenthaltsgewährung abgelaufen ist, die ich immer nur auf drei Monate habe. (Ein idiotischer Einfall, zu Fräulein Félice zu gehen, die so gerne Juden abliefert und mich selbst schlecht leiden kann.) Dann schreibe ich, daß ich übrigens Halbjude sei und auch die Papiere bei mir hätte, die ich nötigenfalls vorzeigen könnte. (Es sind allerdings nicht meine Papiere, sondern eben die meiner Schwester, für die der Brief bestimmt ist, richtiger Halbschwester, die eine andere Mutter hatte.) Ich habe Auftrag gegeben, den Brief Herrn Siegfried auszuhändigen, wenn am Morgen mein Bett nicht aufgedeckt wäre. (Der Brief war natürlich so aufgesetzt, daß es nichts gemacht haben würde, wenn man ihn abgefangen hätte. Gerade den haben sie aber nicht abgefangen.)

Außerdem war ich am Tage vorher beim alten Siegfried gewesen und habe ihn gebeten, meine Sachen zu packen, wenn ich morgen nicht käme. Er ist schon an die achtzig, war immer gut zu mir, deshalb mißbrauche ich seine Güte. Ich dachte allerdings nicht recht, daß man mich festnehmen würde. Für den alten Mann war auch das Packen zu schwer.

»Zeigen Sie Ihre Papiere!« sagte Fräulein Félice von der Flüchtlingspolizei. Ich breitete aus, was ich in der Mappe hatte. Der Taufschein fehlte. Doch hatte ich bei einer Polizeikontrolle meinen Heimatschein vergessen oder verloren, und meine Mutter hatte mir 1939 einen neuen besorgt. Auf dem stand schon I.K.G. Das sollte vermutlich heißen: »Israelitische Kultusgemeinde«. Doch übersetzte ich es mit »Im katholischen Glauben«. Fräulein Félice schob alle Papiere beiseite: »Ich verstehe das nicht, es ist Deutsch.« Sie begab sich in das Archiv. Darin fand sie ein Schriftstück des ehemaligen österreichischen Komitees in Paris, in dem mein früherer Kollege Dr. Schnackerl vermerkt hatte, daß eine rassische Qualifikation vorliege. – Der frühere österreichische Vizekanzler hatte die politische für mich verlangt gehabt. Aber Schnackerl meinte, man habe jetzt keinen Kanzler mehr, sondern das Komitee, und er kenne mich noch von meiner beruflichen

Tätigkeit und wisse, daß ich nicht politisch, sondern rassisch belastet sei, der Kanzler aber kenne mich erst seit jetzt. Allerdings hatte ich den Vizekanzler in Wien nie gekannt. Wir waren erst in einem kleinen Café an der Place de la Madeleine in Paris bekannt geworden und hatten nur über Literatur, nie über Politik gesprochen, welch ersterer wir verfallen blieben, als er seinen großen Beruf und ich meine kleine Beschäftigung verloren hatte. Die rassisch Verfolgten waren damals zu viele und mußten aus Paris fort, die politischen durften bleiben. Dem früheren Vizekanzler lag ein wenig an meiner Gesellschaft. Dr. Schnackerl dagegen war früher ein bekannter, prominenter Verteidiger und ich ein unbekannter gewesen. Nur einmal hatte der Kleine gegen den Großen recht bekommen, und das sollte wieder in die richtige Ordnung gebracht werden, als er nicht mehr groß und ich nicht mehr klein war. – »Sie sind Jude, das ist bewiesen«, sagte Fräulein Félice. »Dann will ich den Chef sprechen«, sagte ich.

Wartend traf ich eine ungarische Tänzerin. Zwischen Tür und Angel begann mein letzter Flirt. Sie aß meine Bonbons, ich rauchte ihre Zigaretten. Ein Gendarm störte: »Herr Coucou, wenn Sie noch zum Chef wollen, bestehen Sie jetzt darauf!« Ich gehörte der ungarischen Tänzerin, ihre Beine waren mir viel näher als vom Zuschauerraum vor der Bühne her. Sie war trotzdem nur Zuschauerin, und ich auf der Bühne. Ein Beamter flüsterte mir ins Ohr: »Ich warne Sie vor Fräulein Félice, Herr Coucou, Ihre letzte Chance!« Ich beachtete die Gefahr nicht mehr, in der ich saß, und flüsterte ins Ohr von Ilona. Dann rief man sie auf. »Morgen bei mir! Wenn ich nicht zu Hause bin, bin ich tot. In diesem Fall bitte ich Sie, zu diesem Herrn zu gehen...«, und ich gab ihr Anschrift und Brief für den alten Siegfried. »Ich gehe ungern zu fremden Herren, die mich nicht eingeladen haben. Aber für Sie... wenn Sie tot sind...« Ilona ging, und ich winkte ihr nach. »Zum Chef jetzt«, sagte ich. »Zu spät«, warf der Beamte ein, indem er auf ein Schriftstück sah. Ein anderer in Uniform rief aus: »Die folgenden Personen sollen mir folgen: Peter Kuckuck, Agnes

Nußbaum...« Ah, das war Agnes! Es kamen noch einige Namen. Man eskortierte uns nun. Man führte uns über den großen Platz hinunter, wo die Bouquinisten am Quai sind, deren guter Kunde ich war. »Man liefert uns den Deutschen aus. Das ist Bruch des Asylrechtes. Aber es gibt einen Gott!« Der Polizist drehte sich nicht um, es flankierten uns vier andere. Die Bouquinisten drohten der Eskorte mit der Faust. Vor dem Ort unserer ersten Ablieferung, der Kaserne Au Var, kehrte sich der Polizist zum ersten Mal um und fragte mich: »Glauben Sie, daß es ihn wirklich gibt?«

Auch die Leute in der Kaserne glaubten nicht an ihn, die maßgebenden aber glaubten an Hitler. Frau Neumann legte ihre Papiere auf, sie war die erste, die registriert werden sollte. Tadellos neue Papiere, echte Kopien von einem hiesigen Notar, der bestätigte, die Originale gesehen zu haben. Aus ihnen sollte sich ergeben, daß ihre Abstammung nicht die vermutete war. »Wo sind die Originale?« Fräulein Félice von der Flüchtlingspolizei hatte schon dasselbe gefragt. »Wahrscheinlich beim Notar.« Sie hatte einen Mann über sechzig, den mochte sie nicht gerne in Gefahr bringen, oder es gab die Originale gar nicht. »Wir werden sie dem Notar abverlangen!« Frau Neumann war verzweifelt. »Der nächste.« »Wie heißen Sie?« »Stanislaus Stirčinsky. Ich war immer Antisemit wie jeder echte Pole.« »Ihren Taufschein!« »Ich bin der polnische Vizekonsul. Sie werden doch nicht wirklich glauben...?« »Ihren Taufschein und den Ihrer Ahnen. Der nächste!« Agnes Nußbaum trat ein. Sie flüsterte nur, wurde schnell abgefertigt. »Kein Befreiungsgrund. Die nächste!« »Adrienne Grinot.« »Wie kommen Sie hierher?« »Ich bin für meinen Untermieter zur Polizei gegangen. Ich habe gefragt, ob ich seinen Aufenthalt verlängert bekomme. Man wollte wissen, wo er gegenwärtig ist. Ich konnte es nicht sagen!« »Danke, Frau Grinot, wir brauchen Sie nicht mehr. Der Fall ist geklärt. Wir haben ihn schon.« »So hat es nichts genützt?« »Nein, gar nichts. Sie können über sich verfügen! Schluß für heute!« »Hier sind noch ich und dieser Herr«, rief ich. »Haben Sie nicht gehört:

Schluß für heute!« »Ich habe nicht vor, hier zu übernachten!« »Sie haben nicht vor...?« »Nein, ich will, daß mein Fall sofort geprüft wird!« »Wie heißen Sie?« »Peter Kucku«. »Man wird Sie schlagen, zum Kuckuck.«

Sie brachten uns in einen Raum der Kaserne, mit mir den Moritz Rappaport, dessen Überprüfung ebenfalls unterblieben war. Sie hatten ihn nicht auf der Polizei, sondern in einer Telefonzelle geschnappt, in der er deutsch telefoniert haben soll (wahrscheinlich war es jiddisch, denn er stammte aus Ostpolen). Wir besprachen die Möglichkeit einer Flucht. In der Kaserne selbst standen wir zwar unter starker Bewachung, aber die Polizisten waren nicht gegen uns. Ich rauchte noch die Zigaretten des Vizekonsuls Stanislaus Stirčinsky, bis dieser entlassen wurde, das war am zweiten Tag. Am dritten Tag kam Frau Neumann ins Spital, sie hatte einen Selbstmordversuch gemacht, vermutlich mit Gift. »Ich mache keinen Selbstmordversuch«, sagte die blonde Agnes mit den waschblauen Augen. »Ich finde noch was anderes!« Sie ließ sich wiederholt zum Chef führen, gefiel aber offenbar nicht.

Dann kam der Tag, an dem wir das Gefühl hatten, daß wir abtransportiert würden. Ich saß, umringt von den anderen, im Hof und erzählte den Witz von den schwarzen Flöhen. »Rebbeleben, warum sennen die Fleh schwarz?« »Die Fleh sennen schwarz, weil sie sennen in Trauer, as man hat ihnen geknickt Tate und Mamme.« »Rebbeleben, wenn sie sennen in Trauer, missen sie doch sitzen Schibbe.« »Es steht geschrieben, as man ist in Gefahr, braucht man nicht sitzen Schibbe.« »Aber am Schabbes dirfen sie nix rennen.« »Auch am Schabbes dirfen Fleh rennen. Fleh sennen keine Kreatur. Fleh hat der Teufel gemacht aus Staub und Dreck.« »Rebbeleben, wenn die Fleh sennen keine Kreatur, haben sie nicht gehabt Tate und Mamme, hat man ihnen nicht geknickt Tate und Mamme. Brauchen sie nicht zu tragen Trauer. Darum ist meine Frage doch: Warum sennen Fleh schwarz?« »Bocher, sennen Fleh überhaupt schwarz?« Ein melancholischer Offizier, der nicht der herrschenden Meinung war, sah dieser Witzerzählung zu, die er sonst nicht verstand und auch unverständlich fand. Und während wir über die Pointe lachten, weinte er verstohlen in sein Taschentuch, denn am nächsten Morgen sollte unser Transport abgehen. Doch diese Pointe war uns wieder nicht voll bewußt, während wir uns über sie hinwegsetzten.

Nun suchte ich nach dem Witzerzählen Wein aufzutreiben, der bei Anfälligen, auf nüchternen Magen genossen, Gallenkrisen erzeugt. Bevor ich noch etwas Bestimmtes sagte, bot mir der gottzweifelnde Polizist von der Eskorte eine Flasche Bordeaux zum Kauf an, die er zum Geburtstag erhalten hatte. Ich erstand die Flasche billig und schlief ein. Als ich erwachte, war schon Vergatterung zum Abtransport. Ich leerte die Flasche zwar in einem Zug. Doch bevor sie zu wirken begann, hatte mich der Arzt, begleitet von der häubchentragenden Hure, schon für tauglich zum Abtransport erklärt und sich dann entfernt. »Schnell, schnell«, rief diese, doch tat ich nichts dergleichen. Dann erschien Herr Siegfried, der gute alte Mann, von meinem Brief und der Tänzerin Ilona alarmiert. Er brachte mir noch Zigaretten und wollte zu mir. Die Zigaretten, die einzige Aufmerksamkeit des gütigen Greises, den der erhalten möge, den es vielleicht nicht gibt, hatte ich noch bekommen. Gesehen hatte ich ihn nicht, man ließ ihn nicht zu mir. Dann muß der Wein gewirkt haben, oder man hat mich bloß niedergeschlagen. Jedenfalls fehlten Zigaretten und Gürtel. Die Hose rutschte herunter. Aber die Tasche mit den Papieren war da, darunter die von den Ahnen meiner Halbschwester, die mütterlicherseits den besseren Stammbaum hat und einen berühmten dichterischen Bischof unter den nächsten Seitenverwandten.

In diesem Augenblick erzählt Dr. Honigmann, daß er nicht schlafen kann. Darauf erwachen auch wir andern und merken, wie weit wir schon auf unserer unsentimentalen Reise geraten sind. Dr. Honigmann dreht das Elektrische auf, um die Wegstrecke zu beleuchten. Er hat seine Schuhe inzwischen auch wieder an meinem neuen Anzug gereinigt. Ich rühre mich nicht mehr. Denn einerseits ist die Erziehung dieses alten Herrn vermutlich für alle Ewigkeit abgeschlossen, andererseits schwindet die Aussicht, daß ich dieses Beinkleid noch in Freiheit anlegen werde. Der Vorhang ist zwar noch zurückgezogen, doch dahinter ist es ohnehin Nacht.

Dr. Honigmann erzählt jetzt von seiner »arischen« Freundin. Sie ist erst achtzehn Jahre alt, aber sie liebt ihn trotzdem und ist so uneigennützig. Der junge Soldat glaubt ihm das nicht. Er findet es unpassend für den alten Herrn, der Jugend nachzustellen. Er hält auch dafür, daß Jüdisch und Nichtjüdisch nicht zusammenpassen. Der schwammige Stiglitz übernimmt des Doktors Verteidigung: »Wenn einer schon alt ist, will er doch ein wenig Jugend um sich haben«, meint er, setzt aber dann hinzu: »und eine Frau, mit der er Kinder haben kann, die nicht so fortgeschleppt werden dürfen wie er.« Dabei denkt er wohl kaum mehr an Dr. Honigmann, der doch nicht der Kinder willen eine Geliebte genommen hat und wohl keine Nachkommenschaft mehr erwartet. Vielleicht allerdings ist die zukünftige Mutter seines Kindes auch »arisch« und er spricht bereits wieder von sich selbst wie die andern auch.

Dr. Honigmann hat weder auf seinen Ankläger noch auf seinen Verteidiger gehört und fährt wieder fort: »Hab ich gesagt: Puppe, Seraphine, so heißt sie nämlich, zieh die Handschuhe an; habe ich nicht deshalb dreihundert Franken dafür ausgegeben?«

»Weniger«, meint der Schuster.

»Wenn Sie nicht so viel in sie hineingesteckt hätten, hätten Sie auch sonst nichts hineinstecken dürfen«, setzt der Soldat hinzu.

»Schämen Sie sich, so alt und noch so geil!«

Sagt Dr. Honigmann: »Ich bin ein Mann.«

»Gewesen!« bescheinigt ihm der Fabrikant Krone.

»Herr Kuckuck, vorhin waren Sie dran, jetzt bin ich es«, resigniert Dr. Honigmann. Er wartet meine Parteinahme nicht ab und tut gut daran. Im übrigen scheint er bereits zu schlafen. Der Schuster, der nur ein Wort gesagt hat, dreht das Licht aus, beginnt aber seinerseits jetzt zu erzählen, nicht von sich, sondern von einem feinen Herrn in einem anderen Abteil, der hat eine Fahrkarte nach USA gehabt und wollte schon ins Schiff einsteigen, da haben sie ihn aber geschnappt. »Gemeinheit«, hat er gerufen, »ich bin doch schon auf dem Schiff auf amerikanischem Boden.« »Pardon, mein Herr, Ihr linker Fuß befindet sich noch in Frankreich auf dem Laufsteg.« »Und was war mit dem Gepäck?« interessiert sich, bereits im Halbschlaf, gründlich Dr. Honigmann. »Danach hab ich ihn nicht gefragt«, erwidert der Schuster elegisch. »Warum? Sie sind doch Waggonkommandant«, läßt Honigmann nicht locker. Fabrikant Krone übernimmt für den Befragten die Antwort: »Das Gepäck haben sie sicher am Strand mit dem Polizisten geteilt. Sonst hätte kein Mensch ihn angezeigt und keiner verhaftet. Mein Gepäck bekommen sie nicht.« »Ich weiß, Sie heben es für die Deutschen auf«, wirft Dr. Honigmann ein und gewinnt diese Runde.

Der Schuster berichtet aber noch andere Neuigkeiten. Das Mädchen mit den waschblauen Augen hat nämlich ein Auge auf den Gendarmeriebrigadier geworfen. »Der hat erlaubt, daß drüben, das ist im Coupé, in dem sie sich befindet, alle Fenster offen sind, und hat seinen Blick abgewendet, wie sie haben Korrespondenz zum Fenster hinausgeworfen. Es soll sich auch gezeigt haben, daß der frühere Waggonkommandant nicht tot ist, sondern gehabt hat einen einfachen und nicht einen komplizierten Schädelbruch. Dem Gendarmeriekommandanten tut die ganze Sache leid, weil man doch alles vertuschen will. Der Mann aus dem Volk soll auch nicht wissen, daß man noch den Deutschen ausliefert. Man spricht davon, daß man jenen auslassen wird, wenn er gesund wird. Jedermann wünscht sich sofort einen Schädelbruch mit den gleichen Folgen.«

Der Schuster ist aber noch nicht mit seiner Erzählung fertig. Er hat die Nonne gesprochen, das ist die weltliche Krankenpflegerin. Diese hat ihm gesagt, daß der junge Soldat, der

Herr Ehrlich, herauskomme und daß er ihr sehr gut gefalle. Ich bin gerade dabei, mir einen Glückwunsch für ihn auszudenken, als sich das Blatt zu meinen Ungunsten wendet. »Sie hat gemeint, den Kucku soll der Kuckuck holen!« Aber die junge Bucklige hat gesagt: »Nicht doch«, hat sie gesagt, »er ist ein feiner Mensch.« Nun werde ich selbstverständlich allgemein mit der Buckligen in Zusammenhang gebracht, und es ist der junge Soldat Ehrlich, der mir Glück wünscht und erklärt, daß Buckel Glück bringen. Im übrigen sei die Bucklige eine halbe Jüdin und ich ein halber Jude, und wir würden uns in unserer Halbheit ergänzen. Herauskommen würde ein ganzer Arier mit zwei Höckern oder ein ganzer Jude, der sich für einen ganzen Arier hält. Der Schuster schließt mit der Feststellung, daß ich mich vorne oder hinten anhalten könne und daß es nur darauf ankomme, daß ich mich sonst nicht irre.

Der Fabrikant Krone prustet vor Wiehern: »Genug, Kinder, oder ich ersticke.«

»Etwas früher oder etwas später«, murmelt Dr. Honigmann. »Besser beim Lachen als durch Gas.«

Der Schuster versucht, die Situation noch zu retten, und kommt wieder auf Dinge zurück, die Leute wie ihn betreffen könnten: »Sie sagen, wer gut arbeiten kann, den werden die Deutschen nicht umbringen. Drüben ist einer lang wie ein Riese und stark wie Breitbart. Früher hat er Holz gehandelt, jetzt ist er Koch. Aber er sagt, er will ins Bergwerk. Man soll sehen, wir Juden können auch körperlich arbeiten. Die Bucklige werden sie vergasen, aber es ist nur eine halbe Jüdin.«

Dr. Honigmann läßt dies nicht gelten. Seiner Meinung nach werden alle vergast. Wirft der junge Soldat ein: »Sie haben doch den Seipel, und Kuckuck ist kein Jude.« Krone interviewt mich, warum ich soviel von den anderen einstecke, wo ich doch gegen den Gendarmen und den Herrn aus dem Gegenzug meinen Mann gestanden habe. Ich sage: »Wenn wir alle außer Gefahr sind, werde ich allen antworten.«

Das ist natürlich nur eine Umschreibung der Wahrheit, aber ich kann nicht sagen, daß ein Streit zwischen Toten keinen

Sinn mehr hat. Man hat mich trotzdem vielleicht verstanden, denn der junge Soldat hat mit dem Herausfordern aufgehört. Krone drückt mir die Hand. Der Schuster bietet mir sogar eine Zigarette an, die ich auf nüchternen Magen rauche. Dabei wird mir schwindlig, wie ich den Rauch inhaliere. Der Schuster bemerkt das und meint: »Diesem Mann muß wirklich schlecht sein. Er soll die Zigarette weglegen.« Da mir der leichte Taumel behagt, tue ich es nicht. Doch als sie später das Essen bringen, nehme ich davon. Die Krankenpflegerin mokiert sich im Vorbeigehen: »Kuckuck ißt.« »Und er soll es auch. Denn er hat bis jetzt nichts gegessen!« schließt der junge Soldat die Reihe. Sie wirft ihm einen Blick zu, als ob sie seine Entlassung nun nicht mehr befürworten könne. »Kennen Sie diesen Mann?« kreischt sie. »Und Sie, kennen Sie ihn? Haben Sie ihn draußen gesehen?«

Sie schlägt die Tür zu und verschwindet. Wir stellen fest, daß der Zug steht. Man hat vergessen, daß es ein Zug für Lasten ist, an den unsere Waggons gekoppelt sind. Sie lassen sich mit unserer Auslieferung Zeit. Spricht der Schuster: »Ich habe gehört, nur wegen dieses Kuckucks haben sie uns einen Wagen für Menschen gegeben. Sie haben geglaubt: Vielleicht simuliert er; wenn aber nicht, soll es nicht heißen, man hat Kranke im Viehwagen ausgeliefert.« Davon war schon einmal die Rede, aber in anderer Stimmung. Ich denke: Sie haben mich also nicht niedergeschlagen, und sie werden es auch nicht mehr. Sie haben mich zwar jetzt, aber sie werden mich nicht behalten.

Das Abendessen scheint mir besonders schmackhaft. Ich glaube selbst nicht, daß ich krank bin. Die Erinnerung, die mir abhanden gekommen ist, macht mir keine Sorgen. Was nun kommen wird, beschäftigt mich wieder. Solange wir nicht in deutschen Händen sind, gibt es eine Möglichkeit, weiterzuleben.

Schon einmal glückte mir nach Hindernissen die Flucht, doch wählte ich die falschen Partner und verlor so meine Habe dabei.

Ich hatte mich von meiner Schwester trennen müssen, die durch ihre Ehe keine Österreicherin war. Mit den andern Österreichern und Deutschsprachigen aller Art: Emigranten, Nazis, Fremdenlegionären, von Schiffen herunter Gefangenen, nicht rechtzeitig heimgekehrten Urlaubsgästen, schickte man auch mich in ein Lager, als gerade Hitler überall in Frankreich einzog. Der Dichter Walter Hasenclever gab täglich fünfzehn Franken aus, um eine französische Zeitung ins Lager hineinzuschmuggeln. Da er sie aber nicht lesen konnte, bat er mich um die Übersetzung. So saßen wir Tag für Tag auf den Stufen des Lagertheaters von Les Milles, wo in einer Operette ein jüdischer Kabarettist den jugendlichen Liebhaber, und ein höherer Hitlerjunge, der mit der HJ-Kasse durchgegangen war und aus einem Amerikaschiff französischerseits abgefangen wurde, die weibliche Hauptrolle spielten. Ich las da Walter Hasenclever und einem von ihm beigezogenen Psychoanalytiker die jeweiligen Fortschritte der Hitlertruppen an der Front, die nicht mehr hielt, laut vor. Wir warteten Tag für Tag in der Falle darauf, zu erfahren, daß Hitler schon in unsere Gegend käme. Eines Tages aber spürte ich, daß in meinen Eingeweiden was nicht in Ordnung war. Diese Unordnung erwies sich in der Latrine als Ruhr. Walter Hasenclever war mir dorthin nachgekommen, mit der Zeitung in der Hand, die ich ihm an diesem Tag nicht vorgelesen hatte. Sein nobles Gesicht mit dem ergrauenden Haar, sein unbefleckter Anzug paßten nicht hierher und nicht zu mir in diesem Augenblick. Dieser Kontrast empörte mich, und ich riß ihm die Zeitung aus der Hand und verwendete sie zu Zwecken, die mir dringender schienen als die Lektüre. »Kommen Sie, Kucku, ich fürchte, wir sind verloren!« »Gewiß, wenn wir nicht fliehen!« »Ich habe Lion Feuchtwanger das Wort gegeben, daß ich bleibe, bis der Zug kommt, der uns nach Bayonne zur Reise nach Marokko führt.« »Dieser Zug wird nie kommen. Fliehen Sie! Lion Feuchtwanger wird sich herauslügen. Er hätte Ihnen gegenüber sein Wort nie gehalten.« »Ich kann nicht, ich habe mein Wort gegeben.« »Tun Sie, wie Sie glauben. Doch denken Sie auch an die Folgen!« »Ich denke daran. Ich werde heute nacht zwanzig Veronal nehmen.« »Tun Sie das nicht, geben Sie sie lieber Lion Feuchtwanger. Er wird sie allerdings wegschütten!«

Am Morgen brachten sie ihn auf einer Bahre, der Psychoanalytiker war Zeuge gewesen, wie er die Dinger einnahm und wie sie wirkten. Der Dichter war zwar noch nicht tot, aber die französischen Lagerärzte übten sich noch an ihm, bis er es war. Dann kam der Zug, doch fuhr er ohne ihn.

Ein winziges kugelrundes Männchen, nämlich Lion Feuchtwanger, gestikulierte lebhaft, als müßte er der Maschine befehlen. Jedenfalls war meine Vorhersage widerlegt, daß der Zug nicht abgehen würde.

Man fragte, wer mitfahren wollte. Die Nazis und die Kranken blieben, sie warteten auf die Deutschen. Die Skeptischen blieben, unter ihnen mein Freund Marassino. Er war skeptisch geworden, seit ich mich unter die Dichter begeben und einem von ihnen eine falsche und unheilbringende Prognose gestellt hatte. Ich fuhr fort und nahm mein ganzes Gepäck und meine Ruhr mit; doch waren meine Papiere im Lager geblieben, ich hatte vergessen, sie zu reklamieren. Der Zug fuhr langsam und hielt oft. An jeder Station stieg einer aus. Es war niemand da, der das verhindert hätte. Ein mächtiger Mann saß neben mir. Er war an die fünfzig und wurde ständig von Fieber geschüttelt. Das kam angeblich von den Nerven. Der Herr war ein rheinischer Fabrikant und Separatist und hieß Quierke. Trotz makelloser Rasse fürchtete er Hitler mehr als nunmehr in schlimmerer Lage mein jetziger Nachbar, der Jude Krone aus dem Rheinland. Der schnarcht nun gesund neben mir. Quierke schüttelte damals seine imaginären Bande, wie der Riese seine leiblichen geschüttelt haben mochte. Zuletzt befanden wir uns allein im Coupé. Alle anderen waren auf der Strecke ausgestiegen. Der Zug schlich zwischen Pau und Bayonne. Der Schatten meiner Mutter zog die Lokomotive, die nicht mehr wollte. Der Schatten keuchte bei diesem vergeblichen Bemühen und schien so entsetzt, wie sie damals war, als ich sie daheim zurückgelassen hatte, obwohl sie mit mir kommen wollte, und sie auf dem Südbahnhof von mir ergreifend Abschied nahm mit der Erklärung, daß wir uns nicht mehr sehen würden. Mir behagte dieser Abschied nicht, doch hatte sie recht. Sie starb ein Jahr darauf an schlechtgepflegten Leiden, allein unter Feinden in früherer Heimat. Jetzt zog sie trotzdem den Zug, doch konnte sie das nicht bewältigen. Als wir in Bayonne einfuhren, war der Schatten meiner Mutter bereits zusammengebrochen, die französischen Soldaten hatten ihre Gewehre auf einen Haufen geworfen, denn die Deutschen sollten morgen kommen. Das letzte Schiff nach Marokko war schon abgegangen, und darin hatte sich auch, wie ich später erfuhr, meine Schwester befunden. Wir sahen den Dampfer samt Rauch noch in der Ferne. Einige von uns stiegen jetzt aus, die über die spanische Grenze wollten. Ich dachte erst daran, mitzugehen, das Gewicht meines Gepäcks war aber zu schwer, ich wollte diese wichtigen Habseligkeiten nicht verlieren.

Der Zug fuhr wieder zurück, etwas schneller als er gekommen war. Ich hatte vor, in Pau auszusteigen, dort war ein Mädchen namens Irma interniert, das ich gut kannte. Doch entfernte ich mich erst in Lourdes aus dem Zug, wo ich niemand hatte, schleppte mein Gepäck und meine Ruhr mit, kaufte einen Laib heißen Brots, den ich zerriß und heiß aß. Es war nirgends ein Zimmer zu bekommen, da es hieß, daß der Waffenstillstand geschlossen wäre und Lourdes von den Deutschen nicht besetzt werden würde.

Ich schleppte mein Gepäck wieder zum Bahnhof zurück und hatte nicht einmal die Wundergrotte gesehen, dafür den Ort drei-, viermal der Länge und Breite nach durchmessen. Quierke, der rheinische Separatist, winkte mir aus unserem Zug, der noch immer stand, und half mir mein Gepäck in den Wagen heben, darauf fuhr man auch schon ab. Bisher hatten wir wenig miteinander gesprochen, aber doch herausgefunden, daß wir beide unter dem Zeichen des Schützen geboren waren. Vielleicht begründete dies eine gewissen Übereinstimmung, ansonsten waren die Gemeinsamkeiten gering, und das machte uns nicht mitteilsamer. Immerhin hatte ich ihn in Toulouse so weit, daß er mit mir fliehen wollte. Wir kamen aber nur bis zum ersten Restaurant. In dieses wollte er eintreten, dort aber saß auch der Komandant. Flucht wurde nicht mehr geduldet, geordnete Verhältnisse waren im Anzug. Man hatte vor, uns zu registrieren, zu internieren, zu skrutinieren. Der Kommandant arretierte uns daher höchstselbst. Das war ein besonderer Nachteil, denn wir waren nunmehr seine persönlichen, ihm auch persönlich den Physiognomien nach eingeprägten Gefangenen.

Der Zug hielt wieder in Nîmes. Bis dorthin waren wir übereingekommen, noch einmal die Flucht zu versuchen, aber unter günstigeren Voraussetzungen und nach gründlicher Vorbereitung. Von Nîmes beförderte man die Gesunden ins Lager. Dort war man nicht ganz eingerichtet. Daher meldeten sich fast alle gesund, die noch hofften, entkommen zu können. Der rheinische Separatist blieb aber bei den Kranken zurück, er hatte wieder Fieber, und auch ich blieb, denn die Ruhr machte sich wieder bemerkbar. Aus dem Spital, in das wir kamen und das sich in einer Kaserne befand, konnte man nicht fliehen, aber man lag in Betten. Ich wollte die Fenster immer offen; Doktor Hundler, der mir gegenüber lag und ein ehemaliger Kollege war, wollte sie geschlossen. Er litt an Lungenentzündung und ich an meinem Gestank. Zuletzt war mein Argument überzeugender. Dr. Hundler verfluchte mich und starb. In sein Bett kam der rheinische Separatist, der einzige, der unbedingt neben mir liegen wollte. Wenn wir uns ungestört glaubten, besprachen wir die Möglichkeit einer Flucht, doch kamen wir zu keinem Ergebnis.

Pflege hatten wir so gut wie keine, daher erhoben wir uns bald, um die Höfe zu erkunden. Hierbei wurden wir beobachtet, aber nicht verdächtigt. Im Gegenteil, man übertrug uns das Amt, für die bettlägerigen Kameraden die Nahrung aus der Küche zu bringen. Wir bekamen Löwenanteile davon und aßen dann außerdem in der Mannschaftsmesse, zuletzt sogar mit den Offizieren, bis man uns dort hinauswies. Quierke aß das meiste, ich aber erreichte, ja übertraf mein Vorbild hierin bald, sowie die kompaktere Kost die Reste der Ruhr zuschüttete. Beim Essen lernten wir auch einen rheinischen Bischof kennen, der auf dem Rückflug vom Papst seitens der Franzosen herabgeholt und gefangengenommen worden war. Er war einmal Rechtsanwalt gewesen, dann aber aus Überzeugung Priester und bald Bischof geworden. Er versicherte uns, auch er hätte sich als Nazi eingetragen wie viele seiner Amtsbrüder, würde er nur etwas jünger gewesen sein. Im übrigen versprach er Quierke und mir, uns hinauszubringen, sobald er nur freikäme. Er kam auch noch am nächsten Tag frei, wir blieben aber zurück. Und eines Tages sollten auch wir registriert werden, und zwar unter deutscher Assistenz.

An diesem Tag verließ mich die Ruhr vollständig, und der rheinische Separatist Quierke hatte kein Fieber mehr. Da wir vollständig gesund waren, meldeten wir uns ins Lager.

So hofften wir, dort der Bestandsaufnahme zu entgehen. Das Lager befand sich auf einem Hügel am Waldesrand, siebzehn Kilometer vor der Stadt Nîmes. Als Rekonvaleszenten beförderte man uns in die Infirmerie. Dort lag man in einer Scheune auf Stroh, die Gesunden befanden sich in Zelten im Freien. Findige Gesellen hatten daselbst Verkaufsstellen und Kaffeehäuser errichtet. Sie wurden aus Geschenktem, Gekauftem, Zurückgelassenem Entflohener und Abhandengekommenem Abwesender ständig mit Lebensmitteln versorgt. Später wurde der Handel auch aus Nîmes selbst beliefert, zunächst durch außenstehende Mittelspersonen und Soldaten, dann durch Lagerinsassen, denen man den Ausgang bis Nîmes erlaubte oder diesen zumindest stillschweigend zuließ. Die feinen Leute hatten weniger feine als Hilfspersonen und Diener angestellt, die ihre Zelte in Ordnung hielten. Die Überwachung war lax. Immerhin lieferte man Leute, die durchgingen, in Ketten geschlossen ab, darunter auch einen Hungerkünstler und Autor einer »Reise nach Tilsit«. Der kleine und feiste Lion Feuchtwanger, der den Zug so brav kommandiert hatte, war gleichfalls durchgegangen und hielt sich in Nîmes versteckt. Sein Kontakt mit dem Lager blieb aber durch Mittelsmänner aufrecht. Als es brenzlig wurde, war er plötzlich wieder da. Alsbald sammelte er Spesenbeiträge für ein langes Telegramm an den Präsidenten Roosevelt, in dem er um Befreiung aller Lagerinsassen und um die Bewilligung ihrer Einreise in die USA ersuchte; denn Lion zog nunmehr die Legalität vor. Offenbar hatte man aber das Telegramm gekürzt, oder der Präsident hatte nur den ersten Namen gelesen. Die Antwort kam bald. Amerika holte sich den kleinen großen Mann, die andern aber holte man nicht. Die Verbitterten verleumdeten Lion Feuchtwanger in bezug auf die Vollständigkeit der Namensanführungen in seiner Sendung. Sie ärgerten sich offenbar, weil sie zwar an den Spesen, nicht aber am Erfolg beteiligt waren. Ich hatte ihm nichts gegeben und auch nie geglaubt, daß mich ein Präsident aus dem Lager holen würde.

Unterdessen studierte ich mit dem Fabrikanten Quierke die Wege aus der Infirmerie ins Freie. Ein Wächter hielt uns auf. Der schlauer gewordene Separatist zückte ein Kraut, das er gefunden hatte, und beteuerte dessen heilkräftige Wirkung. Der Gardist, der an Rheumatismus litt, genehmigte seine Aufklärung und ermunterte ihn zu weiterem Kräutersammeln. Ich mahnte Quierke wiederholt zur Flucht, doch schob er die Sache hinaus.

Ein schmerzhafter Zahn veranlaßte mich, die Hilfe eines Lagerarztes in Anspruch zu nehmen. Es kam ein rumänischer Jude in französischer Uniform mit den Umgangsformen eines Parvenüs. Er wollte mir den Zahn mit einer Hufzange ziehen, die zudem rostig war. Als ich mich damit nicht einverstanden zeigte, drohte er, mich gesundzuschreiben. Ich ging zum Kommandanten, der wurde aber gerade von einem andern abgelöst. Inzwischen war ich schon in der Infirmerie gestrichen worden, und man wollte mich ins Lager für Gesunde eintragen. Das erstere nahm ich zur Kenntnis, das zweite ließ ich nicht geschehen. Ich fragte Quierke, ob er mit mir gehen wolle, und überließ ihm mein Gepäck zur Obsorge, als er die Teilnahme an der Flucht ablehnte. Ich schulterte den Mantel, in den ich Seife, Kamm, Bürste, Zahnbürste und Rasierzeug gesteckt hatte. Dann wandte ich mich zum Lagerausgang. Die Wachen des alten Kommandanten zogen mit diesem gerade ab, die des neuen mit ebendemselben auf. Zwischen dem Ab- und Aufziehen befand sich ein einziger Soldat, auf sein Gewehr gestützt und von meinen Kameraden umringt. Die riefen: »Wohin geht Kucku?« »Zum Kuckuck«, antwortete ich, und alles lachte.

Ich wandte mich durch den Wald und verlor daselbst die Haarbürste. Daß der Waldweg der kürzere war, wußte ich bereits von meinen Gängen mit Quierke. Nun war dies aber nicht günstig. Denn ich begegnete, sowie ich die Straße erreicht hatte, dem Trupp des alten Kommandanten. Daher mußte ich an diesen Leuten vorbei, wenn nicht sie an mir. Doch bewahrte ich Haltung, auch als das Auto des Kommandanten fast im Schritt an mir vorüberrollte. Da er mich erkannte und entgeistert anstarrte, salutierte ich, ohne im übrigen meinen Gang zu unterbrechen. Vielleicht meinte er nun, irgendein Unbefugter oder sein Nachfolger hätte mir die Konsultation des Zahnarztes in Nîmes erlaubt, oder er meinte überhaupt nichts, sondern hielt sich nun davon dispensiert, mich zu verhaften, wie er dies seinerzeit eigenhändig in Toulouse getan hatte.

Drei Kilometer vor Nîmes gabelte sich der Weg wiederum. Ich wählte diesmal nicht den holprigen, offenbar kürzeren Steig, sondern die breite Straße, die ich wie offiziell als die bequemere Route beschritt, obwohl ich das Gefühl hatte, ich würde sie nicht bis zu Ende gehen. Bald hatte dieses Gefühl seinen Inhalt im Gefolge. Eine bessere Limousine als die des Lagerkommandanten hielt neben mir, und ein Herr rief heraus: »Sprechen Sie Deutsch?« Ich konnte nicht verneinen. »Sie sind Peter Kucku! Steigen Sie ein!« Ich glaubte mich verhaftet, bis der andere sich vorstellte: »Kakadu vom zweiten Büro.« Nun sind wir zwar unter uns Vögeln, aber die Sache ist nicht entschieden, ob der Kakadu nicht Kuckucke frißt, denen die Schlußbuchstaben fehlen.

Der Mann sah nicht so aus. Aber auch Goebbels hatte nicht den Wuchs eines Wotan.

Das zweite Büro betreibt Konterspionage gegen Hitler, es mußten aber die Angaben des fremden Mannes nicht unbedingt stimmen. »Wohin soll ich Sie bringen, Coucou?« fragt jener. »Nach Nîmes, wenn Sie wollen, ich gehe dort zum Zahnarzt.« »Vorerst ins Restaurant, wenn Sie zustimmen.« »Ich stimme zu.«

Er stellte sich als ehemaliger Konzipient eines Wiener Rechtsanwalts vor, der auf dem Umweg der Operette zur Kunst übergesattelt hatte. Ich erkannte ihn zwar nicht, doch erzählte er mir genau, bei welchem Fall wir uns begegnet waren. Wie er zum »zweiten Büro« in Frankreich gelangt war, vertraute er mir nicht an. Vielleicht benützte er nur den Wagen des »zweiten Büros«. Doch riet er mir, nicht zu fliehen, bevor er mein Gepäck sichergestellt hätte. Er lud mich sogar ein, bei ihm zu bleiben, alle würden bald entlassen werden. Er würde mich in einem Kaffeehaus erwarten, sowie ich vom Zahnarzt käme. Ich aß mit ihm die Speisekarte von oben bis unten und wieder zurück durch und trank dazu einige Flaschen Wein, zuletzt ohne ihn. Die Zeche zahlte natürlich ich.

Sobald ich beim Zahnarzt war, spürte ich keinen Schmerz mehr, da dieser vom Wein getötet war. Er bestellte mich für einen anderen Tag. Das Kaffeehaus des Kakadu fand ich auch nicht, oder er hatte nicht Wort gehalten.

Nun ging ich zum Bahnhof und erkundigte mich nach den Zügen Richtung Nice, schaute, ob ich noch Geld genug für die Fahrkarte hatte, und löste schließlich eine. Zwei Gendarmen kontrollierten die Papiere der Fahrgäste. Ich wartete, ob sie nicht einmal ein menschliches Bedürfnis hätten. Es dauerte lange, bis es dazu kam, doch glücklicherweise befiel es sie zur gleichen Zeit. Diesen Umstand benützte ich dazu, auf den Perron durchzuschlüpfen. Soeben kam ein Zug. Was für einer es war, wußte ich nicht, denn ich hatte inzwischen die Auskunft

am Schalter vergessen, doch mußte die Richtung stimmen. Der Zug war so voll, daß ich vom Trittbrett nur bis zum Waggonrand kam, obwohl noch viele nachdrängten. Um so besser, so würde niemand mehr Papiere verlangen. Doch leerte sich der Zug auf dem Weg nach Marseille. Vor Tarascon befand ich mich bereits in einem Coupé, ja auf einem richtigen Sitz, bequem gegenüber einem französischen Ehepaar. Da sah ich Kontrollorgane zusteigen. Ich tauschte meinen bequemen Sitz mit dem Abort, hier wurde nicht kontrolliert. Als ich nach langer Pause ins Coupé zurückkehrte, befand sich jedoch ein Amtsorgan in Zivil vor dem Ehepaar und stritt mit diesem, daß auch Franzosen Papiere brauchten. Der Streit wurde immer heftiger und endete mit dem unbestreitbaren Sieg des Kontrolleurs, der die Franzosen aussteigen ließ. Nun wandte er sich an mich. »Genügt Ihnen das?« fragte ich und zog einen Brief eines angeheirateten Onkels heraus, der Friedensrichter bei Paris war und meine Anständigkeit bescheinigte. Das Kontrollorgan nahm das fragwürdige Dokument von meinen schmutzigen Handschuhen, die ich gerade angelegt hatte, um meine noch schmutzigeren Hände zu verbergen. Es genügte trotzdem, der Geheime salutierte. Gut, daß mein Onkel wegen seines hohen Alters vergessen hatte, der Stampiglie seine zwischenzeitig erfolgte Pensionierung und dem Text meine Nationalität beizusetzen.
In Marseille war Endstation, wie sich zeigte. Ich kam an der nur lockeren Kontrolle vorbei und verließ den Bahnhof, da heute kein Zug mehr abging. Ich begab mich zu einer elenden Herberge, in der Fritz Muschik wohnen sollte. Er lebte vor vielen Jahren in meiner Stadt und hatte eine besonders schöne Cousine, mit der er immer beisammen war und um die ich ihn beneidete. Später fuhr er in die Türkei, die er verlassen mußte, als der Weltkrieg kam, weil er sich als Jude deklarierte. Von seinem Schiff in die USA, für das er die Fahrkarte unter Aufwendung aller Ersparnisse gekauft hatte, wurde er von Franzosen geholt und ins Lager gebracht, aus dem ihm lange vor mir die Flucht gelungen war. Wir hatten einander im Spital der Inter-

nierten gesehen, als sich einmal ein bärtiges Gesicht über mein Bett beugte und eine Stimme mich fragte, ob ich mit der Cousine geschlafen hätte. Den Bart hatte er früher nicht gehabt, auch hatte er später ein anderes Mädchen geheiratet, weil ihm seine Cousine verlorengegangen war, und sich nicht eifersüchtig gezeigt, sondern sogar gelacht, als ich vor ihm seiner Frau unter die Röcke gegriffen und mangels Hose mitten ins Schwarze getroffen hatte. Als ich die Stimme erkannte, gestand ich ihm jedoch nichts.

Fritz Muschik hatte noch von Les Milles sein Papier bei sich gehabt und so einen ordentlichen Wohnsitz begründet. Im Augenblick war er nicht da, nur seine Frau war es mit zwei kleinen Kindern. Als sie auf den Sessel stieg, um die elektrische Birne einzuschrauben, wollte ich den Trick wiederholen, verfehlte aber das Ziel. Sie besorgte ein Zimmer in einer anderen Etage. Sodann kam der Wirt und fragte mich nach meinem Papier. Ich vertröstete ihn auf morgen und legte mich zu Bett, ohne die Rückkehr Muschiks abzuwarten. Am Morgen verließ ich um fünf das Hotel durch das Restaurant, wo eine Frau, die fegte, die vereinbarte Miete für das Zimmer zuzüglich Sperrgeld in Empfang nahm. Für Papiere zeigte sie glücklicherweise kein Interesse.

Auf dem Perron in Marseille handhabten die Kontrolle Polizisten, die kein Bedürfnis ankam. Erst als der Bahnbedienstete die Sperre zuwerfen wollte, entfernten sie sich. In diesem Augenblick rannte ich hin und zwängte mich durch. Nachrufe quittierte ich mit kurzem Hinweis auf die Notwendigkeit, den schon fahrenden Zug noch zu erreichen. Die Fahrkarte schwenkte ich in der Luft. Aus besonderer Vorsicht begab ich mich vom letzten Waggon, in den ich aufsprang, bis zum ersten.

In Toulon war mit der Reise wieder Schluß. Ich wartete im Büfett. Drei Burschen und ein Mädel sprachen Deutsch. Die ersteren stammten dem Aussehen nach aus unserem Lager, das letztere war wahrscheinlich woanders durchgegangen. Sie fühlten sich sehr sicher und sprachen laut und ungeniert.

Bevor sie mich erkennen konnten (denn falls man sie faßte, würden sie mich doch auch verraten), begab ich mich auf einen Perron, von dem aus keine Abfahrt mehr stattfand. Von dort sah ich, wie sie, beinahe gleichzeitig, geschnappt wurden, der Zug Richtung Nice auf ihrem Perron einfuhr und zwei Gendarmen in der Mitte des Zuges einstiegen. Der eine kontrollierte offenbar Richtung Lokomotive, der andere Richtung Postwagen, doch ließen sie, wie ich von hier aus feststellte, den Waggon in der Mitte aus, wahrscheinlich aus Schlamperei, vielleicht auch mit Absicht. Auf diesen steuerte ich langsam von meinem toten Perron aus zu.

Es ging diesmal gut bis Nice, und in Nice war ich jetzt daheim. Aber auf der Polizei saß Fräulein Félice und fragte mich: »Wo ist Ihr Papier?«

»Ich habe es verloren.« »Wo ist Ihr Entlassungsschein?« »Der Kommandant hat mich aus dem Zug entlassen.« »Das sagen alle. Sie sind ausgewiesen aus dem Departement.« »Wo soll ich hin?« »In das Lager, aus dem Sie entflohen sind.«

Ich ging am Strand vorbei. Dort saß Marassino, der rechtmäßig entlassen war, und neben ihm ein Offizier. Der Offizier erkannte mich und rannte auf mich zu. Ich verschwand in der Menge, es war mein Kommandant. Marassino holte mich später ein und sagte: »Du hast unrecht gehabt. Er wollte dich fragen, wo man das Geld des Schriftstellers Walter Hasenclever hinsenden soll, der in Les Milles Selbstmord beging. Du warst doch sein Freund und kanntest seine Umstände.« »Walter Hasenclever ist tot, und sein Geld werden sich die Offiziere ohnedies teilen. Aber hilf mir beim Kommandanten, wenn du kannst!« »Das kann ich nicht. Er ist soeben abgereist, hätte auch sonst nie was Falsches bezeugt.« »Dann ruf den Präfekten an und sag ihm, Dr. Coucou will ihn sprechen!« »Ich kenne den Präfekten doch gar nicht.« »Das macht nichts, aber du sprichst besser Französisch als ich. Du stellst es als eine persönliche Sache dar und meldest dich als wer du willst.« »Was versprichst du dir davon?« »Alles, wenn ich Glück habe.« – »Du hast Glück gehabt. Der Sekretär hat dich vorgemerkt.«

Ich wollte den Sachverhalt dem Präfekten schildern, bei dem ich soeben vorgelassen wurde. Er antwortete: »Ich verstehe, Sie sind Doktor, man will Sie ausweisen.« Ein Beamter führte mich zum Chef des Kabinetts. »Wo ist der Akt?« Ein Stoß von Papieren wurde gebracht. »Ach so. Das soll der rangälteste Beamte in Ordnung bringen. Diesen Herrn, einen Doktor, wollte man ausweisen. Er wird nun zu Ihnen geschickt vom Präfekten und vom Chef des Kabinetts. Prüfen Sie das! Der Präfekt wünscht es.« Der älteste Beamte zerriß lächelnd den Ausweisungsbefehl. »Aber die Medizin dürfen Sie hier nicht mehr ausüben, Herr Coucou, wenn Sie auch einen französischen Namen haben.« Damit entließ man mich wohlwollend, und ich protestierte nicht.

Am nächsten Tag berief mich Fräulein Félice und überreichte mir ein Papier. »Sie sind ausgewiesen, Herr Coucou«, erklärte sie grinsend. Ich betrachtete das Papier und grinste auch, als ich es gelesen hatte. »Sie haben sich geirrt, mein Fräulein, ganz im Gegenteil ist mir ein ordentliches Papier wieder auszustellen.« »Oh, Entschuldigung, ich sehe, man weiß eben die guten von den lästigen Ausländern zu unterscheiden.« »Besonders Sie, mein Fräulein, finden das auf den ersten Blick heraus.« Das hätte ich nicht sagen sollen.

Denn jetzt ist es ein ernster Fall, wie Dr. Honigmann sagt. Die Flucht ist eine noch höhere Kunst geworden. Vor allem braucht man einen Partner. Quierke war damals keiner. Er hatte nur Glück, daß man bald darauf alle Deutschsprachigen von A–Q entließ und nur die von R–Z zurückbehielt, als am Tage nach der Entlassung der ersteren die Order widerrufen wurde. Doch nahm er mein Gepäck nicht mit, weil er dies vergaß. Aber Quierke war ein Mann von mächtigem Format, wenn auch unentschlossen, ungeschickt und unverläßlich. Dr. Honigmann wäre zum Beispiel kein Fluchtpartner. Er möchte ja fliehen, wenn er könnte, würde aber jeden preisgeben, durch dessen Preisgabe er sich besser retten könnte. Der junge Soldat tut nichts Ungesetzliches und wartet auf den

Befehl zum Abmarsch. Der Schuster würde ohne die dicke Wäsche nicht gehen, die er schon bestellt hat. Auch erwartet er bei den Deutschen viele Aufträge zur Herstellung von Uniformstiefeln. Der junge Familienvater läßt die Dinge geschehen, wie sie kommen. Fabrikant Krone tritt zu laut auf, um ungesehen zu bleiben. Er würde den Fluchtversuch wahrscheinlich öffentlich verkünden. Bleibt niemand in unserem Wagenabteil, aber vielleicht befindet sich in irgendeinem andern der Rappaport, der mit mir eingeliefert wurde.

Nun erscheint die Krankenpflegerin noch einmal und teilt mit, daß die Deutschen nur die Mitnahme von zweihundert Franken gestatten. »Wer also Geld hat, der gibt es besser dem Roten Kreuz, als zu riskieren, daß es ihm weggenommen wird.« Der Soldat gibt das bißchen, das er hat, Stiglitz zweihundert von vierhundert, die er besitzt, Dr. Honigmann ganze fünftausend (ich glaube nicht, daß es alles ist). Der Schuster hat kein Bargeld bei sich. Der Fabrikant zündet einen Tausender an, zerreißt einen zweiten und streut die Reste durch das Fenster. Ich gebe nichts, denn ich weiß, ohne Geld kann man nicht fliehen, verstecke aber später auf dem Abort das Geld hinter der Uhr in der Uhrtasche. Das ist kein besonders gutes Versteck, aber ich finde kein besseres. Es ist gut, daß ich Geld habe. Meine Schwester hat den Schmuck meiner toten Mutter in Marokko verkauft und schickt mir von Zeit zu Zeit Beträge. Die Uhr hat mir mein Vater gegeben, als ich das Diplom bekam. Sie wird auch einen Wert haben. Fehlt nur der Partner für die Flucht. Rappaport könnte es sein, wenn er hier wäre. Der Schuster als Waggonkommandant müßte das wissen.

Ich frage also den Schuster: »Haben Sie einen gewissen Rappaport irgendwo gesehen?« Es könnte allerdings mehrere dieses Namens hier geben oder auch nur einen anderen. Aber der Schuster antwortet prompt: »Habe gesehen diesen Rappaport. Und er hat gefragt: Wo ist dieser Kuckuck? Vergessen, es Ihnen zu sagen.« Ich bin erstaunt über diese Gleichzeitigkeit und geneigt, sie als gute Vorbedeutung zu nehmen, frage aber weiter: »In welchem Abteil ist er?« »Gehen Sie jetzt nicht hinaus! Ein böser Gendarm ist draußen. Später gehe ich hinüber. Ich kann es besser als Amtsperson, Rappaport wird machen, daß er Sie sieht.«

Rappaport, der in der offenen Telefonzelle jiddisch gesprochen hat, das man zunächst für Deutsch hielt, denn er ist stark und blond, geradnasig und langschädelig, wie man die alten Germanen schildert, und der dann verhaftet und mit mir eingeliefert wurde und nicht mehr am selben Abend überprüft worden war, ist damals das erste Mal Zeuge gewesen, wie ich mich ihnen widersetzt habe und wie man mir gesagt hat, man werde mich schlagen. Zu dieser Zeit habe ich zum ersten Mal mit ihm von Flucht gesprochen.

»Wir haben es missen machen zu Odessa, ich war ein kleines Kind. Sie haben uns wollen alle erschlagen. Mir Jiden missen fliehen über die ganze Welt.«

Inzwischen geschieht noch nichts. Der Schuster macht seinen Rundgang nicht, und Rappaport kommt auch nicht von selbst. Die Fahrt geht weiter. Alles schläft jetzt oder verhält sich zumindest ruhig. Niemand schnarcht, selbst Dr. Honigmann nicht, der es früher getan hat. Ich versuche, an die Zukunft zu denken. An die Vergangenheit will ich nicht denken, sie setzt sich nicht mehr fort. Aber ich finde auch keine Zukunft. Dort, wo ich suche, ertaste ich ein Loch. Es kann sein, daß alles bald zu Ende ist. Wenn das Ende wie ein Schnitt käme, wäre es vielleicht leichter zu ertragen. Ich aber habe den Eindruck, als wären wir schon längst in diesem Ende und glitten nur immer tiefer hinein, und als würde dieses Ende kein Ende nehmen.

Was mir früher an Schwere entgangen ist, als ich schlief oder bewußtlos war, wächst nicht außen wie ein Alp, sondern drinnen wie ein Geschwür, so daß es mich immer mehr beraubt, zusammendrückt und schwinden macht, aber noch wie mit Bedacht einen Rest übrig läßt, in dem ich den Schwund und die Schwere empfinde. Mag sein, daß es das Geheimnis des Ewigen Juden ist, unausgesetzt zu sterben und doch mit dem

Sterben nicht fertig zu werden. So empfindet er die Ewigkeit als Not und das Ende als Erlösung. Ich aber wollte immer die Ewigkeit für mich und fürchtete das Aufhören der Persönlichkeit. Als Kind glaubte ich, Gott zu sein, und wartete ständig auf meine Apotheose. Vielleicht glaube ich insgeheim noch immer daran, und das hindert mich, etwas anderes zu glauben. Man sollte an sich selbst nie einen flüchtigeren Maßstab legen als an alle übrigen. Dann würde die Welt wahrscheinlich nicht aus den Fugen gehen. Ich war nachlässig und habe mir zuviel verziehen. Dadurch ist es soweit gekommen.

Hier ist Rappaport in der Tür. Ein Polizist ist bei ihm, und zwar der, welcher das Fenster geöffnet hat, als der Brigadier dies nicht zulassen wollte. Er sagt: »Dieser Herr hat nach Ihnen verlangt.« Ich weiß nicht, was Rappaport will, er teilt es auch nicht mit. Schließlich fragt er: »Wie geht es Ihnen?« Um das zu erfahren, ist er natürlich nicht gekommen. »Hören Sie, Rappaport, ich möchte mit Ihnen sprechen«, gebe ich zur Antwort, »vielleicht geht es aber nicht.« Er meint, wir könnten auf den Korridor gehen. Dort ist nur der Gendarm, der ihn gebracht hat, und der ist nicht gefährlich. »Können wir nicht irgendwo hinaus?« »Wir können jetzt nicht«, sagt Rappaport, »die Wachen sind noch immer da.« »Ich habe Mittel, Geld, eine goldene Uhr.« »Ich werde wiederkommen«, sagt er.

Der Schuster erscheint verschlafen in der Tür. Er muß im Schlaf gehorcht haben. »Lassen Sie es sich nicht einfallen, abzuspringen! Man bekommt Sie. Und wenn man Sie nicht bekommt, missen wir das Bad ausgießen. Ich werde haben ein wachsames Auge auf Sie!« Es hat keinen Sinn, den Schuster überzeugen zu wollen. Es ist einer mehr, mit dem man rechnen muß. Rappaport hat nicht gewartet, sondern ist weggegangen. Er ist vorsichtig und wird niemand ins Vertrauen ziehen. Niemand. Wie könnte man auch von einem Fremden verlangen, den ein Komplott von Mördern zum Kameraden macht, er solle uns verzeihen, daß wir uns retten wollen, während er selbst zurückbleibt.

Es beginnt Tag zu werden. Angesichts des kommenden Lichts verfällt Honigmann wieder ins Schnarchen. Sein weiches Gesicht scheint jetzt durch sein Kinn zerschnitten, und seine Nase nimmt die Form und Sendung eines Lokomotivenrauchfangs an. Der junge Soldat ist erwacht und versucht, ohne Wasser und Messer Toilette zu machen. Stiglitz, der feiste, junge postume Vater, zeigt wie der verhinderte Dichter gleichen Namens ein sentimentales Gesicht. Seine Backen scheinen nach unten zu fallen. Der deutsche Fabrikant Krone springt prustend aus seinem Schlaf und hebt seine Koffer herunter. Dann verteilt er verschiedene Utensilien, die er den schon Wachen oder von ihm durch Lärmerzeugung allmählich Geweckten in die Hand drückt, den noch Schlafenden auf den Schoß legt, nämlich Becher, Foulards, Hausschuhe und dergleichen. Ich nehme ein Stück Seife und begebe mich zur Toilette. »Nicht gestattet«, ruft der Schuster, der halb schlafend oder doch noch wachend anscheinend jede Bewegung um sich kontrolliert. Aber ich gehe doch. Dazu nehme ich meinen Rasierapparat mit, den mir wahrscheinlich Herr Siegfried bei seinem Besuch gebracht hat und den man mir damals, offenbar versehentlich, ließ. Die anderen hatten den ihrigen abgeben müssen.

Ich bin noch nicht mit meiner Toilette fertig, als der Zug anhält. Mit viel Lärm gehen die Gendarmen durch den Wagen und rütteln an allen Türen, die nicht offen sind. Es scheint, daß wir am vorläufigen Ziel sind und die Gefangenen aussteigen müssen. Ich habe vor, meine Toilette noch zu vollenden. Dreimal haben die Gendarmen schon an meiner Tür gerüttelt, und nun tun sie es unablässig. Sie werden mich kaum im Wagen vergessen, und ich habe obendrein eine scharfe Lektion zu gewärtigen. Ich scheuere trotzdem weiter an meinem Gesicht, so gut es die mitgebrachten Mittel erlauben. Sobald ich fertig bin, öffne ich selbst die Tür und gehe zwischen den Gendarmen durch, als gingen sie mich nichts an. Sie schimpfen zwar und machen Gebärden, als ob sie mich mit den Fäusten puffen wollten. Doch meine wehrlose Sicherheit scheint sie zu überraschen, und ihre Gesten bleiben unausgeführt. Ich besteige als letzter den offenen Camion, der die gesamten Festgenommenen ins Auffanglager transportieren soll. Ich zähle 56, nämlich 19 Männer, 30 Frauen und 7 Kinder.

Die Bucklige stellt sich neben mich und sagt: »Sie sind in dem gleichen Fall wie ich. Man wird unsere Papiere überprüfen.« Aus dieser angenommenen Gemeinsamkeit fühlt sie sich also zu mir hingezogen. Ich gebe ihr recht und tröste mich, indem ich sie tröste. Dr. Honigmann hat sich drei älteren Herren zugewandt. Da er sich mit einer Hand am Wagenrand festhält, begleitet er bloß mit der anderen sein Gespräch. Ehrlich, der junge Soldat, hat einen ehemaligen Kameraden gefunden, der einem braunen Mädchen den Hof macht, und unterstützt ihn dabei. Drei andere Mädchen schwanken mit den Wagenbewegungen im Hintergrund und hören zu. Das braune Mädchen schüttelt sich vor Lachen über das, was ihr erzählt wird, die anderen aber bleiben ernst. Eine ältere Frau trägt eine Schürze mit Schlüsselbunden. Wozu diese gehören sollen, ist nicht erfindlich, vielleicht zu den vielen Koffern, die im Wageninnern aufgeschüttet sind. Auf dem ihr nächsten sitzt ein älterer Bürger mit vorsintflutlichem Backenbart, zu dem sie von Zeit zu Zeit wie eine Hausfrau auf Reisen spricht. Er hört ihr andächtig zu, sagt aber nichts. In meiner Nähe sitzt Fabrikant Krone, auch auf seinem Gepäck. Seine Frau ist nicht bei ihm. Ich wäre neugierig gewesen, sie kennenzulernen. Vielleicht ist sie eine der drei ältlichen Damen, die neben den schwankenden Mädchen stehen, ungleich fester als diese, weil nicht gegen den Wagen, sondern auf Stöcke und Regenschirme gestützt. Die blonde Agnes mit den wasserblauen Augen kommt auf mich zu: »Sie erzählen so gut Witze. Können Sie uns nicht die Zeit vertreiben?« Diese Zeit kann ich leider nicht vertreiben, doch suche ich nach unblutigen Scherzen, die nicht auf unsere Situation bezogen werden können. Seit der Kaserne Au Var glaube ich, uns dies zu schulden. Aber wie ich vom Rebben spreche, bei dem ein Engel genügt, ihn des Morgens in sein Zimmer zurückzubringen, während sieben nötig gewesen waren, ihn am Abend vorher ins Bett seiner Gattin zu tragen (no, will er denn?), erinnere ich mich daran, daß Geschichten über Dinge, die mit Fortpflanzung zusammenhängen, auf dem Weg zur Vernichtung eine Verhöhnung darstellen könnten, und bringe mich selbst zum Schweigen. Die andern haben aber meine Bedenken anscheinend nicht und sind nun bester Laune. Die Gendarmen betrachten diese Flucht in den Humor entgeistert und voll Entsetzen. Vielleicht hält mich der eine oder andere jetzt nicht nur für einen Simulanten, sondern auch für einen gefährlichen Rädelsführer.

Der junge Mann, den man vor seiner Hochzeit gefangensetzte und dessen Braut ein Kind erwartet, drückt mir die Hand im eignen und in aller Namen. »Sie haben uns eine nette Stunde bereitet!« Der junge Soldat, der Ehrlich heißt und es auch ist, schränkt ein, daß man lieber über die Nazis hätte Witze erzählen sollen. Ich lege entgegen früherer Absicht nunmehr mit solchen los, da sind wir auch schon angelangt. Der Wagen fährt in eine Wüste ein, die mit einigen Reihen Stacheldraht eingefaßt ist. Es ist das »Empfangszentrum von Rives Altes«, wie man mir auf Anfrage Auskunft gibt. Hier werden bestimmungsgemäß alle Krematoriumsanwärter gesammelt, sondiert und dann exportiert. Zunächst ruft man uns mit Namen auf und teilt uns in schon vorhandene Kompanien ein. Den Aufruf besorgen zwei große, dicke Kerle in Tropenhelmen mit versoffenen Glotzaugen, beide zu Rad. Mit rauhen Bierstimmen brummen sie unsere Namen, doch sprechen sie sie richtig aus. Kein Zweifel, sie sind Deutsche. Dr. Honigmann stöhnt, daß wir verloren seien, und ich bin schon geneigt, ihm Glauben zu schenken, da ich ihn wieder zu meiner Linken habe. Allein zu meiner Rechten finde ich Rappaport, den ich im Lastwagen übersehen hatte. »Jetzt ist keine Zeit mehr, Witze zu erzählen«, erklärt er nicht ohne Berechtigung.

Als die Einteilung vor sich gegangen ist, setzt sich der Zug in Marsch. Es besteht eine leichte Unordnung, die angesichts der Franzosen noch nicht gerügt wird. Man marschiert durch weitere Stacheldrahthecken, deren unmerkliche Türen sich gleich hinter uns schließen. An jeder Pforte findet eine weitere Verteilung statt. Hinter dem letzten Stacheldrahtgatter habe ich zwar noch rechts von mir den Rappaport, doch ist links an die Stelle des Dr. Honigmann die bucklige Ilse getreten. Ich nehme das für ein gutes Zeichen, Rappaport aber nicht. Er fragt sich und mich: »Wie kommt man noch hinaus?«

Wir sind nur mehr acht, als wir in ein kleines Haus eintreten. Wir treffen dort mit schon früher Eingelangten zusammen. Einige von den Fahrtgenossen, darunter Honigmann und der Schuster, stoßen wieder zu uns.

Ein Franzose mit Baskenmütze registriert schließlich die Neueingegliederten und verlangt uns die Lebensmittelkarten ab. Sowohl Rappaport als ich beteuern, sie verloren zu haben. Auch die Identitätskarte haben wir weggeworfen, sagen wir. Die bucklige Ilse gibt beides ab: »Ich bekomme sie ja sowieso wieder, sobald ich in Freiheit gehe.« »In diesem Falle, gewiß«, grinst der Mann mit der Baskenmütze. Ein vorgebeugter, aber sonst kompakter Jüngling mit wohlgezwirbeltem Schnurrbart, Typus Zuhälter, drängt alle sanft beiseite und stellt flüsternd das Einvernehmen mit dem Registrierungsbeamten her. Er schiebt ihm ein Dokument unter die Nase, das offenbar einen jener frisch hergestellten Taufscheine darstellt, mit denen zunächst wohltätige Pfarrer unentgeltlich, dann erpresserische Nazis für schweres Geld abreisende Emigranten zwecklos versorgten. Der widerliche Vordringling verzögert ohne Erfolg für sich unsere Abfertigung, denn der Baskenmützenträger unterbricht ihn nicht.

Als wir den Raum verlassen, ist es Nacht. Ein Herr ohne Gesicht weist uns eine lange Baulichkeit, die sich hinter einem Tor, das ihre ganze Breite einnimmt, in die Länge dehnt, als Behausung zu. Es mochte sich um ein ehemaliges Magazin oder auch um eine frühere Stallung handeln. Der Wind, der durch die Fugen unter dem Dach ein- und wieder austritt, wirbelt das Stroh auf und auch teilweise wieder hinaus, das Teile des Bodens dünn belegt und um das sich die Hüttenbewohner bereits balgen. Es sind dies Männer, Weiber, Kinder durcheinander. Der Schuster findet sich wieder vor und weist die Plätze an. Mir gibt er einen guten, gleich bei sich und bei der Tür. Die Bucklige verweist er irgendwo in die Mitte. Als der Menschenhaufen beruhigter auseinanderfällt, zähle ich hunderteinundfünfzig auf siebzig Quadratmetern. Ein Viertel der Eingelieferten stammt von unserem Transport. Krone ist nicht mehr unter uns.

Eine halbe Stunde später langen noch zwei Damen ein, die auch nicht mit uns gekommen waren. Die eine trägt einen Nerz-, die andere einen Hermelinmantel. Sie sehen so aus, als wären sie eben einer Luxuslimousine entstiegen, und dies könnte auch der Fall gewesen sein. Als sie das Gebäude sehen, in dem sie nun ebenfalls untergebracht werden sollen, glauben sie, in Ohnmacht fallen zu müssen. Sie haben auch einige elegante Reisekoffer und weigern sich, sie bei uns einzustellen. Sie rufen zuerst den »Saalkommandanten«, nämlich unseren Schuster. Der bedauert, die Damen nicht besser bedienen zu können. Sodann verlangen sie nach dem Lagerkommandanten, und der ist, zu unserem freudigen Erstaunen, noch ein französischer Hauptmann und erscheint sofort. Die Herren in den Tropenhelmen sind also vorläufig nur Aufpasser und wir noch in französischen Händen. Der Offizier ist sehr höflich mit den Damen, kann aber leider kein besseres Quartier beschaffen. Er ist auch nicht in der Lage, die Männer von den Frauen und Kindern schon jetzt zu separieren, die Deutschen würden das sicher später besorgen. Man einigt sich aber schließlich dahin, daß ein Verschlag vor dem Schuppen, der vielleicht einmal zur Aufbewahrung von Besen oder Werkzeugen gedient hat, für die beiden Damen ausgeräumt wird, zu denen sich dann allerdings noch eine dritte gesellt, die nur eine kurze Pelzjacke trägt, die überdies aus Hasenfell stammen könnte.

Dr. Honigmann macht ihnen darauf die Honneurs und hilft ihnen auch gemeinsam mit dem Schuster bei der Beschaffung von Stroh, auf das sie sich legen sollen. Sie gewöhnen sich nur äußerst schwer an die veränderte Situation. Aber sobald sie dies zu tun beginnen, geschieht es ganz radikal. Sie requirieren mitleidlos die Bettstreu, wo gerade einer oder eine zur Seite schaut oder sich noch nicht hingelegt hat oder zwar liegt, aber schon schläft. Mir nehmen sie vor meinen Augen alles weg bis auf den letzten Halm. Ich hatte ihnen ruhig und heiter zugeschaut, und sie nahmen dies offenbar für Zustimmung oder Unterwerfung. Es ist so ohnehin besser, wenigstens lassen mich die Erdflöhe in Ruhe, die den anderen nahetreten.

Im übrigen bekomme ich noch genügend Stroh ins Gesicht, wenn der Wind über das freie Feld fegt und durch den Spalt unter dem Dach, der an Fensters Statt lüftet, Staub bringt, Stroh aufwirbelt und beides hinausträgt. Die Proteste der Damen erneuern sich, als das Stroh sie sticht und sie sich an das Fehlen des Badezimmers erinnern. Die Vergasung möge ihnen leicht sein! Die gewöhnlichen Frauen und Mädchen zwischen uns protestieren nicht. Eine von ihnen macht sogar bei einzelnen Herren die Runde, es ist Agnes mit den waschblauen Augen.

Wie nun alles ruhig wird, tritt Rappaport zu mir und fordert mich auf, ihm zu folgen. Das Tor des Gebäudes ist offen, der vielfache Stacheldraht soll genügen, eine Selbstbefreiung auszuschließen. Vor der Hütte beteuert mir Rappaport kurz, er habe einen Wächter gefunden, der die Sache machen wolle. Er führt mich gleich zu ihm. Es ist ein langer Marsch an mindestens zwanzig gleichartigen Baracken vorbei. Dabei muß er alle Uniformierten auf ihr Gesicht prüfen, um den Gesuchten mit Bestimmtheit wiederzuerkennen. Aber der vierzehnte Wächter ist der gewünschte und gibt auch zu, daß er uns helfen will. Als ich von dem Preis spreche, meint er, daran liege ihm nichts, er tue es aus politischen Gründen. Es wundert mich zunächst, denn in meinem Land wird auch aus politischen Gründen kaum etwas getan, das nicht Geld einbrächte.

Allerdings fügt der erhoffte Retter einschränkend hinzu, daß in dieser Nacht noch nichts geschehen könne. Die Sache müsse erst vorbereitet und mit ein paar anderen Kollegen besprochen werden, die an weiteren Drähten Wache stünden. Er werde zeitgerecht morgen oder übermorgen den Plan mitteilen. So lange könne man ohne weiteres warten. Morgen gehe sicher kein Transport. Man transportiere nur einmal wöchentlich, und gestern sei ein Schub abgegangen.

Das ist noch kein Grund, aber ein Anlaß für eine Hoffnung. Denn die Gefahr ist ausreichend, um den Mut mit Hoffnungen füttern zu müssen, auch wenn sie sich später als unbegründet erweisen. Gleich auf dem Heimweg findet sich hierzu eine neue Gelegenheit. Ein offenes Fenster erweist sich als Postverteilungsstelle. Allerdings gehört es zu den größten Seltenheiten, daß jemand Post wirklich erhält. Wie ich dort vorbeikomme, schreit man: »Coucou«, das bin offenbar ich, und so erfahre ich, daß ein Telegramm für mich eingelangt sei. Ich buchstabiere: »Seien Sie beruhigt! Ihre Freunde arbeiten für Sie. Gezeichnet Mayonase!« Das ist nicht der Name eines meiner Freunde, aber vielleicht ein Pseudonym. Warum sollte nicht auch ein solches in Gefahren verwendet werden.

Als ich mich in der Kaserne Au Var befand, schrieb ich vier Briefe an befreundete Leute, einen an Ramond. Er war Chef des Sicherheitsdienstes von Cannes. Ich hatte ihn auf dem Wege zur Polizei getroffen und befragt, ob ich in meiner Lage es wagen sollte, regulär meinen Aufenthalt verlängern zu lassen. Ramond meinte, mit meinen Papieren könne ich dies ohne weiteres; doch wurde ich mit ihnen ohne weiteres verhaftet. Ich sandte durch den Polizisten, der nicht an Gott glaubte, einen Brief aus der Kaserne zu ihm. Der Polizist zog es vor, statt im Amt beim Adressaten daheim zuzustellen, wo dessen Frau und vier Kinder zugegen waren, aber nichts entgegennahmen. Hierauf faßte sich der Bote ein Herz und wartete vor dem Amt, gleichfalls vergeblich. Schließlich fand er den Chef in einer Bar in Damengesellschaft. Da dieser gut aufgelegt schien, glaubte er, Interesse für mich zu finden.

Ramond nahm freundlich den Brief in Empfang und steckte ihn ungelesen in die Tasche. Der Polizist wartete, daß er ihn öffnen würde, doch geschah dies noch nicht. Erst später, als Ramond einem Mädchen einen Scherz erzählte, den dieses nicht verstand, suchte er zu Erklärungszwecken nach Papier in seiner Tasche, fand aber nichts als meinen Brief. Da der Briefumschlag auf der einen Seite nur seinen Namen und eine Anschrift, auf der anderen nur meinen und den Ort meiner Anhaltung enthielt, war nicht genug Platz für eine Zeichnung. Er öffnete daher den Brief und fand die Rückseite leer. Darauf zeichnete er und schrieb er. Als das Mädchen verstand und gekitzelt kicherte, verbrannte er den Brief an der Kerze, die den Tisch schwach beleuchtete. Den Umschlag steckte er allerdings ein. Der gottlose, aber gute Polizist konnte nur das Ergebnis seiner Sendung berichten.

Einen zweiten Brief aus der Kaserne Au Var beförderte er mir an Dr. Autin. Derselbe war zwar Armenarzt, vereinnahmte aber große Summen und leitete angeblich den Antispionagedienst. Als er von meiner Lage erfuhr, machte er den Sendboten zunächst darauf aufmerksam, was dieser und was er durch eine Intervention riskierten. Dann versprach er zu tun, was die Verhältnisse erlaubten, und das war anscheinend nichts.

Den dritten Brief schickte ich an den alten Nazi Mutbrunnen. Mit dem war ich zusammen in dem Lager gewesen, in dem ich die Ruhr bekommen hatte. Nur war er damals zurückgeblieben und ich mit dem Schriftsteller Lion Feuchtwanger auf Fahrt gegangen. Zwischen jenen und den späteren Lagern hatte ich ihn noch häufig gesehen. Als Mutbrunnen kein Geld mehr hatte, weil seine Frau eine Rente von einem früheren Geliebten aus England zufolge geänderter Kriegslage nicht mehr erhielt, brachte ich ihn zum alten Herrn Siegfried. Zwar blieb Mutbrunnen überzeugter Nazi und Siegfried Jude, doch waren sie beide alt und hatten bessere Zeiten gesehen, von denen Siegfried noch so manches übriggeblieben. So verstanden sie einander. Mutbrunnen übernahm des alten Siegfried Schutz, und dieser ernährte ihn. Die Symbiose war für keinen von beiden schlecht; denn Mutbrunnen hatte durch sein Weib sehr gute Beziehungen zur herrschenden Klasse, und Herr Siegfried ließ sich diese etwas kosten. Sobald nun Mutbrunnen den Besuch des Polizisten erhielt, schrie er in einem Französisch, das trotz seinem zwanzigjährigen Aufenthalt im Lande noch genauso schlecht wie am Anfang war, die französischen »Hühner« (wahrscheinlich meinte er »Huren«, *poules*) hätten seinen Freund Kuckuck auf dem Gewissen und wollten ihn den Deutschen ausliefern, die ihn gar nicht verlangt haben konnten. Aber er werde es »denen« Franzosen zeigen, wenn Coucou umkommen sollte. Damit war mir freilich ganz und gar nicht gedient.

An wen ich den vierten Brief gesandt habe, erinnere ich mich nicht mehr. Vielleicht habe ich auch gar keinen aufgegeben. Aber doch, ich habe. Wer war nur dieser Herr oder diese Frau Mayonase, deren Telegramm ich in Händen halte? Vielleicht die ungarische Tänzerin, die ich auf der Polizei getroffen hatte? Aber die kannte ich ja kaum. Sie hätte vielleicht mit mir geschlafen, aber sicherlich nichts Ernstes für mich getan. Marassino konnte es auch nicht gewesen sein, der saß wegen eines schweren Polizeidelikts in einem strengen, allerdings viel ungefährlicheren Lager als dem meinen. Die Russin Manja, die ich einmal gekannt hatte? Sie war Prinzessin und Kommunistin zugleich, unterhielt gute Beziehungen zur Regierung und zu Kreisen, die sie stürzen wollten.

Ich weiß noch genau, wie mir ein Minister in ein Lager schrieb, er werde alles tun, um Manjas Wünschen gerecht zu werden. Als man mich dann nicht losließ, mußte ich sehr viel Krankheit simulieren, um schließlich den Zweck zu erreichen. Die verdutzte Manja erklärte, als sie mich wiedersah, sie habe den Minister gebeten, mich recht lange gefangenzuhalten; auch Dostojewskij sei nur ein großer Dichter geworden, weil er sich lange in Todesgefahr befunden habe. Nein, Manja war es nicht. Des unerweckten Dichters Stiglitz' Frau, die dessen Dichtertum durch Selbstmord zum Vorschein bringen wollte, hätte vielleicht auch etwas zu seiner leiblichen Rettung getan, doch lebte und starb sie in einem anderen Jahrhundert.

Beim Vorbeigehen des Kameraden Stiglitz werde ich wieder darauf gebracht, wie sehr sich die Lagerwirklichkeiten von allem, was außerhalb vorgeht, unterscheiden müssen. Ich studiere noch einmal das Telegramm in meinen Händen und komme darauf, daß es gar nicht an Pierre Coucou, sondern an Robert Coucerou gerichtet ist. Gleich angestellte Nachforschungen ergeben, daß einmal ein Zigeuner dieses Namens im Lager gewesen war. Mayonase dürfte sein längst naturalisierter und arrivierter Freund geheißen haben, der es sich etwas kosten lassen wollte, seinen »Rassengenossen«, der sich in schlechterer, weil heimatloser Haut befand, loszukaufen, aber jedenfalls nur dazu beitrug, den Wegelagerern weitere freiwillige Zuwendungen zu machen. Denn Coucerou war längst auf einem Transport Richtung Polen abgegangen. Für mich ist allerdings auch diese Intervention nicht erfolgt.

Als ich dann, wieder mit Rappaport vereinigt, den Platz vor unserer und den andern nahegelegenen Baracken betrete, ist dieser Zwischenraum von einer Anzahl Menschen besetzt, die einen Kreis bilden. Ich trete an einer freien Stelle ein und sehe, daß in der Mitte ostjüdische Burschen und Mädchen die Horah tanzen.

Sehr viele Beschauer umringen den Kreis, den die Darsteller abgesteckt haben. Um den Tanzplatz sind hinreichend Beleuchtungskörper improvisiert, um das Vorgestellte zugänglich zu halten. Inmitten der Zuschauer, die nur aus Lagerinsassen bestehen, erscheint der schlanke hohe Lagerkommandant mit seiner Suite in Uniform und sieht den Darbietungen der dem Tode Geweihten zu.

Ihm zu Ehren tragen einige Mädchen französische Chansons vor, wobei sie von Burschen auf dem Maurerklavier und der Laute begleitet werden. Die anderen, und dies sind die meisten, fahren mit Tanzen fort, das nunmehr stumm erfolgt und einen Kontrast zu den Zugeständnissen der paar Solisten an die Nation der Lagerverwaltung bildet.

Fast alle Darsteller sind kräftig und von regelmäßigen Zügen, die Mädchen frisch und hübsch, zwei unter ihnen, die nicht für den Kommandanten singen, von vollendeter Schönheit, eine blond und eine braun. Diese beiden haben sich beim Erscheinen des Kommandanten überhaupt vom Tanze zurückziehen wollen, werden aber von den Gefährtinnen wieder auf den Tanzplatz gedrängt.

Der Kommandant wendet kein Auge von ihnen, insbesondere nicht von der Brünetten, deren Haar in der Beleuchtung wie schwarz aussieht, wovon ihr blasses Gesicht absticht. Die Blonde mit den waschblauen Augen, die keine Ostjüdin ist und auch nicht die Horah tanzt, nimmt diese Wahl des Kommandanten nicht zur Kenntnis, die übrigens auch völlig zwecklos gewesen wäre, was die Züge der Bevorzugten eindeutig bezeugen. Trotzdem dauert es einige Zeit, bis das anschlußlustige Mädchen mit dem Offizier ins Gespräch kommt, wiewohl es bald nahe vor ihm steht und ihn mit sympathischem Französisch anredet. Aber schließlich ist ein Gespräch in Gang, und zuletzt verläßt er mit ihm ohne Suite den Platz. »Die kommt heraus«, meint Dr. Honigmann.

Während sich Rappaport zurückzieht, gewinnt Dr. Honigmann immer mehr an Raum. Er findet die Horah nicht übel, aber bevorzugt, was französisch ist. Auch schwärmt er von den drei Damen, die ins Lager gekommen sind und Pelze von den feinsten Berliner Kürschnern tragen, das heißt, die dritte trägt nur eine gute Imitation. Die eine ist, wie er sagt, die Frau eines Generaldirektors, der sich selbst mit seiner Freundin gerettet hat. Die zweite aber soll gar keine oder zumindestens keine reine Jüdin sein, nämlich die Hermelinene, eine gewesene Zirkusreiterin oder Nackttänzerin, aber jetzt mit einem feinen (sprich: reichen) Mann verheiratet, der sowieso schon gefangen sei – wie ihre kleine Tochter auch. Die dritte, die sich unter die zwei »gemengt« habe, weil sie sich vielleicht davon einen Vorteil verspreche, sei überhaupt nur »politisch« und habe kein Geld.

Es gelingt mir, von Dr. Honigmann loszukommen, und ich

sehe wieder der Jugend zu. Jetzt produzieren sich die jungen Burschen allein und führen Zirkuskunststücke vor. Das gefällt der Suite des Kapitäns weniger, und sie verläßt nach und nach den Platz. Darauf beginnt die Horah von neuem, und sie singen die jüdische Hymne. Wie die Lichter einfallen, sieht es aus, als schritten sie durchs Feuer. So mögen die Männer im Feuerofen ausgesehen haben, die trotz Nabuchodonosors Grausamkeit durch ihren Gott am Leben blieben, und ich glaube angesichts dieser Jugend, die sich um den Tod nicht kümmert, daß es dem epileptischen Herrn der Erde nicht gelingen wird, unser Volk zu vernichten.

Wie ich den Platz verlasse, hat der Gedanke an die bevorstehende Vergasung wesentlich für mich an Bedeutung verloren. Im Augenblick habe ich Rappaport und den Entschluß zu fliehen vergessen. Die Bucklige, die mit mir zu unserem Schuppen zurückkehrt, legt ein Bekenntnis zum Judentum ab, obwohl sie diesem nur halb angehört. Ihre Seele ist offenbar nicht bucklig.

Mitten in der Nacht werde ich aber an unsere Situation wieder ausreichend erinnert. Agnes mit den waschblauen Augen kehrt nämlich zurück. Im Schein der Taschenlampe des Schusters erweisen sich ihre Augen als eingefallen und umrändert. Der Beleuchter grinst über das ganze Gesicht: »War er freundlich? Wann werden Sie entlassen?« Sie lächelt schelmisch: »Übermorgen sollen Entlassungen sein. Vielleicht bin ich darunter.«

»Und wen lassen sie aus?« fragt Dr. Honigmann. Sein Schlafstroh liegt zwar am andern Ende des Schuppens, und er schien auch wie ein Murmeltier zu schlafen, doch hörte er offenbar die Worte des gewiß in jeder Hinsicht andersartigen Mädchens wie ein Orakel der Pythia in seinen Schlaf hinein. Agnes wendet ihm die linke Gesichtshälfte zu, die die ruhigere ist, und sagt: »Der Kapitän hat gemeint, es werden alle Papiere überprüft, und sehr wohlwollend. Wo ein Grund ist, und wenn es auch nur ein bißchen ein Grund ist, wollen sie die Leute entlassen. Die Bischöfe haben Protest erhoben, es scheint, daß die Aktion abgeblasen wird.« »Sie sind ein Engel, wenn Sie die Wahrheit sagen«, meint Dr. Honigmann, »ich will Sie mit Geld zudecken, wenn ich herauskomme.« »Geld brauche ich nicht«, sagt Agnes, aber wer weiß, ob sie es wirklich meint.

Inzwischen ist die ganze Baracke lebendig geworden. Dr. Miller, ein früherer Anwalt, hält es für unwahrscheinlich, daß man nach dem Abtransport von Zehntausenden plötzlich die Aktion stoppen wolle. Die meisten anderen bestürmen Agnes mit Fragen, die eines jeden persönliche Sache betreffen. Ja, sogar die Dame mit dem Nerzmantel kommt ganz ohne Aufmachung aus ihrem vornehmen Verschlag, wiewohl sie gar nicht gut aussieht, hinter ihr her die hermelinene Zirkusreiterin und die hasenfellige Politische. Alle drei wenden sich vertrauensvoll an die »Freundin des Kapitäns«. Diese weiß aber keinen Rat, wiewohl sie ein gutes Geschäft machen könnte, wenn sie diese Wünsche und Beschwerden übernehmen würde (die Leute haben sicher nicht alles Geld abgegeben). »Sie versteht nichts vom Geschäft«, würde Dr. Honigmann sagen, wenn man ihn um sein Urteil bitten würde. Man fragt ihn aber nicht, sondern nur sie.

Auf diese Weise ist es Morgen geworden. Alle sind besserer Laune. Es gibt keinen, der nicht Zukunftspläne machen und nicht sein Leben in irgendeiner Hinsicht reformieren will. Selbst Dr. Miller, der an den wirkungsvollen Einfluß der Bischöfe nicht glaubte, bringt zum Ausdruck, daß die Zeit vor der beabsichtigten Vergasung vielleicht reichen würde, um dem Kriegsglück eine derartige Wendung zu geben, daß der Krieg oder zumindest die Judenermordungen aufhören würden. Die meisten übrigen aber setzen dem waschblonden Mädchen zu und wollen wissen, was man sagen soll, damit man herauskommt. Sie weiß nicht mehr, als was sie bereits gesagt hat; man meint aber, sie müsse unfehlbar über alles orientiert sein. »Sie ist mit dem Kapitän«, heißt es allgemein. Das Liegen hat sich in ein Sein verwandelt. Nun klingt das Ding erhebend statt erniedrigend.

Dr. Honigmann schwärmt wieder für seine achtzehnjährige Französin: »Sie ist wie Zucker und so dünn.« Der Schuster zieht dicken Zucker vor. Nun läßt sich ein Mann vernehmen, der bisher geschwiegen hat, dies aber von nun an nur mehr selten tut. Es ist ein rheinländischer Jude, der Kohn heißt und aus Anlaß und zwecks Verhinderung seiner Festnahme sich die Halsschlagader durchschneiden gewollt, aber daneben geschnitten hat. Nun befindet er sich trotzdem hier, und dabei ist seine Tochter mit einem SS-Mann verheiratet, der von ihrer Abkunft nichts weiß, denn sie hat ein falsches Papier. Es existieren auch vier Enkelkinder, die der Großvater nie sehen durfte. Wenn er hier freikommt, möchte er sogar freiwillig auf Arbeit nach Deutschland, er habe genug vom Emigrantenleben. Dem jungen Soldaten, der plötzlich auftaucht, gefällt der deutsche Herr Kohn nicht. Er versichert ihm, daß er seinerseits gern wieder gegen Deutschland kämpfen würde, wie er es zu Anfang des Krieges getan habe, und daß er jeden Schuß bedauere, der danebengegangen sei. Ja, er würde lieber gegen Deutschland fallen, als dort sein Paradies finden. Allerdings scheint mir jeder Glaube an ein Paradies, das nicht jenseits der Vergasung liegt, jetzt verfrüht, und mich dünkt eine In-Freiheit-Setzung fraglich und gegebenenfalls höchstens provisorisch. Doch teile ich meine Meinung niemandem mit.

Wir stellen uns langsam zum Frühstück an. »In Deutschland werden Sie ohnehin keines mehr bekommen«, meint ein gutmütiger Wächter. »Wir kommen nicht nach Deutschland, wir werden alle befreit«, sagt der optimistisch veranlagte Honigmann. Der Wächter versteht sein Französisch nicht gleich. Dann macht er eine ausweichende Geste. »Es ist also noch nicht sicher?« erklärt Dr. Honigmann, offenbar an sich irre geworden, denn die Sicherheiten stammen lediglich von ihm selbst.

Nach beendeter Mahlzeit rührt sich noch nichts. Die Damen in Pelz, mit ihrer Nachtruhe unzufrieden, protestieren nun auch gegen das Frühstück, doch tun sie es nicht gegenüber dem Lagerkommandanten, sondern adressieren ihren Protest an die Leute im Gemeinschaftsraum. Sie stoßen auf kein Verständnis, sei es, weil die Angeredeten den Tadel auf sich beziehen oder weil sie mit dem Frühstück zufrieden sind oder es nicht für so wichtig halten. Zufolge unerwartet grober Antwort stellen die Damen ihren Protest wieder ein. Im übrigen ist die ausgegebene Flüssigkeit warm, und auf den Geschmack kommt es sowieso nicht mehr an. SS-Schwiegervater Kohn, der seine Enkel nicht sehen durfte, sucht offenbar seine falsch angezapften Adern mit dem Pseudokaffee wieder aufzufüllen, denn er trinkt drei große Hafen leer. Mit dieser Flüssigkeit wird ausnahmsweise bei der Zuteilung nicht gespart, auch ist er als letzter bei der Ausgabe erschienen. »Das tut gut«, meint er. Dr. Honigmann ist seit der Bemerkung und der Geste des guten Wächters nicht mehr das stolze Schiff mit dem aufgeblähten Segel, sondern befindet sich nunmehr geneigt und dem Kentern nahe. Er richtet sich ja immer nach dem Wind. Der Schuster hingegen scheint witzig aufgelegt und flüstert jedem einen Scherz zu, dessen Pointe er meist für sich behält. Nun tritt Rappaport zu mir und sagt: »Es wird gehen morgen nacht.« »Was wird gehen?« horcht Dr. Honigmann. »Die große Horah auf dem Platz.« »Wird nicht größer sein als gestern«, meint er abschwächend. »Vielleicht doch, wer weiß.«

Der SS-Schwiegervater sitzt nun auf einem Stein und versucht, dem Bischof von Toulouse zu schreiben. Sein Französisch langt nicht. Ich helfe ihm aus und schreibe im Einverständnis mit ihm auch für mich mit. Wie ich ihm aber dann den Brief vorlese, meint er, das, was ich über mich geschrieben habe, sei das Schönere gewesen. Ich bessere den Brief mehrere Male aus. Er verlangt aber immer mehr Einschaltungen und bemängelt auch meinen Stil. Schließlich findet er es nicht richtig, daß ich mich auf einen bischöflichen Verwandten berufe, während er selber keinen hat. Ich weigere mich aber entschieden, ihm meinen Urgroßonkel abzutreten oder diesen mit ihm zu teilen. Ich habe ihn gerade erste meiner Halbschwester stibitzt, deren Dokumente ich in der Mappe bei mir trage und daher bereits für die meinen halte.

Nun wendet er sich verdrossen an den lutherischen Pfarrer, der für zu vergasende Protestanten jüdischen Ursprungs im Lager Dienst macht. Ich folge ihm auch dorthin und habe auf dem Weg noch einige ergänzende Details meiner Lebensgeschichte ausfindig gemacht. Da sich auf einem Dokument meines Vaters der Großvater nur als angeblicher Erzeuger desselben vorfindet, behaupte ich nunmehr die uneheliche und aristokratische Zeugung meines nächsten Vorfahren. »Das hätten Sie nicht sagen sollen! Pfui«, erklärt der Seelsorger gewaltig befremdet. Ich würde noch ganz andere Dinge sagen, wenn ich glaubte, daß sie helfen könnten, und bin der Ansicht, daß der evangelische Pfarrer die Raubmorde seiner »Volksgenossen« ruhiger aufnimmt als meinen schüchternen Versuch, in Todesnot einen Großvater zu verleugnen, den ich nie mit Augen gesehen habe.

SS-Kohn wendet sich zuletzt an den jüdischen Rabbi. Dorthin folge ich ihm nicht mehr, denn ich verspreche mir gar nichts von dessen Intervention, wenn sie überhaupt zu erlangen wäre. Der Rabbi ist ein junger Mann, der die schwere Aufgabe zu trösten übernommen hat. Glücklicherweise handelt es sich um einen Franzosen. Sonst würde er riskieren, sofort auch selber festgenommen zu werden. Er tröstet übrigens wenig. Alles, was er sagt, ist, daß niemand mit Sicherheit wissen könne, was kommen werde, und daß jeder gefaßt sein solle, alles zu ertragen. »Er hat leicht lachen«, sagt Dr. Honigmann, der sich plötzlich neben SS-Kohn befindet. »Wie war es mit dem Rabbi, der den Mann zur Hinrichtung begleitet hat?« Der Rabbi in dem betreffenden Scherz hatte allerdings den zum Tode Verurteilten darum beneidet, nicht mehr in mörderischer Hitze vom Richtplatz zur Stadt zurückkehren zu müssen. Unser Rabbi aber beneidet niemand, sondern schämt sich wahrscheinlich, so wenig Trost zu haben.

Inzwischen ist die Bucklige auf mich zugekommen. Sie hat die Blonde mit den waschblauen Augen als Mitglied einer

Deputation zum Kapitän begleitet und ist ohne sie zurückgekehrt. Es bestätigt sich, daß eine Kommission alle Akten durchsehen und noch einmal überprüfen soll; ob wohlwollend oder nicht, werde sich erst zeigen. Jeder aber habe die Möglichkeit, seine Dokumente noch einmal vorzulegen. Ich überlege, was aus meiner Aktentasche ich zeigen soll, wenn die Reihe an mich kommt. Vorläufig ist noch die Reihe an niemand.

Dr. Honigmann stiert nervös in seine Rot-Kreuz-Bestätigungen. »Was soll man ihnen weisen?« fragt er die Bucklige. »Weisen Sie vor, was Sie haben! Am besten würde sein, wenn Sie kein Jude wären!« »Bin ich aber leider«, sagt Dr. Honigmann verzweifelt. Diese Nacht fällt Regen und wird keine Horah getanzt. Es regnet auf uns herein, und ich bitte um eine Decke. Es ist keine mehr zu bekommen, außer einer sehr zerlumpten. Die bietet zufolge ihrer Löcher geringen Schutz gegen das durch den Spalt unter dem Dach von West nach Ost durchdringende Wetter. Ich schlafe trotzdem, doch nicht tief. Diese Nacht verläßt nur eine einzige Person den Schuppen, nämlich die Blonde mit den waschblauen Augen. Sie kehrt diesmal erst gegen Morgen zurück. Der Schuster fragt: »Nu?« Sie antwortet aber nicht.

Am Morgen werden alle Neuankömmlinge, zu denen wir gehören, zur Kanzlei gerufen. Da sind jetzt viele, die ich noch nicht oder nur oberflächlich vom Sehen kenne. Die Münchnerin mit den langen Zöpfen steht mit ihrer Mutter unter den ersten an der Tür. »Wir haben gar keine Chancen«, sagt sie, »wir sind durch und durch Juden.« Hinter ihr der Typus Zuhälter, der uns schon bei der ersten Kontrolle am Eingang zum Lager durch Vorweisung seines falschen Taufscheins lange aufgehalten hat. Sein Dokumentenstand hat sich seither nicht vermehrt, doch versteht er zu sprechen, was mir schon damals bei unserem ersten Zusammentreffen unliebsam aufgefallen war. Dann kommt der unvermeidliche Honigmann, die Bucklige, der Schuster, danach ich selbst, hinter mir ein paar Fremde und zuletzt SS-Kohn. Die Blonde mit den waschblauen Augen steht nicht hier. Vielleicht wurden ihre Papiere schon außertourlich visiert.

Die Münchnerin mit der Mutter bleibt nicht lang. »Abgewiesen«, sagt man ihr glatt. Dann kommt eine Zeitlang niemand dran. Der ohnehin verspätet eingetroffene Kommissar wird woanders hinberufen. Nun ist die Tour an dem Typus Zuhälter. Er bleibt eine volle Stunde, obwohl nur ein Taufschein zu betrachten gewesen wäre. Doch hat er sich, wie man nachträglich hört, militärische Dienstleistungen zugelegt und Beziehungen durchschimmern lassen. Als Ergänzung zu seinem Taufschein werden auch von ihm viele weitere imaginäre Papiere aufgerollt, die er nur zufällig nicht bei sich hat. Einen Rest läßt er ahnen. Er spricht ausgezeichnet Französisch, fast ohne Akzent, und hat sich ziemlich akklimatisiert. »Wir werden sehen«, sagt ihm der Kommissar, doch klingt es für ihn fast nach Entlassung. Mit Dr. Honigmann hinwiederum hat man viel weniger Geduld. Weder das Rote Kreuz noch Dr. Seipel imponieren. Dr. Honigmann möchte so gerne andeuten, daß er sich die Sache was kosten lasse. Unglücklicherweise sind zwei Leute im Zimmer. Auch wird die Bucklige schon vorgelassen. Die erhält sofort ein positives Resultat. Sie zeigt einen Arierpaß mit Hakenkreuz.

Von dem Rest werden nur zwei Greise überprüft, die zwar hinter dem Schuster und mir stehen, aber früher aufgerufen werden. Sie sind weit über sechzig und von Félice eingeliefert, obwohl sie nicht unter die Vorschriften fallen. Auch sie erzielen offenbar ein günstiges Ergebnis. Der Schuster ist nur gerade hinein- und gleich wieder herausgegangen.

Kommt die Reihe an mich. Der Kommissar schaut mich scharf an und sagt deutsch: »Sie sind der Mann, der unbedingt hinaus will.« Seine Aussprache ist nicht die eines gebürtigen Franzosen, er könnte allerdings aus dem Elsaß oder aus dem deutschsprachigen Lothringen stammen. Für mich ist beides kein Vorteil. Was meint er übrigens mit seinen Worten? Ist mein Fluchtplan verraten? Hat der Bischof reagiert, oder ist mein Brief an ihn abgefangen worden? Weiß er von meiner

Ohnmacht vor dem Abtransport und hält diese für fingiert? Wie dem auch sei, ich beantworte seine Frage mit einem eindeutigen Ja. »Sie sind Halbjude?« fragt er weiter. Ich sage wieder ja und breite Papiere aus. Es sind zum größten Teil die meiner Halbschwester, zum kleineren Teil meine und gemeinsame. Das Zwischendokument, das meine Abkunft von ihrer Mutter hätte beweisen sollen, fehlt. Die Dokumente sind echt, nur ergeben sie nicht zwingend, was bewiesen werden soll. Ob er die Lücke bemerken wird? Davon hängt jetzt alles ab. Ich folge seinen Bewegungen, als ob mich die Sache sonst nichts anginge. Seine Bewegungen sind augenblicklich das Wichtigste. Er sieht genau an, was in Ordnung ist. Ich habe nicht den Eindruck, daß er bemerkt hat, was nicht vorhanden bleibt. Dann macht er sich Notizen auf dem Aktendeckel. Als er damit fertig ist, fragt er noch, ob ich beschnitten sei. Ich gebe ihm ein drittes Ja, so leicht sollen sie mich nicht Lügen strafen. Weiter füge ich hinzu, daß mein Übertritt zum katholischen Glauben erst nach dem Umsturz erfolgt sei, daß ich nach deutschem Recht mithin als Jude anzusehen wäre, nicht aber nach französischem. Schließlich erkläre ich: »Ich bin aber auf freiem französischen Gebiet festgenommen worden und befinde mich offenbar auf solchem. Ich nehme daher an, daß auf meinen Fall auch französisches Recht angewendet wird.« Diese Erklärung ist zwar gewagt, denn ich kenne die Gesinnung meines Gegenübers nicht. Aber ich habe keine Wahl. Er blickt an mir vorbei und macht sich wieder Notizen. Dann händigt er mir die Papiere wortlos aus. Es hat keinen Sinn, eine Frage zu stellen. Mein Schicksal bleibt ungewiß, er hat sich offenbar noch für nichts entschieden.

»Der nächste, bitte!« Nach mir kommt SS-Kohn, doch erscheint er bald wieder mit rotem Kopf. »Mein Taufschein hat ihm gefallen, doch hat er mich gefragt, ob ich beschnitten bin, und ich habe verneint. Nun hat er eine ärztliche Untersuchung angeordnet. Soll ich ihm sagen, daß ich nicht gewußt habe, was das ist?« Ich glaube nicht, ihm diesen Rat geben zu dürfen.

Ich denke jetzt an Rappaport. Er ist nicht gekommen. Die beiden jungen Soldaten waren auch nicht hier, und auch nicht Stiglitz, der verhinderte Ehemann. Letzterer kommt aber jetzt, außer Atem. »Für heute Schluß«, läßt der Kommissar verlautbaren. »Ich habe immer Pech«, jammert Stiglitz. Ich tröste ihn, daß er vielleicht nichts versäumt habe und das nächste Mal die Gelegenheit günstiger sein könne. Mein Trost sagt ihm aber nicht zu, und ich selbst fühle mich eher eines Trostes bedürftig, als zu dessen Abgabe fähig und befugt.

Man fragt mich nunmehr, ob ich schon zu Mittag gegessen habe. Das ist noch nicht geschehen, und wahrscheinlich komme ich dazu schon zu spät. Trotzdem beschließe ich, meinen Anspruch auf die Mahlzeit geltend zu machen. Dieser wird auch anerkannt, doch verweigert mir ein Wächter den Wein, von dem jeder heute ein Glas erhalten hat. Ich stelle den Wächter, der mir die Absage erteilt hat, und er geht von seinem Standpunkt nicht ab. Ich werde ironisch, er wird grob. Er meint, daß ich ein Jude sei, der hier nichts zu reden habe. Ich fordere ihn auf, das Maul zu schließen, und einige Gesten darüber hinaus, zu denen er es wieder öffnen müßte. Er wird wild und verlangt, daß ich mit ihm zum Feldwebel komme. Ich gehe zwar mit ihm, verlasse ihn aber unterwegs, sowie wir allein sind. Er schlägt Alarm. Nun muß ich schauen, daß ich ihm entgehe. Mit dem Mittagessen ist es heute nichts mehr. Aber ein improvisierter Stand verkauft Trauben für Internierte. Es ist zwar Schundware und sauer wie sieben Tage Regenwetter, dafür aber teuer wie Gold. Ich wähle, bis ich das richtige Stück finde; es ist anzunehmen, daß man mich hier nicht sucht. Ich esse wider Gewohnheit langsam, aber auch an Ort und Stelle. In Freiheit hätte ich für das Geld ein gutes, komplettes Mittagessen gehabt. Vielleicht ist ein Zeitgewinn in meinem Wettlauf mit dem Wächter hier inbegriffen, und das ist auch etwas.

Wie ich den Stand verlasse, sagt man mir, daß eine Jagd auf mich angehe. Soviel ich nun erfahre, sind außer dem Wächter noch zwei hinter mir her. Einer davon ist der Mann mit dem

Taufschein, der uns bei unserer Ankunft so lange aufgehalten hat und heute wiederum vor uns beim Kommissar gewesen ist. Begegnet mir Dr. Honigmann: »Hüten Sie sich vor dem, junger Mann, der heißt Häubener und arbeitet mit der Polizei.« Das Lager ist aber groß genug. Wenn sie hinter mir her zu sein glauben, bin ich bereits hinter ihnen. Auch wird Häubener von der blonden Agnes aufgehalten und vergißt mich zeitweise. Der zweite Mann, ein zur Hilfe gerufener anderer Wächter, ist entweder nicht scharf genug oder kennt mein Signalement nicht hinreichend. Dessenungeachtet müssen sie mich zuletzt bekommen, da ich nicht davonkann.

Ich gehe aber selbst zum Feldwebel und beschwere mich über den Wächter. Ich tue das in sehr bestimmtem Ton und erkläre, daß ich voraussetzte, es mit einem guten Franzosen und anständigen Menschen in meinem Gegenüber zu tun zu haben. Den Feldwebel amüsiert entweder mein bestimmter Ton oder meine Gleichsetzung von Nation und Humanität. »Und Sie glauben wirklich, daß ein echter Franzose ein guter Mensch sein muß?«

Ich glaube es in der Tat nicht und verstehe mich auch nicht aufs Schmeicheln. Doch habe ich keine Zeit mehr zu antworten, denn der Wächter ist bereits eingelangt, und Häubener folgt ihm demnächst, und beide klagen mich gleichzeitig an. »Zur Strafe, denn Strafe muß sein«, erklärt der Feldwebel, »muß dieser Mann eine ganze Flasche Wein austrinken, aber auf einmal!« Weder den Anzeigern noch mir selbst gefällt diese improvisierte Strafe. Sie mißgönnen mir die Milde, und ich befürchte die Wirkung auf nüchternen Magen. Denn der Gedanke an Befreiung oder Flucht wurde von mir noch lange nicht aufgegeben. Doch sie müssen mir die Strafe einschenken, und ich habe sie zu schlucken. Zwar brummt der Wächter, daß für ein »Maulhalten« und ähnliches die Deutschen ganz andere Strafen gegeben hätten; doch der Feldwebel verteidigt mich, ich hätte vielleicht beim Aufreißen des wächterlichen Mundes befürchtet, daß er mich verschlucken würde wie der Walfisch meinen Stammvater.

Meine Befürchtungen gehen in durchaus andere Richtung. Ich weiß, daß der Wächter seine Niederlage nicht einstecken und Häubener ihn tunlichst bestärken wird. Ich weiß nicht, warum mich dieses Individuum haßt, doch sind Antipathien häufig gegenseitig, und jeder handelt, wenn er nicht durch sich selbst oder andere behindert wird, nach eigener Veranlagung. Auch der Feldwebel ist nicht ganz sicher, wie lange und wie weit er mich decken kann. »Gehen Sie schnell«, sagt er schließlich, »und daß ich keine weitere Klage über Sie höre!« Der Wächter möchte noch erzählen, wozu er den Mund hätte wieder öffnen sollen, doch ist es für mich gut, daß er aus Beschämung mit diesem Material so lange zurückgehalten hat, denn der Feldwebel ist inzwischen seiner Wege gegangen.

Die Sache ist nur vorläufig beigelegt, und Häubener spricht, was erst geschehen werde, wenn ich bei den Deutschen sei, wozu der Wächter grinst. Ich gehe in meinen Schuppen, die beiden bleiben am Eingang. Am Abend kommt Rappaport. »Sie haben Umstände gehabt. Kommen Sie schnell! Unser Posten wartet draußen.« Ich folge ihm und gebe acht, daß mich der feindliche Wächter nicht sieht. Der andere wartet am Stacheldraht.

»Sie haben das Dümmste gemacht, was Sie tun konnten! Sie haben mit dem Schlimmsten angefangen, den wir unter allen Kollegen haben. Auch gibt es sonst noch Feinde, die nach Ihnen schauen.« Ich frage den Posten, ob die Sache klappt. Er sagt: »Mit Rappaport ja, mit Ihnen nicht.« Wie ich fortgehe, ist meine Laune so schlecht, daß ich überhaupt nicht mehr an die Zukunft denke. Rappaport folgt mir aber. »Würden Sie mir glauben, wenn ich Ihnen sage: Ich gehe nicht ohne Sie?« Ich würde es allerdings nicht glauben. Einige Tage Gefangenschaft ohne sonstige Voraussetzungen machen noch keinen richtigen Kameraden. »Aber ich möchte es nicht tun. Dennoch weiß ich...« »Was wissen Sie«, versetze ich verärgert, ohne mir über sein angebliches Wissen irgendwelche Gedanken zu machen. »Ich weiß«, meint Rappaport leise und ist dem Weinen nahe, »Sie werden natürlich ohne mich gehen. Sie werden es tun und nicht fragen, was mit mir geschieht.« Ich denke, daß ich mich in der Brauchbarkeit dieses Schwächlings getäuscht habe. Das ist jetzt auch gleich, da unsere gemeinsame Aktion ohnehin vor Ausführung gescheitert ist. Im übrigen kann ich ihn auch nicht darüber beruhigen, daß ich nicht ohne ihn gehen würde. Obwohl nicht anzunehmen ist, daß die Frage akut werden könnte, hat es keinen Sinn, ihr auszuweichen oder zu lügen. Es ist mir im Grunde völlig gleich, mit wem ich durchgehe, vorausgesetzt, daß ich Erfolg habe und es bei dem Erfolg sein Bewenden hat. Nun aber halte ich meine Aussichten für schlecht, und er wird vielleicht noch diesen Abend die Flucht versuchen.

Als mich Rappaport verläßt, schmeiße ich mich auf die Erde, die mir an Strohes Statt als Lager im Schuppen geblieben ist. Die zerrissene Leihdecke ziehe ich über mich, die Aktentasche als kläglicher Rest des aus der Freiheit Herübergekommenen dient mir als Kopfpolster. Da sich niemand mehr im Schuppen befindet – alles rennt aufgeregt herum –, greife ich in die Uhrtasche. Die Uhr befindet sich noch darin, aber hinter ihr befindet sich nur mehr einer der beiden Tausender. Fragt sich, wohin der andere gekommen ist. Ich verdächtige der Reihe nach innerlich die mir bekannten und unbekannten Personen des Diebstahls und komme darauf, daß ich wenige ausschließen kann. Im Lager erhält man für Geld noch Früchte und wahrscheinlich auch heimlich Zigaretten. Ich habe dem Schuster einige weggeraucht, auch dem Honigmann. Für Geld besteht noch andere Verwendung. Andererseits habe ich in Ermanglung einer Decke hier in den Kleidern geschlafen, auch gestern noch, trotz der Decke und dem Vorsatz, den neuen Anzug zu schonen. Ich habe mir am Vortag Trauben gekauft, aber das war mit den kleinen Scheinen, die ich in der Rocktasche hatte. Nun erinnere ich mich, daß ich Briefe geschrieben habe. Den Brief an den Bischof hat SS-Kohn hinausgeschmuggelt. Ich erinnere mich aber auch der Briefe, die ich aus der Kaserne Au Var gesandt habe, und es sind plötzlich viel mehr als die drei oder vier, an die ich schon vorher gedacht habe. An alle Freunde, Bekannten und Unbekannten hatte ich geschrieben, sie sollten ihren Einfluß für mich geltend machen. Es hat keiner was getan, alle haben sie mich aufgegeben. Und dann hat der Wein zehn Stunden später gewirkt, den ich auf nüchternen Magen trank, das war damals Bordeaux, und der jetzt, das ordinärste Gesöff der Welt, in den nur von Traubenkost so elender Art entnüchterten Schlund gegossen, wird auch zu einer Zeit wirken, wo ich auf diese Wirkung nicht eingestellt bin. Es kommt sowieso nur darauf an, wie man die Dinge anpackt, nicht, wie man sie haben möchte. Und da wir die Dinge ohnehin nicht kennen, so zeigen sie uns nach und nach ihre Beschaffenheit, um uns in Staunen zu versetzen.

Draußen vor dem Lager steht ein einziger Baum in einer weiten, von Stacheldraht unterteilten Wüstenlandschaft. Vor diesem Baum läuft alles zusammen, als ob dort eine Oase zu suchen wäre. Auch Rappaport hat mich zu diesem Baum geführt, bevor er von mir Abschied nahm. An dem Baum steht ein Anschlag, der vielleicht etwas zu bedeuten hat. Vielleicht steht dort »Fliehen verboten!«, und das hat ihn so aus der Fassung gebracht. Oder der Anschlag lautet etwa: »Zug via Bordeaux zur Vergasung am... um... Alles Nötige mitnehmen.« Oder weil ja niemand wissen soll und niemand je zugeben wird, gewußt zu haben, was jedermann immer gewußt hat und wissen wird: »Zug via Bordeaux in paradiesische Ferien, für Juden, Männer und Frauen unter 65, Kinder ab Geburt, in herrlichen, eigens aufgebauten Lustgärten im Osten.«

Ich bin auf den Anschlag nicht neugierig, wie immer er aussieht. Solche Anschläge sind für die gemacht, die an eine Obrigkeit glauben. Ich glaube an das Supremat des Mittelmaßes. Von einem lächerlichen Kerl aus dem Land, aus dem leider auch ich herkomme, wurde der Slogan von der höheren Rasse erfunden. Ausgerechnet in dem Land, in dem man seit jeher die Pinscher mit den Pudeln und Dackeln gekreuzt hat, ohne nach einer Herkunftsbezeichnung zu fragen, von einem

›Mann‹ genannten Hämling, der selbst nicht genau weiß, aus welchem Schleim seine eigene Rasse kommt, ausgenommen die Schnurrbartbürste, die er einem berühmten jüdischen Clown abgepickt hat. Und kaum hat dieser Hadernsammler, der seine übrige Weisheit auf Mistgstetten auflas, aus Motschger und den Gespeien von Biertischen die Mordunterlagen erfunden, die ein besoffener Lehrer für die Mäuler von Stinkgesichtern zurechtschiß und ein aus den Balten ausgestoßener Schreiber nach den Rezepten eines französischen Rassenstümpers aus Harndrang und eines englischen Irren aus einer angesehenen Familie, die sonst nur politische Idioten zur Zerstörung des eigenen Landes hervorbrachte, in ein System pornographischen Geblödels gebracht, als sie der plumpe Haufe der Halbintelligenzler mit Hip-Hip-Hurra aufnahm, die Wissenschaftler so taten, als ob sie den Hokuspokus ernst nähmen, die ausgehungerte Masse aber den Dreck fraß, mit dem man ihr die Mäuler stopfte, die angeschafften Morde für Kupferlinge oder auch nur für Androhung von Fußtritten in den Hintern beging, die sich die Mittelmäßigen noch mit dem Eisernen Kreuz für seelische Belastung bezahlen ließen.

Kaum war bekannt geworden, wie trefflich Friedrich Nietzsche dem Mittelmaß das Konterfei des Schlechten gegeben hat, als mit Hilfe seiner Schwester, der Witwe eines von ihm zutiefst verachteten Antisemiten übelster Art, sein großer Name an dasselbe Mittelmaß verkauft und verraten wurde, das von ihm doch nichts verstehen konnte, als was er vor seiner Befreiung von Wagner gestammelt oder was seine Schwester ihnen in Dreck verfälscht hatte. In Dreck verfälscht wurde alle echte deutsche Kunst, aller echte deutsche Wert, denn Dreck allein kann das Ergebnis sein, das der lächerliche Hämling und seine Nachtreter als ›nordische Leistung‹, als ›arische Aufzucht‹ in die Welt setzten, und was sich sonst die Minderwertigkeit an goldschnittglitzernden heroischen Hohlwörtern zum Feigenblatt ihres Trotteltums aus billigen Schmökern herausgerissen hat. Doch würden sie es vielleicht fertigbringen, die weiße Rasse, der ich viel eher als einer von ihnen angehöre, samt und sonders mit geharnischten Hintern zugunsten der gelben, der braunen, der schwarzen in den ewigen Abgrund zu blasen. Diese Gedanken drängen sich auf, behalten aber nicht die Oberhand.

Angesichts der eigenen Verlorenheit besinnt man sich auf sich selbst. Bevor sich ein Mensch zum Sterben anschickt, das heißt, bevor er sich aufgibt, pflegt er sich einen Rechenschaftsbericht zu machen. Meist sind viele eingesetzte Posten noch immer falsch, das ergibt dann eine positive Bilanz. Oder einer redet sich mit den Lasten heraus, die er von Natur aus übernommen hat. Oder endlich, er schwindelt mit den Gestehungskosten, der Herkunftsbezeichnung, der Gattung der zu verbuchenden Waren, und immer wieder mit der Qualität. Was war da echt, was nur zur Täuschung geeignet, was nicht einmal gut nachgeahmt?

Meine Mutter habe ich nicht sterben sehen. Ich habe sie bloß ermordet. Ich habe sie zurückgelassen unter Hitlerschurken und -banden in dem Land, das einmal meine Heimat war, für dessen Volk ich nurmehr die tiefste Verachtung aufbringe, wie jetzt in diesem Augenblick für mich selbst, der auch ich diesem Volk angehöre, wenn ich auch außerdem ein Jude bin. Ich habe ihre Schreie nicht gehört, als sie starb. Ich wollte auch ihre mütterlichen Worte nicht hören, als sie noch lebte. Sie hat mich gelehrt, meinen Vater als etwas Großes zu ehren. Sie versorgte alles, liebte ihren Dienst und lebte und starb in seinem Schatten, obgleich sie in Haltung und Ausdruck eine Königin war. Er hatte sie genommen, um für sein Kind aus erster Ehe eine Mutter zu bekommen, das Kind der Frau, die die Großnichte eines dichtenden Bischofs gewesen, sonst auch aus adeligem Hause, und im Kindbett starb. Sie war diese Mutter trotz Jugend und Schönheit nach Kräften gewesen, und aus noch größerer Kraft die Frau eines alternden Mannes, für den sie sich schweigend opferte. Das war ihre Schuld.

Wenn ich mein Leben behalten sollte, geschähe es durch einen zweiten Mord an ihr, wenn nämlich meine Fälschung, die Mutter ihres Stiefkindes, welche sie zeitlebens vertrat, sei auch meine Mutter gewesen, standhalten könnte.

Was hatte auch eine Fälschung noch auf sich? Als ich dem Dreckstaat meine Steuern zahlte, Pfennig für Pfennig, und nicht einmal aus Angst, nur aus einem ungebührlichen Gefühl der Reinlichkeit, hatte ich ihm Lust gemacht, mich bis auf die Haut auszurauben, und mit nahezu nichts habe ich das Land verlassen, wo ich im stumpfsinnigen Wahn, meine Pflicht zu tun, einen Beruf ausgefüllt hatte, den ich nicht liebte, bloß weil mein Vater dies auch getan hatte und Pflicht vor Recht gehen soll. Meine einzige Pflicht hätte nur sein müssen, glücklich zu sein und am Leben zu bleiben. Das Glück ist vorüber, und bald ist es auch das Leben.

Am 25. Oktober 1938 begleiteten mich meine Mutter, meine Schwester Clementine und mein Freund Dr. Pries zum Bahnhof. Ich erinnere mich mit Schaudern der Umarmung der Mutter, die ich nicht mehr sehen sollte, und die dies auch richtig voraussagte. Mein Freund Dr. Pries wagte es, bis zum letzten Augenblick bei mir zu bleiben, und trug meinen schweren Koffer bis zum Gepäckwaggon.

Dann fuhr ich ohne Geld weg, wie es die Vorschrift war. Schon in Zagreb wollte man mich nicht mehr weiterreisen lassen und nahm mir den Paß ab. Auf dem Bahnhof in Split warteten auf mich ein schon zuvor angekommener getaufter Flüchtling aus Österreich und seine Frau. Sie war eine hübsche Wienerin, im Temperament mir ähnlich. Wir hatten miteinander am Tag ihrer Hochzeit geboxt, als sie noch im Brautkleid war, waren seither oft miteinander allein durch den Wienerwald gezogen und hatten trotzdem ihren Mann nie betrogen, solange er unsere gemeinsamen Ausgänge zuließ. Erst als er unter dem Druck der öffentlichen Meinung dies nicht mehr tat, benützten wir einen kurzen Spaziergang im Garten zu seiner Hörnung.

Meine Mutter, die dies ahnte und für unrecht fand, schien mir auferlegt zu haben, das bereits Durchgeführte nicht mehr zu wiederholen. Ich bildete mir plötzlich ein, sie würde sterben, wenn es noch einmal geschähe, wie sie dies beim Abschied vorausgesagt hatte. Es wäre sicher besser gewesen, etwas zu unternehmen, um meine Mutter außer Landes zu bringen, als der jungen Frau, die mich nun oft erwartungsvoll allein besuchte und mir auch mitteilte, wie oft sie ihr greiser Mann trotz dem Altersunterschied betrog, das zu versagen, worauf sie nach dem zwischen uns Vorgefallenen bereits ein Recht behaupten konnte.

Einstweilen verblieb ich in Split, und da ich meinen Paß noch nicht hatte, versuchte ich, ihn auf der Polizei zu bekommen. Als sie dort erfuhren, daß ich Bücher geschrieben, die gedruckt erschienen waren, bot man mir einen Sessel, den man mir vorher verweigert hatte. Ich erhielt auch alsbald Paß und Aufenthaltsgenehmigung. Damit gleichzeitig aber entzog man die letztere dem Flüchtling, wegen dessen Frau ich gekommen und von dem vergessen worden war, sein Papier zu erneuern, worauf man kam, weil er mir die Wohnung verschafft hatte und mit mir in Verbindung stand. Darauf legte er sich ins Bett und überließ es mir und seiner Frau, ihm ein Überseevisum zu verschaffen. Das kostete viele Wege, auch mußte ein Professor, dessen Gattin ich an einem der ersten Tage angesprochen und die ich bei der Frau des Flüchtlings wiederfand, sowohl die Visumgebühr als auch das Geld für das Reisebillett vorstrecken. Als er alles beisammen hatte, erhob sich der Flüchtling von seinem Bett, und ich legte mich mit seiner Gattin in ebendasselbe, während er sich im Nebenraum anzog und wusch.

Kurz nach dieser Untreue mußte er abfahren, und ich konnte nicht mit zum Schiff. Wenig später begab ich mich nach Frankreich zu meinem Onkel, einem früheren Friedensrichter. Ich fand dort einen Vetter vor, der bereits am Sack besagten Onkels hing und dessen Enkelin den Hof machte. Er wurde im patriarchalischen Hause wohlgenährt und mußte dafür nach der Mahlzeit beim Onkel Englisch lernen. Da er bald den Eindruck gewann, daß die Betonung des alten Richters weder der britischen noch der in Amerika üblichen entsprach, wollte er sich diesem Kurs entziehen, was er nur dadurch konnte, daß er vom Essen fernblieb. Vielleicht auch ging es ihm darum, der ihm an Volumen und Gestalt überlegenen Enkelin auszuweichen. Jedenfalls suchte er für seine Flucht einen Gefährten. Obgleich man mir das Englische, das ich bereits konnte, nicht auch beibringen wollte und die Enkelin kaum, nur deren hübschere Mutter es auf mich abgesehen hatte, wollte ich ihn aus Solidarität nicht im Stich lassen. So verblieben wir in einem kalten Zimmer nahe dem Bois de Boulogne hauptsächlich im Bett und in Erwartung, daß ein Prinz oder verbannter Herrscher uns an seine Tafel rufen würde, wie dies in den Märchen zu lesen ist.

Trotz seinem Protest gegen diese Bezugnahme angesichts unseres Hungers und dessen nicht mehr möglicher Steigerung, ging für ihn das Märchen insofern in Erfüllung, als Erzherzog Otto anläßlich eines kurzen Abstechers in Paris diesen Sohn eines verdienten legitimistischen Generals zu sich einlud und ihm sogar einen Posten im französischen Staatsdienst in den Kolonien verschaffte. Da man mich nicht namentlich erwähnte, forderte ich den Vetter auf, mir etwas mitzubringen. Er unterließ dies aber, sei es, weil er an mich nicht dachte, sei es, weil es ihm unbequem war, den Auftrag auszuführen.

Meine häufigen Vorsprachen bei der Polizei, um meinen Aufenthalt zu verlängern, führten zu ausgedehnten Rücksprachen, aus denen hervorging, daß ich schon ein paar Worte Französisch verstand. Man verwendete mich daher mitunter dort als Dolmetsch und entlohnte mich hierfür durch Lebensmittel; denn die Zahl der Flüchtlinge, die gar nicht Französisch konnten, war sehr groß.

Weihnachten, als tiefer Schnee lag, verbrachte ich mit der Tochter der Cousine und dem Vetter aus Österreich im Rahmen einer Jugendvereinigung in Compiègne. Wir aßen eine lange Speisekarte bis zu Ende durch. Die aus Muscheln bestehenden Hors d'oeuvres traten wir beide der Cousine ab, die noch größeren Appetit zeigte als wir, obwohl sie nicht so hungrig sein konnte. Als ich auch alle Weine durchgekostet hatte und ziemlich illuminiert war, ging ich auf dem gefrorenen Teich Schlittschuhlaufen. Junge Franzosen kamen mir nach, schaufelten teils den Schnee weg, teils suchten sie mit wenig Gelingen selbst Schlittschuh zu fahren. Ich wollte ihnen beim Schaufeln helfen. Als sich aber einer ein Loch in den Kopf geschlagen, ein anderer den Fuß übertreten hatte, wies mich ein älterer Herr an, lieber Eislaufunterricht zu geben, den ich bei den jungen Mädchen beginnen, aber dann bei den älteren Damen weiterführen sollte. Dafür wurde ich mit Alkohol entlohnt, den ich in immer größeren Quantitäten aufnahm. Im Laufe dieses Abends nahm ich auch viele Beichten junger Mädchen und Frauen entgegen, die mir ihre Unglücks- und Glücksfälle auf dem Gebiet der Liebe anvertrauten. Die Berichte waren alle sehr ähnlich, und ich hatte sie bald vergessen.

Schon nach meiner Ankunft in Paris, aber in der Folge immer öfter, beschwor mich meine Mutter, ihr aus dem Lande zu helfen, sie halte es nicht mehr aus. Meine Halbschwester stand vor der Abreise, und meine Mutter wurde zwangsweise in eine Gegend Wiens eingewiesen, in der sie nie vordem gelebt hatte, bald würde sie dort vollends allein sein. Ich erkundigte mich nun beim Konsulat von Liberia, was mit meinem Visum zu machen wäre, und erfuhr dort, daß es falsch sei; ein Naziagent habe den richtigen Konsul einsperren lassen und sich dann seiner Stampiglien bemächtigt und Visa verkauft. Man versprach mir aber, im Lande anzufragen, ob mir nicht in Anbetracht dieses besonderen Falles ein echtes Visum gegeben werde.

Als ich sah, daß die Dinge für meine Mutter schlecht liefen und auch eine Rücksprache mit dem Präsidenten der Bank, der mein Vater jahrzehntelang an leitender Stelle angehört hatte, sich zur Rettung ihrer Witwenpension nicht als tauglich erwies, hatte ich die Idee, mein angeheirateter, aber verwitweter Onkel, der frühere Friedensrichter, solle eine Scheinehe mit meiner Mutter eingehen. Diese lehnte anfangs den Gedanken entrüstet ab. Als ihr aber die Nazis besonders roh zusetzten, der uns gegenüber wohnhaft gewesene Markengauner, Herr Meineid, an der Spitze, drängte sie selbst auf die Ausführung dieses Entschlusses, zumal sie auch gesundheitlich zu verfallen begann. Nun war es schwierig für mich, meinen Onkel für die Sache zu gewinnen, zu dem ich zur Aufnahme der Mahlzeiten wieder zurückgekehrt war und der auch nach wie vor mein Zimmer für mich bezahlte.

Der gute Siebzigjährige errötete zunächst, verlangte dann eine Photographie meiner Mutter, die mit ihren über fünfzig Jahren bis zum Tode meines Vaters noch immer eine schöne Frau gewesen war. Dann stellte der Onkel die Photographie in sein Zimmer und sagte nichts mehr. Mir wurde die Sache peinlich, da er offenbar eine wirkliche Ehe meinte und ich außerdem wußte, daß meine Mutter nicht mehr so aussah wie damals, zumal sie inzwischen eine Operation auf Leben und Tod durchgemacht hatte.

Schließlich reiste mein Vetter nach Ablegung der Kolonialärzteprüfung ab, und ich blieb allein in unserem Zimmer, mit durchaus ungeregeltem Aufenthalt und ohne Kenntnis, wohin ich gehen sollte, wenn man mich hier nicht mehr beließe.

Ich nahm nun zwar Verbindungen auf, um in irgendein überseeisches Land reisen zu können, es fehlte auch nicht an Empfehlungen. Selbst die Mittel standen nunmehr plötzlich zur Verfügung, da es meiner Halbschwester Clementine vor ihrer Abreise gelungen war, meine Markensammlung und meine allerdings nicht beträchtlichen Ersparnisse, sowie den Schmuck meiner Eltern außer Landes zu bringen, wobei Diplomaten und Konsuln außereuropäischer Staaten, die sie aus der Zeit kannte, als sie noch ein großes Haus führte, zur allerdings nicht unentgeltlichen Verfügung standen, ebenso ein schweizerischer Treuhänder.

Aber sobald nun wider Erwarten plötzlich Werte da waren, mit denen ich schon nicht mehr rechnete, wurde ich müßiger in meinen Anstalten, meine Lage zu bessern und meine Mutter zu retten, weil ich mich nun auf das bald Bereitstehende verließ und mir nicht mehr den Kopf darüber zerbrach, wie gering nach Abzug aller Spesen und Verluste auf dem Transport die nicht um Gotteslohn übersandten Mittel in ihrer Gesamtheit sein würden, wenn ich ohne gewinnbringende Tätigkeit meine Zeit weiter in einem Staate verbringen sollte, in dem das Leben kostspielig ist und die Möglichkeiten, etwas durch Arbeiten zu erwerben, begrenzt und an schwer zu erlangende Genehmigungen gebunden sind. Inzwischen hatte ich so manche Künstler kennengelernt, mit denen ich meine endlose Freizeit verbrachte und die mich hin und wieder nach Hause begleiteten, solange man nicht wußte, daß ich hinter dem Bois de Boulogne wohnte, nur Hoffnung auf Geld, aber keine Moneten für den Bus oder die Untergrundbahn besaß, aber unermüdliche Füße, wie sie mein jeweiliger Begleiter selten aufwies.

Da ich keinen von ihnen anging, sich für eines meiner Bücher einzusetzen, um etwa einen Übersetzer oder Verleger zu finden, dagegen den meisten mitteilte, daß ich außer Landes wollte, wozu sie mir nicht verhelfen mochten, weil sie sich nachgerade an meine Gesellschaft gewöhnt hatten, behielt ich ihre Sympathien. Schließlich nahm der Schwiegersohn meines Onkels, ein früherer aktiver Offizier, meine Sache in die Hand und schickte mich zu einem Advokaten, der vielleicht meinen Aufenthalt hätte regeln können, aber mit Verlag und Übersetzung nicht das geringste zu tun hatte, um mich in dieser Hinsicht zu fördern. Dann wollte derselbe Gönner mir eine gute Ausreise sichern, wandte sich aber gleichfalls an die unrichtigen Stellen, nämlich alte Militärs, und hatte noch weniger Erfolg als ich, der ich zwar diesbezüglich an richtiger Stelle, aber nicht mit den hierzu erforderlichen Entschlüssen aufgetreten war.

Schließlich ging es um mein Bleiben an Ort und Stelle. Hier hatte sich schon ein österreichischer Dichter und früherer Vizekanzler für mich an das österreichische Komitee gewandt und war auf Ablehnung gestoßen. Doch blieb man mir auf der Fremdenpolizei noch immer gewogen. Dem machte der

Schwiegersohn meines Onkels ein jähes Ende, indem er, unter Berufung auf seine militärischen Verdienste und die Ehrenlegion, als Fordernder in Erscheinung trat. Damals mußte ich den Riß, der in Frankreich zwischen Militär und Zivil bestand, zum ersten Mal am eigenen Leibe spüren. Man machte mich darauf aufmerksam, daß ich infolge der überheblichen Einmengung meines Fürsprechers nun aus dem Departement fortmüsse, in dem man mich sonst belassen haben würde, obwohl ich kein ordnungsgemäßes Papier für den Aufenthalt hätte. Man wolle mich aber wählen lassen, für welches Departement ich mich entschlösse. Da ich mich nicht entscheiden konnte, zumal mir mein Onkel Saint-Brieux in der Bretagne, der Schwiegersohn desselben aber Nice an den Meeralpen empfohlen hatte, verband man einem Mädchen auf der Polizei die Augen, die den Ort für mich auf der Landkarte aussuchen sollte. Sie tappte auf Paris. Da dies nicht anging, wiederholte man das Spiel. Nun berührte sie Nice auf der Karte. So wurde ich zur Abreise in dieses Departement angewiesen. Damit war mein gescheiterter Protektor einverstanden und empfahl mir ein Quartier in Nice, das er selbst einmal dort innegehabt hatte. Der Onkel dagegen war über die Lösung traurig. Aus nie ganz geklärtem Grund zog er Saint-Brieux in der Bretagne vor. Auch mich hätte dieser Ort interessiert, zumal ich die Bevölkerung kennenlernen wollte, die sich angeblich von den seitens der Angelsachsen zum Teil aus Großbritannien nach diesem Kleinbritannien vertriebenen Briten herleitete und noch jetzt eine Sprache redete, die mit der damaligen britischen zusammenhing.

Als ich nun in der vom Inhaber der Ehrenlegion empfohlenen möblierten Pension in Nice anlangte, war gerade Karneval. Wie die riesenhafte und grell aufgeschminkte Herbergsmutter mir mein Zimmer anwies, begleiteten sie zwei junge Mädchen, die sich gleich auf meinem Sofa niederließen. Das eine der beiden blieb nur mehr kurze Zeit im Hause, das andere aber wohnte mit seinen Eltern im Nachbarzimmer. Es war aus Saint-Brieux.

So behielt mein Onkel gleichfalls recht, und Nice blieb für mich mit Saint-Brieux zunächst in Verbindung.

»So bleiben beide miteinander in Verbindung«, sagt mir jemand inmitten dieser Erinnerung. Es ist ein leibhaftiges junges Mädchen, allerdings minder hübsch als die Bretonin, wenn auch vielleicht ebenso jung, überdies aus einem anderen Land, in das ich nicht will. Und wie sie sich zu mir herunterneigt, greife ich nach krummen Beinen und einem Buckel. »Sie freuen sich gar nicht?« sagt sie jetzt, und ich weiß doch nicht, worüber ich mich freuen soll.

»Haben Sie den Anschlag an dem Baum nicht gelesen?« forscht sie weiter. Ich hatte seit eh und je Aversionen gegen öffentliche Ankündigungen. Selbst in der Freiheit war die Zahl der Plakatierungen, die den Vorteil ihrer Leser zur Folge hatten, äußerst gering. Was konnte also von Ankündungen an gezwungene und gefangene Zurkenntnisnehmer erwartet werden?

Da ich also stur bleibe, zieht sie mich mit Kräften, die ihr nicht zuzutrauen sind, empor und bringt mich zu dem Baum. Es ist nicht leicht, an ihn heranzukommen. Immer mehr Leute sammeln sich dort, und jeder buchstabiert, was zu lesen ist. Kein Gesicht wird durch die Lektüre glücklicher. Viele gehen niedergeschlagener weg, als sie sich dem Baum genähert haben. Statt Leuchten in den Augen sehe ich nur Tränen und Verzweiflung. Trotzdem hat mich die Bucklige bereits durch die Menge nahezu hindurchgeschleust, die, als sie ihrer und meiner ansichtig wird, ohnehin fast von selbst Platz macht, wobei wir von scheuen und durchaus nicht vertrauensvollen Gebärden und Augenaufschlägen flankiert werden. Bevor ich aber noch an mein Ziel herangebracht worden bin, vertritt mir SS-Kohn den Weg und schreit: »Ich bin zum Arzt bestellt, ich Unglücklicher! Was soll ich jetzt tun? Soll ich sagen, daß ich mich geirrt habe und nicht weiß, was das ist, ›beschneiden‹?« Ich kann ihm nicht mehr raten. Da mich Ilse aber losgelassen hat, setze ich meinen Weg ganz ohne Eile fort. Sie meint, mich nun genügend weit geführt zu haben, und sagt: »Auf morgen«. »Was wollen Sie mit ›morgen‹?« versetze ich nun. »Was ich schon gesagt habe«, meint Ilse. »Wir beide bleiben doch beisammen.« »Das glaube ich auch. Wenigstens jetzt«, schränke ich ein. »Ja, jetzt«, sagt sie traurig, »denn draußen werden Sie von mir wahrscheinlich nichts wissen wollen.« »Auf mich kommt es da gar nicht an«, sage ich, so wenig unhöflich, wie ich es in diesem Augenblick zustandebringe. Dann gehe ich zu dem Anschlag.

Die Schrift ist trotz der Dunkelheit gut zu lesen. Von allen Seiten wird dort unter Vermittlung von Leuchtbehelfen oder Streichhölzern buchstabiert. Angekündigt ist: Entlassen werden: Agnes Nußbaum (das ist die Blonde mit den waschblauen Augen), Thomas Häubener (der Typus Zuhälter), Wolf Ehrlich (der junge Soldat), dann Salomon Schitter und Siegfried Laub (das sind offenbar die beiden Greise über 65 Jahre), Ilse Pickel (das ist die Bucklige) und zuletzt Peter Kucku (das bin ich).

Der Schuster steht neben mir und leuchtet mit seinem Feuerzeug, damit ich besser sehe.

Dr. Honigmann muß sterben. Stiglitz bleibt postumer Vater eines noch ungeborenen Kindes. Auch die hübsche Münchnerin mit den Zöpfen wird ins Jenseits exportiert werden. Der Fabrikant Krone, SS-Kohn, wie auch der Schuster, der mir leuchtet, daß ich besser sehe, und all die jungen Tänzer der Horah werden sterben.

Die Entlassung soll am kommenden Morgen vor sich gehen. Als ich still liege, schleicht SS-Kohn zu mir heran: »Geben Sie mir Ihre Seife! Sie brauchen sie ja nicht mehr.« Ich gebe sie ihm gerne, auch die beiden Trinkbecher. Die zerrissene Decke darf ich ihm leider nicht geben, sie ist ärarisch.

Darauf kommt die Nacht, in der ich nicht schlafen kann. Ich weiß sehr wohl, daß ich mein Leben stehle, daß es ebenso verfallen ist wie das der anderen, und ich weiß sehr wohl, daß andere würdiger wären, an meiner Statt zu gehen, die kräftiger und selbstloser sind und durch stärkere Bindungen mit dem Leben verknüpft scheinen als ich, der ich nur eine Halbschwester habe, die überdies ihren Gatten, ihr Kind und sich nach Afrika in Sicherheit gebracht hat. Und ich denke nicht einmal so stark an die, mit denen ich auf der Fahrt und hier beisammen war, an SS-Kohn, den Fabrikanten Krone, Dr. Honigmann, den verhinderten Ehemann Stiglitz und die sechzehnjährige Münchnerin mit den braunen Zöpfen, als an die jungen Handwerker und Arbeiter, die am Abend die Horah tanzen oder dem Tanz mit naturgemäßer Beteiligung zusehen, während ich nur mein wohlwollendes Erstaunen und meine freundliche Solidarität beisteuern kann. Dazu kommt, daß ich die Zurückbleibenden, bevor ich gehe, mit meinen Blicken auch noch um etwas berauben will: um die Frische ihres Mutes und um die Kraft, jene stumpfe Gewalt, die auf sie eindringt, nicht ernstzunehmen. Um den Willen zum Tanz angesichts ihres Todes – wie Jephtahs Tochter noch im Kreis ihrer Gefährtinnen tanzte, als ihr Vater angekündigt hatte, er würde sie für sein Gelübde der Gottheit zur Sühne und zum Opfer bringen – kann ich sie beneiden, aber nicht mehr bestehlen.

Ich betrachte den Tanz, der nicht mehr zu mir gehört. Ich gehe zusammen mit der Münchnerin mit den braunen Zöpfen um ein improvisiertes Lagerfeuer. Dieses halbe Kind bleibt und wird den Deutschen zur Ermordung übergeben, während ich mich davonmache. Ich weiß, was der Vater des postumen Kindes über mich denkt, als er mich zu meiner Entlassung beglückwünscht. Er, der mir vordem so quallig und schwammig vorgekommen ist, hat jetzt die Blässe des Todes für sich. Und wie der Zuhälter Häubener erscheint, ihm auf die Schulter klopft und sagt: »Nur Mut, es gibt auch leichte Arbeit in Deutschland«, wissen wir alle nur zu gut, der Schuster vielleicht ausgenommen, daß uns die Nazis nicht der Arbeit wegen verlangt haben, da sie selbst die kleinen Kinder ausgeliefert haben wollen. Nur die ganz Alten haben sie zu guter Letzt ausgenommen. Die sterben sowieso von selbst, und dann ist der heuchlerische Fuchs uralt, der sich als Sieger von Verdun und Vater des Volkes ausgibt.

Die Begegnung mit Dr. Honigmann hätte ich am liebsten vermieden, denn ich kenne ihn als indiskret, auch gegenüber seinen eigenen Gedanken. Ich möchte von ihm wie von allen andern einen guten Eindruck behalten. Nun kommt er und sagt nicht viel: »Ich bitte Sie nur, zu meiner lahmen Schwester zu gehen und ihr zu sagen, daß sie nichts unversucht lassen soll. Es wird ja nicht viel helfen, aber sie soll alles versuchen. Man sagt: Die Männer werden schon unterwegs vergast, ab Paris in den Zügen, die Kinder erst am Platz, sie kochen ihr Fett als Seife. Nur einige schöne Mädchen haben Aussicht auf Bordelle für rumänische Soldaten.« »Stimmt leider«, sagt die Blonde mit den waschblauen Augen. Dr. Honigmann sieht sie voll Haß an und sagt: »Sie haben Ihre Wahl schon hier getroffen, aber vielleicht wären Sie nicht gut genug gewesen für die rumänischen Soldaten!« Sie läuft davon. Ich bin mit ihr beschämt und nehme den Schimpf für uns beide in Empfang. Durch Hurerei ist es mir gelungen, der Gefahr zu entrinnen. Nur heißt es bei mir anders. Freilich war sie taktlos und büßt nun nach dem uralten Prinzip der Talion.

Nun tritt SS-Kohn vor: »Hören Sie, Kuckuck, ich habe kein Geld, aber ich kenne einen Anwalt in Nizza. Vor zehn Tagen ist er auf der Straße fast überfahren worden, er hört und sieht nämlich nicht gut. Im letzten Augenblick habe ich ihn zurückgerissen und dann nach Hause transportiert. ›Wenn Sie etwas haben, lieber Freund‹, hat er mir gesagt, ›dann wenden Sie sich vertrauensvoll an mich. Sie haben mir das Leben gerettet.‹ Ich verlange nun dasselbe von ihm«, meint SS-Kohn. Hier zweifle ich an dem Prinzip der Talion. Er meint, ich solle es nur nicht vergessen.

Ganz zuletzt kommt eine alte Frau mit einem Auftrag an ihren Mann, der irgendwo versteckt sein soll. Sie drückt mir nach alter Gewohnheit einen Geldschein in die Hand. Ich gerate in Zorn und schleudere ihr den Schein ins Gesicht. Nachher übernehme ich den Auftrag doch, natürlich ohne Bezahlung, nur höre ich nicht auf, ihr Moral zu predigen. Ich müßte wissen, daß sie mit meiner Moral nichts anfangen kann, selbst wenn sie sich diese zu Herzen nehmen würde. Keiner wird ohne Geld etwas für sie tun, für Geld allerdings wahrscheinlich auch nicht.

Ich mache nun einen langen Spaziergang mit der Sechzehnjährigen, die braune Zöpfe hat. Ich möchte sie trösten, was schier unmöglich ist, und habe dabei Lust, von ihr Besitz zu ergreifen. In einem verborgenen Winkel versuche ich, sie zu entkleiden. Sie leistet etwas Widerstand. Das Schamgefühl oder die Koketterie, die beide keinen Sinn mehr haben, meldet sich noch. Ich weiß, daß es ihr bei niemand mehr schaden kann, und habe doch das Gefühl niedriger Gesinnung. Als ihr Widerstand erlahmt und sie in meine Arme sinkt, wage ich nicht, sie zu nehmen, und sehe von der Leichenschändung ab. »Ist Lisbeth in Ohnmacht gefallen«, fragt die bucklige Ilse, die als späte Zeugin meiner Ehrenrettung eintrifft. »Es scheint so«, sage ich, und Lisbeth bleibt noch in meinen Armen wie nach einer Ohnmacht, bis mich die Bucklige zwingt, sie mit ihrer Hilfe in den Schuppen zu tragen. Nun kommt auch noch die Mutter und klagt, als ob man ihr das Kind schon jetzt genommen hätte.

Am Morgen wird auf dem großen Platz, der gestern für die Horah reserviert war, aufgerufen. Alle Schuppen sind umstellt. Der Aufruf erfolgt namentlich. Von uns ist noch niemand dabei. Wie der Transport abgeht, hört man schreien und weinen. Der Kapitän des Lagers hat drei ganz kleine Kinder übernommen, um sie bei mitleidigen Franzosen zu verstekken. Nun nehmen die Mütter Abschied. Die andern Kinder folgen dem Transport, sie konnten nicht mehr von der Liste gestrichen werden. Die jungen Leute besteigen den Camion gefaßt. Es sind die meisten Horah-Tänzer dabei, auch die schöne Brünette vom ersten Abend. Die Lastwagen, welche die menschliche Nahrung den deutschen Kannibalen überliefern, sind dicht belegt. Jeder kommt der Reihe nach dran, sowie er aufgerufen wird.

Nur das Los von uns sieben ist ein anderes. Wenn die leeren Wagen zurückkommen, wird einer auch uns zum Bahnhof führen. Aber sofern kein Irrtum in der Fahrtrichtung eintritt, soll er uns in die Freiheit bringen. Das wird im ersten Augenblick etwas Unvorstellbares sein. Später werden wir uns daran gewöhnen und nur bei besonderen Anlässen an dieses Lager zurückdenken.

»Glauben Sie, daß die Jagd auf uns zu Ende ist?« fragt die bucklige Ilse. »Man wird schon irgend etwas finden, daß die Geretteten nicht zur Ruhe kommen, und dann gibt es Fräulein Félice.« »Ja, die gibt es, und da wir sie nicht erwürgen dürfen, wird sie den Deutschen noch viele Juden ausliefern.«

Nun erscheinen alle, die uns Aufträge geben wollen. Wieder werde ich am meisten bevorzugt. Einige, die mich schon am Vortag aufgesucht haben, ergänzen, verbessern, schärfen ein, wiederholen. Dann kommt das Mädchen mit den braunen Zöpfen. Es hat keinen Auftrag für mich, Vater und Bruder sind bereits in einem anderen Transport, von ihrer Familie ist niemand in der Freiheit zurückgeblieben. Immerhin hat es anscheinend das Bedürfnis, mit mir zu reden, vielleicht möchte es unser gestriges Erlebnis als Mißverständnis aufklären, da dies doch zu nichts geführt hat. Das geschieht aber nicht. Die Sechzehnjährige schließt sich eng an mich an, als ob sie noch zu mir gehören würde. Ich fühle ihre zarte Brust und wie ihr Herz klopft. Dann schaut sie mich an und lacht: »So werden Sie draußen keinem Mädchen gefallen. Die Krawatte sitzt schief. Auch haben Sie Bartstoppeln. Warum haben Sie sich denn nicht rasiert? Sie haben doch Ihr Rasierzeug gerettet!« »Aber nicht den Spiegel.« »Hier haben Sie einen, und behalten Sie ihn als Andenken an mich.« Es ist ein zerbrochener Spiegel. Sie würde sieben Jahre nicht heiraten. An der Bruchstelle ist eine Strähne ihrer Haare eingezwängt. Ich richte meine Krawatte. An das Rasieren denke ich nicht. Dazu ist draußen Zeit. Ich finde es angenehm, diese todgeweihte Mädchenknospe so nahe zu fühlen.

Nun verlangen sie die Decken von uns, von jedem zwei. Ich habe nur die eine zerlumpte. Der Wächter, mit dem ich damals Streit hatte, will ein Mehr reklamieren. Ich presse ihm den

Lumpen in die Arme und drücke ihn dann mit Gewalt weg. »Sie dürfen hinaus, das darf nicht sein.« »Versuchen Sie es zu verhindern«, rate ich ihm, indem ich ihm den Rücken zuwende. »Sie sollten Ihrer Sache nicht so sicher sein«, sagt Häubener.

»Sie waren großartig«, meint die Kleine mit den braunen Zöpfen. Ich war es natürlich nicht, doch bedauere ich, in der Nacht vorher nicht mit ihr geschlafen zu haben. Sie errät wahrscheinlich, wohin meine Gedanken zielen. Jedenfalls erklärt sie: »Haben Sie bemerkt, daß bei dem Abtransport schon die Männer von den Frauen getrennt waren? Wir wären ohnehin nicht beisammengeblieben, auch wenn Sie nicht fortgehen würden.« SS-Kohn kommt noch einmal und erinnert mich an den Anwalt, den ich für ihn interessieren soll, dem er das Leben gerettet hat und von dem er ein Gleiches erwarte. Sagt Lisbeth: »Sie werden keine Zeit haben, sich mit einem von uns zu beschäftigen, das Leben wird Sie zu stark in Anspruch nehmen.«

Dann kommt die Mutter, um ihr Kind endgültig von mir wegzubringen. Es winkt mir noch von ferne. Zu einer Abschiedszene kommt es jetzt nicht mehr. Zumindest nicht mit Lisbeth. Das halbe Lager drängt sich an den Stacheldraht, als er sich für uns sieben öffnet. Ich erkenne das Gesicht Dr. Honigmanns, es ist besonders blaß. Hinter den teilnahmslosen Zügen des postumen Vaters scheint mir die Silhouette Rappaports aufzutauchen. Er ist also doch nicht geflohen. Wahrscheinlich konnte es ohne Geld nicht gehen, und er hatte keines und wollte mich nicht um welches bitten. Ich möchte noch einmal zum Gitter zurück. Da sehe ich hinter ihm die jämmerliche Gestalt des rachsüchtigen Polizisten, der mir mit der Faust droht.

So steige ich als letzter in den Wagen, und die Fahrt beginnt.

Zweiter Teil

Das Zimmer, in dem mich Néron Potiphas empfängt, ist äußerst geräumig, sein Boden mit alten, gut erhaltenen Perserteppichen ganz belegt. Das Meublement ist altmodisch-distinguiert. Es verweist auf den Geschmack schon abgeschlossener Epochen. Nur weil es ganz und gar nicht neu ist, vermag es nicht, in diese zurückzuversetzen. Der eingetretene Advokat scheint mit dem Auge, das noch vom Star nicht gestochen ist, wie mit dem gleichartigen Organ eines Raubvogels einen Klienten auszumachen. Da er auch schlecht hört, dauert es immerhin eine gewisse Zeit, bis der Irrtum aufgeklärt ist.

Nun sitze ich ihm gegenüber und versuche, einen Weg zu seinem Herzen zu finden. Aber je mehr ich auf diesem Wege fortzukommen glaube, desto weiter scheint sich das angestrebte Ziel zu entfernen. Es mag sein, daß ich nicht allzu überzeugend spreche. Ich habe diesen Gang lange genug aufgeschoben. Es mag in mir die Angst gesteckt haben, durch Betonung eines Zusammenhangs wieder dem Auffanglager zu verfallen, aus dem ich durch ein Wunder vorläufig glücklich gerettet bin. Und wenn diese Angst zurücktrat, so war es vielleicht bereits die beginnende Gleichgültigkeit gegenüber dem Schicksal der Zurückgelassenen, die sich langsam anmeldet, je länger ich selbst in die alte Lebenslage zurückversetzt bin. Und nicht zuletzt habe ich das Gefühl der völligen Aussichtslosigkeit, da schon zuviel Zeit verstrichen und da überdies bisher kein Mittel bekannt geworden ist, einen schon klaftertief in diese Abgründe Versunkenen noch heil herauszufischen.

Néron Potiphas wird unsicher im Ausdruck seines Auges, aber er gibt sich nicht geschlagen. »Wenn Sie sagen, daß mir dieser Mann das Leben gerettet hat, so ist das nicht ganz richtig. Ich hatte eben die Gefahrenquelle selbst entdeckt, und es war noch Zeit, mich in Sicherheit zu bringen, da das Fahrzeug abgebremst hatte und ich einen schnellen Schritt zur Rettung tat. Aber immerhin, der Herr, von dem Sie sagen, daß er in Gefahr ist, nahm sich meiner an. Das ist richtig und lobenswert, wiewohl so mancher nicht anders gehandelt hätte, der jetzt nicht in Gefahr ist oder für den ich wenigstens etwas tun könnte.«

Seine Worte, und wie er sie vorbringt, lassen keinen Zweifel daran, daß er gar nicht daran denkt, für SS-Kohn das Geringste zu tun, wenn überhaupt von diesem hinfälligen Greis eine wirksame Hilfe zu erwarten war. Aber sein Gehaben – sich um den Dank zu drücken, seine Verpflichtung abzuschwächen, die Rettung seines Lebens zu verleugnen – reizt mich zum Widerspruch; und das Bewußtsein, eine verlorene Sache schlecht zu vertreten, tritt immer mehr in den Hintergrund, sobald ich Néron Potiphas mit all jenen gleichsetze, die an den Dingen schuld sind, die sie als unabänderlich hinnehmen, und nach Gründen suchen, sich von der Verantwortung loszueisen und die rudimentären Reste der Moral mit der Krücke von sich wegzuschieben. Damit hat die zwecklose Unterredung für mich einen neuen Zweck erhalten, und ich begebe mich für den wahrscheinlich schon Ermordeten, sicherlich aber durch mich nicht mehr Rettbaren in jene Gefahr, die ich nicht auf mich nehmen wollte, als es vielleicht noch Zeit gewesen war, für ihn etwas zu tun, wenn auch schon damals nicht leicht erkennbar, wodurch.

»Sie tragen einen guten Namen, mein Herr! Sie heißen nach jenem Kaiser, dem man zu Unrecht den Brand Roms angelastet hat, der aber sicherlich, auch nach dem Bericht des ihm feindlichen Sueton, versucht hat, die Sklavenfamilie vor der Tötung zu retten, die für die Schändung einer Freien haften sollte. Derselbe Kaiser hat auch unsern Stand geschaffen und die Gerichtsgebühren geregelt, damit nicht mehr der gewinnen sollte, der dem Richter mehr bezahlte. Sie wissen, daß es ein gutes Werk war, und ich weiß es wie Sie, denn auch ich bin Anwalt. Freilich wird von diesem Mann behauptet, daß er nicht dankbar war. Er hat seine Mutter, die ihm zur Macht verhalf, geopfert. Er hat seine Freunde, die ihm das Leben retteten, preisgegeben. Vielleicht hat auch er sich nicht genau erinnert, wie Sie vielleicht vergessen haben, in welcher Weise es bei diesem verhinderten Unfall zugegangen ist. Denn ein geistig regsamer Mann will sich nur ungern mit seiner Gebrechlichkeit abfinden. Wie immer es ist, Herr Kohn kann sich gegen Ihre Abschwächung der Rettung durch ihn nicht verteidigen. Daher ziemt es mir, seine Darstellung zu vertreten. Es ist eine noble Aufgabe, für einen Verlorenen gegen den zu kämpfen, der bedauert, daß er nicht von einem gerettet wurde, der sich in keiner gleichen Gefahr befindet und dem gegenüber er sich mit geringerer Anstrengung erkenntlich zeigen könnte.«

Ich habe mein Plädoyer beendet und warte, wie der Gegner reagieren wird. Ich bin unvorsichtig gewesen und habe mich in einigem seinem Angriff ausgesetzt, nicht zuletzt darin, daß ich zugab, selber Anwalt zu sein. Wird er hier zu schürfen anfangen und fragen, warum ich dann hier bin? Oder gedenkt er, die Herausforderung auf andere Weise vor dem unbekannten Gerichtshof zu rächen, den – noch nicht wahrnehmbar – jederzeit das Schicksal spielen kann? Das Schweigen verlängert sich immer mehr. Es ist eine Waffe des Klugen und des Dummen. Es kann aber auch zu einer Blöße werden. Daß dem SS-Kohn kaum dieses Schweigen, ebensowenig ein an dessen Stelle tretendes Reden noch helfen könnte, steht gar nicht zur Debatte.

Schließlich erhebt sich Néron Potiphas und flüstert mir ins Ohr. Dabei steigt ein widerlicher Hauch schlechter Verdauung in meine Nase. »Seien Sie froh, Kollege, daß Sie kein Jude sind, sonst hätte man Sie nicht ausgelassen! Für diesen Mann könnte ich schon etwas tun, wenn er ein Mörder, Räuber, Notzüchter wäre, aber so – ist es ein Unglück, und dieses Unglück ist ansteckend.«

»Das könnte der Arzt auch sagen, der zu einem Schwerkranken gerufen wird.« »Ich bin kein Arzt, und ich bin auch kein Jude.«

Schade um mein schönes Plädoyer. Die Antwort ist zwar bündig, aber es ist keine Antwort. Sie wird auch geflüstert. Ihr

Nachdruck liegt in dem stinkenden Atem, der sie begleitet, und in dem Schlußwort, das jede weitere Fortsetzung des Gesprächs abschneiden soll. Es ist unmißverständlich gesagt und läßt auch die Richtigstellung nicht zu, daß ein Nichtjude durch Intervention ja viel weniger riskiert als ein anderer. Es ist die Bestätigung des Todesurteils gegen SS-Kohn und dessen Ankündigung für jeden, der sich, gleicher Gefahr entronnen, für ihn einsetzen will. Trotzdem und angesichts der Wertlosigkeit und Bedenklichkeit, noch etwas zu sagen, füge ich hinzu: »Sie sind kein Jude. Daher können Sie hier eine selbständige Entscheidung treffen. Vor Ihrem Gewissen werden Sie zu verantworten haben, ob es die richtige ist.«

Indem ich das im gewöhnlichen Gesprächston sage, schaue ich in das noch gesunde Auge des langen, hageren Krüppels. Er schließt es halb, sagt aber nichts mehr, sondern macht nur eine Bewegung, die andeutet, daß schon alles gesagt ist. Mir bleibt nur übrig, nach der Tür zu streben und das Freie zu gewinnen.

Nach diesem Mißerfolg, der noch dazu peinlich war, befinde ich mich auf dem Wege zur Schwester Dr. Honigmanns. Sie ist eine lahme, üppige Frau in den besten Jahren und wird gleichzeitig von drei Schwestern umsorgt. Sie hat zwar bereits den Besuch der Buckligen vor einigen Tagen erhalten und weiß über das Schicksal ihres Bruders Bescheid. Was sie aber nicht wußte und noch immer nicht weiß, ist, wie ihm zu helfen wäre. Ich erinnere mich der drei Herren, an die ich mich in eigener Sache gewandt habe, und die mir auch nicht geholfen haben. Noch mehr erinnere ich mich aber meines Besuches beim Advokaten Néron Potiphas, denn ich komme ja von dort. So kann ich ihr keine Hoffnung geben, wenn selbst die von ihrem Bruder gerühmten Beziehungen, die bis zum Präfekten gehen sollen, ihr nicht helfen können.

Honigmanns Schwester nimmt diese Absage nicht nur äußerst übel, sondern gestaltet ihren Augenaufschlag so geiermäßig, wie Advokat Néron mich angesehen hatte, als er mich noch für einen zu gewinnenden Klienten hielt. Nur ist ungewiß, was diese beleibte Frau mit ihrem Blick bezweckt, bis sie es sagt: »Sie, mein Herr, Sie sind doch auch draußen. Wie haben Sie es gemacht?« Dieses Rezept kann ich nicht verraten, und so begnüge ich mich damit, meine Abstammung abzuleugnen, die sie weiterhin für gegeben hält.

Ich verlasse diese Frau mit der unangenehmen Empfindung, daß sie, wenn sie die Macht haben sollte, den Gedanken, mir etwas am Zeuge zu flicken, ebenso liebgewinnen würde, wie etwas für ihren Bruder zu tun, daß sie diese Idee sogar verhätscheln würde, sobald sie zur Einsicht gelangte, daß nichts mehr ihrem Bruder helfen könnte. Das wäre nun eine Entschuldigung für mich, die weiteren Gänge nicht zu machen, aber ich suche weder nach einer Rechtfertigung noch nach einer Ausflucht, das, was epimetheisch aufgeschoben wurde und den Sinn, soweit es einen hatte, gänzlich eingebüßt hat, nun zu unterlassen.

Auch die anderen Kommissionen, die ich zu verrichten habe, zeitigen keinen besseren Erfolg. Damit glaube ich mir einreden zu können, daß meine Verpflichtungen erfüllt sind. Auch können meine Auftraggeber mich nicht benörgeln, zumal sie zur Vergasung fahren.

Da erinnere ich mich des Schusters und seiner Bitte um die dicke Wäsche. So suche ich nach der kleinen Bar am alten Hafen. Es bereitet einige Schwierigkeiten, sie zu finden. Aber am Ende habe ich mich hingefragt. Eine harte, einsilbige Frau und ein Mann, der nach Gebärde und Ausdruck ihr Bruder sein könnte, empfangen mich dort. Sie lassen weder erkennen, in welcher Beziehung sie zu dem Schuster stehen, noch versuchen sie über meine Person Näheres herauszubekommen. So sind die Wünsche des Schusters nach Unterkleidung bald ausgerichtet und noch solche nach Zigaretten beigefügt. Sie werden mit wenig Worten, aber herzlich aufgenommen. Dem Boten, der sich nicht mehr wieder zeigen und der auch nicht aufgefordert wird, wiederzukommen (nämlich mir), wird der übliche Apéritif geboten. Noch bevor ich das Lokal verlasse, entfernt sich der Bruder mit dem aufzugebenden Paket, und die Frau fragt nur noch kurz, ob der Schuster gesund ist und ob er seinen Humor, die Dinge zu nehmen, wie sie sind, bewahrt hat. Ich kann beides bejahen. Allerdings stehe ich nicht ein dafür, daß er die Sendung auch erhält. Ich bin sehr spät gekommen, und es könnte mich nur entlasten, wenn sie ihm auch sonst nicht zugute gekommen wäre.

Damit ist der letzte Zusammenhang mit dem Lager von Rives Altes gelöst, wenn nicht einige Nachspiele kommen, die ich jetzt noch nicht in Rechnung stellen will. Ich erinnere mich bloß der Heimfahrt von dort nach Nice. Wir machten knapp vor dem Ausgang halt. Ein Wächter hatte bemerkt, daß Siegfried Laub, einer der beiden Alten, vor der Fahne nicht die Reverenz geleistet hatte. Nun riß er ihm den Hut vom Kopf und schrie: »Respekt, du Hund, vor den französischen Farben!« Er versuchte, ihn aus dem Wagen zu zerren, aber der Greis krampfte sich dort fest. Häubener verteidigte die französische Fahne, der junge Soldat entschuldigte den Alten damit, daß er wegen Wind und Glatze einen Hut aufhaben mußte und zufolge Kurzsichtigkeit die Fahne nicht wahrgenommen hat.

Diese Aufklärung wurde schließlich hingenommen und der Vorfall als beigelegt betrachtet. Auf dem Rest der Fahrt zur Bahnstation machte ich keine Beobachtung und hatte wenig Lust zu sprechen. Wie wir aber am Denkmal des großen Generals vorüberkamen, der in Rives Altes geboren ist und der vermutlich Joffre hieß, aber auch Foch gewesen sein könnte, sagte mir die Bucklige: »Sie denken vielleicht an Lise. Sie muß Ihnen zugetan sein. Sonst wäre sie gestern nicht so ohnmächtig gewesen.« Ich dachte gar nicht an Lise, sondern stellte gerade zu meinem Befremden fest, daß sich Ehrlich, der junge Soldat, mit dem boshaften Zuhälter Häubener anzufreunden begann, und konnte mir dies ganz und gar nicht erklären. Die Bemerkung der Buckligen machte mich noch verdrossener. Erschien es mir schon ekelhaft, daß sie mich überhaupt in solcher Situation beobachtet hatte, war es mir noch viel widerlicher, daß sie dies auch noch mir gegenüber zu erkennen gab. Und ich hielt dafür, daß sich die Gemeinsamkeiten mit den Haftkameraden bald wieder aufheben würden, was meine Person anlangte.

Auf der Bahnstation sprang ich als erster aus dem Wagen in die Freiheit. Es zeigte sich, daß ein Zug in Richtung Nice wesentlich später ging, als angenommen war. Man einigte sich, ins nächste Wirtshaus am Ort zu wandern. Man staunte uns an wie wilde Tiere, die man ausgelassen hatte oder die entkommen waren, doch machten wir uns nichts daraus. Wir sprachen mit Nachdruck vielen Speisen zu, doch stillten sie unsern Hunger nicht. Im Lager hielt man uns bei karger Kost, doch war der Appetit gering. »Das war das Brom, das sie allen Speisen beigemengt haben«, meinte der junge Soldat. Häubener sah sich vorsichtig nach allen Seiten um, bevor er bejahte.

Bald verschwanden die beiden miteinander, und es hieß, daß sie versuchen wollten, über Perpignan auf spanischen Boden zu kommen. Ich blieb mit den beiden Mädchen und den zwei Alten zurück. Eine weitere Teilung der Gruppe bereitete sich schon vor. Agnes Nußbaum hatte sich dem Salomon Schlitter angeschlossen. Das war der widerliche von den Greisen, ungepflegt und schmierig, aber doch in der Art des Auftretens nach Geld aussehend. Bei mir verblieben noch immer die Bucklige und Herr Laub, der die Fahne nicht gegrüßt hatte. Er sah so sauber aus, wie es im Lager möglich war, und war bescheiden und distinguiert im Auftreten. Er soll Österreicher und früher höherer Beamter bei einer Krankenversicherungsanstalt gewesen sein.

Als die Mahlzeit beendet war, befanden sich Agnes und der alte Salomon nicht mehr unter uns. Vielleicht waren sie in einem Gasthof im Ort zurückgeblieben, obwohl das Lager noch immer sehr nahe war. Nun standen wir im Korridor des Zugs, und während die Bucklige ein immer wieder ins Stokken geratendes Gespräch mit dem Fahnennichtgrüßer anzubahnen versuchte, offenbar nur deshalb, weil ich mich nicht mit ihr befaßte, betrachtete ich, was draußen war, Meer und Schilf, Strand und Grün mit wachsendem Interesse. Davon zu sprechen, drängte es mich freilich nicht. Ich sah ein, daß die Bucklige bucklig war und der Alte alt. Der Körperschaden des Mädchens, der während meiner Gefangenschaft sehr häufig hinter der von mir vermuteten Intelligenz zurückgetreten war, stand nun wieder im Vordergrund. Der Alte war mir im Lager noch nicht besonders aufgefallen, doch hatte ich mich mit ihm noch solidarisch gefühlt, als er wegen des Fahnennichtgrüßens zu Unrecht gescholten wurde. Jetzt könnte man ihn schlagen, und ich würde nicht für ihn eintreten. Die Kameradschaft war nur von kurzer Dauer.

Ich fragte mich, ob etwas mit mir anders geworden war. Ich glaube schon. Was anders ist, das ist, daß ich das Leben nicht mehr so ernst nehme, seit ich weiß, daß die Gesetze aufgehoben sind, die es schützen. Auch müßte ich sonst noch immer das Leben aller ernst nehmen. Was anders ist, das zeigt der Fall, wie man sich angesichts des Todes benimmt und wie, wenn man glaubt, daß der Tod nun woanders steht. Was anders ist, das ist die tatsächliche Gewißheit, daß wir auf einer unsentimentalen Reise sind und keiner weiß, wann und wie sie einmal endet, noch wohin sie führt.

Wir hatten von niemand Geld für die Rückreise erhalten. Vielleicht hätten wir es anfordern dürfen. Von Rechts wegen bestimmt. Aber es war mehr als gefährlich, sich in unseren Umständen auf ein Recht zu berufen. So hatte jeder vorgezogen, es nicht zu tun. Die Bucklige hatte dieses Geld nicht. Siegfried Laub und ich hatten es. Die Bucklige wendete sich an den Alten wegen Borgens. Ich machte nicht Miene, etwas beizusteuern. Ich bin von Natur nicht geizig veranlagt. Die tausend Franken aber, die ich bereit gewesen wäre, für eine Flucht mit Rappaport aufzuwenden (damals glaubte ich sogar zweitausend zu haben und wollte alles opfern), schienen mir nun sehr wesentlich für die Sicherung der nächsten zehn Tage meiner Zukunft.

In einer schönen alten Stadt – ich hatte weder die Stationstafel angeschaut, noch auf der Karte nachgesehen – verließen wir den Zug, der vermutlich nach Toulouse ging. Für mich war es bereits die Trennung von meinen letzten zwei Fahrtgenossen. Zwar folgten mir beide noch eine Zeitlang, doch gelang es mir bald, sie zu verlieren. Tief im Zentrum der Ansiedlung nahm ich mein zweites Abendessen ein und begoß es mit viel Wein. Dann hielt ich eine Ansprache an die Kellnerin über die Gemeinheit der Auslieferungen und wie sich ein echter Mann in solchen Situationen benimmt. Von meinen Erlebnissen im Lager erzählte ich nur das, was ich für meine Heldentaten hielt. Wie ich fertig war, stimmte mir meine Zuhörerin erstaunt und anscheinend auch ergriffen zu. Da ich aber nicht wußte, wie sie wirklich dachte und ob ihre Zustimmung echt war, verließ ich, sobald der Wein einen nüchternen Gedanken zuließ, das Lokal und tauchte in den Burgen der Stadt unter. Erst spät ging ich zum Bahnhof zurück. Der Zug nach Nice war versäumt, die Bucklige und der Alte waren es auch. So wartete ich geduldig auf die nächste Verbindung. Diese traf auch ein, und als ich den Waggon betrat, stieß ich auf den zweiten Alten und Agnes Nußbaum, die sich nach einer kurzen Pause in Rives Altes doch zur »Heimfahrt« entschlossen hatten. Beide sahen sehr mitgenommen aus, versuchten mich aber ins Gespräch zu ziehen. Ich entschuldigte mich mit einer Verabredung und fand richtig im nächsten Coupé den jungen Soldaten Ehrlich mit Häubener, dem Zuhälter. Sie waren von dem Gedanken, illegal die Grenze zu überschreiten, nach einem vergeblichen Versuch wieder abgekommen. Der junge Soldat erwartete anscheinend, daß ich mich zu ihm setzen würde. Häubener erwartete es nicht. Ich schloß mich seiner Meinung an und verließ das Coupé ohne Erklärung mit einem leichten Kopfnicken. Danach befand ich mich endlich allein.

Und wie ich allein war, war ich es schon nicht mehr. Ich stellte mir vor, ein Liebesabenteuer zu haben, doch ist mein Aufenthaltspapier abgelaufen. Es könnte sein, daß man mich in einem Hotel aufgreift, neuerlich meine Papiere überprüft und zu einem andern Resultat gelangt. Es könnte sein, und es ist so: Wenn man zuviel über das nachdenkt, was man tun möchte, dann tut man es nicht.

Wie ich in Nice ankam, war mir klar, daß nur eine Etappe meiner Reise erreicht war und daß ich nicht wissen konnte, wann sie wieder anginge. Sie wird eines Tages wieder angetreten werden müssen, vielleicht ohne mein Zutun, wahrscheinlich gegen meinen Willen, sicher ohne daß ich es verhindern kann, wenn ich nicht vorziehe, an Ort und Stelle unterzugehen. Vorläufig allerdings war ich am Reiseziel angelangt. Die Avenue de la Victoire war erreicht, in ihrem unteren Teil die Prachtgeschäftsstraße von Nice, im alleruntersten Teil nahe dem obersten Stock die Einfassung einer kleinen Kammer, gut dreieinhalb Meter lang, nur einen breit, beim Fenster erweitert für eine Kochnische, hinter der das allgemeine Klosett der Etage rauscht, beim Eingang sehr verschmälert durch Bett und Tisch, so daß nur ein Schmaler sich durchzwängen kann, und über dem Bett die kleine Stellage mit Büchern, zumeist aus früheren Jahrhunderten, in Originalbänden, dem Hunger abgerungen, zum geringen Teil aus früherer Heimat gerettet, nun wahrscheinlich vom alten Siegfried in Sicherheit gebracht.

Wie ich nun mein Zimmer betrat, wenn man es so benennen will, fand ich von meinen Utensilien nichts außer einem Teil meines Geschirrs, das aber gründlich gewaschen neben dem alten Gasrechaud stand, der meine Kochnische darstellte. Dazwischen lagen Gegenstände einer fremden Person. Da ich den Raum schon für den Monat bezahlt hatte, rannte ich schreiend auf den Korridor und stellte den riesigen italienischen Vermieter, der mit langer Schürze in Hemdsärmeln die hinteren Korridore fegte. Er gestand, mein Zimmer weitergegeben zu haben, und zwar mit einem Teil meines Geschirrs. Den Rest des letzteren hatte er beiseitegebracht. »Es war ja keine Hose, kein Rock, kein Geldbetrag, nur wertloses Zeug. Und wer konnte wissen, daß Sie überhaupt zurückkommen?«

Der Korrektur der Miete stand wenig im Wege. Der neue Inhaber der Kammer wich sofort. Auch mein Geschirr wurde schließlich zurückgegeben. Die übrigen Sachen hatte angeblich Herr Siegfried gepackt und zu sich genommen. Ich freute mich auf das Wiedersehen mit meinen Sachen und ihm und beeilte mich, ihn zu begrüßen.

Der kleine, geschniegelte alte Mann erwartete mich in seiner altmodischen Wohnung, wie ein Vater den heimgekehrten verlorenen Sohn empfängt. Er hatte die Allüren und Manieren eines österreichischen Unternehmers, der bis fünfundfünfzig hart gearbeitet, aber dann, und dies glücklicherweise vor dem Einmarsch Hitlers in Österreich, sich in einer guten Gegend, nämlich hier, ein neues Zuhause geschaffen hatte, nach Versilberung seines Werks und richtiger Anlage des Erlöses. Einer seiner Söhne, der versagte und an dem er nicht besonders hing, weil er seine eheliche Geburt bezweifelte, hatte sich im Ausland verheiratet und es dort bald zum Hahnrei gebracht. Der zweite Sohn hatte nicht geheiratet, war sehr begabt und in Wien ein öffentlicher Funktionär geworden. Er hatte sich aber umgebracht, als die Hitleriden sich seines Eigentums bemächtigten, ihn seiner Stelle entsetzten und ihn auch noch verschleppen wollten. So war Siegfried nunmehr völlig allein, verschwieg seine Vergangenheit, auch sein zwischenzeitliches Bonvivantentum, das nun, da er die Siebzig überschritten hatte, notwendigerweise ein Ende nehmen gemußt, und äußerte verkapselte Vatergefühle für einen wie mich, der früher seinen Vater sehr geliebt hatte und nun gänzlich verwaist war.

Wie er mich wiedersah, wußte er dies als ein Wunder zu schätzen. Denn es ist vorher noch keiner wiedergekommen, den sie schon gehabt haben. Daß die Bucklige auch freikam, die niemand kennt und bei der es sicher in Ordnung war, oder die beiden Alten, die gar nicht hätten festgenommen werden dürfen, weil sie die Altersgrenze bereits überschritten hatten, war eigentlich selbstverständlich. Der junge Soldat, der gut gekämpft hatte, Häubener, der Zuhälter, und Agnes, das gefällige Mädchen, gingen wieder in ihrer Gattung unter. Aber es ist vielleicht nicht für immer, daß dieses Wunder wirken wird. Schon dreimal vorher hatten mich die Franzosen geschnappt und in Lager gebracht, die freilich nicht demselben Zweck dienten, aber doch auch nicht angenehm waren. Zweimal war ich aus solchen Lagern entlassen worden, das dritte Mal durchgegangen. Es war nicht ausgeschlossen, daß die Auslieferung an die Nazis bald viel genauer geführt würde. In diesem Lande war es üblich, daß behördliche Organe ungünstige Erledigungen ihrer Vorgänger anerkannten, günstige aber nur ausnahmsweise. Und dann gab es auf der Polizei das Fräulein Félice, das die Juden nicht liebte, mich aber sogar haßte.

Ich beschloß zunächst, mein großes Gepäck nicht zu mir zu nehmen, sondern nur Kleinigkeiten, die ich immer brauchte, in meine Wohnung zu bringen. So öffnete ich mit Hilfe des alten Siegfried einige Koffer und schaffte dann das ausgesuchte Material wieder zu mir. Der Hauswirt begrüßte mich diesmal mit freundlichem Grinsen. Er nahm an, daß ich endgültig wieder zurückgekehrt wäre. Dann brachte er mir eine Vorladung zur Polizei, die während meiner Abwesenheit eingelangt war. Obwohl ich nicht glaubte, daß sie etwas Günstiges für mich bedeutete, leistete ich ihr sofort Folge. Ich wollte mir Gewißheit verschaffen, woran ich war, solange ich noch die Kraft hatte zu versuchen, auch Widerwärtigkeiten zu bestehen oder sogar zu überwinden.

Auf der Polizei empfingen mich nette Herren und nicht das Fräulein Félice. Sie wunderten sich, daß man versucht hatte, mich den Deutschen auszuliefern, wo doch bekannt sei, daß ich kein Jude wäre. Mein Papier war während dieser Verschleppung bereits bis zum Jahresende verlängert worden. Man schickte mich allerdings zuletzt in das Büro, in dem Fräulein Félice saß, damit sie die Unterschrift des Chefs hole. Ich zeigte mich enttäuscht und verwies auf das, was sie mit mir in der Vergangenheit gemacht hatte. Die Herren lächelten und erklärten, daß alles bereits geregelt wäre, bis Ende Dezember hätte ich nunmehr Ruhe. Die Unterschrift des Chefs wäre eine bloße Formalität, der Präfekt hätte bereits entschieden.

Fräulein Félice nahm das Papier entgegen, brachte die Unterschrift zurück und reichte es mir, ohne mich anzusehen oder ein Wort an mich zu richten. Auch mein Entlassungsschein wurde von mir nicht verlangt. Wie ich das Büro verließ, begegnete ich der Buckligen. Sie hatte ihre Urkunde nachprüfen lassen müssen. Das gleiche mußte auch Häubener tun. Der junge Soldat war auf Félices Betreiben wieder verhaftet worden. Ich wußte nicht, warum ich diesmal Glück gehabt hatte, doch war ich beruhigt, daß ich Fräulein Félice fast drei Monate lang nicht mehr sehen mußte.

Jetzt hatte ich mich in der Freiheit einzurichten. Arbeit war für uns Flüchtlinge hier nicht gestattet, außer Zwangsarbeit. Man mußte trachten, von irgendwoher Geld zu bekommen. Meine Schwester, der ich meine Rettung telegraphierte, wies mir sofort telegraphisch eine Summe an. Jetzt hatte ich hinreichend viel Geld, da mir noch etwas geblieben war, doch wollte ich es noch vermehren, um für längere Zeit sorgenfrei zu sein. Ich begab mich ins Casino und verlor es. Nun hieß es einige Tage fasten und dann zu suchen, wo neues herkommen könnte. Am nächsten Morgen lag ich lange im Bett, damit sich das Frühstück erübrigte. Es klopfte stark an der Tür. Jeanne Varien, die Freundin Marassinos, war da, man brauchte mich dringend. Sie mußte im Korridor warten, während ich das Bett verließ.

Sie verlor weder ein Wort über meine Deportierung noch über meine Befreiung und trug gleich ihre Sache vor. Wir müßten nach Cannes und nach Antibes, für Marassino Geld beschaffen. Der war irgendwo verborgen. Wo, sagte sie nicht. Wir traten gleich die Reise nach Antibes an. Unterwegs veranlaßte ich sie, in Cagnes zu unterbrechen. An der Haltestelle stand ein Gasthaus, in dem wir das Mittagessen einnahmen. Man aß dort nicht teuer, aber sehr gut. Für die Kosten kam sie auf, da wir geschäftlich für ihren Freund fuhren. Überdies hatte sie Geld von mir geborgt. Von diesem Geld, einem großen Betrag, sprach sie nicht mehr.

Es war wenige Tage vor meiner Festnahme. Auch damals brauchte sie Geld für ihn. Er war interniert, aber harmloser als dann ich. Er saß unter Schiebern und Schmugglern in einem Besserungslager, und nicht als Jude zu Verbrennungszwekken. Zuvor war ich mit ihr beim Doktor Autin gewesen, der Armenarzt war, aber große Summen vereinnahmte und angeblich für den Antispionagedienst arbeitete. Dieser kannte einen Oberst, der Beziehungen hatte, um Marassino zu befreien. Als ich mit ihr kam, zeigte sich der Oberst angeblich beleidigt. Ich mußte ihr ein Entschuldigungsschreiben aufsetzen. Darauf beruhigte sich der Oberst offenbar wieder und ging mit ihr und dem Armendoktor aus. Man führte sie in einigen Bars und Casinos herum, vielleicht schliefen auch beide mit ihr. Sonst folgte kein Ergebnis. Daher hatte sie vor, die Wächter zu bestechen und die Schieber der Umgebung wegen der Summe abzuklappern. Aber alles, was sie für Wucherzinsen auftreiben konnte, reichte nicht. Da erinnerte ich mich einer Möglichkeit. In ihrem letzten Brief vor Kriegsbeginn hatte mir meine Mutter noch eine Zehn-Schilling-Dollfußmarke geschickt, die stand hoch im Kurs. Sie war von mir zur Erinnerung bewahrt worden. Ich verkaufte sie nun, um die Flucht Marassinos zu bezahlen. Wie ich das Geld brachte, lag Jeanne Varien verzweifelt und leise weinend im Bett. Als ich ihr das Geld übergab, lachte sie und sprang im Bett herum wie ein Kind an der Schnur. Sie hatte nichts als ein kleines Höschen an. Ihre kleinen festen Brüste hüpften nicht mit. Sie forderte mich auf, mich zu ihr zu legen, ich tat es nicht.

Nach einem reichlichen Mittagessen berichtete sie mir nunmehr, daß Marassino zwar bereits frei sei, aber sich noch nicht zeigen dürfe. Das war mir auch klar, wenn er nur durch Bestechung herauskam. Während wir den Speisen noch reichlich Wein nachgossen, fragte ich sie, ob sie nicht wissen wolle, was mit mir in der Zwischenzeit geschehen war. Es zeigte sich, daß sie gar nicht wußte, daß ich fort war, denn sie war Marassinos halber auch fort. Anschließend erklärte sie noch, daß sie nie ihren Freund betrügen würde, wenn er eingesperrt wäre und sich nicht wehren könnte. Nun sei er allerdings frei. Ich kannte diese Grundsätze, es handelte sich um Gangstermoral, und sie war die Geliebte eines Gangsters gewesen, der Marseille beherrscht hatte und mit den Deutschen zusammenarbeitete, bevor sie zu einem alten Fabrikherrn durchging und schließlich in einer Maison de Rendezvous den Marassino kennenlernte. Der wurde noch lange von der Gang bedroht, und vielleicht war auch seine Internierung auf die Gang zurückzuführen, denn es bestand hier immer ein gewisses Einvernehmen zwischen den Hütern der oberen und denen der Unterwelt. Ich glaubte aber nicht, daß Jeanne Varien es platonisch aufgefaßt hatte, als sie mich aufforderte, mich zu ihr zu legen, als ich ihr das Geld brachte. Und wenn sie mir jetzt andeutete, daß sie frei sei, so konnte es sich höchstens um den Gegenwert handeln, den ich damals für mein Darlehen nicht genommen hatte. Und den wollte ich noch immer nicht in dieser Form.

Nach dem Essen blieben wir auch noch in Cagnes, denn ich wünschte diese Stadt zu genießen, in der ich viele Leute kannte, Villenbesitzer, Dichter, Übersetzer, Maler. Ich erfuhr, daß einige von ihnen davon sind, als sie von meiner Verhaftung hörten. Sie hatten nicht abgewartet, wie sich die Dinge entwickeln würden. Die restlichen waren gerade nicht da. Wir gingen in die Konditorei, und Jeanne Varien zahlte wieder. Das fiel auf, denn man wußte hier, daß ich immer halbwegs bei Geld war und mir nie von Damen zahlen ließ. Auch war Jeanne, die hier unbekannt blieb, eine so auffallend schöne Frau, wie sie die Maler der Antike und Frührenaissance und noch Botticelli zum Modell für Venus- und Madonnenbildnisse verwendeten. Es bestand für sie kein Grund, für einen nicht besonders gutaussehenden Herrn zu bezahlen, der offensichtlich weder ein Verwandter, noch Gigolo oder Zuhälter war, und vielleicht nicht einmal ihr Liebhaber. Normalerweise wäre mir auch nie eingefallen, es mir auf Kosten einer Frau gutgehen zu lassen. Nun befanden wir uns aber auf einer unsentimentalen Reise, und da spielte das keine Rolle.

Gegen Abend würde ich sie gerne umarmen, und es war nicht mehr die Rücksichtnahme auf den Freund und auch nicht die Furcht, sie könnte ihre Leistung als Rückzahlung des

Darlehens ansehen, die mich daran hinderte. Ich wußte, Marassino ist ein Schwein, das mich fallenläßt, wenn ich in Gefahr bin und er selbst durch mich in eine solche kommen könnte. Ich hatte ihm auch das Geld geliehen, und er dachte bestimmt nicht daran, es mir zurückzugeben. Er brauchte mich auch sicher noch, und wenn er mich brauchte, würde er keine Affäre daraus machen, wenn ich mit seiner Geliebten geschlafen haben sollte, sofern er dies auch von ihr oder andern erführe. Das alles war gar kein Hindernis für eine Umarmung, aber ich habe oft an mir festgestellt, daß ich besonders schüchtern werde, wenn eine Frau sehr schön ist, selbst wenn ich mir vorstellen könnte, daß sie sich mit mir einlassen will. Vielleicht habe ich insgeheim Angst, etwas anzunehmen, was mir nicht zukommt, oder es schlägt die Schönheit des Anblicks die Triebhaftigkeit des Geschlechtsorgans in die Flucht.

Sie sagte mir indessen, daß sie viel Geld ausgebe und noch mehr brauche. Ein reicher Schweizer schulde dem Marassino für einen Geldtransfer eine große Summe. Es gelte nun, den Betrag zu beheben. Wir kamen erst bei Einbruch der Dunkelheit in Antibes an. Es stellte sich heraus, daß wir noch einen weiten Weg hatten, fast bis zum Kap. Ich war früher oft diesen Weg zu gleicher Stunde gegangen, und manchmal mit Frauen, und dann meistens erfolgreich. Wir hatten den Anschlußautobus nicht genommen. Die Straßen waren so eng, daß wir kaum nebeneinandergehen konnten. Sie meinte, daß sie es für nichts Sträfliches halte, wenn ein Freund mit der Freundin seines Freundes schliefe. »Les amies de nos amis sont nos amies.« Ich erzählte ihr, wie ich einmal nur deshalb mit der Frau eines Freundes geschlafen hätte, weil dieser auf uns eifersüchtig wurde. Früher hatte er uns tagelang miteinander Ausflüge machen lassen, und sie war ihm treu geblieben. Dann waren wir nur zehn Minuten lang allein, und er befand sich im Nebenzimmer. Diese zehn Minuten aber hatten genügt, daß wir miteinander glücklich wurden. Sie meinte, mein Name Kucku lege mir gewisse Verpflichtungen auf. So lange hätte ich auf keinen Fall warten sollen. Zehn Minuten wären zu wenig für eine so köstliche Angelegenheit. Auch solle man sich bloß erinnern, um aus der Erinnerung zu lernen, wie man es besser mache.

Im übrigen hatte unsere Reise weder Sinn noch Erfolg. Es kam zu nichts zwischen uns beiden, der Schweizer war auch nicht da, sondern in der Schweiz. Wir nahmen an ihrem Haustor Abschied, doch sollten wir am nächsten Tag in Monte Carlo unser Glück von neuem versuchen.

Auf dem Wege dahin, den wir im Autobus stehend zurücklegten, wurde ihr zwischen den Stationen Eze Dorf und Eze Bahnhof schlecht, und sie fiel gegen die Tür des Vehikels. Ich fing sie so gut auf, als ich konnte, und ich kann es schlecht. Zusammen mit dem Chauffeur trug ich sie auf eine Bank, dann fuhr das öffentliche Verkehrsmittel wieder ab. Sie sagte mir, daß sie schwanger sei, dies sei wahrscheinlich schuld an ihrem Zustand. Wir warteten eine Weile, bis sie sich etwas besser fühlte, hielten dann einen Lastkraftwagen an, der in diese Richtung fuhr. Sie lag auf dem Boden, und ich hockte neben ihr. Wir kamen zu einem freundlichen Herrn, der sich hier vor den Deutschen verbarg, damit er erst später gefangen würde. Früher einmal war er Offizier, jetzt machte er riskante Geschäfte. Dem Marassino behauptete er aber nichts schuldig zu sein. Immerhin gewährte er ein geringes Darlehen. Dafür schmiegte er sich fallweise an Jeanne Varien, das ist billig. Dann erkundigte er sich, wie es mir gelungen sei, aus dem Lager befreit zu werden. Ich begann, ihm eine lange Geschichte zu erzählen. Als wir weggingen, wußte er noch immer nichts.

Am Abend ging ich mit Jeanne ins Kino, dann aßen wir miteinander Nachtmahl, anschließend gingen wir in ein zweites Kino. Darauf suchten wir das Casino auf. Sie borgte mir etwas Geld, damit ich spielten konnte. Ich gewann so viel, daß ich sie zu einem guten Souper einlud. Das nahmen wir in der Gaststätte, in der ich mich gewöhnlich, wenn die Mittel da waren, mit Mahlzeiten versorgte. Die Kellnerin war eine

Savoyardin, groß und schwarz. Sie hatte mich schon oft so angesehen, als wollte sie mit mir einen Teil ihrer Freizeit verbringen. Sicher war, daß sie Jeanne ganz anders ansah. Ich glaube fast, sie vergab ihr nicht, daß sie so schön war. Schließlich schüttete sie ihr die Sauce auf das Kleid, aber nicht so, als ob es versehentlich wäre. So hatte Jeanne nicht viel von meiner einzigen Einladung.

Das Geld des freundlichen Wahlmonegassen hatte sich inzwischen verflüchtigt, und auch mein Spielgewinn war aufgebraucht. Es tat not, ausreichendere Beträge zusammenzubekommen. Das süße Lächeln Jeannes hatte bei Wucherern keinen nachhaltigen Erfolg. Sie wollten bessere Deckung. Am Ende fand sich doch eine alte Gouvernante, die gegen zehn Prozent im Monat, Aufwertung im Falle des Frankensturzes und meine Bürgschaft etwas lieh. Ich war nie so blank wie an diesem Tag, an dem ich das erste Mal für wen gebürgt hatte.

Am Abend war ich bei Jeanne Varien zu Gast. Sie empfing mich im Bett halbnackt, ihre Brüste waren klein und hart. Sie sprach sehr viel und durcheinander, aber nichts von Marassino. Sie zeigte sich von allen Seiten und war von allen Seiten gut anzusehen. Dann erklärte sie von allem möglichen, daß sie es lernen wolle, Literatur, Geschichte, Geographie, auch Deutsch. Ob ich ihr nicht einen Lehrer wüßte. Das alles bedeutete den Dank für die Bürgschaft, aber ich machte keinen Gebrauch davon. Das war nobler und fiel mir auch leichter.

Am Morgen reiste sie ab. Ich begleitete sie noch zum Bahnhof. Der Armenarzt Dr. Autin reiste mit ihr. Der hatte gewiß nicht so viele Skrupel und Widerstände in sich wie ich. Aber er hatte auch mehr Beziehungen oder sprach wenigstens davon. Als er mit ihr einstieg, begrüßte er mich wie einen Menschen, der ihm alles verdankt, und beglückwünschte mich zu meiner Befreiung aus dem Lager, die er allein veranlaßt hätte.

Auf dem Rückweg nach Hause traf ich den Polizeichef Ramond. Er war es übrigens nicht mehr. Man hatte ihn relegiert und würde ihn vielleicht nächstens selber einsperren. Einstweilen begab er sich zur Bahn, um in seine Heimat im Gebirge zu fahren. Auch er drückte mir die Hand, freute sich, daß er mich lebendig wiedersah, und bemerkte nur ganz am Rande, daß ich das allein seinen guten Verbindungen schuldete.

Ein wenig verdutzt begab ich mich nach Hause und traf als letzten meinen guten alten Nazifreund Mutbrunnen. Er war soeben bei mir, um meinen Verbleib zu erkunden, und hatte die gute Nachricht gerade erfahren. Nun drückte er mir beide Hände zum Glückwunsch. Besonders aber freute ihn, daß seine Bemühungen offenbar nicht umsonst gewesen waren.

Das alles fällt mir ein, wie ich von meinen Gängen für SS-Kohn, Dr. Honigmann und den Schuster Polatschek zurückkehre. Ich habe also gute Freunde, von denen jeder einzelne allein mich vor der Vernichtung bewahrt hat, ohne daß ich etwas davon merken konnte. Und was tue ich für die andern? Zwecklose Dinge. Nutzloser Stierkampf mit Néron, dem Advokaten, aufreizende Zurschaustellung meiner Freiheit bei der lahmen Schwester eines Gerichteten, verspätete Veranlassung von Wäschepaketen an einen deportierten Schuster, die die Wachen untereinander aufteilen werden.

Es ist schon einige Tage her, daß Jeanne Varien weg ist. Aber auf einmal ist sie wieder da. Sie ist besonders unernst aufgelegt. Ihr Gang ist wiegender als sonst, und sie singt mit der Stimme der Huren, die irgendwo abgebrochen ist. Sie meint: »Diesmal fahren wir miteinander nach Cagnes, nur so, nicht mehr geschäftshalber.« Das ist mir sehr recht. Denn diesmal will ich ernstmachen mit diesem Leckerbissen.

Wir benützen nunmehr die Bahn, aber ich weiß nicht, ich finde es überhaupt anders als sonst. Wie wir in der Station ankommen, holt uns ein Herr mit schwarzem Bartwuchs ab. Auch der paßt nicht zu unsern sonstigen Zusammenkünften. Überdies stellt sich heraus, daß es Marassino ist, der mich in alter Freundschaft umarmt.

Er sieht jetzt älter aus als ich, obgleich er jünger ist. Das macht der Bart. Auf Frauen hat er immer einen faszinierenden Eindruck gemacht. Woran das liegt, findet ein anderer Mann nicht leicht heraus. Hübsch ist er nicht. Sein Körper ist zwar der eines Herkules, sein Gang hinwiederum beschwingt und ebenso seine Stimme. Die nunmehr gepflegte Hand, die einmal die eines Boxers war, ist völlig müßig. Sein Rehauge sieht zumeist wie auf der Flucht und wie geschlagen aus. Trotz offensichtlicher Muskelkraft und Zähigkeit bei Verfolgung für gut befundener Ziele, scheint er sonst weich und ohne persönlichen Mut. Ich bewundere aber, wie er den Rahm vom Leben abschöpft, und räume ihm dies beinahe als ein Recht ein, wenn mir auch nur die Brocken übrigbleiben.

Jeanne Varien spielt ein neckisches Spiel, tanzt zwischen ihm und mir herum. Ich habe den Eindruck, sie sähe es gern, wenn ich mich mit ihm schlagen würde. Ich müßte naturgemäß unterliegen, und wir wären dann um die Schuld quitt. Freilich ginge es ihm in diesem Falle auch nicht gut, denn man sucht ihn sowieso. Das Sicherheitsbüro von Vichy sucht ihn ganz besonders; das zweite Büro von Vichy, das scheinbar zweite Zwecke verfolgt, verwendet ihn gleichzeitig unter anderem Namen als Agenten. Angeblich ist er japanischen Spionen auf der Spur. Was nur suchen diese hier? Trotzdem muß er aufpassen, daß er selbst nicht verhaftet wird. Nach dem Krieg ist er ein gemachter Mann, sobald Deutschland verliert. Ich meine, das dauere noch einige Jahre. Bevor Rußland nicht gründlich geschwächt sei, würden die andern nicht landen. Er meint, sie würden es schon tun. Jeanne gießt Öl ins Feuer. Sie erklärt, sie sähe es nicht gern, wenn ihre beiden Männer sich stritten.

Er findet diesen Ausdruck komisch, ist aber nicht eifersüchtig veranlagt. Er weiß, ich bin nicht charmant, weder hübsch noch gutaussehend oder elegant, auch nicht mehr sehr jung und jedenfalls nicht reich genug, um mir Jeanne Varien zu halten. Er glaubt auch wahrscheinlich nicht, daß sie sich einmal so weit irren könnte. Sie war mit einem Repräsentanten der internationalen Finanz, als er sie kennenlernte. Auch morphiumsüchtig war sie damals, und die Gangster waren hinter ihr her. Sie war ihm um den Hals gefallen und hatte gleich herausgefunden, daß er der Prinz sei, auf den sie ihr Leben lang gewartet habe.

Die Schöne, die im Walde träumt, das Dornröschen von heute, wartet nicht mehr auf den Prinzen, wie es im Märchen stand. So schlief auch Jeanne Varien gleich mit Marassino und wollte bei ihm bleiben. Er hinwiederum war bestrebt, das Nützliche mit dem Angenehmen zu verbinden. Daher schickte er sie wieder zu ihrem Kapitalisten zurück, bis die Abfertigung beisammen war. Hier war Eifersucht nicht am Platze. Sie kam von Megève aus den Armen des einen in die des andern und kehrte von dort in die des einen zurück. Sie hatte die Übung.

Diesmal hält mich Marassino frei. Den nächsten Monat würde ich Geld haben. Auch habe ich ihm welches geliehen, für ihn Botengänge gemacht, für ihn gebürgt. »Nächste Woche bekommst du dein Geld zurück. Ich erwarte einen großen Betrag.« Er erwartet ihn vielleicht, hat aber keine Ursache dazu und glaubt sich selbst nicht mehr.

Der Abend befriedigt mich übrigens nicht. Ich kehre zeitig nach Nice zurück, wo ich auf der Promenade die Bucklige treffe. Félice hat sie verhaften lassen und mit anderen Juden in ein Überprüfungslager geschickt. Dort hat man sie aber wieder in Ordnung befunden. Ihr Papier zeigt einen Stempel mehr. Auch ist ihr noch ein weiterer Ausweis gegeben worden. Sie stellt mir in Aussicht, daß Félice mich bald wieder sekkieren wird. Was sie betrifft, so sei das jetzt vorüber. Ich glaube, daß sie doch eine Jüdin sein muß, dazu eine bucklige, und möchte am liebsten kein Jude mehr sein, der mit ihr etwas gemeinsam hat, auch wenn ich trotzdem am jüdischen Schicksal zu tragen habe. Sie meint auch, daß Marassino aus Galizien stamme und wahrscheinlich Meir geheißen habe. Seine Freundin aber wäre eine gemeine Hure. Aber selbst die Hure Babylon war eine große, und doch hat kein Prediger von ihr abgelassen. Die Bucklige spricht aber kaum aus moralischen Bedenken.

Mir sind nun die Leute lästig, die mit mir bekannt sein wollen. Ich liege lieber auf den stinkenden Steinen in der Sonne am Meer oder schwimme bei Wellengang hinaus, soweit es mich trägt, das heißt doch nicht weiter, als ich bei einer Rückschau ans Ufer annehme, die Kraft zu haben, zurückzuschwimmen. Nur manchmal, wenn ich neben einem mir unbekannten Mädchen schwimme, vergesse ich diese Vorsicht und habe dann beim Rückweg eine andere Gefahr als die, unter der ich ständig lebe, und darf es auch nicht zeigen, daß ich Angst habe. Bald aber richten sich auch die Anstrengungen im Wasser nach meiner Kost, und das Gemüse wird immer knapper, das ich mir auf meinem kleinen Rechaud zubereite. Von Marassino höre ich nichts mehr, er ist ja gerettet. Auch seine Freundin kommt nicht mehr. Sie verschaffen sich ihr Geld wohl auf andere Weise und denken nicht daran, mir meines zurückzugeben.

Bisweilen gehe ich noch zu dem alten Siegfried und einer älteren charmanten Holländerin, Frau von Quanten, die ich durch ihn kennengelernt habe. Da treffe ich eines Tages Irmas Bruder auf der Straße. Sie hatten beide, zusammen mit ihren Eltern, Tür an Tür mit mir gewohnt. Das ist längst anders geworden. Sie lebt jetzt versteckt. Ihr Bruder hat ein militärisches Papier. Er war vor dem Waffenstillstand zu Arbeitsleistungen für das Militär benötigt worden und wurde nach dem Waffenstillstand zum Dank dafür in einem Lager eingesperrt. Daraus hat er sich dann allerdings eines Tages unerlaubterweise entfernt, nicht ohne sich mit vorgefundenen Stampiglien einige Urlaubsscheine und Missionsbestätigungen auszustellen. So genießt er jetzt die Freiheit und spricht Deutsch mit seiner lauten, auffälligen Stimme, begleitet von seinen ungelenken Gebärden, auch in den belebtesten Straßen.

Zuletzt führt er mich zu Irma. Sie sitzt und näht. Zu ihren Füßen befindet sich ein Galan, der ihr die Arbeit vermittelt hat, und ein anderer, der sie ihr abnimmt, ist im Anrücken. Sie arbeitet ein wenig nachlässig und langsam. Ihre Lippen aber sind frisch, herzförmig und üppig, und auch ihre Brüste, die sich stark in ihrem Schlafrock abzeichnen, scheinen in Ordnung zu sein. Ihr dunkles Haar und die Augen ergänzen den Eindruck der Gioconda. Sie spricht zudem gut Italienisch, und wenn sie es spricht, glaubt man, daß das Bild lebendig geworden sei und wandeln könne.

Der Galan zu ihren Füßen hat die Vierzig überschritten und ist klein, aber rüstig. Sie mag ihn nicht, obwohl er schon von der Emigrationszeit an für die Ernährung der Familie aufgekommen ist. Er erzeugt allerhand Gürtel, Schuhe, Taschen, wobei sie ihm hilft. Ihre Hilfe ist nicht besonders groß. Aber er geht mit ihr einmal in der Woche aus und hofft, sie im Anschluß daran zu bekommen. Sie läuft ihm immer wieder davon und er ihr nach.

Der zweite Galan, der die Arbeit kauft, scheint glücklicher zu sein. Er sitzt niemals zu ihren Füßen, erhält auch ihre Familie nicht, doch liefert sie ihm häufig nachts die Arbeit ab, und er erwartet sie im Hausflur. Trotzdem hat sein unglücklicher Nebenbuhler manchmal mit der Uhr in der Hand festgestellt, daß die Ablieferung stundenlang dauerte, ja einmal sogar fast bis zum Morgen. Daneben zeigten Veränderungen in Kleidung, Haartracht und Augenumrahmung, daß es bei dieser Ablieferung nicht geblieben war. Nun hätte der Kleine gerne die Waren selbst hingetragen, aber der Kunde mochte das nicht, und es war zu befürchten, nicht nur einen Großabnehmer durch Umdispositionen zu verlieren, sondern außerdem bloß einem Anlaß vorzubeugen, aber sonst nichts abzustellen. So sagte er sich, daß er selbst vielleicht eher Chancen habe, wenn er nicht verhinderte, daß andere sie außer ihm hätten.

Als ich Irma kennenlernte, kam sie aus ihrem Zimmer, wenn sie der Kleine behelligte, in das meine und beklagte sich über ihn. Auch ihr Vater, ein robuster Slowake, mochte den Kleinen nicht, obgleich er ansonsten erklärte, er habe gegen ein Verhältnis seiner Tochter nichts einzuwenden, doch dieser dürfe es nicht sein, der sei zu alt, zu häßlich und ohne Manieren. Nur die Mutter, die reichlich Geschenke von ihm bekam, war für den Kleinen eingenommen. Wenn Irma mich aufsuchte, blieb sie meist nicht sehr lange. Immerhin sahen wir im Anschluß an ihre Klagen die Bilder der für den Buchhandel nicht zugelassenen Ergänzungsbände einer Sittengeschichte miteinander an, wobei sich eine gewisse Annäherung zwischen uns vollzog. Bei ihrem letzten Besuch zog ich ihr nach einleitenden Küssen die Hose aus und legte sie auf das Bett. Da ihr Kopf aber auf den aufgeschlagenen Blättern des zuletzt angesehenen Buches lag, schob ich dieses weg, damit es nicht beschädigt werde. Diese Geste nahm sie mir übel, entriß sich mir, stürzte zur Tür und sagte, ihre Mutter würde kommen. Nun kann sie nicht mehr kommen. Die Deutschen haben sie vergast.

Sie erzählt mir nunmehr, wie es kam, daß ihre Mutter »genommen« wurde. Vater und Mutter seien versteckt gewesen, sie selber gerade draußen auf dem Gang. Da hätten zwei Polizisten gefragt, wo eine Familie ihres Namens wohne. Sie habe italienisch geantwortet, um sich nicht gleich durch schlechtes Französisch als deutschsprachig zu verraten. Der Jüngling, der ihr erster Liebhaber war, nachdem ihr von ihm auch die Ehe versprochen worden, war Italiener und ist ihr Lehrer in dieser Sprache gewesen. Nun hatte sie schon die Polizisten darüber informiert, daß niemand von der in Frage stehenden Familie mehr im Hause wohne. Da habe sich ihre Mutter, die von dem ganzen Gespräch nicht viel verstanden habe, nicht halten können und deutsch nach ihr gerufen. Darauf seien die beiden Polizisten umgekehrt und hätten die aufgetragenen Handlangerdienste für hitlerische Mörder durchgeführt und beide Frauen mitgenommen. Auf der Straße aber zog sie der eine der beiden beiseite und flüsterte ihr ins Ohr: »Lauf um dein Leben! Du bist zu hübsch und zu jung für den Tod!« Das habe sie auch getan und sei so entkommen. Ich glaube nicht, daß sie das erzählt, um sich mit ihrer Hübschheit zu brüsten. Sie ist nicht einmal kokett. Ihr Körper wirkt ganz von selbst, von Natur aus, wie er wirken soll.

Ich höre ihr aufmerksam zu, und sie gibt mir einen liebevollen Blick dafür. Vielleicht auch nur, um den Kleinen zu ärgern. Der aber zeigt sich nicht eifersüchtig auf mich. Er erzählt mir selbst sein Mißgeschick und nimmt an, daß ich für Irma zu arm bin und auch nicht interessiert an ihr und sie nicht an mir. Darin hätte er früher geirrt, jetzt aber nicht mehr. Keine Gelegenheit, die versäumt wird, kehrt je wieder. Es kommt höchstens eine andere. Wenn mich Irma aber selbst noch will, so wird sie nicht eine flüchtige Bindung suchen.

Auf der Straße treffe ich dann die Frau des früheren Leiters der Sicherheitspolizei. Als er in seine Bergheimat abgereist war, hatte er sie dort bei seinen Schwiegereltern gefunden und hierher gesandt, um seine Angelegenheiten zu ordnen. Es handelt sich um häusliche Angelegenheiten. Die andern kann er selbst nicht mehr ordnen und vielleicht niemand mehr für ihn. Es liegt eine Anzeige gegen ihn vor, er habe erpreßt und den falschen Polizisten gespielt, er, der selbst vor kurzem noch ein echter Polizeileiter gewesen war. Seine Frau, eine pralle Blondine, nimmt die Dinge mit Humor. Sie führt zwei kleine Kinder an der Hand. Das dritte läuft nebenher. Sie erkundigt sich nach Marassino, von dessen Flucht sie Kenntnis hat, und fordert mich auf, mit ihr am Abend ins Kino zu gehen, wenn sie die Kinder schlafen gelegt habe. Da ich kein Geld habe, scheidet diese Möglichkeit aus.

Wir gelangen bis ans Meer, wo ich mich verabschiede. Ich schwimme weit hinaus, aber nicht weit genug, um eine andere Küste zu erreichen. Die Sonne scheint hinreichend stark, und die Zeitungsverkäufer schreien laut. Die Alliierten sind in Afrika eingedrungen, und Hitler ist auf die Franzosen sehr böse, daß sie sich so schlecht verteidigt haben. Ich denke, jetzt werden die Italiener Nice besetzen.

Bevor es aber dazu kommt, muß ich wieder mein Papier verlängern lassen. Ich gehe zu dem Amt, in dem Fräulein Félice schaltet und waltet. Sie verlangt den Entlassungsschein von Rives Altes. Ich weise ihn vor. Sie findet ihn nicht ausreichend und erklärt, ich müsse von dem nunmehr alleinzuständigen Judenkommissariat eine Bestätigung bringen. Ich wende mich dorthin. Man gibt mir diese Bestätigung nicht, sondern verlangt, daß ich alle meine Papiere in Original und beglaubigter Übersetzung bringe; die werde man dann nach Vichy schicken, in frühestens einem Monat könne ich Antwort haben. Ich bringe das Resultat zu Fräulein Félice. Sie freut sich und erklärt, daß ich nun ausgewiesen würde. Ihre Kollegen rufen nach dem Chef, sie sind auf meiner Seite. Der Chef läßt sich verleugnen. Ich begebe mich aufs Judenkommissariat und berichte dort von dem Gehabe des Fräuleins von der Polizei, das sich sogar über Auskünfte dieser allein zuständigen Behörde hinwegsetze. Darob gerät ein dortiges Fräulein in Harnisch. Kurz darauf erhalte ich den Bescheid, man habe den Chef der Fremdenpolizei telephonisch verständigt, ich könne getrost zu ihm gehen. Das tue ich auch und finde den Weg durch Félice verlegt. Auf mein Aufbegehren und Schreien hin erscheint der Chef selbst und händigt mir einen Interimsschein aus, mit dem Recht für einmonatigen Aufenthalt. Félice tobt: »Wenn dieser Mensch bleibt, gehe ich.« Doch bleiben wir beide.

Und dann sind die Italiener auch schon da. Sie sprechen von »Nizza nostra«, aber die Leute hier sind nicht dieser Meinung. Sie sagen, daß hier die Heimat Garibaldis ist, aber dessen Familie bekennt sich als französisch. Auch er selbst hat übrigens nach der Einigung Italiens freiwillig als französischer Soldat gedient und an der Niederlage gegen Preußen teilgenommen. Ansonsten sind die neuen Besatzer bereits kriegsmüde, obgleich sie nicht gekämpft haben. Als ich entgegen dem Verbot schwimmen gehe, winkt mir ein Soldat. »Quando sera fermata questa guerra?« will er wissen, denn er ist schon zwei Wochen eingerückt, wenn auch nicht an der Front gewesen. Dann bittet er mich, ihn an der Hand ins Meer zu führen. Er fürchtet die starken Wellen und kann nicht schwimmen. Als trotz dem Halt, den ich ihm gebe, doch eine Welle kommt, läuft er so schnell weg, daß er mich niederzieht.

Das Fräulein Félice von der Polizei fährt fort, Juden arretieren zu lassen, um sie den Deutschen auszuliefern. Aber die

Italiener geben diese Juden wieder frei. Kommt eine andere Idee von oben. Man weist alle aus dem Departement aus und konzentriert sie im Departement Drôme. Dort sind natürlich die Deutschen. Zum x-ten Male werden Listen angefertigt. Die Ausweisungen beginnen. Einige Juden leisten diesen Folge, andere wieder nicht. Ich stehe vorläufig noch auf keiner Liste. Aber Fräulein Félice hat sicher nicht vergessen, daß ich nur einen Aufschub von einem Monat habe. Viel mehr als das habe ich aber nie in Händen gehabt, seit ich von zu Hause fort bin.

Nun muß ich die Papiere fotografieren und beglaubigt übersetzen lassen. Dazu fehlt vor allem das Geld, denn nun bin ich von meiner Schwester endgültig abgeschnitten. Überdies bedürfen die Urkunden einer gehörigen Einbegleitung. Wenngleich die Zunamen meiner Mutter und meiner Halbschwester für das Gehör des Franzosen eine gewisse Ähnlichkeit ergeben, fehlt diese in der Schreibweise und völlig in den Vornamen. Ich kann aber den gewünschten Effekt nur dann erzielen, wenn diese Unterschiede entweder übersehen werden oder eine Überbrückung gefunden wird. Dazu ist eine Idee nötig, die ich habe, und wieder Geld, das ich benötige. Marassino befindet sich zwar jetzt im Wohlstand und könnte mir das geliehene Geld zurückbezahlen. Ich weiß, daß er es für Ehrensache hält, Schulden nicht zu honorieren. Einmal sah ich, wie er einen zudringlichen Gläubiger durch eine Linke aus Boxervergangenheit zur Zurückstellung seiner Forderung bewog. Einem Freund würde er die Nichtanpassung an ihm liebgewordene Gewohnheiten doppelt übelnehmen. Überdies kann ich ihm nicht schreiben, da er sonst Gefahr liefe, aufgefunden zu werden. Hier und da machen sich Mittelsmänner, die seine Anschrift schon kennen, erbötig zu intervenieren. Sie können mir nichts Günstiges berichten. Nur einer erzählt, Jeanne Varien habe ein kleines Schmuckstück verkaufen wollen, um mir zu helfen. Er habe ihre Bemühungen in dieser Hinsicht dadurch beendigt, daß er das Stück an sich genommen.

Wie ich mir keinen Rat mehr weiß, springt schließlich der alte Siegfried ein. Ich hatte noch eine zweite Briefmarke, die mir meine Mutter vor der Dollfuß gesandt, von geringerem Wert, aber doch noch ausreichend, um genügende Sicherheit zu bieten. Als ich am Verfallstage nicht zahlen kann, streckt mir Dr. Autin das Geld für Siegfried vor und gibt mir gegen mein Wort die Marke zum Verkauf. Den besorge ich in einem Park, in dem die Börse der Philatelisten stattfindet. Ich erziele einen günstigen Preis, zahle meine Schuld und behalte noch etwas fürs Weiterleben.

Inzwischen habe ich mich mit Übersetzern herumgeschlagen, die mir eine Anwältin vermittelt hat. Es geht insbesondere darum, die Worte I. K. G., die man meiner armen Mutter auf den mir besorgten Ersatzheimatschein geschrieben und welche die Anfangsbuchstaben von »Isrealitische Kultusgemeinde« bedeuten sollten, mit »im katholischen Glauben« zu übersetzen. Für eine entsprechende Aufzahlung wird die Version rel. cath. angenommen, das volle Wort auszuschreiben aber als nicht dem Original entsprechend abgelehnt. Das muß mir natürlich genügen, und ich bezahle auch die Verbesserung anderer unvollständig geschriebener Ausdrücke als neue Übersetzungen. So kann ich bald die gehörig beglaubigten und fotografierten Stücke nach Vichy abgehen lassen.

Währenddessen haben aber die Italiener auch die Aktion zur Sammlung aller Juden im Departement Drôme öffentlich inhibiert und übernehmen schließlich die Aufsicht über die Sündenböcke selbst. Sie begnügen sich mit der Unterbringung einzelner Familien in der näheren und weiteren Umgebung Nizzas in guten Hotels. Einige können nicht zahlen, die leben dann von den anderen. Einige fahren überhaupt nicht fort. Die werden von Zeit zu Zeit vorgeladen und an ihre Verpflichtungen erinnert. Unter diesen Umständen hat sich auch Irmas Bruder gemeldet und erklärt, kein Papier zu haben. Man schickt ihn irgendwo ins Gebirge. Einige Zeit später sendet man auch den Vater nach. Irma selbst bleibt hier, und niemand schert sich um ihren Verbleib.

Das Kommissariat für jüdische Angelegenheiten hat fallweise die Präfektur informiert, daß mein Akt von Vichy noch nicht zurück sei und daß man mein Papier verlängern solle. Félice ist nicht mehr so erpicht, mich unter die Juden zu reihen, seit es diesen besser geht, und so erhalte ich meine Verlängerungen ziemlich anstandslos. In all dieser Zeit habe ich auch nicht aufgehört, den Strand zu besuchen, nur schwimme ich kürzere Strecken, denn ich bin hungrig und schwach.

Ich habe schließlich Marassino sagen lassen, daß ich ihn für einen Schuft hielte, wenn er nicht zahlte. Er hat sich nach Gap ins Gebirge begeben, lebt seiner Liebe und mästet sich. Auch seine Freunde, die Schieber, fühlen sich wohl. Soweit sie von den Italienern evakuiert werden sollten, sind sie nicht fortgegangen und operieren mit ärztlichen Zeugnissen. Die Amtsärzte verdienen Tausende von Franken, der Arzt der italienischen Polizei noch viel mehr. Schlechter ergeht es dem früheren Chef des Sicherheitsdienstes. Man hat ihm wegen Erpressung und Betruges den Prozeß gemacht und ihn schließlich mit anderthalb Jahren Kerker versorgt. Die dralle Blondine, seine Frau, ist endgültig zu ihren Eltern gereist.

Nun bestellt man mich einige Male zum Judenkommissariat. Zunächst muß ich eine Bestätigung bringen, daß ich nicht verheiratet bin. Dieser Umstand trifft zwar zu, ist aber nicht leicht festzustellen. Schließlich bezeugen ihn mein Zimmervermieter und ein früherer lothringischer Deputierter, die beide von meinen persönlichen Verhältnissen nicht allzuviel Ahnung haben. Dann wünscht man die Originalstücke zu den beglaubigten Fotokopien, um sie auf ihre Echtheit zu überprüfen. Ich gebe sie nur ungern aus der Hand, obwohl ihre Echtheit nicht bezweifelt werden kann. Doch niemand weiß, ob sie nicht verlorengehen oder in einem andern Akt verschwinden, dann wäre es um mein Ariertum endgültig geschehen. Man beteuert mir die besten Absichten und die größte Behutsamkeit für den Transport, und ich muß meinen neuen Wohltätern glauben, die bis jetzt wenigstens die Lücken in und zwischen den Dokumenten übersahen, also nicht den

Inhalt, sondern nur den Ursprung einem Examen unterziehen. Und so erhalte ich schließlich eines Tages vom Amt die Mitteilung, daß es sich freue, mich benachrichtigen zu können, daß ich kein Jude sei und für keinen solchen gehalten werden dürfe.

Die Urkunde wird mir feierlich ausgefolgt. Sie trägt eine niedrige Ziffer. Die Zahl der Bewerber war offenbar nicht sehr groß, angesichts der Langmut der Italiener oder auch wegen der Strenge der Überprüfung. Immerhin trägt das Dokument die Unterschrift des Ressortministers, und nun darf auch Fräulein Félice an der festgestellten Tatsache nicht mehr zweifeln. Ich beeile mich daher, zu ihr zu gehen, obwohl ein gutes deutsches Wort besagt: »Gehe nicht zu deinem Fürst, wenn du nicht gerufen würst«. Und dieses Wort bewahrheitet sich bald. Sie fragt mich nämlich, warum ich dann nicht für Deutschland kämpfte, sondern mich als Flüchtling hier befände. Ich verweigere ihr die Antwort. Und sie erklärt, mir die ihrige bald zukommen lassen zu wollen.

Ihre Ankündigung erfüllt sich prompt. Das neuerrichtete deutsche Rekrutierungsbüro beruft mich zum Arbeitsdienst ein. Ich gehe zu Dr. Autin und bitte ihn um Hilfe. Er erklärt, diesmal für mich nichts tun zu dürfen und zu können. Ramond, der frühere Chef des Sicherheitsdienstes, ist selber eingesperrt, so erübrigt sich der Weg zu ihm. Mutbrunnen, der Nazialte, begegnet mir auf der Straße und meint: »Heil Hitler, welche Wonne, unserem Führer zu dienen«. Da die Dinge somit für mich schlecht stehen, versuche ich noch andere Ratschläge einzusammeln, ohne aber meine Geheimnisse völlig bloßzulegen. Manche meinen, ich solle mich als Jude deklarieren, das sei jetzt ungefährlicher als meine Situation. Andre sind der Ansicht, ich solle mich dem Rekrutierungsbüro stellen, man würde mich bei meinem Gesundheitszustand wahrscheinlich nicht einstellen. Ich halte beide Ratschläge für wertlos. Die Gefahr für die Juden wird bald wiederkommen. Und das Rekrutierungsbüro wird demnächst selbst Tote einstellen. Einige raten mir sogar, das Los auf mich zu nehmen; ich müsse ja nicht unbedingt zugrundegehen und könne vielleicht der französischen Sache dienen. Ich will es aber auf den Versuch nicht ankommen lassen und fasse schließlich einen phantastischen Plan.

Wenig später befinde ich mich im italienischen Polizeipräsidium, gebe meine letzte noch vorhandene Visitenkarte ab und verlange, den Chef persönlich zu sprechen. Der ist gerade besetzt und verhindert. Er widmet sich einem entzückenden Mädchen, das in seine Tür geschlüpft ist. Ich warte zunächst ruhig, werde aber nach und nach ungeduldig. Man bringt mich schließlich zu seinem ersten Sekretär. Ich setze diesem den Fall auseinander. Er seufzt, wenn ich ein Jude wäre, könnte er was für mich tun, aber so... Ich erkläre ihm, daß ich nicht etwas sein könne, was ich nicht sei, aber trotzdem italienischen Schutzes bedürfe. Er klopft an die Tür zum Nebenraum. Vorübergehend zeigt sich der Kopf des Chefs, aber inkognito, wenngleich aus ihm einige Worte kommen. Angesichts dieses Kopfes gewinne ich mehr Selbstsicherheit, als meine italienischen Sprachkenntnisse rechtfertigen können. Ich bringe schließlich meinen ganzen Wortschatz an, nebst längst in das Unterbewußtsein untergetauchter grammatikalischer Axiome. Meine Überzeugungskraft wird damit abgefertigt, daß man mich anweist, vor dem Hause auf einer Bank sitzend zu warten, wofür sich der Chef entscheiden werde.

Ich nehme zunächst an, daß dies eine halbwegs gängige Form ist, sich unwillkommener Zudringlinge zu entledigen, doch kann ich nicht mehr darauf bestehen, zu bleiben und setze mich, bevor ich mich vollends entferne, auf die mir empfohlene gemeinnützige Sitzgelegenheit. Alsbald setzt sich ein auffallend zerlumpter Arbeiter zu mir und schimpft über Mussolini und die Italiener. Ich begreife und widerspreche. Er hustet und meint, daß er so die Wachen verscheuchen werde, die sein Husten für Kanonendonner hielten. Ich verweise ihm seinen Irrtum und erkläre, daß ein richtiger Römer im Gegenteil den Kanonendonner für Husten anhöre. Er schüttelt den Kopf und meint, Mussolini ahme den Cäsar schlecht nach. Ich finde indessen in Cäsar nur einen Vorläufer Mussolinis. Er zeigt mir in der Geschichte Beispiele italienischer Feigheit und Schwäche. Ich widerlege ihn leicht unter Berufung auf Mucius Scaevola und Gabriele d'Annunzio. Er zeigt sich verärgert und läuft davon, aber direkt ins Polizeipräsidium. Bald darauf erscheint ein Diener und erklärt, der Herr Präsident bitte Herrn Pietro Cucu, bei ihm zu erscheinen.

Der Polizeipräsident war offenbar mit dem jungen Mädchen, mit dem er vor mir unterhandelt hat, zufrieden und überträgt diese Zufriedenheit auf mich. Er empfängt mich besonders höflich, ich erinnere ihn an einen Schulfreund. Dem sehe ich sehr ähnlich und sei auch in der Art so. Ich nehme das gern zur Kenntnis. Doch fügt er gleich hinzu, viel könne er für mich nicht tun, doch wolle er mich an einen Ort bringen, wo ich unter seinem persönlichen Schutz und in seiner nächsten Umgebung leben würde. Er verweist mich an einen italienischen General und gibt mir seinen Sekretär als Begleiter mit.

Nun glaube ich, mein Ziel erreicht zu haben, gerettet und sogar versorgt zu sein. Die große Genugtuung aber, die ich plötzlich empfinde, entspannt meine Nerven zu sehr, und mit diesen mein Konzentrationsvermögen. Im Nu habe ich mein Italienisch vergessen, das ich gerade noch nach Bedarf zur Hand hatte. Und als mir der General, vor dem ich nun stehe, den Namen eines Herrn nennt, der angeblich seit Kindheit mein bester Freund ist, widerspreche ich ihm, da mir der Name unbekannt vorkommt. Es ist aber der des Polizeipräsidenten, den ich nie gewußt habe, der aber, wie mir der General nunmehr eröffnet, in seinem Brief an ihn erklärt, ich sei sein Schulfreund gewesen.

»Überall Lüge«, schließt der General. »Sogar der Präsident der Polizei, den ich so gut kenne, belügt mich und sagt mir, dieser Mensch sei mit ihm in die Schule gegangen. Und dabei kennt er ihn gar nicht, und dieser Mann kann nicht einmal Italienisch. Auch ist er viel jünger als der Polizeipräsident. Kein Grund, einen solchen auf Staatskosten in Freiheit zu füttern.

Aber, Peter Kucku, Sie sollen versorgt werden, ich schicke Sie auf Ihre Kosten nach Moustiers-Sainte-Marie. Das ist weit genug von hier und von uns gut überwacht. Sie finden dort allerhand zweideutige Leute: Engländer, Holländer, Belgier, Luxemburger und Juden. Fort mit Ihnen!«

So habe ich eine Verzweiflung gegen eine andre eingetauscht. Es ist mindestens so schwer für mich, Geld für meinen Aufenthalt aufzutreiben, wie mein Leben vor den Deutschen zu retten. Ich könnte mich auch nicht an eine jüdische Organisation um Hilfe wenden, da ich diesen nicht traue und festgestelltermaßen kein Jude bin. Wieder Herrn Siegfried Festenberg anzugehen, widerstrebt mir ebenfalls. Zu Dr. Autin kann ich diesmal nicht, ohne ihm die ganze Geschichte zu erzählen, und das will ich auch nicht, denn es ist jetzt wichtig, seine Angelegenheiten nicht an die große Glocke zu hängen; er weiß ohnehin bereits zu viel für einen, der weder helfen kann noch will. Schließlich verkaufe ich, was an Gegenständen, die ich habe, noch einen gemeinen Wert besitzt, und dann begebe ich mich auf Fahrt. Das Zimmer aber behalte ich zunächst.

Es ist eine lange Fahrt, die ich wieder antrete. Von Autobus zu Autobus. Als ich ankomme, ist ein Großteil des mitgenommenen Geldes weg. Der Ort ist schön. Aber wenn ich auch nur einen Spaziergang ins Freie mache, gelange ich immer wieder an die Ortsgrenze und zu Posten, die sie bewachen und ein Weitergehen nicht zulassen. Der Preis des Zimmers ist hoch. Als ich die Speisekarte lese, kommen andere Überraschungen. Am dritten Tage ist von meinem Geld nicht mehr viel übrig. Die Juden betrachten mich mit Argwohn. Die Luxemburger warnen mich vor Spaziergängen. Die Holländer entlehnen meine paar Bücher und geben sie nicht mehr zurück. Der einzige Engländer, den ich sehe, dreht mir den Rücken zu und betrachtet mich als nicht vorhanden. So brauche ich mich wenigstens mit ihm nicht auseinanderzusetzen. Vorsichtigerweise habe ich es unterlassen, mich beim italienischen Kommando anzumelden.

Am Abend des vierten Tages stellt sich mir ein zweiter Engländer vor und will etwas spielen, hat aber kein Spiel mit. Ich habe die Stäbchen für das Mikado und ein Kartenspiel. Wir spielen bis vier Uhr morgens. Dann nimmt er meine Spiele mit, damit sie am Abend wieder bereit seien. Ich habe nichts gewonnen und nichts verloren, außer den Werkzeugen zum Spielen. Ich war noch am Vortag beim Arzt und habe ihm meine Leiden geklagt und meine Situation auseinandergesetzt. Nur meine Geldsorgen habe ich ihm verschwiegen. Der Mann hat mich ruhig angehört und dann gemeint, gerade für meine Leiden sei Moustiers-Sainte-Marie das richtige, und er freue sich, endlich in mir einen Menschen gefunden zu haben, mit dem er wenigstens sprechen könne. Er habe sonst keinen. Es sei klar, daß ich hierbleiben müsse. Dann berechnete er mir so viel, daß ich, wenn ich auf eine Mahlzeit verzichte, gerade noch bis heute auskommen und die Bahnfahrt zurück begleichen kann.

Ich habe mich erkundigt, daß um sechs Uhr Wachablösung ist. Um fünf Uhr schläft der abzulösende Posten gewöhnlich ein. Das ist für mich die Stunde des Aufbruchs. Meine Koffer sind schon vorbereitet, das Quartier am Vortag mit dem Bemerken bezahlt, ich wolle immer einen Tag im voraus meine Schuldigkeit leisten, um zu wissen, woran ich sei. Man hat dies widerspruchslos akzeptiert. Es ist nichts ungewöhnlich unter ungewöhnlichen Umständen. Der Engländer liegt schon auf seinem Ohr, wie ich das Haus verlasse. Nirgends brennt ein Licht. Der Posten schnarcht. Außerhalb der Ortschaft besteige ich ein offenes französisches Vehikel, das mich zum nächsten Bahnhof bringt. Für die ganze Autobusfahrt hätte es nicht mehr gereicht. Auf dem Bahnhof (die Station heißt, wie ich glaube, Les Arcs) treffe ich italienische Offiziere. Ich weiß schon, was man für ein Gesicht zu machen hat, wenn man ohne gültige Papiere reist und nicht gefaßt werden will. Es gelingt auch diesmal.

Nun muß ich doch zum alten Siegfried gehen, um wenigstens Geld für ärztliche Bestätigungsschreiben zu erhalten.

Meine Lebensmittelkarten kann ich längst nicht mehr voll ausnützen. Ich lasse sie verfallen oder verschenke sie teilweise, denn noch habe ich ein Widerstreben, sie illegal zu veräußern. Ich wohne jetzt bei einer Savoyardin, einer großen Blonden, der Nichte der früheren Hotelbesitzerin. Sie hat ihren Mann, der nichts taugte und der der echte Neffe dieser Tante ist, an die Luft gesetzt. Ich bewohne einen geräumigen Keller, in dem man auch kochen kann, wenn man etwas zum Kochen hat. Unterirdisch lebt es sich jetzt leichter, wenn man die Möglichkeiten zum Entkommen kennt.

Siegfried Festenberg ist ein reicher Mann und liebt mich sehr. Er gibt aber ungern Geld ohne Sicherheit. Und Sicherheit habe ich nicht mehr. Er meint, man höre, daß durch das Rote Kreuz noch immer eine Verbindung mit Marokko möglich sei. Ich solle mich wegen des Betrags an meine Schwester wenden und ihm diesen anweisen lassen. Er strecke mir dann die Summe vor. Ich weiß nicht, ob das geht, begebe mich aber trotzdem alsbald zum Roten Kreuz. Man erteilt mir höchst zweideutige Auskünfte, aus denen ich nicht klug werden kann. Schließlich verweist man mich an eine Dame, die informiert sein soll. Wie ich sie vor mir habe, erkenne ich die häubchentragende Hure, die mich ins Auffanglager nach Rives Altes begleitet hat und die mir auf den Kopf zusagte, die Deutschen würden mich vergasen, ich könne nie zurückkommen.

Diese Polin vom Roten Kreuz erkennt mich zunächst nicht, vielleicht weil ich ein Fall unter vielen bin, vielleicht weil ich mich so verändert habe, so mager bin, dafür besser gepflegt. Als sie schließlich meinen Namen liest, scheint sie sich zu erinnern. Sie erinnert sich aber offenbar falsch. Denn sie sagt: »Sie waren doch auf einem Transport. Ich freue mich für jeden, der zurückgekehrt ist. Bei Ihnen freue ich mich ganz besonders. Ich wußte, daß Sie zurückkommen werden.«

Ich erwidere ihr nichts. Ich sehe ein, daß es genug war, Fräulein Félice zu reizen. Zwischen zwei Megären dieser Art müßte ich zerrieben werden. Auch erklärt sie mir, daß die Sache mit dem Geld gehen werde, und gibt mir eine Bestätigung für Festenberg, daß die Verbindung mit meiner Schwester eröffnet sei. Ich hätte nie gedacht, daß diese Frau noch einmal für eine Garantie meiner Solidität gut sein würde, aber es ist jetzt doch so gekommen.

Nach dieser Garantie streckt mir Festenberg einen geringen Betrag vor. Nun muß ich mir Bestätigungen von Ärzten verschaffen, daß ich krank sei und nicht nach Moustiers-Sainte-Marie fahren könne, damit der Schutz der Italiener aufrechtbleibt und ich doch nicht wegfahren muß. Diese finden aber, ich hätte ihre Güte mißbraucht. Zuerst empfängt mich ein Oberst in vollem Zorn. Die Wut des Majors, der mich das nächste Mal empfängt, kennt keine Grenzen. Der Hauptmann, an den ich zuletzt verwiesen werde, zerreißt den Schutzbrief, den ich seinerzeit vom Präsidenten der Polizei erhalten hatte. Nun können mich die Deutschen holen, wann sie wollen.

Ich brauche jetzt das restliche Geld nicht mehr für Bestätigungen von Ärzten, sondern kann etwas essen und auch das Schwimmen wiederaufnehmen. Daneben fällt noch eine Kleinigkeit für Bücher ab, die ich bei Bouquinisten erstehe. Darunter prangen eine Erstausgabe der Werke Boileaus und fünf schön mit Kupferstichen versehene Bände des von Schiller geschätzten Feindes des göttlichen Marquis und Schöpfers des Buches »Der Pornograph« in einer Leipziger Ausgabe. Ich fühle mich nicht mehr arm und habe was zu verteidigen außer meinem Leben. Herr Festenberg sagt mir eines Tages, das mit meiner Schwester habe geklappt, er gebe mir weiteren Kredit. Nun brauche ich nur einen Revolver, der nicht viel Lärm macht, um den zu erlegen, der mich abholen will, und trotzdem nicht bemerkt zu werden.

Ich lese keine Zeitung mehr, doch betrachte ich abends am Gebäude des »Eclaireur«, der großen Tageszeitung von Nice, die wichtigsten politischen Vorfälle in Lichtreklame. So habe ich mich über die Erfolge der Hellenen gefreut und sehr getrauert, als sie zuletzt doch unterlagen. Was in Afrika geschah, habe ich mit großem Interesse verfolgt und die

Ahnung innerlich geäußert, daß sich vielleicht noch zu meinen Lebzeiten einiges zum Besseren wenden würde.

Eines Tages gehe ich vom Meer her nahe dem Hotel Negresco an Land und steige leicht bekleidet über die Steine. Wie ich an das Gebäude des Nobelhotels herankomme, schreit ein kleiner Mann meinen Namen ohne Akzent. Ich nehme an, daß sie mich wieder haben, und muß warten, wie ich loskomme. Der kleine Mann hat eine große Suite.

Alle zusammen kommen schließlich auf mich zu, und das ist nicht wenig, um sich eines Menschen zu versichern, der keinen Centime schwer ist. »Alter Freund«, spricht mich jetzt der kleine Herr an, und sein Akzent ist nicht mehr deutsch, »Sie haben wohl keine Zeitung gelesen.« »Ich lese prinzipiell keine Zeitung. Sie ist nicht das Papier wert, auf dem sie gedruckt ist.« »Sie wissen also nicht, was los ist?« »Das weiß ich schon, denn ich merke es alle Tage. Aber vorläufig weiß ich weder, wer Sie sind, noch daß Sie mich suchen.« »Ich suche Sie ja nicht«, sagt der Kleine. »Aber ich freue mich, daß ich Sie gefunden habe. Kennen Sie mich nicht? Ich bin Grosetta! Die Regierung Mussolini ist gestürzt. Badoglio ist an seiner Stelle und unterhandelt mit Amerika wegen des Waffenstillstands. Der Faschismus ist tot, der Nazismus ist auch bald tot. Und ich bin der Kommandant von Nice.«

Er sagt »Nice«, nicht »Nizza«, obwohl im Deutschen unerklärlicherweise für eine französische Stadt der italienische Name gilt. Die Okkupationspläne sind also fallengelassen. Trotzdem glaube ich nicht an eine Änderung, solange nicht Hitler gestorben ist. Ich erinnere mich aber des Conte Grosetta. Er war in der italienischen Gesandtschaft in Wien, folgte meiner Schwester auf Schritt und Tritt, hatte aber wegen seiner Erscheinung und seines geringen Witzes keine Aussicht auf Erfolg. Sie sagte manchmal zu mir, wenn sie einmal ihren Gatten verließe, müsse es für einen sein, der viel besser wäre. Dieser hier sei kein Ersatzmann. Da er wußte, wie gut ich mit meiner Schwester stand, hielt er sich oft in meiner Nähe. Ich sprach allerdings nie ein Wort zu seinen Gunsten.

Die Ereignisse jetzt muß ich regelrecht verschlafen haben. Gestern ging ich zeitig ins Bett, da ich mich nicht wohl fühlte. Heute bin ich zeitig aufgestanden, um in den Morgenstunden zu schwimmen, weil es viel erfrischender ist und weil so früh nicht kontrolliert wird, denn das Schwimmen ist für Private überhaupt verboten. Inzwischen ist die große politische Neuigkeit eingelangt und mit ihr der Graf Grosetta. Übrigens sehe ich jetzt so wenig Leute, daß ich kaum erfahre, wenn sich etwas Günstiges ereignet. Sobald etwas schiefgeht, erleide ich es früh genug.

Am Nachmittag besuche ich bereits den Kleinen im Hotel Continental. Der Dienst ist noch nicht vollkommen eingerichtet, man lacht aber bereits über ihn. Er empfängt mich mit Grandezza in Hemdsärmeln und mit Hosenträgern. Seine Brust ist besonders fleischig, der vorspringende Bauch fett. Statt auf einem Postament hockt er auf einem Barstuhl.

Grosetta fragt zunächst nach meiner Schwester. Ich habe das erwartet und berichte, daß sie in Marokko lebt und als gerettet gelten kann. Nun erzählt er, daß er zwischenzeitlich bei seinem Aufenthalt in Polen in der dortigen Botschaft eine Amerikanerin polnischer Abkunft kennengelernt und auch geheiratet hat. Sie werde demnächst hierherkommen, er wolle mich dann im Hotel Negresco empfangen. Er müsse nur solange warten, bis der Waffenstillstand geschlossen sei, sie sei trotz Eheschließung mit ihm Amerikanerin geblieben und könne nicht vorher hierherkommen. Diese Heirat sei auch der Grund, warum seine diplomatische Laufbahn zwischenzeitlich abgebrochen sei.

Und nun wird Francesco Grosetta sehr ernst und sagt: »Sie haben keine Ahnung, was in Polen vorgegangen ist. Ich weiß, auch hier wurden viele Juden verschleppt, doch seit wir Italiener hier sind, hat das aufgehört. In Polen aber ist Gräßliches passiert. Dabei haben den Deutschen die Ruthenen geholfen, die jeden dort hassen, die Polen, weil sie die Kaufleute sind, die Juden, weil sie die Handwerker und Wirte stellen und auch die Geldverleiher.« Und dann berichtet er die Geschichte von

Henko, dem Vetter meines Schwagers, der sich um Protektion an ihn gewandt habe, damit er außer Landes komme. Das war ein Bursche, der niemals wem was getan hat und nie einen Groschen Geld verdiente. Er war der Schmarotzer reicher Leute und erwies sich ihnen durch untergeordnete Dienste und Vermittlungen gefällig. Von seinem Großvater wird gesagt, er sei einmal mit ihm in den Zirkus gegangen und habe ihm die Herren beim Todessprung als Beispiel gezeigt. »Siehst du, Henko, davon lebt man.« Besagter Henko hielt sich nicht an das Beispiel und lebte sein unernstes Leben, in dem nur Frauen eine Rolle spielten, die sich billig gaben, denn er hatte nie Geld, und wenn er auch gut aussah und angenehm plauderte, doch nicht das Auftreten eines, der seinen Mann steht. Damals legte er zum ersten Mal einen Fußmarsch mit seinem Bruder, der Zahnarzt war, über die slowakische Grenze zurück. Dort hat ihn ein Ruthene gesehen und gestellt. Währen der Bruder noch fliehen konnte, erhielt er einen Bauchschuß und krümmte sich. Sie brachten ihn in ein Haus, in dem ein alter Mann sich über ihn beugte, der seinem Großvater glich: »Großvater, es war nicht recht von mir, daß ich nicht hab' von Todessprüngen leben wollen.«

Nach dem Bericht vom Tode des Bauchschüsslers fragt der Graf, ob ich nicht einen wisse, der Gold verkaufen will. »Wir zahlen die höchsten Preise, und Sie können etwas verdienen dabei.« Ich kenne zwar durch Marassino und Jeanne Varien einige Schieber und Goldhändler in Nice. In diesem Augenblick aber fällt mir nur der ehemalige Offizier ein, bei dem wir in Monaco wegen des Geldes für Marassino waren und der Jeanne beim Abschied so wohlwollend zwickte.

Und wie ich an ihn denke, treffe ich ihn auch, ganz nahe am Hotel Continental, das ich eben verlasse. Er ist hoch beglückt über das Angebot. Allerdings hat die Sache einen Haken, er hat bis jetzt nur Valuten, nie aber Gold geschoben. Ihm fehlt es somit an Erfahrung, an dem Spezialwissen. Als er die Ware beschaffen soll, will er zuerst erfahren, was die Italiener zahlen. Und wie er zu den Verkäufern kommt, hat schon ein anderer alles geschnappt. Er kauft schließlich teuer ein, und man bietet ihm wenig. Im Handumdrehen sind zwanzig gewiegte Konkurrenten aufgetaucht. Er bittet mich, zum Grafen zu gehen, damit man ihm den Preis vorher ansage. Man sagt ihm den ausnahmsweise. Von ihm bringen es aber die andern heraus, weil er von Natur aus geschwätzig ist, und so hat er wieder nichts. Nun bittet er um eine Vorzugsbehandlung. Grosetta lehnt zunächst entrüstet ab. Er will nicht den Staat schädigen, für den er die Ankäufe macht und den er vertritt. Dann ruft er den Mann vor und bewilligt dem unerfahrenen freundlichen Schieber seine Prozente. Als er aber kaufen will, nützen ihm auch die Prozente nichts. Es hat sich eine Gang gebildet, die schon das ganze Gold in Händen hat, und er ist nicht darin. So gebe ich es auf, mein Geld nach der Art der andern zu verdienen, und bleibe bei meiner Hungerkur.

Doch der kleine Graf will nun plötzlich alle möglichen Waren, besonders Kaffee auf dem schwarzen Markt. Da er ebenso untüchtig ist wie ich, hält er mich für ein brauchbares Werkzeug. Vielleicht verwechselt er mich bereits mit dem Saltomortale-Henko, den der Ruthene erledigt hat. Ich habe aber gar keine Beziehungen mehr und will mich auch nicht an den tolpatschigen Schieber wenden. Schließlich springt die Frau des Nazialten Mutbrunnen ein. Sie will aber die Ware nicht selbst abliefern, bringt sie schließlich zu mir und rechnet einen höheren als den vereinbarten Preis.

Der Graf, der noch dazu die Sachen durch einen Soldaten bei mir holen läßt, zeigt sich wenig dankbar. Sicher glaubt er, daß ich auf seine Kosten verdient habe. Denn der Kaffee gehört ihm außerdem offenbar privat.

Ich sehe ein, daß es besser ist, wenn ich privat für mich hungere. So bin ich wenigstens ruhig. Jetzt ist meine schlechteste Zeit. Ich borge auch fast nichts von Festenberg. Meine Schwester kann mir kaum etwas überweisen lassen. Ich sende Botschaft um Botschaft an Marassino. Der schweigt.

Ich habe das Gefühl, daß die Zeiten noch sehr unruhig werden. Ich treffe nun den Wachtposten, der im Zug zum Lager war. Er war damals so nett und hat Licht und Luft ins Coupé gelassen, trotz dem Tadel seines Vorgesetzten. Er hatte schon vorher, als er mit mir über den Markt ging, seinen Zweifel ausgedrückt, ob es einen Gott gäbe, der dies zuließe, und mir dann in der Kaserne den Bordeauxwein verkauft. Wie er mich sieht, freut er sich. Das zeigen seine Züge, wiewohl er es nicht sagt. Er hat sich begnügt, sein Erstaunen auszudrücken, mich noch am Leben zu finden. Ich biete ihm meine letzte Zigarette an. Er will sie nicht nehmen. Als ich ihn schließlich doch dazu bewege, läuft er ins nächste Tabakbüro, bringt Rauchwaren besserer Sorte und bietet mir davon an. Ich kann mit diesem Mann nicht lange beisammenbleiben, ich schulde ihm schon zuviel.

Am Abend soll ich zum Grafen gehn. Seine Frau kommt zum ersten Mal nach Frankreich. Sie erwarten mich im Hotel Negresco zum Tee. Als die Stunde herankommt, rufe ich vorsichtigerweise an. Niemand meldet sich. Der Portier sagt aber, der Mann sei da. Ich rufe noch ein paarmal an, immer vergebens. Dann gehe ich auf die Straße und höre einen Zeitungsverkäufer ausschreien: »Der Waffenstillstand ist geschlossen!« Ich ahne, daß die Sache nicht gut steht, gehe trotzdem zu ihm. Er hat das Hotel soeben verlassen und ist abgereist. Fast haben mich schon die Gestapoleute am Zwickel.

Das Hotel Continental ist schon von ihnen besetzt. Das ganze Gold, das Grosetta so emsig gesammelt hat, ist in die Hände der Geheimen Staatspolizei Deutschlands gefallen, die vor der Truppe gekommen ist, die erst für morgen erwartet wird. Die Juden stecken wie Gänse die Köpfe zusammen. »Was wird sein?« fragen sie und könnten sich doch schon längst die Antwort selber geben.

Am vorletzten Tag hat mir der kleine Graf noch ein Haus bezeichnet, in dem ich ihn finden könne, wenn alles danebengehe. Es liegt in Menton in dem schon längst früher von Italien besetzten Gebiet. Ich erwische am Morgen den Autobus. Nie sah ich ein Fahrzeug so voll. Wenn man richtig atmen will, müßte man die Wände sprengen. Das Dach ist besonders überfüllt. Meist sind es Italiener, die das Weite suchen. Sie haben nicht die Allüren von Siegern, die ein feindliches Land besetzen. Wenn sie nicht so klein und zart wären, würde das Dach sie nicht aushalten. Nur einer im Wageninnern neben mir spricht vom Verrat Badoglios. Er hat keine weite Reise vor sich, nur bis Ventimiglia.

Ich hatte vor meiner Abfahrt Irma alarmiert. Sie wollte zuerst mitkommen. Da sie gut Italienisch spricht, wäre sie ein Gewinn gewesen. Weil ich in Gefahr gewöhnlich nicht versage, hätte ich diese Gegenleistung erbringen können. Sie war auch zuerst bereit. Dann aber erklärte der Galan, der ihre Lieferungen und ihre Liebesgunst abnahm, sie mit dem Auto ins Gebirge zu bringen, von wo man leichter die Grenze gewinne.

So bin ich nun allein auf dieser Flucht. Der Autobus langt schließlich in jenem Teil Mentons an, der noch den Franzosen belassen wurde, aber auch noch besetzt ist. Hier herrscht großer Trubel. Es gilt, über die Brücke zu kommen. Es ist leicht, am französischen Posten vorbei das Land zu verlassen. Weniger leicht ist es, auf der andern Seite vorbeizukommen. Ich tue es trotzdem, sobald die Posten anderweitig beschäftigt sind. Bald bin ich mitten im Ort und habe das Haus, das der Graf mir bezeichnet hat, erfragt. Aber wie sehr ich auch läute und klopfe, es meldet sich niemand. Es ist niemand drinnen, sagt man mir. Selbst wenn dem nicht so wäre, könnte ich keinen Einlaß erlangen. Ich entschließe mich daher, ins Innere des Landes zu gehen. An Gepäck habe ich nur eine Aktentasche und einen Regenschirm. Da die Sonne stark scheint und man Aktentaschen hier nicht trägt, falle ich natürlich auf. Ein italienischer Gendarm von goliathischem Ausmaß stellt mich und hält mich an. Ich habe kein Papier von hier und werde aufs Grenzkommando gebracht.

Dort fragt mich ein Sekretär, wen ich suche. Ich sage ihm, daß es der Graf Grosetta sei. Das scheint ihm nicht verdrießlich zu hören. Die deutschen Truppen sind zwar im Anmarsch, aber noch nicht angekommen. Er fragt mich, ob ich Franzose sei, und legt mir die bejahende Antwort in den Mund. Ich enttäusche allgemein, da ich dies verneine. Er fragt weiter, ob ich wenigstens von hier sei. Das kann ich nicht gut behaupten, denn ich sehe gar nicht so aus und spreche auch nicht so. Er würde es aber trotzdem gelten lassen, doch sage ich es nicht. Er forscht weiter, ob ich vielleicht ein Jude sei, der hier Schutz suche. Mir scheint ein Geständnis unangebracht, und ich zeige mein Vichy-Papier, daß ich keiner sei und für keinen gehalten werden dürfe. Hierauf nimmt mich der große Gendarm auf die Arme und will mich über den Grenzbalken werfen. Doch wird schließlich meinen Vorstellungen insoweit Rechnung getragen, als ich losgelassen werde und selbst zur Grenze gehen darf.

»Überschreitungsschein«, verlangt der Franzose. »Ich habe nur einen Freund gesucht.« »Und Sie glauben, daß man so hin und her die Grenze von und nach Italien überqueren darf?« »Ich bin der Ansicht«, sage ich, »daß ganz Menton französisch ist.« Diesmal erwarte ich keinen Widerspruch.

Hiermit bin ich wieder in Frankreich und mache mich mangels Fahrgeld zu Fuß auf den Weg nach Nice. Dabei begegnen mir freilich die Deutschen, die aus Frankreich nach Italien ziehen. Sie fahren in endlosem Zug mit blumenbekränzten Kanonen und Tanks, Motorrädern und aller Art Panzergebilden. Hier und da hört man auch Kommandos. Niemand geht in die Gegenrichtung außer mir. Und ich habe nur mehr den Wunsch, daß man mich gehen läßt.

Da rückt vom Rand der Truppe ein Kerl heran, der eine Brille trägt und den ich von daheim kenne, ein unguter Geselle, den ich wegen eines Mädchens geohrfeigt hatte. Es war nicht der Anstrengung wert, gehörte ihm sowieso nicht, sondern mir. Nun schaut er vom Wagen herunter und hat mich wahrscheinlich erkannt. Die andern erkennen mich immer sehr gut, ich erkenne meist nur meine Feinde. Ein Glück, daß der Zug nicht stehenbleibt. Jetzt ist er auf gleicher Höhe mit mir. Ein dummer Junge mit Offizierspatent ruft »Halt«. Da beugt sich der Brillenträger vom Wagen herab, die Nase mit den Gläsern ganz vorgestreckt, und ruft mir sehr vernehmlich zu: »Kucku, wozu der Regenschirm? Es ist so schönes Wetter heut.« Dann schaut er auf meine Aktentasche herab und meint: »Wenn Sie wieder einmal Rechtsanwalt werden, so kaufen Sie sich eine neue Tasche!« Dann geht die Kolonne weiter.

In Monte Carlo hat der Zug noch immer kein Ende genommen, doch flüchte ich dort zum Bahnhof. Vielleicht geht ein Zug. Ja, es geht einer. Eine alte Engländerin kommt auf mich zu: »Ich habe so oft im Casino gespielt wie Sie und immer verloren. Jetzt geben Sie mir einmal einen guten Tip. Wohin setze ich am besten?« »Nach England«, ist meine Meinung. »Da gibt es keine Möglichkeit mehr.« «Dann kann ich Ihnen auch keinen Rat geben.«

Der Zug fährt endlich ein. Die Fahrt ist lang. Wo man auf die Straßen sieht, fahren immer noch die deutschen Kolonnen. Fast ist es, als würfen sie alle Heere auf das ›verräterische Italien‹. Die Leute im Zug mögen zwar zumeist die Deutschen nicht, aber schon gar nicht die Italiener. »Was ist das? Es trägt Federn und ist kein Vogel, trägt ein Gewehr und ist kein Soldat? Der Makkaroni!«

Vor Nice hält die Eisenbahn an. Die Strecke ist wahrscheinlich nicht frei. Ich steige aus und schwinge mich über die Böschungsmauer. Dann erfahre ich, daß die Gestapo alle auf dem Bahnhof Ankommenden kontrolliert. Etliche Juden, aber auch Engländer und Griechen sind festgenommen worden.

Ich gehe in mein kleines Hotel in das Zimmer im Keller und sehe nichts als deutsche Stiefel vorbeimarschieren. Es ist nicht mehr anzunehmen, daß ich noch lange Ruhe habe. Sie können mich hier jederzeit abholen. Ich sitze in der Falle. Aber wohin kann ich ohne Geld gehen? Ich gehe auf alle Fälle hinaus, auf gut Glück, und begegne Jeanne Varien. »Die Italiener haben Marassino verhaftet und nach Italien verschleppt. Heute sollte er zurückkommen.« Ich weiß nicht, welche Italiener ihn festgenommen haben sollen und von wem sie seine Freilassung erhofft, gehe aber weiter mit ihr. Sie sagt schließlich, daß er in Menton sein soll und macht ein fragendes Gesicht, ob ich sie dorthin begleiten will. Diesmal marschiere ich aber nicht. Sie fährt allein. Am Abend sehe ich sie mit Marassino Arm in Arm. Er hat ein sehr verängstigtes Gesicht, sieht aber gepflegt und nicht unterernährt aus. Beide schauen an mir vorbei.

Ich begebe mich in ein billiges Restaurant. Eine seltsam aussehende Frau setzt sich an meinen Tisch. Ihr Alter ist undefinierbar. Ihre Haare haben violetten Einschlag. Sie ist klein, doch affenartig behend, und ihre Frisur ist höher als ihr Kopf. Sie sieht wie eine Taubenbaronin aus, füttert aber keine Tauben, macht sich mir allerdings als Baronin bekannt. Sie erzählt mir, daß ihre Tochter ins Kloster will, und bittet mich, es ihr auszureden. Ich bin bereit und gebe ihr meine Anschrift.

Am nächsten Tage finde ich in meiner Wohnung ein Billett und beeile mich zum Stelldichein. Sie bringt mir ihre Tochter an den Strand. Diese trägt schon den Schwimmanzug unter dem Kleid. Wir machen beide kurz im Freien Toilette und schwimmen gleich hinaus. Die Mutter geht fort. Im Wasser beginnt die Tochter ohnmächtig zu werden. Ich rette sie vor einem deutschen Offizier und bringe sie an Land. Sowie sie sich erholt hat, will ich sie nach Hause bringen, doch möchte sie noch vorher mein Quartier sehen. Erst zieht sie sich in der Toilette den nassen Schwimmanzug aus, dann hüpft sie über das Bett, und ich sehe, daß sie unter dem Kleid nichts anhat. Sie sieht im übrigen wie ein kleines Blumenmädchen aus und ist nicht ganz entwickelt, obwohl sie fast zwanzig ist. Sie trägt auch eine Brille. Die Augen dahinter sind ziemlich verschwommen. Ihr linker Busen sitzt nicht fest. Ihre Begierde nach dem Mann ist fast religiös.

Ich lese mit ihr einiges aus den Evangelien und weise darauf hin, wie Jesus zur Zeit seiner Lehrtätigkeit seine Mutter ebenso wie seine Brüder zurückgestellt habe und seine Jünger in den Vordergrund schob. Desgleichen zeige ich ihr, daß er das erste Gebot von dem einigen Gott als das wichtigste bezeichnet hat, das dann die Kirche strich, um durch Unterteilung des zehnten Gebotes wieder die ursprüngliche Zahl von ziffernmäßig feststehenden Befehlen zu erhalten. Auch hebe ich die Stelle hervor, wo er betont, nicht zu den Kanaanäern gekommen zu sein, sondern zu den verirrten Schafen aus dem Hause Israel. Schließlich komme ich auf die Auslegung des greisen Tolstoi von der Bergpredigt zu sprechen, der zu der Ansicht gelangte, auch ein erotischer Blick auf das eigene Weib sei Sünde, denn das Reich Gottes solle hier verwirklicht werden ohne Sinnenlust, wenn dergleichen auch das Ende der Menschheit bedeute. Allerdings schreibt er nicht die Kastrationen und Verstümmelungen vor, wie sie die Skopzen zur Herstellung dieser Gemeinschaft verlangen.

Héloise Batignol folgt fassungslos meinen Ausführungen. Sie weiß nicht recht, worauf ich hinauswill. Sie ist nicht wie andere französische Mädchen ihres Standes an höheren Kenntnissen interessiert. Sie kann mir nicht, wie es neulich eine Schwedin getan hat, der ich von Strindberg sprach, erwidern, es habe keinen Sinn, in meine Wohnung zu kommen, da ich ohnehin nur von Literatur spräche, denn im Unterschied zu dieser ist sie schon bei mir. Sie hat sich während meiner Ausführungen auf dem Bette hin und her bewegt und allerhand sehen lassen, zum Schluß sogar einen Purzelbaum geschlagen, aus dem sie nur schwer in ihre ursprüngliche Lage zurückkehren konnte. Sie muß aber einen Abschluß finden, und der besteht darin, daß sie mir das Wort ›Sakrileg‹ entgegenschleudert und erklärt, sie wolle zu ihrer Mutter zurück. Ich begleite sie dorthin, ziehe es aber vor, noch mit der Mutter zu sprechen, um keine falschen Informationen aufkommen zu lassen, die mir jetzt auch gefährlich werden könnten. Vor allem tröste ich die Mutter über die religiösen Absichten des Mädchens.

Auf dem Rückweg begegne ich einem offenen Wagen, auf den zwei andere Mädchen aufgeladen sind, die von der Gestapo weggebracht werden. Die eine ist schwarzhaarig. Ich erkenne sie sofort, obwohl sie mich nicht erblickt hat. Sie hat einmal Schauspielunterricht genommen und wollte eine Rolle in einem meiner Stücke spielen. Sie hatte mich, als ich noch in einem guten Zimmer wohnte, aufgesucht, um mit mir eine

Szene zu üben und vielleicht auch, um sich mir im voraus dafür dankbar zu erweisen, daß ich hierzu bereit war. Ich fand sie nur absolut talentlos und machte auch sonst von ihrem Besuch keinen Gebrauch. Nun sehe ich, wie jung und hübsch sie ist, da sie ihrem Tod entgegenfährt. Die andere neben ihr erkenne ich nicht, obwohl sie mir gleich bekannt vorkommt. Es muß Agnes mit den waschblauen Augen gewesen sein, stelle ich später fest. Das erinnert mich daran, daß die Gefahr für mich noch immer besteht, denn meine französische Bestätigung, daß ich kein Jude sei, schützt mich kaum vor der Gestapo.

Noch am gleichen Abend erhalte ich den Besuch der Frau des Malers Dagobert, die in Cagnes wohnt. Sie redet wirr, als ob sie mit ihren Reizen Geld verdienen müßte. Ich halte sie aber für verrückt und glaube ihr nichts. Ihr Mann war schon vor dem Krieg berühmt, ging dann nach Spanien und lebte schließlich an der Azurküste ziemlich auskömmlich in einem schönen Haus, das er gemietet hatte. Ich habe nicht gehört, daß er von dort weggezogen wäre. Nun soll er sich einer jungen Witwe besonders angenommen haben, was auch verständlich ist, denn sie ist bedeutend jünger und schöner als seine Frau. Im übrigen versteht sich diese anscheinend gut mit ihrer rechtmäßigen Konkurrentin, zumindest sehe ich sie oft beisammen. Der Mann war im Lager mit mir eingesperrt.

Nun berichtet Emma Dagobert, welche Abenteuer sie auf der Straße gehabt hat. Einige Herren hätten diese große üppige Brünette angesprochen und ihr gute Angebote gemacht. Ich kann mir nicht recht vorstellen, daß hierin ein Grund besteht, mich aufzusuchen, selbst wenn es sich um die Mitteilung wahrer Begebenheiten handeln würde. Sie meint nun, was ich dazu sagen würde, wenn sie jetzt mir mir zu schlafen wünschte. Ich habe keine Lust, die junge Baroneß, die ich durch Bibelexegese vertrieben habe, sowie die längst verlorene und mir nunmehr endgültig entzogene Schauspielelevin durch die zwar immer noch attraktive und von ihrem Manne betrogene Gattin eines Freundes zu ersetzen. Auch möchte ich wenigstens die Illusion haben, der Teil zu sein, der die andere wählt. Daher meine ich, daß man über diese Sache gar nicht ernsthaft reden sollte. Sie sagt nun, vielleicht wolle ich lieber, daß sie mir ihre jungen Töchter bringe, aber die seien in einem Internat in der Schweiz. Ich antworte gar nicht mehr. Ich bin jetzt überzeugt, daß Emma verrückt geworden ist.

Am nächsten Abend erscheint bei mir der Maler Dagobert selbst. Es ist der erste Besuch, den er mir überhaupt macht. Bisher bin ich nur zu ihm gefahren. Er ist ziemlich ernst und redet viel, aber nicht das, worauf es ihm offenbar ankommt. Auch trägt er einige Bilder unter seinem Arm. Schließlich rückt er mit der Sprache heraus. Er meint, wir beide riskierten viel, wenn uns die Deutschen festnehmen würden. Es gehe nicht an, daß ich weiter so in den Tag hineinlebte und darauf vertraute, daß nichts geschehen werde. Täglich würden Leute weggeschleppt, und keinen habe man je zurückkehren sehen. In einem Hotel martere man die Juden zu Tode, aber auch die Politischen kämen nicht gut weg. Selbst er habe alle Gründe, nicht hier zu bleiben, obwohl er kein Jude sei. Ob ich nicht jemand wüßte, der uns beide in Mönchsklöstern und zwei Damen, für die er sorgen möchte, in Nonnenklöstern unterbringen wolle. Er habe gehört, daß trotz der zweideutigen Haltung Pius' XII. einzelne Bischöfe sich offen der Verfolgten annähmen.

Ich kann mir vorstellen, wer die zwei Frauen sind, deren er sich annehmen will. Emma könnte vielleicht sogar jüdischer Abstammung sein, die hinterlassene Witwe ist es sicher nicht. Er hofft wahrscheinlich auf eine Kommunikation zwischen Mönchs- und Nonnenkloster. Ich sage ihm, daß ich eine Baronin kenne, die befürchte, daß ihre Tochter in ein Kloster gehe. Vielleicht würde sie Beziehungen haben, uns stattdessen in ein solches einzuweisen. Er ist es zufrieden und will sich spätestens in drei Tagen Antwort holen. Die Bilder läßt er zur Verwahrung bei mir zurück.

Am nächsten Morgen, als ich zeitig von zu Hause fortkomme, begegne ich der jungen Baronesse, die auf dem Wege zu mir ist. Sie hat von der Auslegung der Heiligen Schrift noch immer nicht genug und berichtet mir, daß man nicht mehr schwimmen dürfe. Die Deutschen hätten alle Zugänge zum Meer versperrt und für Militärs reserviert. Ich sage ihr, daß ich gerade im Begriff sei, zu ihrer Mutter zu gehen, ich müsse sie etwas Wichtiges fragen. Sie rümpft ein wenig die Nase und möchte wenigstens jetzt schon das Wichtige wissen. Ich verschiebe die Offenbarung auf den von mir vorgehabten Besuch. Die alte Baronin liegt noch im Bett. Es dauert eine Weile, bis sie sich erhebt, noch länger, bis sie ihre Toilette gemacht hat, obwohl letzteres unverständlich ist, denn sie erscheint im Negligé. Ich trage ihr Dagoberts Plan vor. Sie fürchtet sichtlich, daß die eine Dame, die zu versorgen ist, zu mir gehört, und rümpft nun ihrerseits die Nase. Schließlich erklärt sie, daß sie bestenfalls die Frau des Dagobert versorgen könne, für die zweite Dame aber sei nirgends Platz; uns Männern würde sie eine Empfehlung nach Caminflour geben, einem weitabgelegenen Ort, an dem sie eine Engländerin kenne, die dort ungeschoren mit Sohn und Tochter lebe und wo sich auch keine Deutschen befänden.

Ich verlasse sie ohne ihre Tochter, die keine Lust mehr zeigt, ihren Besuch noch einmal zu wiederholen. Nun warte ich, etwas von Dagobert zu hören. Der aber erscheint nicht mehr. Am dritten Abend schickt mir ein anonymer Gönner durch einen Boten ein Kuvert mit fünftausend Franken und den Rat, sofort zu verschwinden. Ich gehe zu Siegfried Festenberg, um zu erfragen, ob er der Gönner gewesen ist. Der macht niemand auf, aus Angst vor den Deutschen. Die Hausbesorgerin teilt mir mit, daß morgen das Schild eines französischen Mieters an der Wohnungstür angebracht werde. Sie sagt mir nicht, ob Festenberg noch dort wohnt. Ich nehme es aber an, da ich gleich darauf in der Nähe seines Hauses die beiden Nazialten Mutbrunnen treffe, die ihn bei Gefahr auf ein vorhergehendes Zeichen mit Lebensmitteln zu versorgen pflegen. Freilich schauen sie weg, wie ich sie grüße. Das kann aber auch Vorsicht sein, denn keiner traut keinem mehr. Wie ich sie anrufe, laufen sie davon. Etwas weiter kommt ein Soldat mit österreichischem Antlitz. Sein Maul ist wie ein Kübel geformt, nur schwimmen darin einige Zahnstummel. Als er mich sieht, schreit er: »Jud! Jud!« Es klingt wie ein Gruß aus der Heimat. Da macht sich in mir das Fernweh immer stärker bemerkbar.

Auf der Suche nach Freunden in gleicher Gefahr und vielleicht in der Lage, gemeinsame Pläne zu fassen, erinnere ich mich an den rheinischen Fabrikanten, mit dem ich schon einmal hatte durchgehen wollen, der damals versagt hatte, jetzt aber nicht unbedingt versagen muß. Ich laufe zu seinem Haus, finde es aber dicht verschlossen, so als ob er schon über Land gegangen wäre. Ich halte es zwar für zwecklos, auch noch zu seiner Fabrik zu gehen, in der er Konserven anfertigt, seit ich ihm die Genehmigung des Vertrages durch die zuständige Stelle erwirkt und er mich dafür mit einem kalten Nachtmahl entschädigt hat. Ich sehe diesen starken Mann vor mir, wie er zitterte, als er hörte, daß Hitler komme, und Fieber bekam, das bis zu vierzig ging – so fürchtete er die Rache für separatistische Umtriebe. Ich kann also nicht hoffen, ihn in der Fabrik zu finden, gehe aber trotzdem hin. Ein Vorarbeiter steht mir Rede, nicht ohne mich verächtlich anzusehen: »Suchen Sie Ihren Freund? Da müssen Sie woanders hingehen. Auf der Gestapo können Sie ihn finden!« »Der Arme, sie haben ihn geschnappt.« »Jawohl, sie haben ihn geschnappt, den Armen«, sagt der Vorarbeiter, »und haben ihn zu ihrem Chef gemacht.«

Ich laufe, was ich kann, und halte es für unmöglich, wenngleich nicht einzusehen ist, warum mich der Vorarbeiter belogen haben soll. Es würde ja herauskommen, wenn ich ihn wirklich aufsuchte, was ich allerdings zu tun mich hüten werde. Ich weiß jetzt, daß es besser ist, wenn ich mich an niemand mehr wende, höchstens an einen Narren oder eine Närrin, denen alles von mir verborgen ist, die von Gefahr andere Vorstellungen haben und nicht in Gefahr sind und denen mein Schicksal weder Vorteile noch Nachteile bringen könnte. So eile ich durch drei Bezirke, möglichst durch Straßenzüge, in denen viele gehen, daß ich sowenig auffalle, wie ich kann, und strebe nach der Wohnung der Baronin.

Sie empfängt mich mit vielen Klagen. Ihre Tochter hat es in Nice langweilig gefunden und ist plötzlich abgereist. Sie habe gesagt, daß sie nach Paris reise und daß sie dort einer erwarte. Aber wahrscheinlich wolle sie sich in Wirklichkeit nur auf ein Kloster vorbereiten. Am liebsten würde die Mutter es sehen, wenn sie hier bliebe, verdiente und ihr etwas von dem Verdienst für die Lasten des Haushalts beisteuerte. Oder wenn sie heiratete. Allerdings sei Héloise sehr wetterwendisch.

Ich komme nun auf Dagoberts Plan zu sprechen. Aber die Baronin meint, von Klöstern habe sie jetzt endgültig genug. Sie könne mir höchstens eine Empfehlung nach Caminflour geben. Sie schreibe gleich einen Brief an die Britin. Das sei ein exzentrisches Weib, aber deren Tochter eine Freundin von Héloise. Sie schreibe einen zweiten Brief an den Dichter Lebleu. Der sei zwar ein wenig verrückt, aber seine zwei Mädchen seien auch Freundinnen von Héloise, schließlich an den Vorsteher der Rechtsanwälte von Nice, der sich jetzt auch oben befinde und ein charmanter alter Mann sei. Bei soviel Hilfe müsse sich für mich etwas finden.

Aber wenn ich wirklich nach Caminflour fahren wolle, gebe es keine Zeit zu verlieren, denn der Bus fahre zeitig ab, und um fünf müsse man sich schon um Billetts anstellen, wenn man drankommen wolle. Sie werde vor Abgang des Vehikels dort sein und mir dann auch die drei Briefe übergeben; ich dürfe auch nicht vergessen, alle Grüße zu bestellen, an den Anwalt aber nicht in Gegenwart von dessen Gattin.

Ich gehe nach Hause zurück und fühle mich äußerst unbehaglich. Irgendetwas an der Sache stimmt nicht. Warum sollen sich gerade jetzt in dieser Gegend so viele gute Bekannte der Baronin aufhalten, auf die sie alle zählen kann? Und ist es gut, sich auf eine Närrin zu stützen, wo die geistig Gesunden versagt haben? Warum hilft sie mir überhaupt? Das Geschwätz von der Vichy-Parole, das sie öfters anbringt – *servir, aider,* etc. –, kann diese Frau doch nicht ernstgenommen haben.

Und ihre Tochter, in deren Interesse sie vielleicht den Umgang mit mir aufrechterhält, ist für sie sowieso schon verloren. Es bleibt mir aber nichts übrig, als den Gedanken der Baronin so lange in Erwägung zu behalten, wie ich nichts Besseres finde. Es fragt sich nur, wie lange man noch warten darf.

Nun sitze ich in meinem Kellerloch und überlege, was zu tun ist. Da klopft es an meine Tür. Das Kellerfenster ist vergittert, einen Ausweg gibt es nicht. Nun meldet sich schon die Stimme der Wirtin. Es ist nichts, Monsieur Coucou, ich möchte Sie nur bitten, eine Tasse Tee mit uns zu nehmen. Es sind noch zwei andere Damen da, Freundinnen von mir.

Ich weiß, daß die Wirtin in Ordnung ist, und begebe mich ins Foyer, in dem der Tee serviert wird. Die eine Freundin ist eine häßliche junge Jüdin, die früher Schauspielerin in Paris gewesen war. Die andere Dame sieht einer behäbigen Bürgerin gleich, trägt Brille und strickt Strümpfe. Sie interessiert sich ausnehmend für die näheren Umstände der jungen Jüdin und möchte zugleich auch gerne die meinigen erkunden. Wie ich sie ansehe, fange ich einen heimtückischen Blick auf und ahne, daß wir eine Verräterin unter uns haben. Ich halte mit meinem Verdacht nicht zurück, sondern gebe ihn der Savoyardin weiter, die mir versichert, Marie Delbrume sei eine fabelhafte Frau und trage stoisch ihr Schicksal, denn ihr Mann sei von der Gestapo interniert. Ich habe schon davon gehört, daß solche Witwen höchst gefährlich sind. Entweder tragen sie ihr Schicksal deshalb stoisch, weil sie ihren Mann nicht ohne ihr Zutun eingebüßt haben, oder man hat ihnen versprochen, ihn freizugeben, wenn sie dafür einige andere angeben. Ich weiß natürlich nicht, welches von beidem hier der Fall ist. Nun fragt mich Marie Delbrume, ob ich nicht jemand auf der Gestapo kenne. Dieses Forschen kommt mir nicht ungelegen; denn vielleicht kann ich so die Last der Antwort auf sie abwälzen und sie gleichzeitig veranlassen, mich ungeschoren zu lassen. Ich sage, ich kenne einen rheinischen Separatisten, der dort tätig sei, der Name sei mir aber entfallen. »Woher kennen Sie den?« »Ich war mit ihm in einem Lager, wo die Österreicher und Deutschen interniert waren.« »Und woher wissen Sie, daß er jetzt bei der Gestapo ist?« »Man hat es mir gesagt, aber ich habe den Namen vergessen. Ich brauche ohnehin keinen Schutz.« »Sie Glücklicher! Vielleicht fällt Ihnen der Name doch wieder ein. Wir andern brauchen den Schutz vielleicht.« »Es ist besser in dieser Zeit, man sucht keinen andern Schutz, Madame, als den seiner eigenen Klugheit und Vorsicht, und wenn man gläubig ist, auch den Gottes.« Damit empfehle ich mich und gehe auf mein Zimmer, mit der Entschuldigung, daß ich müde bin und schlafen will.

Es ist eine fatale Nacht für mich. Es kommt mir vor, als ob jemand vor meiner Tür flüstert, und das könnte dann nur die Frau mit der Brille sein: »Heißt er vielleicht Quierke?« Aber es kann sein, daß es schon eine Traumvorstellung ist und daß es die Fortsetzung derselben bedeutet, wenn ich ihr jetzt antworte: »Jawohl, Madame, es ist Quierke. Und ein guter Freund von mir. Nun lassen Sie wohl die Finger davon, verstehen Sie! Mich können Sie nicht angeben. Dafür bekommen Sie nichts!« Und dann kommt es mir vor, als ob jemand wegschleicht.

Darauf sehe ich einen paradiesischen Garten, und der heißt Caminflour, und eine junge Engländerin mit einem Gesicht, wie man es auf Gemmen sieht, sagt zu mir: »Du bist bei mir, Pierre, jetzt kann dir keiner etwas anhaben.« Dann aber kommen widerliche Gestalten und ziehen mich wieder fort, und ich erwache in meinem Zimmer um vier Uhr morgens.

Ich bin fest entschlossen, das Haus zu verlassen, und packe meine Siebensachen. Es ist nicht mehr viel in meiner Wohnung übrig. Einiges ist längst zu Festenberg gebracht, und er hat es der alten Holländerin gegeben, die ich bei ihm kennengelernt habe. Mit wenig Geräusch suche ich mich zu entfernen. Das Hotel ist zwar abgesperrt, aber der Schlüssel steckt innen. Die Bilder Dagoberts habe ich vergessen mitzunehmen.

Um fünf Uhr morgens stehe ich bereits am Autobusbahnhof vor dem Fahrkartenschalter Schlange und bin schon der elfte in der Reihe. Zwischen fünf und sechs kommt niemand mehr, ich hätte länger schlafen können. Dann kommen drei neue. Um halb sieben erscheint die Baronin, die kontrolliert, ob ich fahre. Sie bleibt in der Nähe des Schalters stehen und wartet. Sie muß sehr närrisch sein, da sie sich so für mich interessiert. Auch händigt sie mir wirklich drei Briefe aus, auf denen der Wahlspruch – *aider, travailler, servir* – aufgedruckt ist, den mir gegenüber zu halten sie sich also verpflichtet fühlt.

Jetzt sind schon zwanzig Leute hinter mir, und der Fahrkartenverkauf hat noch immer nicht begonnen. Er beginnt erst um acht. Die Plätze sind numeriert wie im Schauspielhaus. Dann trifft der Omnibus ein. Vor mir steht eine lebhafte Vierzigerin, der ich Interesse abnötige. Sie konferiert bald mit der Baronin, die nicht von meiner Seite weicht, bald mit mir. Sie scheint sehr unternehmungslustig und spricht unermüdlich. Man erfährt, daß sie Nocquer heißt, bereits einmal, und zwar mit einem Arzt verheiratet war und nunmehr mit einem ehemaligen Funktionär der Kolonien liiert ist, mit dem sie den oberen Teil einer Villa in Caminflour bewohnt. Sie ist in die Stadt gekommen, um Einkäufe zu machen, und kehrt nunmehr mit diesen zurück. Sie möchte sich gern über mich informieren, was ich treibe, was ich vorhabe, und insbesondere, warum ich ins Gebirge fahre. So sehr ich mich auch wundere, die Baronin bleibt diskret. Und ich habe keinen Grund, mich in die Hände der lebhaften Vierzigerin zu geben. Endlich hat diese ihre Fahrkarte und ich die meine. Doch fahren wir leider in denselben Ort.

Der Omnibus wird erst um fünf Uhr nachmittags fahren. Ich muß mein Gepäck deponieren, da ich nicht mehr ins Hotel zurückkehren will. Die Baronin verabschiedet sich von mir, sie will aber zur Abfahrt wiederkommen. Ich mache noch einen Gang zum Quai der Bouquinisten bis nahe an die Kaserne, aus der sie mich seinerzeit verschleppt haben. Zum Meer kann ich nicht gehen. Das haben die Nazis gesperrt. In einer Querstraße links residiert die Gestapo, und wenn dort wirklich Quierke befiehlt, so ist es noch immer ungewiß, wie er sich mir gegenüber verhalten würde, wenn man mich ihm überlieferte. Wenn er das Amt angenommen hat, so war es aus Angst, nicht aus Überzeugung. – Und würde er nicht auch aus Angst seinen Freund opfern, für den er ohnehin nie etwas getan hat, der aber um seine Angst weiß?

Ich mache einen weiten Bogen um das Gebäude, vor dem eine Menge Leute anstehen. Man bezahlt pro Jude fünftausend Franken, das ist eine hübsche Summe für Pensionisten, die viel weniger Pension erhalten, aber auch für Zuhälter und ähnliches Gesindel. Ich tue nicht gut daran, in diese Gegend zu gehen. Ich bin zu griffbereit hier, wenn ich auch von einer französischen Behörde die Bestätigung habe, daß ich kein Jude bin und für keinen gehalten werden darf.

Kaum bin ich ein wenig aus dieser Gegend heraus und wundere mich, daß ich nirgends eine Spur der letzten Juden finde, die in Nice verblieben sind (sie können doch nicht alle unter der Erde verkrochen sein), als mich jemand am Mantelknopf faßt, der abreißt, da ich mich sofort losmache. Es ist Richard Fall, der Bruder eines verstorbenen bekannten Komponisten, dem ich einmal Auszüge aus einem meiner Romane (»Das große Protokoll gegen Zwetschkenbaum«) vorgelesen habe und der auch begonnen hat, meine ironischen Gedichte (»Entblößung beim Zähneblecken«) zu komponieren. »Sie gehen da so mir nichts dir nichts herum, Kucku?« »Sie tun es ja auch«, versetze ich.

»Ich bin soeben aus dem Haus herausgekommen, an dem Sie vorbeigegangen sind, als ich Sie gesehen habe. Sonst wäre ich drinnen geblieben. Was machen Sie hier?« »Ich habe mich entschlossen, abzureisen.« »Bitte, nehmen Sie mich mit! Sonst bin ich verloren. Ich weiß nicht, wohin ich soll. Jeden Tag arretieren sie wen. Und man kann sich nirgends mehr verstecken.« »Ich weiß selbst nicht, ob ich gut daran tue, wegzufahren. Ich reise auf gut Glück, und das Ziel ist unbestimmt.« »Denken Sie an mich, wenn Sie gut ankommen! Oder noch besser, nehmen Sie mich mit! Ich will mit Ihnen auf gut Glück fahren.« »Das geht nicht, lieber Herr Fall, die Fahrkarten sind numeriert, und zwei auf einmal würden auch auffallen. Schon jetzt hat sich eine Dame sehr eingehend nach meinen besonderen Verhältnissen erkundigt. Diese Dame fährt an denselben Ort wie ich. Und jetzt muß ich gehen. Es ist nicht gut, auf der Gasse Deutsch zu sprechen.«

Ich lasse den Verzweifelten noch verzweifelter zurück. Er hat auf meine Hilfe gehofft, obwohl es eine plötzliche Idee gewesen sein muß. Er ist nicht der, den man ohne Gefahr mitnehmen kann, und Mitleid zählt jetzt nur, wenn es einem nicht schadet.

Ein ungutes Gefühl und ein abgerissener Knopf erinnern mich freilich weiter an diese Begegnung. Fünftausend Franken zahlen sie für einen Juden. Wie lange wird Richard Fall vor denen geborgen sein, die für diesen Betrag vielleicht selbst ihren eigenen Vater verkaufen würden, aber ganz gewiß einen Juden, von dem sie weiter nichts wissen, als daß er Ausländer ist, deutsch spricht und hier zu nichts nütze zu sein scheint. Aber mir hat ein Unbekannter gestern fünftausend Franken geschickt. Es gibt nicht viele Unbekannte, die das tun könnten. Es kommt nur Herr Festenberg in Betracht, von dem ich kleinere Beträge entlieh, größere nur bei Garantie baldiger Rückzahlung, und der niemals inkognito bleibt, wenn er etwas herleiht und ganz gewiß nichts verschenkt. Ich muß den Festenberg sehen. Und da bin ich schon vor seiner Tür.

Ich läute, aber niemand rührt sich. Ein französisches Schild ist statt seines Namens an der Tür. Die Hausbesorgerin erscheint unten und schüttelt den Kopf. Dann geht sie wieder in ihre Behausung zurück.

Ich bleibe im dunkeln über die Provenienz des Geldes. Die Warnung, daß ich sofort verschwinden möge, ist auf Schreibmaschine geschrieben. Sie könnte von ihm herrühren, aber auch das ist nicht gewiß. Er verwendet keine so derben Ausdrücke. Sollte Quierke der Sender sein? Ich habe, als er die Fabrik gründete, für ihn eine Urkunde aufgesetzt und sie bei der französischen Behörde durchgedrückt. Er könnte nun daran gedacht haben, daß ich in Not bin, und mir in seiner neuen Eigenschaft diesen kurzen Rat zugedacht haben, und

Geld in der Höhe der Zahlung für einen gefaßten Juden. Es wäre eine grimmige Idee gewesen.

Mit aller Macht wehre ich mich gegen den aufgetauchten Gedanken. Ich habe Quierke so lange nicht gesehen. Er hat mich längst vergessen. Und woher sollte er wissen, daß es mir schlechtgeht? Ich habe es ihm nie gesagt, auch nicht angedeutet. Er war nur einmal bei mir. Damals wohnte ich in dem guten Meublé, in das später auch Irma mit ihrer Familie eingezogen ist, Boulevard Gambetta. Ich hatte ein großes Zimmer mit allem Komfort. Es ging mir nichts ab. Ich erinnere mich noch, wie er kam. Eine Russin, die ihren Freund erwartete, hatte ihm geöffnet. Er sagte mir, sie sei fast nackt gewesen, habe aber wunderbar ausgesehen. Er sehe, er werde mich öfters besuchen müssen. Für heute lade er mich aber zum Abendessen ein. Das war diese Einladung nach meiner Intervention für ihn. Wir hatten einander später nur dann gesehen, wenn ich bei ihm vorbeikam. Er wohnte auf dem Wege nach Cimiez. Aber wie sehr ich mich auch bemühe, Gründe zu finden, daß er von mir nichts wissen kann, sind mehr Gründe dafür vorhanden, daß er doch etwas von mir weiß. Fräulein Félice hat Listen angelegt und mich sicher daraufgesetzt. Er konnte davon Kenntnis haben, daß ich die Wohnung geändert hatte. Er wußte vielleicht auch, daß ich der Einberufung keine Folge geleistet habe. Und ist nicht, daß ich jetzt noch lebe und frei herumgehe, auch ein Beweis dafür, daß er mich schützt? Die anderen leben alle versteckt und werden Tag für Tag geholt. Ich gehe überall herum und werde nirgends beanstandet. Aber ist es überhaupt gewiß, daß Quierke den Rang hat, den ich annehme? Ein Vorarbeiter in seinem Betrieb hat es mir gesagt, und das ist vielleicht ein Scherz von ihm gewesen. Und die Stimme, die an meiner Tür geflüstert hat, war vielleicht in meinem Traum. So möchte ich es wenigstens haben.

Ich esse spät zu Mittag. Denn es ist viel Zeit mit meinen Reflexionen und Gängen abgelaufen. Ich habe ein billiges Restaurant aufgesucht, ich werde lange mit meinen fünftausend Franken auskommen müssen. In diesem Speisehaus bin ich oft allein in Nöten an einem Tisch gesessen, habe wenig und für ein Geringes gegessen, manchmal haben sich Leute zu mir gesetzt wie die Baronin, und noch früher manche andere, darunter zwei englische Herren und eine englische Dame, die täglich kamen und sich mit mir über Politik, Literatur, aber auch über landschaftliche Eindrücke unterhielten, bis ein Deutscher kam und fragte, seit wann und woher ich die Mutter des Majors Attlee, den Bruder des Admirals Cunningham und die nächsten Angehörigen eines gegenwärtigen britischen Ministers kenne. Es war keinem von den Damen und Herren je eingefallen gewesen, sich mir bekannt zu machen, wie auch ich mich nie vorgestellt hatte.

Dieser Deutsche, der soviel wußte, ist längst festgenommen und von seinen Landsleuten verschleppt. Und ich, der ich mich nicht bemühe, etwas zu wissen, was mich nicht dringend angeht, bin schon einmal aus einem Feuerofen heil herausgestiegen und vielleicht auf dem Wege, wieder einem solchen zu entgehen. Dazu bedarf es kaum eines Quierke, aber freundlicher, hilfsbereiter Leute wie des alten Siegfried Festenberg, auch wenn sie nur dann leihen, wenn sie hoffen, ihr Geld wieder zurückzubekommen.

Nach dem Essen bis zur Abfahrtszeit des Autobusses gehe ich doch an den Strand, das heißt, soweit wie dies möglich ist. Man beginnt, die Promenade des Anglais zu verschalen. Das Casino de la Jetée wird abgerissen. In diesen Vorbau am Meer bin ich gern gegangen. Ich habe da viel Geld gewonnen zu einer Zeit, als es noch nicht so dringend war, welches zu haben. Auch mit Manja war ich dort, und das sind sentimentale Erinnerungen auf einer unsentimentalen Reise.

Wir hatten einander in Juan les Pins kennengelernt, durch einen Apotheker namens Paraplou, der im gleichen Hotel wohnte und ihre Freundin kennengelernt hatte. Ich fuhr mit Manja zunächst in ihrem Luxuswagen nach Monte Carlo. Dort verspielten wir beide je fünf Franken und verließen dann das Casino. Wir warfen uns in unsere Schwimmkleidung und überwanden die Strecke vom innersten Hafen bei Monte Carlo bis zu dessen äußerstem Ende an der Mole von Monaco und wieder zurück. Das hatte uns nicht abgekühlt, auch nicht das Eis, das wir auf dem Platz vor dem Schloß von Monaco zu uns nahmen, und die Gänge im kühlen Gebäude um das Aquarium zu den Schildkröten, die riesig waren, und zu den allerhand Fischen, die frühere Serenissimi gekauft oder gefangen hatten. Wir erklommen schließlich die Höhen von La Turbie und blieben im Schatten zweitausendjähriger Trümmer und Ruinen. Dann ergötzten wir uns in der Taverne an erlesenen Speisen und Getränken, bevor wir nach dem Ausblick ins Fürstentum und zum Cap d'Ail, geatzt mit dem Dessert paradiesischer Eindrücke, die uns nicht beschwerlichen tausend Stufen zu ihrem Wagen zurücklegten.

Am Abend ergänzte ein Bad ohne Swimmingdress in Juan les Pins die zahlreichen Fahrten, die wir in der Zwischenzeit unternommen hatten, durch viele Teile des Umlandes von Nice, von Cagnes, Antibes und Cannes. Ihr Gesicht war nicht jung. Die Bolschewiki hatten ihren Vater in ihrer Gegenwart erschossen, als sie ein Kind war. Trotzdem und trotz blauen Bluts haßte sie allerdings die roten Mörder nicht. Ihr Körper war gut geformt, befreit von allen Hüllen der einer Amazone. Der Kampf im Wasser zwischen uns begann. Sie war nicht willens, mir hier und ohne Widerstand zu gehören. Schließlich lief sie weg, und ich fuhr mit der Bahn nach Hause.

Selten habe ich einen Kampf mit einer Frau, die Widerstand leistete, aufgegeben. Noch seltener kam es zu einem Einverständnis mit einer Frau, die selbst den Anfang machte. Fast immer tat es mir leid, wenn eine Gelegenheit versäumt wurde. Wie eine Wunde aber spürte ich das nur in den seltensten Fällen. Hier mußte ich gehen, denn ich wurde offenkundig nicht angenommen. Ich war noch jung und hatte ein starkes Mitteilungsbedürfnis meines ungewohnten Schmerzes. Um diesem zu genügen, sprach ich in einem kleinen Café gegenüber meinem Zimmer sehr lange mit einem Emigranten, der früher eine französische Zeitschrift in Wien herausgegeben hatte. Es war ein soignierter Mann mit ergrauenden Haaren und mit einer gepflegten Vergangenheit. Mein Bekenntnis nahm er mit viel Beredsamkeit entgegen und meinte, der von mir gewählte Weg sei für eine russische Prinzessin, die mit mir nackt baden gegangen sei, nicht zart genug gewesen. Nach dem erotischen Alphabet machten Liebesgenüsse vollkommener Art zwar ein gewisses Geräusch im Wasser, sie würden aber ebendeswegen, sowie aus andern Gründen der Delikatesse, nicht nur von hochgeborenen Damen, sondern überhaupt von gesitteten Personen nur ungern akzeptiert. Ich müsse nun mein Ungestüm als Lehre für kommende Chancen mit andern kommenden Damen nehmen.

Ich war nicht ganz seiner Meinung. Irgendwie hatte ich das Gefühl, daß es mit Manja nicht aus sein konnte. Ich setzte ihm das auseinander, soweit man Gefühle vor sich hinbreiten und vorzeigen kann, nämlich solche, die leben und noch lebensfähig sind. Er hörte mich nur kurz an und sprach lang. Aber ich war bereits außerstande, ihm noch zu folgen. Ich hörte nur einzelne Worte von der Notwendigkeit einer Entschuldigung, eines Vorsprechens zu angemessener Zeit, womöglich mit einem Blumenarrangement, das man durch eine entsprechende Stelle mit gehöriger Aufmachung als Botin vorausschicke, vielleicht auch mit einem *billet* mehr förmlich als *doux*, das sei ein Weg zur Einkehr.

Wie ich aber nach Hause kam, fand ich an der Wohnungstür einen Brief, in dem in vier Sprachen geschrieben stand:

»Mein Gebieter! Das war nicht nur deshalb, weil ich noch kaum Französisch wußte, wir zumeist Englisch miteinander sprachen und sie Deutsch nicht konnte und die Deutschen auch nicht mochte, auch die Juden nicht, und nun beides in einem gefunden hatte.«

Das schien vierfache Unterwerfung. Aber wo war sie? Ich hatte einen vor dem Haus geparkten Wagen gesehen. Das war nicht der, mit dem wir gefahren waren, und doch befand sie sich im Haus. Und wie ich die Wohnungstür öffnete, stand sie davor und fiel mir in die Arme.

Der vollkommene Genuß dieser Nacht und die Zeit, die danach kam, war eine der schönsten, die ich an der Azurküste verbrachte. Wir waren immer beisammen, Tag und Nacht, und verbrachten die Zeit, die für uns keinen Anfang und kein Ende mehr hatte, in meinem damals noch schönen Wohnraum, an den Stränden zwischen Monte Carlo und Cannes, oder auf Touren mit dem kleineren diskreten Wagen, in dem sie in der ersten Nacht zu mir gekommen war. Bald war weit und breit keine Landschaft, die wir nicht miteinander aufgesucht hätten, kein Städtchen oder Dorf, durch das wir nicht gefahren und gewandert wären, kein bekannter oder unbekannter Ausblick und keine sonstige Sehenswürdigkeit, die wir nicht miteinander erkundet hätten. Damals bestand noch keine Gefahr für mich, wohl aber weiter für meine Mutter, die ich daheim zurückgelassen hatte und für die ich nichts tat, um sie zu mir kommen zu lassen.

Manja, die schon vollends sicher war, daß sie niemand andern als mich heiraten würde, schrieb an meine Mutter und meine Schwester, deren Anschriften sie bald gefunden hatte, ohne mir vorher etwas zu sagen, Briefe, in denen sie unsere Verlobung ankündigte und den Segen beider erbat. Ich weiß heute, daß meine Mutter darüber nicht glücklich war. Nicht nur, daß sie das Gefühl hatte, sie sei nicht mehr nötig für mich, und irgendwie verletzt war, weil sie von mir keine Nachricht empfangen hatte, auch der Stil Manjas dürfte ihr gesagt haben, daß zwischen uns beiden zwar im Augenblick vielleicht die Brücke fleischlicher Zuneigung bestehe, aber keine geistige Gemeinschaft und noch weniger eine seelische Nähe. Denn Manja hatte nicht etwa aus Zartgefühl mir beim ersten Versuch nicht angehört, sondern, wie sie selbst sagte, aus jenem Gefühl der Verstocktheit der russischen Frau, auch höherer Stände, die nur durch Züchtigung und Gewalt einem Manne hörig wird. Erst mein Weggehen, das sie als eine stolze Zurückweisung ansah, hatte sie wieder zu mir gebracht.

Der Urlaub Manjas an der Küste, wo ihre Angehörigen ein Schloß hatten, konnte aber nicht immer dauern, und sie mußte zu ihrer Mutter zurück. Ich hatte nicht die Absicht, sie gleich zu ehelichen, sondern wollte abwarten, bis ich etwas verdienen würde, und danach sah es vorläufig ganz und gar nicht aus. So schrieb sie mir fast jeden Tag und traf schon Vorbereitungen für den nächsten Besuch, aber der Krieg brach inzwischen aus.

Um diese Zeit kam ich mit einer älteren eurasischen Dame aus Holländisch-Indien häufig zusammen. Sie interessierte sich anscheinend für meine ungeklärte Situation, für mein Künstlertum, vielleicht auch darüber hinaus in weiterer Beziehung für mich, doch merkte ich dies damals noch nicht. Sie war schon bei mir gewesen, als ich den Besuch einer Jugoslawin empfangen hatte, welcher der Erfüllung erotischer Interessen diente, sowie häufig nach ebenso einschlägigen Besuchen Manjas, und hatte mich dann meistens vor derangiertem Bett in nicht völlig einwandfreier Kleidung vorgefunden. Sie war damals noch so zartfühlend, darüber hinwegzusehen, zumindestens während ihres Aufenthalts bei mir. Auch besuchte ich sie ab und zu in ihrer Villa in Cagnes sur Mer, die in Schloßnähe die schönste Lage hatte.

Dann erschien eines Tages Manja wieder, knapp nachdem man mich zum ersten Mal interniert und kurzfristig wieder freigelassen hatte. Doch war in der Zwischenzeit mein großes Zimmer vergeben und ein viel kleineres mir um den gleichen Betrag angewiesen worden. Das machte Manja nichts aus. Sie ging diesmal in kein Hotel, sondern stieg gleich bei mir ab. Wie ich erst später feststellen konnte, hatte sie das Zimmer heimlich bezahlt. Da ich das gleiche schon vorher offiziell getan hatte, bekam die Vermieterin für den schäbigen Raum den doppelten Mietzins des großen. Manja drängte, daß wir heiraten sollten. Ich erklärte, nicht vom Gelde einer Frau leben zu wollen. Sie wollte wissen, wie es im Lager war und warum ich mich nicht zum Heer gemeldet hatte. Ich sagte ihr, daß ich dies getan hätte. Fräulein Félice hatte meine Meldung entgegengenommen und erklärt: Pierre Coucou, der erste, der freiwillig kommt. Dann aber hatten sie alle Deutschsprachigen zusammengerufen, die auf deutschem Gebiet geboren waren. Ich fand den Kontext noch unklar und wollte mich nicht melden. Ein junger Mann namens Marassino meinte aber, daß wir uns melden müßten.

So folgte ich dem schlechten Rat. Wir schliefen drei Tage auf den Bänken des Zuschauerraums eines Sportplatzes in der Festung Antibes. Ich bewunderte damals noch das Morgenrot und wurde fast erschlagen. Dann hatte ich aber Hunger, denn ich war der Aufforderung nicht gefolgt, für einige Tage Lebensmittel mitzubringen. Ich hoffte, daß meine Situation gleich geklärt würde, und hatte weder Ahnung von französischer Organisation noch von Internierungen. Der elsässische Oberst, der uns bewachte, meinte, wenn meine Kameraden nichts hergäben, wären sie Schweine. Marassino stahl bald vom Brot eines Dichters, und ich beteiligte mich an seinem Diebstahl, den ich allerdings für meine Person dem Bestohlenen vor der Entdeckung bekannte. Marassino wurde nach zwei Tagen entlassen. Der Arzt fand ihn lageruntauglich. Bei mir fand er das nicht, doch trank ich am dritten Tag, als ein Büfett nur für Getränke errichtet war, eine Flasche Wein und wurde darauf als lagerunfähig mittels Autos nach Hause geschafft. Damals war es noch geglückt.

Manja war nicht zufrieden mit meinem Heldentum. Sie meinte, bei unserem früheren Beisammensein sei ich viel sportlicher gewesen. Den russischen Dichtern hätte das Gefangensein nur gutgetan. Vielleicht habe es bei mir nicht lange genug gedauert. Ich war nicht ihrer Meinung.

Als ich dann noch einen Schnupfen bekam, zog sie unser erstes Beisammensein völlig dem zweiten vor. Wie ich sie nun bat, mir einen Knopf anzunähen, meinte sie, daß sie keine Magd sei. Weil sie sich aber als Kommunistin deklariert hatte, nahm mich diese Antwort wunder. Ich führte sie daher auf die von ihr erwähnte Halsstarrigkeit der russischen Frau zurück und gab ihr eine Ohrfeige, worauf sie den Knopf annähte.

An einem der folgenden Tage fuhren wir mit dem großen Wagen durch die Stadt, und sie überfuhr das Haltesignal. Der

Polizeiagent hielt sie auf und verwies ihr den Irrtum. Sie wurde böse und sagte, daß sie dies nicht hinnehme. Er entgegnete, daß er sie ja nicht aufschreiben, sondern nur verwarnen wolle. Sie verlangte nun, aufgeschrieben zu werden, und kündigte ihm an, er werde bald nicht mehr an dieser Stelle Dienst tun. Sie hatte mich mehrfach aufgefordert zu bezeugen, daß sie im Recht sei. Da sie aber im Unrecht war, tat ich es nicht. Sie sprach noch am selben Tag gegen meinen Rat telefonisch mit dem Minister, und der Sicherheitsagent verlor seinen Posten, bevor er noch seine Meldung machen konnte. Ich glaubte nicht mehr sehr an Manjas Kommunistentum. Ihre angeborene Herrschsucht konnte sie niemals ablegen.

Als ich sie zur Rede stellte, sagte sie: »Es gibt Wahrheiten und andere Wahrheiten. Du und der Agent habt es anders gesehen als ich, und ich habe recht bekommen. Wenn ich in mein Land zurückkehre, und einmal werde ich es bestimmt tun, entweder mit dir oder mit einem anderen Mann oder auch allein, werde ich vielleicht nicht immer recht bekommen, man wird mir vielleicht auch dort, wo ich die Wahrheit sage, erklären: ›Du hast unrecht, bekenne es!‹, und ich werde es selbstverständlich tun, wenn es mein Land von mir verlangt.«

Ich sagte ihr, daß ich nie ein Land oder eine Regierung lieben werde, die von mir verlangt, daß ich Unrecht als Recht hinnehme und Wahrheit als Irrtum entschuldige. Auch sei es völlig abwegig, überhaupt etwas zu bekennen, das man gar nicht empfindet, ja von dem man das Gegenteil als gegeben weiß. Sie zuckte nur die Achseln.

Nur wenn wir miteinander im Bett lagen, war die Harmonie hergestellt. Sie fürchtete sich nicht, meine Grippe zu bekommen, und bekam sie auch nicht. Sie fand, daß ich in der Liebe noch immer so sportlich wie früher war. In allen andern Dingen zollte sie mir wenig Lob. Sie verreiste diesmal sehr bald.

Unter ihren spärlichen Briefen, die noch immer glühend heiß waren, wenn sie auf unsere erotischen Errungenschaften Bezug nahmen, kam schließlich einer, in dem sie um einen

Embryo trauerte, den sie angeblich von mir empfangen, aber nicht habe gebären können. Und dann kam eines Tages ein Brief der Eurasierin aus der Schweiz, in dem sie mir mit der sanften Rücksichtnahme und in der bilderreichen Sprache der Chinesen den Tod meiner Mutter mitteilte, die verlassen in einem Hospital nach einer verspäteten Gallenoperation an Herzzuständen gestorben war. Und gleich darauf ein Bericht von der Russin, den diese aus anderer Quelle hatte. Wie ein gezielter Peitschenschlag saß jedes Wort, das sie schrieb; die Brutalität der Mitteilung war vollständig. Sie bemühte sich auch nicht, irgendetwas Tröstliches einzufügen. Es wäre ohnehin Lüge gewesen. Sie war die Angehörige eines Volkes, in dem Brutalität und Wahrheit identische Werte sind, und der Unterschied zwischen den Klassen war nie so groß, daß die eine als schmählich empfunden hätte, was sie genauso, nur mit andern Mitteln tat, wie die andere.

Aus diesem Brief wußte ich bereits, daß es für uns keine Heirat geben durfte und daß wir nicht zusammengehörten. Ich erfaßte das Maß meiner Schuld am Tode meiner Mutter auch ohne sie. Es bedurfte der kleinen Steine nicht, die sie auf diesen Felsen legte. Doch sah ich hinter den Steinen die Spenderin, und sie gefiel mir nicht.

Es kamen noch ab und zu Briefe von ihr, auch auf ihre Veranlassung das Schreiben eines Ministers an mich, ein anderes ins Lager. Beide Briefe hatten nur zur Folge, daß meine Leiden ärger wurden, und sie meinte auch, daß ein Dichter leiden solle, für einen russischen sei es geradezu vorgesehen. Ich aber glaubte, daß nur unabwendbares Leid hingenommen werden solle, aber keines gesucht werden dürfe um seiner selbst willen.

Dann kam sie noch ein letztes Mal. Wir gingen ins Casino de la Jetée und spielten um hohe Beträge. Diesmal gewannen wir unaufhörlich. Unsere Liebe war zu Ende. Wir saßen auf der Terrasse und schauten auf die nervösen Wellen, auf denen unsere Liebe einmal begonnen hatte. Sie ergriff meine Hand und hielt sie: »Ich möchte noch ein einziges Mal mit dir nackt baden in Juan les Pins, dort, wo du mich das erste Mal gewollt hast.« Ich erinnerte mich aber des Kommentars, den mir seinerzeit der Herausgeber des französischen Blattes gegeben hatte, und lehnte die letzte romantische Attitüde ab. Dann sagte sie, was weiter zu sagen war. Sie würde nach Rußland zurückgehen, und auch nicht allein, das sei eine beschlossene Sache. Sie lebe nur für Rußland und glaube, daß Stalin der Mann sei, es groß zu machen. »Er wird nicht immer mit Hitler sein. Er wird die Deutschen schlagen, bis sie vor Rußland am Boden liegen.« Dann fügte sie hinzu, daß sie bedauere, das gesagt zu haben, weil ich ja doch ein Deutscher sei und sie niemand außer mir liebe.

Wir schliefen die letzte Nacht miteinander. Am Morgen war sie ohne gesprochenen Abschied fort. Nur ein Billett lag da: »Du bleibst für mich der einzige, den ich liebe, und alles, was für mich schön ist. Ich verlasse Dich nur um Rußlands willen.«

Das Casino de la Jetée wird soeben abgetragen. Es kann bei deutscher Gründlichkeit nur einen kurzen Zeitraum dauern, bis nichts Brauchbares davon übrig ist. Wertloser Schrott steht am besten für hochtrabende Erinnerungen und läßt auch sentimentale Gloriole zu. Für mich ist die kluge und erotische Prinzessin jedenfalls tot, und es gibt nur einige Hoffnungen, daß die Baronin, die jetzt meine Sachwalterin wurde, in ihrer Narrheit das Richtige trifft, obgleich zwischen ihr und mir weder ausdrückliche Gegensätze noch Bindungen irgendwelcher Art bestehen.

Wie ich aber am Autobusbahnhof einlange, ist sie schon dort, als wäre es ihre Aufgabe, zu überprüfen, ob ich von dem am Morgen gelösten Billett auch ordentlichen Gebrauch mache. Madame Nocquer, die Frau des Kolonialfunktionärs im Ruhestand, übernimmt mich nun in ihre Obhut. Die Baronin hat mich ihr durch Zeichen übergeben. Dann beginnt die Fahrt, auf der ich einsilbig bleibe, wie ich mich auch zu dieser symbolischen Tradition (juristisch für Übergabe) nicht geäußert habe. Es spricht übrigens keiner viel, zumindestens nicht während der ersten drei Stunden der Fahrt, die zunächst nur in der Ebene, dann in sanften Steigungen in Richtung des Ursprungs des großen Flusses an diesem entlang verläuft. Als aber der Wagen sich plötzlich von dieser Route zur Rechten abwendet und wie in einem Karussell engste Serpentinen ersteigt, so daß in kurzer Frist achthundert Meter gewonnen werden, beginnt nicht nur die allgemeine Unterhaltung, ja man schreit sogar, um diese möglich und wirksam zu machen. Madame Nocquer fängt an, mich unermüdlich auszufragen, bis ich meinen Platz einer zerknitterten alten Bäuerin abtrete, die soeben eingestiegen ist und keinen Sitzplatz mehr findet. Ein junges Bauernmädchen, glücklicherweise von der Nocquer entfernt plaziert, bietet mir ihren Schoß als Ersatz für die aufgegebene Position, und ich nehme an. Der Bauer neben ihr erklärt mir nun unaufgefordert die Gegend: Jetzt kommen die Olivenhaine, von fünfhundert bis achthundert Meter. Daran schließen sich die Waldungen der echten Kastanien – und der Eichenforst an. Die rote Erde und die Eichen bleiben bis fast dreizehnhundert Meter, die Kastanien bis etwa elfhundert. Sie werden durch Föhren, Fichten, Tannenwald ersetzt, und zwar bis zur Baumgrenze. Schließlich erscheint Krummholz, aber auch Almrausch und Edelweiß, und man beginnt, den Karst zu verlassen. Das Mädchen erzählt, daß bisher die Italiener hier gewesen seien, jetzt aber sind die Deutschen gekommen. Denn die Grenze nach Italien ist ein bis drei Kilometer von der Gemeinde entfernt, der ich zustrebe. Diese verteilt sich auf drei Ortschaften, deren erste auf etwa elfhundert Meter, die zweite auf dreizehnhundert, die letzte auf fünfzehnhundert liegt. Die Gemeindeverwaltung ist im niedrigsten, die deutsche Besatzung im höchstgelegenen Teil. Das eine nennen sie Caminflour La Commune, das andere Caminflour Audelà. Ich strebe nach dem mittleren Stück, das abseits der großen Straße in den Felsen hineingehauen ist, wenigstens in seinem Kern, und das Caminflour Maisonpierre heißt.

Ich sehe ein, daß mich die Baronin falsch informiert hat, wahrscheinlich aus Unwissenheit, denn sie sagte nichts von der deutschen Besatzung. Und schon sehe ich Gründe, meinen Entschluß, hierher zu kommen, mit Bedauern zu bekränzen. Da mir aber nicht viel anderes übrig bleibt, muß ich mich mit ihm abfinden. Es kann ja sein, daß wenigstens etwas Wahres an den mir gemachten Angaben ist. Dann wohnt jene Engländerin mit ihren Kindern dort in Frieden und erwartet nichts sehnlicher, als mich in ihren Schutz, der ein totaler ist, mit offenen Armen aufzunehmen.

Und da ich nicht mehr will, daß die Dinge weiter so bleiben, wie sie bisher für mich waren, das heißt, daß sie Herrschaftsrechte auf mich ausüben, die ich ihnen nicht zuerkennen möchte, versuche ich, der zu erwartenden Zukunft eine utopische Gestalt zu geben, da letztlich nur die vollständige Flucht ins Irreale eine Möglichkeit bietet, unabwendbaren Realitäten, die einen von Rechts wegen erdrücken und zermalmen müßten, die Stirn zu bieten.

Schon der Name des Ortes, in dem ich mich niederlassen will, bietet Anlaß, mir diese Rettung vollständig in bunten Farben auszumalen. Was konnte Caminflour anders sein, als eine völlig unwirkliche Stätte, ein lebendiges Paradies, aus der Zeit mit seinem Namen auf das Heute gekommen, in der Nice noch von seinen Grafen beherrscht war, die aus Gründen der Macht das leichtere Joch des savoyischen Prinzen dem der Beherrscher der Provence, welchen sie nach Sprache und Abstammung ihres Volkes hätten dienen sollen, vorzogen.

Und muß nicht, nach den verschiedenen Hervorbringungen des Bodens, die mir der Bauer soeben dargetan, an diesem Fleck der Wirkstoff der Natur in verschiedenster Art seine Wandlungen durchmachen, die er sonst nur auf voneinander entlegenen Gebieten dem flüchtigen Beschauer bietet? Und warum ist plötzlich in all diesen Insassen des rumpelnden Karrens trotz der Windungen des Weges, die selbst der erfahrene Lenker nur mühsam meistert, mit einem Male Leben aufgekommen, während sie bisher, in Verdrossenheit versteinert, ohne Worte, weder Aug noch Ohr für die Außenwelt hatten? Und damit zugleich ein Gefühl gesunder Vertrautheit, das den Verrat der Stadt und ihre schwere Dumpfheit zurückstößt, wie bereits die Luft des Waldes und Berges sich mit der des Meeres mischt und aus dieser Verbindung ein neues, beglückendes Klima entsteht.

Ich werde in meinen Gedanken unterbrochen. Wir nähern uns Caminflour La Commune. Madame Nocquer drängt, daß ich mit ihr aussteige. Ich sage nicht ja und nicht nein. »Nur hier sind Hotels«, erklärt sie. »Im mittleren Ort sind keine. Im oberen sind alle von den Deutschen besetzt. Und wo wollen Sie sonst hin?« Sie redet noch weiter auf mich ein. Es gelingt mir, den Rest nicht mehr zu hören, doch finde ich auch nicht mehr in meinen Traum zurück. Wir langen übrigens an. Ein junger, bildschöner Gendarm wie Apollo in Uniform steht breitspurig vor der Wagentür. »Guten Abend, Jean Claude!« begrüßt sie ihn. Gleichzeitig aber gestikuliert sie in den Fond des Wagens und ruft anschließend mir zu, wobei sie mich ebenfalls mit meinem Vornamen benennt, den sie wahrscheinlich der kurzen Unterredung mit der Baronin verdankt: »Hier müssen Sie aussteigen, Pierre, Sie haben mich doch hoffentlich verstanden. Weiterzufahren ist nicht nur sinnlos, ist...« Sie will offenbar »gefährlich« sagen. Alles blickt plötzlich nach mir, und ich muß etwas sagen, um diese Frau von mir abzubringen, da sie auf meinem Aussteigen besteht und ich dabei bleibe, den Wagen nicht zu verlassen. Ich muß es höflich zum Ausdruck bringen, sonst habe ich sie von Anfang an gegen mich und diesen Gendarmen vielleicht obendrein. Ich drechsle eine längere Phrase, und die kommt nicht gut französisch heraus.

»Ich gehe nach Maisonpierre, und ich werde dort erwartet von einer Dame, die auch dort wohnt.« »Von welcher Dame werden Sie dort erwartet?« forscht der junge Gendarm, und seine Fragestellung ist durchaus nicht entgegenkommend. Ich habe den Namen vergessen und müßte auf den Briefumschlag der Empfehlung sehen, um ihn festzustellen. »Es ist eine

Dame, die eine Tochter hat und, wie ich glaube, ein oder zwei Söhne.« »Sie scheinen die Dame besonders gut zu kennen, wie ich sehe. In Maisonpierre dürfte es einige dieser Art geben.« »Sie ist britischer Nationalität«, sage ich jetzt. Er wird es sowieso früher oder später erfahren. »Sie meinen Madame Withorse«, sagt er jetzt, »die erwartet Sie bestimmt nicht, sie ist heute in die Stadt gefahren, gerade an dem Tage, an dem Sie ankommen.« »Sie konnte gar nicht wissen, daß ich gerade heute komme. Es war ein Zufall. Ich sollte nur überhaupt kommen. Ich nehme an, daß jemand dort von meiner Ankunft unterrichtet sein wird.« »Ich nehme an, daß nicht. Sonst hätte derjenige oder diejenige mich unterrichtet. Sie sind vermutlich ganz umsonst gekommen.« »Das wäre schade. Ich würde aber trotzdem bleiben. Es sind noch einige andere Personen, mit denen ich zu sprechen habe.« »Wollen Sie mir diese anderen Personen vielleicht nennen?« »Nachdem ich sie gesprochen haben werde, ganz gewiß.« »Sie haben doch gewiß ein Papier, mein Herr, da Sie offenbar kein Franzose sind, das Sie berechtigt, diese Reise anzutreten. Ich vermute, Sie haben auch ein ärztliches Zeugnis.« »Die habe ich, aber im Koffer. Und Sie werden doch nicht verlangen, daß ich den auf der Stelle auspacke. Einstweilen wird Ihnen das genügen.« Damit zeige ich ihm das Papier aus Vichy.

Madame Nocquer ist bis jetzt dem Verhör stumm gefolgt. Nun blickt sie über die Schultern des Gendarmen auf die vorgewiesene Urkunde und geht wortlos fort. Der Gendarm reicht mir das Schriftstück zurück. Er ist sichtlich weder überzeugt, daß er nicht amtshandeln soll, noch hat ihn der Inhalt von der Rechtmäßigkeit meines Bleibens in Kenntnis gesetzt. Aber die Unterschrift des Ministers für jüdische Angelegenheiten bleibt nicht ohne Eindruck auf ihn. Zumindest empfindet er, daß ich nicht ganz und gar wehrlos bin. Er verabschiedet sich, indem er sagt: »Wir sehen einander nächstens.«

Schließlich setzt sich der Wagen wieder in Bewegung. Und das Mädchen, auf dessen Schoß ich bisher gesessen bin und dem ich nunmehr gegenübersitze, beginnt mir ein wenig zu berichten. Denn es ist schon dunkel gewesen, wie wir in La Commune ankamen, und inzwischen, nach dem längeren Aufenthalt, vollständig Nacht geworden. Sie berichtet mir einiges Lichtvolle, das nunmehr die Fetzen von Wirklichkeit durchschimmert, in die alles Gerede der Baronin von den Personen, die von meiner Ankunft verständigt sind, und die mich auch angeblich erwarten, zerrissen ist.

»Sie müssen wissen, wenn das zu sagen erlaubt ist, Lady Withorse ist eigentlich eine von uns. Sie hatten früher ihr Schloß nicht weit von hier. Das ist jetzt verfallen, denn die Familie ist verarmt. Einmal waren es die Höchsten im Land. Sie hat einen reichen Engländer geheiratet, der vor einigen Jahren gestorben ist. Sie hat einen schönen, großen, blonden Sohn und die Tochter. Der jüngste Sohn ist anders.« »Und die Tochter?« frage ich.

Der Autobus bringt die Milch von La Commune nach oben, oder holt er welche? Leute mit Milchgefäßen sind bereits im Scheinwerferlicht zu sehen. Sind es Verteiler oder Ablieferungsfreudige? Die Scheinwerfer leuchten nun in eine andere Richtung. In den Trögen ist nichts zu unterscheiden.

»Wir sind da. Und das ist sie.« Ein Mädchen in Phantasiekostüm steht nun im Licht des Wagens. Es hat das Gehaben eines wilden Knaben, doch erscheint es ebenso natürlich wie mondän. Als das volle Licht des Scheinwerfers auf es fällt, zeigt es Züge, die wie auf einer Gemme gemeißelt sind. Ich bin nicht im Zweifel, daß es die Tochter der Engländerin ist, und gehe gleich auf sie zu.

Dritter Teil

Das junge Mädchen, auf das ich zugekommen bin, antwortet freundlich und konventionell. Von einem Brief der Baronin an seine Mutter ist ihm nichts bekannt. Auch scheint sich die Berufung auf die Absenderin nicht sehr zu empfehlen. Immerhin bietet es mir Abendbrot an. Ich folge ihm über die Stufen und durch enge Gassen bis zu dem Hause, in dem die englische Familie untergebracht ist. Vor diesem spielt der kleine Bruder des Mädchens, ein dunkelhaariger Knirps, mit alten Revolvern und allerhand Schleudern. Trotz nichtvorhandener Kälte ist er in einige Pullover eingewickelt, offenbar kraft mütterlicher oder schwesterlicher Besorgnis um seine Gesundheit. Würde man ihn aus seiner Hülle rollen, bliebe wahrscheinlich nicht viel übrig. Die Schwester dagegen, die weizenblond ist, scheint ihr Kleid, ohne dick zu sein, gut auszufüllen. Nun ist sie behende um den Herd herum. Es ist nicht schwer zu erkennen, daß sie weder Talent noch Übung im Kochen hat. Übrigens bereitet sie nur eine Art Brühe. Es macht den Eindruck, als wäre sie bloß auf einen Sprung hier bei sich, um gleich in den Wald zu entlaufen. Ich sehe bald ein, daß ich durchaus unerwünscht bin, doch habe ich mich nun einmal entschlossen zu bleiben, und dann wüßte ich nicht, wohin ich sonst gehen sollte. Die Anschrift des Dichters und auch die des Anwalts ist im Koffer.

Ihr Bruder nennt sie »Darling«. Das ist wohl nicht der Taufname, doch drückt er mit Recht aus, daß sie liebenswert ist. Ich bin vielleicht schon in Darling Withorse verliebt, und das ist der dritte Grund, warum ich bleiben möchte. Nun beginne ich, mich wie ein Junge aufzuspielen, erzähle zwar von meinen Verfolgungen, verschweige aber alles, was sich auf die Judenfrage bezieht. Mein Gefühl sagt mir, daß Darling Withorse, wenn sie schon die Juden nicht haßt, diese auch nicht liebt. Sie hat mich schweigend angehört und zeigt nicht, was sie über mich denkt. Sie hat aber gewiß bereits ein Urteil.

Sie ist sichtlich nicht dumm, und fast scheint es mir, daß ich vor ihrem Gericht nicht bestehen kann.

Jetzt geht die Tür zu zwei Kammern auf. Aus jeder kommt ein Mädchen in Shorts, beide jung, frisch und hübsch. Aber Darling Withorse ist schön. Es sind zwei Schwestern, deren Namen ich beim Vorstellen nicht recht verstehe. Die eine ist sehr groß und stattlich, dürfte an die zwanzig sein und sieht so aus, als ob sie im Wald daheim wäre. Die andere könnte sechzehn sein und gehört mehr an den Strand. Ihr Gehaben ist raffinierter, ihr Gesicht das einer anziehenden Stenotypistin, die in Erwartung ist, ein Diktat zu erdulden. Beide sind offenbar neugierig auf mich gewesen und kennen sich mit mir nicht gleich aus.

Ich erzähle ihnen von meiner Absicht, hierorts zu bleiben, und stelle ihnen gemeinsame Land- und Waldpartien in Aussicht. Sie hören mich mit Wohlgefallen an und finden es auch in der Ordnung, wenn ich heute auf drei Stühlen in der Küche nächtige. Am Morgen würde man weiteren Rat schaffen. Sie selbst wollten auch hier schlafen, sonst schliefen sie wohl daheim. Da aber Darling Withorse heute allein sei, leisteten sie ihr Gesellschaft. Fast träume ich bereits von einer Nacht zu dritt, aber Darling Withorse ist schon verschwunden. Sie kommt bald wieder mit einem krummnasigen, langen, dürren Mann und einer schmalztriefenden üppigen Dame mittleren Alters, die stellt sie als Onkel und Tante vor. Beide sprechen schlecht Englisch und Französisch. Ich sehe gleich, daß sie lügt, und bald, warum sie es tut. Die beiden falschen Anverwandten legen mir sogleich dar, daß ich hier nicht bleiben könne. Sie hätten die Wache über das alleingelassene Mädchen, für einen Mann gebe es da nichts zu suchen, auch sei noch sonstige Gefahr. Eine Auskunft über mich liege nicht vor. Auch wisse, wie ich selbst sage, der Gendarm, daß ich hierhergegangen sei. Und wenn ich ein Österreicher sei, was für einer wäre ich? Unten im Hotel habe man noch Zimmer zu vergeben. Man werde auch unterwegs mit einer lettischen Jüdin sprechen, vielleicht nehme mich die. Auf jeden Fall müsse ich das Feld räumen.

Sohin bleibt mir nichts anderes übrig, zumal ich mich nicht mit Gewalt hier festsetzen kann. Auch merke ich schließlich, weil ich es anfangs nicht merken wollte, daß Darling Withorse das alles angezettelt hat. Hält sie mich für so dumm, daß ich den Schwindel nicht gleich fühle? Ein paarmal will ich meine Begleiter abschütteln, zumal ich mir von ihren Unterbringungsabsichten gar nichts Gutes für mich verspreche. Ich habe allerdings mein kärgliches Gepäck bei Withorse zurückgelassen. Nun zeigen die, die mich eskortieren, ein unrühmliches Beharrungsvermögen. Sie behaupten auch, auf meine Sicherheit zu achten. Wahrscheinlich aber wollen sie wissen, wohin ich gehe und ob ich auch schweige. Bei der Jüdin auf halbem Weg nach La Commune werde ich nicht aufgenommen. Der Mann will lieber nicht vermieten. Ich bekomme ihn nicht zu Gesicht. Das sei besser für ihn und auch für mich. Die dicke Frau erscheint mit einem kleinen Mädchen und setzt mich vor die Tür. Meine Eskorte begleitet mich nun bis zur Kirche, die im wiesenumrandeten Viereck vor dem Ort und vis-à-vis des Waldes steht. Hier möchte ich auf einer Bank übernachten. Onkel und Tante drängen, daß ich weitergehe. Ich bemerke, daß auch Darling noch immer da ist. Ich habe mich unterwegs bemüht, von ihr keine Notiz zu nehmen, und angenommen, sie sei nach dem Besuch bei den Juden nach Hause gegangen.

Man führt mich zu dem nächstgelegenen Gasthof im Ort La Commune. Es ist ein lautes Beisel. Soeben verläßt es ein deutscher Unteroffizier, der sich dort Zigaretten geholt hat. Ich bin also vorzüglich aufgehoben. Nun bleiben sowohl Onkel als auch Tante draußen im Schatten, und Darling unterhandelt wegen meines Zimmers. Der Kostenpunkt ist ihr gleich. Sie hält es auch nicht für wichtig, mich erst zu fragen, sondern nimmt es in meinem Namen mit Pension. Dann geht sie.

Wir haben nicht erst Abschied genommen. Meine Absicht, daß diese Begegnung der Beginn eines Abenteuers sein sollte, ist zerstreut. Ich kann mir auch nicht mehr vorstellen, daß noch etwas folgen könnte, wie auch nichts vorausgegangen ist, mein Wunschtraum ausgenommen, den ich vielleicht kaum gehabt hätte, würde ich mich selbst vorher betrachtet haben. Da war nämlich nirgends ein Spiegel, und ich machte mir bereits ein falsches Bild darüber, wie ich aussehe und wie mich die andern sehen. Ich mache zwar nicht den Eindruck eines Mannes in den Dreißigern, sehe aber auch kaum aus wie Anfang zwanzig. Ich bin nicht wohlgebaut, außer den Händen und den Augen ist nichts, was dem Blick ausgesetzt ist, ansprechend an mir. Der Unterkörper ginge vielleicht noch an, der Brustkorb ist verbaut, und nur ein gewisser geradliniger Gang dürfte mit mir ein wenig versöhnen. Auch kann ich vielleicht einen in Bann ziehen, wenn ich ihn anschaue oder mit ihm spreche, aber auch das gewiß nicht lange, denn Augen und Rede wechseln bald die Richtung, weil ich im Grunde nur mit mir selbst zu tun habe.

Würde ich den beiden andern Mädchen nun den Hof machen? Ich möchte wohl, doch wird es kaum dazu kommen. Ein deutscher Feldwebel hat soeben Zigaretten geholt, der Wirt mir die Meldezettel vorgelegt, der Gendarm ist mißtrauisch. Heute brauche ich noch nicht ins Lokal essen zu gehen, aber vielleicht holen sie mich schon aus meinem Zimmer. Es ist auch gleich, da mich Darling loshaben wollte. Ich sehe ein, daß es Unsinn ist, nach all den Martern und überstandenen Schwierigkeiten wegen eines sechzehnjährigen Mädchens aufzugeben, wo ich doch gerade noch an die beiden andern gedacht habe. Gleich richtet sich mein Zorn gegen Onkel und Tante, die offenbar verkappte polnische Juden sind. Ich denke nicht mehr daran, wie stark ich mich mit jenen polnischen Juden verbunden fühlte, die im Lager angesichts bevorstehender Vernichtung die Horah tanzten. Ich vergesse auch die Schönheit der Landschaft, wiewohl ich noch im Lager das Morgenrot über einer wenig anziehenden Gegend bewundert hatte. Man vergißt viel auf einer unsentimentalen Reise. Zuletzt beginne ich zu weinen, und das ist bereits die zweite einschlägige Entgleisung, seit ich erwachsen bin.

Die frühere fand statt, als mein Vater gerade gestorben war. Damals hielt ich mich mit meiner Halbschwester in unserem Garten auf, und wir suchten Flieder, um ihn auf den Leichnam zu legen. »Nun ist unsere Jugend zu Ende«, meinte meine Schwester. Und es war bei diesem Gedanken, daß ich weinte, oder auch weil ich fürchtete, jetzt eine Verantwortung übernehmen zu müssen, der ich vielleicht nicht gewachsen sein würde, gegenüber meiner Mutter, gegenüber dem Haushalt, dem Haus, gegenüber meiner Schwester, die zwar verheiratet war, aber schlecht, und nicht zuletzt gegenüber mir selbst, weil ich meist doch das getan hatte, was der alte Mann mir zu tun empfohlen, wenn auch selten ohne vorherigen inneren oder äußeren Widerspruch. Und vielleicht auch weinte ich über den alten Mann, der immer gut war, soweit ich zurückdachte.

Wenn ich jetzt weine, wird es vielleicht noch schwieriger sein, mir über die Gründe klarzuwerden. Es kann sein, daß es wegen Darling Withorse geschieht. Es kann aber auch sein, daß es nur deshalb ist, weil ich zufolge Erschöpfung glaube, daß ich in der Nacht bin, und mich fürchte wie ein Kind, obwohl ich nichts anderes mehr verlieren kann als ein lächerliches Leben, das mir zu nichts nütze ist und andern ebensowenig. Denn diesmal kann es keine Pflicht sein, vor der ich Angst habe. Es wäre aber möglich, daß ich mich mangels sonstiger Aufgaben zurückversetzt sehe in die Zeit, in der kleine Mädchen weinen, die eine Puppe in einer Auslage sehen, die von den Eltern nicht gekauft wird, weil sie zu teuer ist. Oder es ist das Gefühl, nirgends hinzugehören, nicht zu den Juden, die die Horah tanzten, als es ans Sterben ging, nicht zu jenen, die mich bei Nacht und Nebel aus dem Haus der Withorse drängten, kaum um ihnen, eher um sich selbst einen Dienst zu erweisen, damit nicht zu viele Flüchtlinge in Maisonpierre wären, und vor allem nicht einer darunter, von dem niemand etwas Rechtes weiß. Und ich gehöre auch bestimmt nicht zu Darling Withorse, die sechzehn ist und gut aussieht und nicht in besonderer Gefahr ist, während bei mir durchaus andere Gegebenheiten vorliegen. Ich möchte aufhören zu weinen, weil ich mich vor mir sehr schäme und weil ich es sonst nicht tue und weil keine Sentimentalität erlaubt ist auf dieser unsentimentalen Reise.

Es gelingt mir erst sehr spät, mich zu beherrschen. In dieser Nacht schlafe ich nicht. Als ich morgens durch den Ort gehe, ist es erst fünf Uhr früh. Mir bleibt alles fremd, ich finde mich nirgends zurecht. Ein paar Zeitigaufsteher sind schon draußen und wundern sich über mich. Auch sehe ich den Heger nach dem Wild gehen, er sieht mich wenig freundlich an. Ohne daran zu denken, steige ich die Straße hinauf in Richtung Maisonpierre. Dort beinahe angelangt, sehe ich ein Mädchen an dem Dorfbrunnen Wäsche waschen. Man ruft sie Madeleine. Madeleine gibt mir einen Morgengruß. Obwohl ich beschämt gehe, sowie ich ihren Gruß erwidert habe, fühle ich, daß ich doch hierbleiben könnte. Als ich schon längst vorüber bin, fällt mir auch ein, daß es jenes Mädchen war, auf dessen Schoß ich während der Fahrt hierher gesessen bin. Ich gehe den Weg zurück, finde es aber nicht mehr.

Ich bin nun wieder in La Commune auf dem alten Platz, bewundere ein Haus, das wie eine Ritterburg aussieht, und schaue von einer Terrasse kilometerweit meerwärts hinab. Da höre ich Nagelschuhe auf einem schmalen Zugang von oben. Begleitet von einem langen deutschen Soldaten, der geradeaus schaut, wie es im Reglement steht, begegnet mir ein vierschrötiger meckernder Wicht in Uniform, der mir seine dreiste Fratze herausfordernd entgegenstreckt und von dem die Kleidung absteht wie Ohren und Kropf. Daheim im Steirischen, wohin diese ekle Fresse offenbar gehört, würde sie nicht sonderlich auffallen. Hier aber scheint sie fehl am Ort, nicht unähnlich einer schwarzen Schnecke, die auf Rosenblättern sitzt. Ich muß meinen Zorn hinunterwürgen oder auf die Landschaft übertragen, die ihn nicht verdient und diesen Mann vielleicht ebenso empfindet wie ich, wenn sie es auch nicht zum Ausdruck bringen darf. Nun halte ich es für gut, mein Billett zum Anwalt zu tragen, treffe diesen aber nicht an. Er ist noch früher als ich aus dem Hause.

Gegen elf Uhr vormittags scheint es mir angemessen, den Dichter zu besuchen. Ich finde statt seiner eine nahezu neunzigjährige knochige Hünin vor, die den Garten zerberusmäßig bewacht. Sie spricht mir gleich von der Malerei, die sie noch immer ausübt, wie sie auch das Kochen für ihren Sohn besorgt, welcher der Dichter ist. Wie ich von Poesie zu sprechen beginne, kommt seine Stimme aus dem Hintergrund, wo er in einem Zuber sein Morgenbad nimmt. Diese Stimme hat einen sehr melodischen Klang. Bevor er noch sichtbar wird, umspannt sie ein ganzes Lebensbekenntnis: »Sie lieben Valéry? Für mich sind Keats, Valéry, Novalis, Claudel und Maurras das Schönste, was es an Dichtung gibt. Sie sind Österreicher? Früher habe ich auch Deutsch gesprochen. Landsmann von Hitler? Ich wünsche wie Sie, daß er siegt.« Ich denke, daß ich hier gut dran bin. Die melodische Stimme fährt aber fort: »Meine Töchter sind anderer Meinung als ich. Das ändert sich vielleicht, wenn ein Mann in ihr Leben tritt. Ich meine natürlich: ein richtiger Mann. Übrigens haben mir meine Töchter schon von Ihnen erzählt!« Aus der Tür treten jetzt zwei Blondinen, die ich nicht gleich erkannt hätte, würde mich nicht die Farbe ihres Organs auf sie vorbereitet haben. Es sind in nunmehr gänzlich anderer Beleuchtung und Kleidung die beiden Hübschen, deren Namen ich gestern nicht verstand, als ich sie bei Withorse kennenlernte.

Die große ist Babette, die kleine Armande. Sie sind nicht mehr in Shorts, aber ihre Röcke sind kurz. »Stellen Sie sich vor«, sagt nunmehr der bereits zutage getretene bleiche Geselle im Bademantel, der nach kurzer Bekanntmachung als Monsieur Lebleu schon heftig auf mich einredet: »Meine Töchter sind *zazou*. Sie kennen das Wort wahrscheinlich nicht, mein lieber Coucou, es kommt aus Amerika und ist dumm wie alles, was aus dem wilden Westen kommt. Sie haben keine Kultur. *Zazou*, das bedeutet, daß die Weiberkittel sechs Zentimeter über dem Knie enden und die Herrenhosen ebenso hoch über den Knöcheln. Warum? Das ist wahrscheinlich das, was man im neuen Wildwesten für Kultur hält. Gott behüte uns davor. Sind Sie fromm? Ich bin wie Nietzsche und wie Pascal, mag aber die Priester nicht. Ich bin eine feurige Seele.«

Ich habe keine Lust, ihm sogleich meine Ideen zu entwickeln, auch ist meine Seele minder feurig im Augenblick und er selber eher geneigt, sich zu offenbaren, als Offenbarungen entgegenzunehmen. Bei der Fortsetzung seiner Eröffnungen, die ich nicht mehr zur Kenntnis nehme, sobald die neunzigjährige Mutter sich mit Babette und Armande in die Küche zurückgezogen hat, denke ich bereits, wovon ich in acht Tagen leben werde, wenn ich täglich für Unterkunft und Verpflegung hundertachtzig Franken zahlen muß. Meine Gedankenabwesenheit stört den Sprecher zunächst nicht, doch scheint es fast, daß er meine Pein errät oder sich einen stummen Zuhörer sichern will. »Lieber Freund«, läßt er sich alsbald vernehmen, »Sie müssen bei uns essen. Sie zahlen monatlich zweitausend Franken Pension. Ich bin zwar lungenkrank, aber meine Tuberkulose ist nicht offen. Sie sehen, meine Töchter leben auch hier bei mir. Mutter kocht. Sie ist zwar schon neunzig, doch macht sie es wahrhaft großartig.« Ich vergleiche ihn innerlich mit Hamlet im Schlafrock, die Alte aber mit Großmutter Schlangenköchin, doch sage ich nichts von beidem.

Stattdessen gebe ich ihm bekannt, daß ich auf Quartiersuche sei, und wo ich jetzt untergebracht bin. Er fragt seine Töchter, ob bei Mrs. Withorse nichts frei sei. Sie verneinen und erzählen, daß sie überdies auf acht Tage weg sei. Er meint: »Das macht nichts. Wir finden schon etwas.« Dann macht er Toilette. Wie er im braunen Anzug erscheint, ähnelt er noch mehr einem Gespenst. Wir laufen durch die Gegend, das heißt, er schwebt mit ausgebreiteten Armen, und ich halte mit ihm Schritt. Wir finden nichts, essen aber zusammen in meinem Wirtshaus. Er zahlt seinen Teil, das ist ein glücklicher Einfall. »Lieber Coucou«, sagt er schließlich, »wir Dichter leben nicht ökonomisch. Ich schreibe jetzt nichts. Und Sie haben vielleicht auch nie viel geschrieben. Darauf kommt es nicht an. Das Leben laufenlassen, wie es geht, das Geld holen, wo man es findet, ohne es ernst zu nehmen, und genießen, was man bekommt, das macht den Dichter.«

Er läßt mir nicht Zeit, mich zu seinen Definitionen zu äußern, sondern fährt bereits im Vortrag fort: »Die mir diese Mädchen zur Welt brachte, habe ich geheiratet, als ich achtzehn war. Es blieb mir nichts anderes übrig. Mutter fand es schicklich, weil ich eine Jungfrau aus gutem Hause geschwängert hatte. Verstehen Sie recht, lieber Coucou, nachher war ich ihrer bald überdrüssig. Es kam dann bald eine andere. Die hinkte zwar ein wenig, doch verlebten wir herrliche Tage zusammen in der Türkei. Sie kam für alles auf. Sie sagte: ›Paul ist meine einzige Liebe.‹ Die Tänzerin Romée begleitete mich zwei Jahre später nach den Antillen. Mein Geld war bald weg, das ihre nachher. Ich versetzte sie zuletzt in einem Freudenhaus in Delhi. Dann schrieb ich an meine Schwiegereltern wegen des Rückbilletts. Susanne wollte sich nach meiner Wiederkehr gleich scheiden lassen. Ich machte ihr Armande, um sie zu trösten. Mein lieber Coucou, Sie werden mich verstehen, Armande war noch gar nicht auf der Welt, da lernte ich die Prinzessin kennen. Sie war Prinzessin von Ichweißnichtwo. Geld hatte sie vielleicht nicht, aber sehr viel Kredit. Mein Lieber, sie hat mich ausgesogen, durch sie bin ich tuberkulös geworden. Durch sie kam es zur Scheidung von meiner Frau. Meine Kinder sind nur besuchsweise bei mir, einen Sommer lang. Mein Lieber, man hat die Prinzessin in den Ardennen als Hochstaplerin festgenommen. Ich mußte nachweisen, wer ich bin, und daß ich von nichts gewußt habe. Es war ein prächtiges Weib, trotz allem. Ihr Hintern war eminent, schimmernd und steil geformt wie das Innere der Nasenflügel, und auch so durchscheinend. Solche Haut habe ich jetzt auch, seit ich tuberkulös bin.«

Ich sehe bald, daß er nur den Beginn eines Bekenntnisses gemacht hat und daß es ihn drängt, dieses zu ergänzen. Mir ist es aber bereits ziemlich gleich, was dieser Mann von sich berichtet, es mag wahr oder falsch sein. Unser Zusammentreffen erscheint mir nur zufällig und durch die Umstände bedingt. Weil er aber angeregt und mitteilsam scheint, möchte ich von ihm etwas über die Engländerin erfahren. »Dieses Weib hat seine Geschichte, die ich Ihnen nächstens erzählen werde. Die Tochter ist eine Freundin meiner Töchter.« Damit hat er mir nichts Neues gesagt, und ich dränge zum Aufbruch.

Wir suchen auch am Nachmittag eine Wohnung, finden aber zunächst keine. Dann zeigt uns der Bürgermeister ein reizendes kleines Haus. Ich bekomme Durchfall und verschwinde in einem noch kleineren. Als ich wiederkomme, hat sich der Stadtoberste die Sache überlegt und vermietet nicht mehr. Der Dichter bringt mich wieder zu sich nach Hause. Die Großmutter und beide Töchter machen Skandal. Er hört ihnen nicht zu. »Ich war mit meinem lieben Coucou, da vergißt man Essen und Trinken. Man serviere uns gleich, was übrig ist!«

Die Reste sind ergiebig, man hat anscheinend mit Speis und Trank zugewartet und tischt uns alles Vorhandene auf. Er verträgt die zweite Mahlzeit wie die erste, obgleich beide nicht kümmerlich scheinen. Ich versuche desgleichen, komme aber nicht über einige Bissen hinweg. »Strafen Sie mich nicht Lügen«, flüstert er mir zu, »nehmen Sie einen Anlauf!« Er lobt jedes einzelne Gericht, es sind deren sieben, jedes mäßig bemessen, aber zusammen mehr als ausreichend. Die Teigware ist pappig. Die Hände der alten Frau haben versagt. Die Jungen besorgen nur das Abwaschen des Geschirrs. Die Kartoffeln sind mit Rahm versehen, der jetzt selten aufzutreiben ist, allein der Rahm ist verdorben. Es gibt sogar Fleisch, und das schmeckt jetzt immer. Zum Schluß noch Käse und Obst in Natur. Der Griff der Hausfrau war hier nur äußerlich und konnte so den Wohlgeschmack nicht beeinträchtigen.

Ich ziehe mich bald vom Tisch zur Toilette zurück und mache viel unartikulierten Lärm. Auch höre ich die Mädchen lachen. Ich glaube, daß ich vor ihnen völlig kompromittiert bin. Wie ich wieder erscheinen will, kommt die größere der Töchter auf mich zu und flüstert: »Erzählen Sie nichts von Onkel und Tante! Mein Vater haßt die Juden. Verstanden?«

Ich verstehe nicht sogleich, was sie meint. Doch kommt mir bald die betrübliche Affäre der vergangenen Nacht wieder zum Bewußtsein. »Wie heißen diese ehrenwerten Leute wirklich?« frage ich Babette. »Adolf und Emilie Schlächter«, ist die Antwort. In dieser Familie hat also einer vor dem andern Geheimnisse. Vorläufig sind es noch keine großen. Ich merke, daß ich Adolf Schlächter schon zu meinem Todfeind ausersehen habe, obwohl ich mir ziemlich klar darüber bin, daß nicht in erster Linie er, sondern der blonde Darling mich vor die Tür gesetzt hat. Den Juden hat nur die Angst um seine Person zum Werkzeug gemacht. Was wußte er auch von mir? Überdies sind mehrere Flüchtlinge auf einem Haufen immer eine Gefahr.

Wen man als Feind ansieht und wen nicht, das ist selten eine Frage des Verstandes, fast immer eine solche der Berührungspunkte des Augenblicks. Wenn ich auch entschlossen bin, keinen Kontakt mehr mit Darling Withorse zu suchen, so weigere ich mich noch immer, sie als meinen Feind zu verabscheuen. Ansonsten kann ich dem Befehl Babettes, Lebleu nichts von Onkel und Tante zu berichten, gar nicht mehr nachkommen, weil ich ihm bereits alles erzählt habe. Er hat freilich nicht achtgegeben. Wenn er einmal aufgelegt sein sollte, einem andern zuzuhören, würde er dies mit Delikatesse tun und sich als echter Franzose mit den besten Bissen begnügen.

Am Nachmittag kommen zwei neue Gäste zu Lebleu. Zunächst erscheint ein dralles Mädchen Mitte Zwanzig, es unterrichtet Armande im Malen und malt auch selbst. Dabei betrachtet sie voller Bewunderung den Vater Paul Lebleu, der mit ausgebreiteten und wieder eingezogenen Armen Berichte aus seinem Leben und über seine Dichtung gibt. Mir aber sagt er bei diesem Anlaß, sowie niemand anderer hinhört, er dürfe sich nicht mit den Frauen aufregen, der Arzt habe ihm all das verboten, und er halte sich streng an seine Diät. Der zweite Gast ist anderen Kalibers. Es handelt sich um die Tochter eines Landedelmanns, etwa gleichen Alters. Sie ist völlig verbäuerlicht, vierschrötig und duftet ungut. Sie steht so fest auf ihren Füßen, wie Französinnen sonst nicht stehn. Ihre Mutter allerdings hat nach ihrer Geburt mit Lebleu geschlafen, daher die Bekanntschaft. Der Vater hat sie und die Mutter dann aufgegeben, die letztere ist nun auch verreist. So nimmt sich Lebleu ein wenig der Tochter an. Er hat ihr auch einen Kartoffelacker verpachtet, der ihm selbst von einer frommen Dame um Gottes Lohn überlassen worden war. Die Ernte soll am nächsten Tag vor sich gehn. Veronica ist diesmal nicht nur deshalb gekommen, um uns für die Ernte als Arbeitskräfte zu haben. Sie hat, obwohl sie mich nicht kannte, gewissermaßen vor dem ersten Blick eine Neigung für mich gefaßt. Der schöne Gendarm, mit dem sie vertrauter ist als Frau Nocquer, hat ihr von der Begegnung mit mir berichtet und hinzugefügt, daß ich wahrscheinlich ein Jude sei. Ohne mich zu kennen und ohne mich gesehen zu haben, hat sie sofort für mich Partei genommen, ihm widersprochen und erklärt, ich sei ganz und gar nicht, wofür man mich halte, sondern ein feiner und gebildeter Mensch und ein Freund des Herrn Lebleu. »Kein Jude, sondern durchaus einwandfrei«, ist ihr letztes Wort gewesen.

Für soviel Einsatzfreudigkeit gebührt besonderer Dank. Ich zeichne mich daher am nächsten Tag bei der Kartoffelernte nach Kräften aus, nachdem ich die Nacht auf einem Sofa bei Lebleus zugebracht habe. Babette und Armande und der treue rasselose Hund Lebleus, der diesen überallhin begleitet, sowie Lebleu selbst sind bei der Ernte anwesend, die somit einen Beigeschmack nach Landpartie und Spiel erhält. Ich würde lieber mit Armande flirten, die sich mir sehr zugetan zeigt und immer an meiner Seite ist, das Arbeiten markierend. Auch Babette denkt nicht wirklich daran, besonders zuzugreifen. Veronica ist eine Fremde für sie. Der Vater hat ihr die Pacht fast geschenkt, ein Teil der Ernte gehört allerdings ihm.

Nun nimmt man einen gewaltigen Imbiß bei Paul Lebleu. Das kann doch nicht alles auf die zweitausend Franken gehen, die ich bei ihm erlege. Babette erzählt mir, Großmutter habe nur sechshundert Franken Pension von einem Marinearzt, dem Großvater, der vor vielen Jahren schon verstorben ist. Der Dichter selbst hat keinerlei Einkünfte. Nun verfügt er zwar noch über ein großes Stück Ackerland, aber das wird er erst abernten. Es ist das, welches eine Frau guten Herzens ihm gratis zur Verfügung gestellt und wovon er einen Teil der Veronica weitergab. Auch von ihr soll er etwas Geld und einen Ernteanteil erhalten. Das Mädchen ist geizig, wie es kleinbürgerliche Franzosen häufig sind. Im übrigen scheint es völlig deklassiert. Dabei ist es auch so häßlich wie Mutter Erde. Veronica will mir nun ein Zimmer suchen. Aber ich fürchte, sie würde dann zu mir kommen, obwohl sie wahrscheinlich gleich geheiratet werden muß. Die Zimmerfrage wird für mich nachgerade dringend. Bei Lebleu kann ich nicht wohnen bleiben. Ich habe zwar die von daheim noch mitgenommene Daunendecke Babette abgetreten, die auch schon hustet wie ihr Vater, und decke mich nur mit Kotzen zu. Doch fehlt es an Raum für meine Unterbringung und wird zur Schlafenszeit hier besonders ungemütlich. Es ist offenbar einer zuviel, der bin ich.

Als ich mit Paul Lebleu nach La Commune hinuntersteige, verstellt uns eine derbe Alte den Weg. Sie sieht aus wie aus Holz geschnitzt und wie aus einem Baum gesprungen. Ihre Tochter, eine der reichsten Bäuerinnen des Orts, hat Zimmer mit Küche zu vermieten. Wir einigen uns über den Preis; er ist hoch für die Gegend, aber ich zahle nicht wie üblich für die ganze Saison, sondern nur monatlich. Nach Begleich der Rechnung beim Wirt, Erlag der Pension bei Lebleu und der Miete bei der Tochter der Alten bleibt nur höchst wenig von meinem Geld. Ich werde Ende des Monats nach Nice hinunter müssen, um neuen Vorrat zu holen, wenn ich mich so lange hier halten kann. Mein Gepäck, soweit es im Hause der Engländerin zurückgeblieben war, haben die beiden Mädchen heruntergebracht.

Einstweilen scheint der Himmel voller Geigen. Ich bin in die Landschaft bereits einverleibt. Zwar sind die Bauern noch mißtrauisch, doch haben sie mich zur Kenntnis genommen. Mit den Bürgerlichen oder, besser gesagt, mit dem Kreis um Paul Lebleu stehe ich schon sehr gut. Auch die beiden Familien in der Villa neben der seinen haben mich schon eingeladen, und ich habe die Prüfung bestanden. Zunächst war es der alte Oberst im ersten Stock, der öfters zu seinem Nachbarn kommt und mit seinem hochaufgeschossenen jungen Sohn hier auf dem Lande haust. Er ist ein Mann von strengen Begriffen, das merkt man sofort. Den Inhalt dieser Begriffe gibt er noch nicht preis. Er warnt aber vor dem Herrn, der das Parterre derselben Villa bewohnt und mit dem er sich offenkundig nicht verträgt.

Dieser Herr ist wesentlich redseliger als er und spricht auch etwas Deutsch, das er ab und zu auch zum Umgang mit den deutschen Zollsoldaten verwendet. Lebleu erzählt von ihm, daß er einmal Funktionär in den Kolonien war, aber, obgleich noch jung, vorzeitig in Pension geschickt wurde, weil er über sein Alter hinaus rücktrittsbedürftig geworden (avancé pour son âge). Da ihn der Abschied schwer angekommen, habe er gebeten, seinen Rücktritt, der kein freiwilliger war, so zu begründen, daß niemand auf den Gedanken kommen sollte, er sei geistig nicht mehr in der Lage gewesen, seine Funktionen auszuüben. Grinsend habe man ihm angeboten, ihm in sein Scheidepapier hineinzuschreiben, daß er Gaullist gewesen, und diese Begründung sei ihm nützlich vorgekommen. Nun leide er unter ihr hier in der Verbannung, obwohl er niemals Gaullist gewesen, und habe noch dazu eine Frau, von der man glaube, daß sie eine Jüdin sei. Wie ich zu ihm komme und den Namen Nocquer höre, erinnere ich mich der Dame aus dem Autobus, die mich unbedingt in La Commune im Wirtshaus unterbringen wollte, ähnlich wie dies später Onkel und Tante Schlächter auf Veranlassung von Darling Withorse tatsächlich ausgeführt. Zu meinem Glück ist Madame Nocquer nicht hier, sondern wiederum in Nice. Ich werde ihr allerdings in der Folge nicht immer entgehen können. Herr Nocquer beklagt sich über den Mieter im ersten Stock, den Obersten, das sei ein äußerst herrischer Geselle, und man kenne sich mit ihm nicht aus.

»Nur sprechen Sie nicht von der Baronin, lieber Freund!« meint mein Pensionsgewährer Lebleu bei unserer nächsten Zusammenkunft. »Das ist eine Närrin. Wollen Sie hören, was mit ihr los ist? Sie war einmal sehr reich und hat sich in einen hübschen, untalentierten Maler vergafft. Ihr Freund hat ihr Vermögen im Casino von Cannes verspielt und hatte vor, die Mitteilung so zart wie möglich an sie gelangen zu lassen. Daran hinderte ihn ein Schlaganfall, der den durch Gifte aller Art vorzeitig unterfaulten, wenn auch äußerlich wohlgebildeten Leib wie ein innerlicher Blitz getroffen hat. Die Baronin war untröstlich, fuhr auf das Meer hinaus und warf in der Kajüte ein postumes Kind. Es könnte aber auch von weiland dem Baron gewesen sein, mit dem sie der unbegabte Maler noch rechtzeitig verheiratete, damit ein etwaiges Kind einen guten Namen habe, denn seiner war schlecht. Besagter Baron war schon alt und hatte freilich kein Geld durchgebracht, sondern verhielt sich filzig wie ein Jude, welcher er auch gewesen war; ihn hatte noch vor dem Maler der Teufel geholt. Mit ihm, der sich wenig Nahrung gönnte, hat der Krebs auch diese wenige geteilt, bevor er ihn selber fraß. Haben Sie die Tochter gesehen? Die Baronin hat sie, wie gesagt, in der Kajüte verloren, wußte angeblich nicht einmal, daß sie schwanger war. So leicht verliert sich jetzt die Tochter selbst. Die Alte hat einen Hausarzt gehabt, sechzig bis siebzig Jahre alt und immer besoffen. Dem hat sie die Tochter gebracht: ›Kurieren Sie sie, sie ist mannstoll und will ins Kloster!‹ Er kurierte sie auf seine Art und meinte, er hätte eine Flasche moussierenden Wein zugestöpselt. Als er hinaustorkelte, bestand die Baronin auf dem Rezept. So einfach es war, er wollte es ihr nicht geben.«

Ich sehe Lebleu an, um in seinen Zügen zu erkunden, ob er diesmal lügt. Ich kann kein untrügliches Zeichen in dieser Richtung feststellen, indessen fährt er bereits im Bericht fort. »Nun hören Sie, lieber Coucou, was die beiden Frauen hier in La Commune gemacht haben. Sie stiegen in Shorts ins Gebirge hinauf und stellten vor der Kirche ein Zelt auf. Dann begannen sie, die Bevölkerung zu missionieren. Die lachte sich krumm. Nur der Bürgermeister blieb ernst, und der große dicke Gendarmeriekommandant auch. Worin die Mission bestand? In dem Rezepte Rubens' – ein gesunder Körper, ein gesunder Geist –, nur fehlten die Formen und die Voraussetzungen. Auch sammelten sie für die Armen, die es hier nicht gibt. Man schickte sie in die Stadt zurück wegen dieser Ärgernisse.«

»Und was ist mit der Engländerin?« Ich weiß eigentlich nicht, warum ich danach frage. Ich kenne sie nicht und kann sie auch gar nicht sehen, da sie aus Nice nicht zurückgekehrt ist. Vermutlich bin ich von Darling Withorse noch nicht losgekommen, denn ich frage, was ich weder will noch soll. Paul Lebleu sieht mich sehr sonderbar an. Vielleicht durchschaut er mich, vielleicht ist das Thema heikel. Jedenfalls hält er die Zeit für noch nicht gekommen, mich in Wahrheiten, die diese Familie betreffen, einzuweihen. »Das ist ein besonderer Fall«, sagt er schließlich, »ich spreche darüber nächstens.« So ähnlich hat er schon einmal über diesen Fall gesprochen, fällt mir auf. Meine augenblickliche Wißbegier, eine mir sonst nicht gegebene Eigenschaft, versuche ich durch Einwürfe analoger Art wenigstens teilweise zu stillen.

»Wie die Baronin?« frage ich daher.

»Ganz und gar nicht, weder verrückt noch harmlos. Es ist ein ganzer Roman.«

Paul Lebleu hat seinen altertümlichen Leuchter genommen und macht sich auf den Weg in sein Schlafzimmer. Es ist das erste Mal, daß er eine abendliche Unterredung, die meist in einem langen Monolog seinerseits endet, so abgebrochen hat. Bisher war jedesmal ich es, der die Gespräche abbrach, um den nur von Stern und Mond beleuchteten Abhangpfad von Maisonpierre nach La Commune anzutreten. Heute gehe ich den von Natur durchaus nicht ungefährlichen, dazu noch vom Couvrefeu (d. i. dem absoluten Verbot der Besatzung, in diesem Grenzgebiet ein Licht, geschweige denn einen Menschen um diese Zeit zu dulden) belegten Weg höchst langsam zu dem tiefer gelegenen La Commune, um mein neues Quartier aufzusuchen. Ich bin mir dessen bewußt, daß ich mit jedem Schritt mein Leben riskiere, zumal die Feindbesatzung streng auf der Einhaltung ihrer Vorschriften besteht. Diese Risiken werde ich in Hinkunft bei jeder Abendmahlzeit eingehen müssen. Denn bei Lebleu ist jedes Essen ein Souper, und die Tafel wird kaum vor Mitternacht aufgehoben. Trotz der Gefährlichkeit des Ganges, zu der auch noch die besondere Beschaffenheit des Abkürzungsweges das ihrige beiträgt, bleibe ich häufig stehen und sehe zurück nach dem Steinhaufen aus kleinen Häusern oberhalb der Villen an der Straße, welcher das eigentliche Maisonpierre ausmacht und in dessen oberem Teil, von hier nicht wahrnehmbar, Darling Withorse vermutlich schläft, ohne in ihrem Traum von Erinnerungen an mich behelligt zu sein. Ich bin mir allerdings genau bewußt, daß dieses Verhalten nicht unbedingt zu den Notwendigkeiten auf einer unsentimentalen Reise gehört. Wie ich ankomme, kräht schon einer der Hähne meiner Bäuerin.

Nun bin ich schon einige Tage hier und habe auch bereits den Anwalt kennengelernt, einen alten gutaussehenden Herrn, besonders klein und schlank, mit einem Haarkranz um die natürliche Tonsur, wendig wie ein Wiesel, immer zu gutmütigen Späßen aufgelegt und zu Gesang in den Wäldern, die er, was ich schon wußte, bereits am frühen Morgen betritt. Wie er allein war, habe ich ihm das Billett der Baronin ausgefolgt, gemäß meinem Auftrag, und habe ihn erröten sehen, wie man bei späten Abenteuern betreten zu tun pflegt. Er hat mir aber herzlich gedankt und ist auf die Sache nicht mehr zurückgekommen. Etwas für mich zu tun blieb ihm nicht mehr übrig; ich wüßte auch nicht, was er hätte tun sollen, er scheint hier noch fremder als ich. Jetzt sehe ich ihn zumeist in Begleitung seiner Frau, einer sehr großen, üppigen Dame, die nicht viel jünger sein kann als er und die ihn physisch erdrücken müßte. Kinder haben sie keine. Er nennt mich immer »mein lieber Kollege«, und das tut wohl, wenn man niemandes Kollege mehr ist.

Deutsche Soldaten habe ich dagegen nur mehr von der Ferne gesehen. Sie sind nicht allzu zahlreich hier und kontrollieren die Grenze nach Italien, die für eine tote gehalten werden muß. Zumeist sitzt einer auf der Bank nächst Maisonpierre, die man vom großen Platz in La Commune aus sieht. Der Feldwebel, der sich am Tag meiner Ankunft Zigaretten holte, dürfte mich kaum beachtet haben. Der Österreicher, welcher den langen Deutschen begleitet hat, als ich auf dem großen Platz war, hat mich dagegen höchst herausfordernd angesehn. Ich höre auch, daß man sich bereits nach mir erkundigt hat. Der Wirt, der zu ihnen hält, hat ihnen gesagt, ich sei in Ordnung. Vorläufig haben sie sich mit dieser Auskunft begnügt. Es sind ja nur Zollsoldaten. Die spähen nach Italienern, welche sich im Gebirge halten. Ich trachte trotzdem, ihnen nicht zu begegnen und schon gar nicht, mit ihnen Gespräche anzuknüpfen.

Nun macht der Sohn des Obersten einen Spaziergang über den Paß zum Ort auf der andern Seite, und Veronica will auch mit. Sie benötigt ein Papier, um über ihre Kartoffelernte verfügen zu können, und will es dort lösen. Sie hält es für selbstverständlich, daß ich sie begleite. Ich habe keine Lust, außerdem sogar ein ungutes Gefühl, doch sage ich trotzdem nicht ab. Ich müßte erklären, was ich nicht erklären will, und möchte nicht gerne für feige gehalten werden. Die andern können die Gefahr, die ich auf mich nehme, natürlich nicht abschätzen, sie wissen ja nicht viel von mir. Der Ort wäre auch über Berg und Wald zu erreichen. Ich schlage vor, diese Route zu nehmen, und man folgt zunächst meinem Vorschlag. In der Nähe des Passes aber erklären meine beiden Begleiter, den Waldweg nicht zu wissen, man müsse auf die Straße zurück. Dort stehen die Deutschen natürlich Posten, denn auch ein Paß zwischen zwei demselben Land zugehörigen Bergtälern ist immerhin eine militärisch interessante Sache, zudem könnte man von hier über Umwege nach Italien.

Der eine Posten hat ein gutes Gesicht und scheint besonders intelligent. Der andere hat beide Gegebenheiten nicht, aber den feindseligen Ausdruck der Nazijünger. Der kleinere von beiden, der die Gabe der Nachforschung hat, beginnt unsere Papiere zu prüfen, der andere steht dabei wie ein Hund, der zubeißen will. Der Kleine wendet sich zunächst an mich und betrachtet mein Papier. Da es französisch ist, hoffe ich immerhin, daß er es nicht lesen kann. Auf seine Fragen antworte ich auch französisch. Das war ein kolossaler Irrtum, denn es kann ihm bei einiger Intelligenz nicht entgehen, daß ein Ex-Autrichien ein früherer Österreicher sein muß. Er sieht mich an wie ein Lehrer den Schüler, der ihn anführen will und dies auf plumpe Art versucht: »Sie können ja Deutsch, wie ich Ihrem Papier entnehme.« Ich erkläre, ich sei schon so sehr Französisch zu sprechen gewohnt, daß ich rein mechanisch in dieser Sprache antwortete. Er fragt, was ich in dieser Gegend tue. Ich sage, daß ich Pilze suchte. Er fragt, seit wann ich hier sei. Ich behaupte, schon zwei Monate hier zu sein, denn ich möchte nicht, daß er draufkommt, daß ich erst vor drei Wochen, also kurz nach der Landnahme der Deutschen im Gebiet von Nice, mich hierherbegeben habe. Er stellt fest, daß es eine lange Zeit sei, wenn ich zwei Monate Pilze suchte. Ich finde die Zeit nicht so lang und das Vergnügen groß. Die nächste Frage wird wohl die sein, wieso ich hier im Gebirge stecke und keine Uniform trage, während andere ihre Pflicht für das Vaterland tun und für dieses nach Bedarf auch sterben. Ich bin darauf gefaßt, wenn diese Frage kommt, auch zu antworten, aber die Antwort wird erst entstehen, sobald die Frage erfolgt ist. Einstweilen aber will der andere Mann wissen, ob Veronica meine Frau sei und der Sohn des Obersten unser Kind. Er denkt offenbar bereits an eine Pauschalvernichtung, wobei er den Altersunterschied, der zwischen Veronica und dem Sohn des Obersten besteht und höchstens neun Jahre beträgt, mindestens auf das Doppelte erhöhen muß. Ich verneine natürliche beides. Veronica, der ich übersetze, wird rot, sei es wegen der ihr zugedachten Verbindung mit mir, sei es wegen der ihr zugezählten Jahre oder des ihr unterstellten Sprößlings, sei es aus allen drei Erwägungen. Man geht aber ihre Papiere nicht mehr durch, auch nicht die des jungen Mannes. Sie sagen, bei ihnen sei wohl alles in Ordnung, in meinem Falle müsse man noch sehen. Sie geben mir aber mein Papier zurück und verhaften mich nicht. Ich glaube jedoch, daß es nicht mehr lange dauern wird, bis sie mich holen kommen.

Als ich den Weg mit den beiden andern schon fortgesetzt habe, höre ich noch, wie die zwei Soldaten miteinander sprechen. Der kleinere, der mich entlarvt hat, nimmt meine Partei. Der andere beginnt zu schreien. Ich höre etwas von Fahnenflucht und Wehrkraftzersetzung und noch einige andere Ausdrücke, die das jetzige Regime erfunden hat. Den Abschluß bildet ein Resümee, so laut, als ob es für meine Ohren bestimmt wäre. »Was hat ein deutscher Sommerfrischler hier verloren, zum Teufel! Da an der Grenze in Zivil! Der steckt doch in Uniform oder hat Parteikarte.« Ich sehe ein, daß der Mann recht hat und daß es mir wahrscheinlich sehr bald an den Kragen gehen wird. Ich nehme an, daß er den Kleinen bereden wird, mich sogleich festzunehmen, aber die Debatte wird noch fortgesetzt, als es schon schwierig ist, die beiden noch auszunehmen, was ich gar nicht erst versuche. Und da ruft der Sohn des Obersten »Heureka«, denn er hat den Waldpfad gefunden, auf dem wir uns nun fortbewegen. Er selbst tut dies so schnell, daß er bald außer Sichtweite ist und ich mit Veronica zurückbleibe.

Sie hat inzwischen die Gefährlichkeit der Situation für mich erfaßt und versichert mich ihres Beistands. »Der schöne Gendarm ist nun auch für Sie. Sie werden es nicht wagen.« Ich weiß, daß sie es ohne weiteres tun werden und daß auch der schönste Gendarm sie nicht daran hindern würde. Sie murmelt noch etwas von einer Grafenfamilie, die dies auch nicht zuließe. Ich verstehe weder den Namen noch die Beziehung. Denn außer der Baronin, die mich hierhergebracht, und jener nun nach Rußland heimgekehrten früheren russischen Prinzessin, mit der ich eine kurze Zeit in Verbindung gestanden, bin ich mir nicht bewußt, in irgendeinen Konnex mit Aristokraten getreten zu sein, schon gar nicht mit solchen, die mich hätten schützen können oder wollen. Und weder die Baronin in Nice noch die Prinzessin in Rußland scheinen mir hinreichende Referenzen für die Leute Adolf Hitlers zu sein. Nun meint Veronica, auch sie würde wie ein Mann zu mir stehen. Und das ist schon etwas, wiewohl es natürlich nicht helfen würde. Ein weibliches Wesen irgendeiner Art, das in solcher Situation glaubt, einem helfen zu können, ist zumindest eine Art von Maskottchen. In Würdigung dieser Verdienste versuche ich sogar, sie zu umarmen. Sie läßt es aber nicht zu, sie ist heute zu kriegerisch aufgelegt, oder meine Gefahr ist in ihren Augen noch nicht so groß, als daß sie sich eine Ausnahme von ihren sicherlich vorhandenen Grundsätzen gestatten könnte.

Inzwischen sind wir zur Straße zurückgekehrt und begegnen dem Pfarrer von La Commune zu Rad, der Veronica freundlich grüßt. Er kommt bereits aus dem von uns zu erreichenden Ort und dürfte ebenfalls Kartoffeln zu ernten gedacht und eines gleichen Scheins bedurft haben. Sonst ist alles ruhig. Wie wir im Ort auf der andern Seite des Berges sind, treffen wir auch schon den Sohn des Obersten, der erst hier auf uns gewartet hat, und begeben uns mit ihm zum Gemeindeamt. Veronica erhält den Wisch, der den Kartoffeltransport zu Tal erlaubt, und wir können nach gut erledigter Affäre den Heimweg antreten. Draußen streicht eine deutsche Patrouille herum, doch geht sie an uns vorbei, die Zeit der Ablösung ist vielleicht nahe.

Ich denke darüber nach, ob ich überhaupt zurück soll. Doch kann ich mein Gepäck nicht so ohne weiteres aufgeben. Und ich wüßte auch nicht, wohin mit mir. Mittel habe ich nicht, und das Borgen ist schwer. Ich könnte einige Tage im Wald bleiben. Zunächst müßte ich mich von den beiden Begleitern trennen, die gerade jetzt hübsch bei mir bleiben. Ich verzichte schließlich auf meine sofortige Flucht. Ich hätte den andern zu viel zu erklären, und die würden noch mehr sprechen. Zudem begegnen wir keiner Patrouille und benützen die Straße nicht lange. Langsam wird es Nacht.

Bevor es aber wieder Morgen ist, gehe ich auch schon ins Gebirge. Ich trage keinerlei Last und steige sehr schnell, so daß ich kaum zwei Minuten für hundert Meter brauche. Dabei geht es steil bergan. Einen Entschluß habe ich nicht gefaßt. Ich tue das bereits ganz mechanisch. Ich benütze keinen Hauptweg und kreuze häufig freies Gelände, aber meist hart am Wald oder in sonst einer Deckung. Auf einer Höhe von etwa siebzehnhundert Metern beschaue ich zum ersten Mal das zurückgelegte Stück. Es ist bereits beträchtlich und in seinem obern Teil menschenleer, wäre nicht ein Wesen im Phantasiekostüm, wie eine unangebrachte Reminiszenz an romantische Zeiten, das von einer Waldwiese, blonde Haare schwingend, talwärts galoppiert. Später fällt mir ein, daß es Darling Withorse gewesen sein kann. Auf einer Höhe von etwa zweitausend Metern gewahre ich eine Hütte, wo ich Rast zu nehmen gedenke. Dabei werde ich von einer Patrouille umzingelt und festgenommen. Man bringt mich in das Haus. Dort wird italienisch auf mich eingesprochen. Ich antworte diesmal deutsch. Man versteht mich nicht, ist aber um so mißtrauischer. Es ist nicht deutsches Militär, sondern eine sizilianische Gruppe auf der Flucht. Man unterhandelt lange mit mir, besonders, um zu erkunden, was ich will, und fragt mich dann nach dem Weg über die Alpen. Ich habe nicht vor, mich in die Hände dieser Leute zu geben, die im Falle des Mißlingens ihres Vorhabens kaum dichthielten. Auch lege ich keinen Wert darauf, in dieser Gruppe das Weite zu suchen, die wahrscheinlich an der Grenze besonders auffällt. Wenn man allerdings nach Italien käme, wäre ihr Beisein vielleicht von Vorteil. Ich sage daher vorläufig gar nichts, gehe aber voran. Sie nehmen mich schließlich in die Mitte, und wir suchen gemeinsam den Aufstieg. Nach einer kahlen Strecke beginnt ein anderer Wald. Ich glaube, wir haben die Grenze überschritten. Da macht sich eine andere Patrouille bemerkbar. Die Italiener stieben wie Staub auseinander und lassen mich allein. Ich bücke mich und klaube Schwämme. Es sind klobige, starke, weiße Pilze mit Ring und Knollen. Inzwischen schießt man hinter den Flüchtigen her. Bald kommen die Deutschen mit zwei Gefangenen zurück, die mir mit den Fäusten drohen, als ob ich sie verraten hätte. Wie die Deutschen mich anschauen, rieche ich an den Pilzen. Es sind drei neue Zöllner, und einer davon hält sich für pilzkundig. Im Vorbeigehn nennt er einen deutschen Namen des Pilzes, nämlich Champignon in eingedeutschter Form. Der halbe Kenner würde jedoch von einem weißen Knollenblätterpilz sprechen, der bei Genuß in fünf bis zehn Tagen tötet. Es ist aber der heilsame Mehlpilz, von dem die Bauern gern mehrere gehabt hätten, als ich ihn hinunterbringe, weil er nur in dieser Gegend gedeiht.

Es muß so sein, daß ich doch noch nicht in Italien war, oder man hat mich für einen harmlosen Waldbewohner gehalten. Hatten sie das Drohen der Gefangenen übersehen oder zu meinen Gunsten ausgelegt, oder hatten sie an den beiden genug? Sobald sie fort sind, kommen jedenfalls die restlichen Italiener wieder aus dem Wald. »Che facciamo, Signore?« Ich habe nicht Lust, mit ihnen zu gehen, das Abenteuer hat zu ungünstig begonnen. Sie lassen mich schließlich ruhig ziehen, und ich verspreche ihnen Hilfe aus dem Dorf. Ohne weitere Meditationen kehre ich endgültig nach La Commune zurück.

Der größte Bauer hier war mit Martel auf dem Meutererschiff vor Odessa. Er ist sohin Kommunist kraft Tradition. Da ihm auch die beiden Häuser gehören, in denen Paul Lebleu, beziehungsweise der Oberst Dissentin und der Kolonialfunktionär Nocquer sich eingemietet haben, besteht eine lockere Verbindung zwischen ihm und mir. Weiters beaufsichtigt er den örtlichen Milchausschank, von dem ich ab und zu profitiere. Ich erzähle ihm von meinem Abenteuer, und er geht sofort ins Gebirge, um den restlichen Italienern Hilfe zu bringen. Von meiner Absicht, den Ort zu verlassen, sage ich ihm nichts. Im übrigen kommt er bald zurück und hat niemand mehr getroffen. Entweder ist den Sizilianern auch ohne ihn die Flucht gelungen, oder meine Ortsangaben waren nicht zureichend, oder die Deutschen haben schließlich noch den Rest gefangengenommen. Außerdem stellt sich später heraus, daß wir gar nicht in der Nähe der Grenze waren.

Zu Mittag bin ich wieder bei Lebleu. Er spricht von dem und jenem und will nun das Geheimnis um die englische Dame lüften. Ich höre ihm gar nicht recht zu, und er bemerkt es auch. Ich flüstere Babette etwas von den Italienern zu, und sie winkt mir ab, weiter davon zu sprechen. Nach Tisch gehe ich mit ihr in den Wald, aber in anderer Richtung. Wir sammeln Butterpilze in großen Mengen und Fichtenzapfen für den Küchenherd, dazu etwas Reisig. Dann sitzen wir nebeneinander im Gestrüpp und sprechen zunächst von den Italienern. Sie meint, ihr Vater würde wissentlich nichts verraten, wenn er davon erführe, doch höre er sich gerne reden. Auch sie möchte den Italienern helfen und hat zwei Liebesbriefe mitgebracht, die ihr italienische Soldaten geschrieben haben, die soll ich übersetzen. Es waren Soldaten der früheren Zollwache, die durch die Deutschen abgelöst wurden. Ich mache die Übersetzung so gut, als es mein Italienisch erlaubt. Aus dem Text ersehe ich, daß Babette nicht ganz spröde war. Auch auf ihre Schwester ist Bezug genommen im Zusammenhang mit einem Kameraden des Korrespondenten. Für sie gilt dasselbe.

Ich berühre nun meinerseits ihr Knie und versuche, höher zu gelangen. Sie leistet keinen Widerstand. Plötzlich kommt mir meine ganze Situation zum Bewußtsein, und ich verliere die Lust auf ein neues Abenteuer. Auch finde ich kein einziges Wort, mein Tasten einzubegleiten. Ich erinnere mich in diesem Zusammenhang der Begegnung mit der Tochter eines Generals, als ich noch ein Mensch in meinem Heimatlande war. Ich bin mit dem Mädchen das erste Mal aus gewesen und habe sie auf dem Heimweg durch den Wald geküßt. Darauf hatte sie sich auf den Boden fallen lassen und mir gesagt, sie sei auch keine Jungfrau mehr, ein Italiener habe sie in den Ferien in die Liebeskunst eingeweiht. Als ich dann nicht begann, bemerkte sie: »So putzen Sie mich nun wenigstens ab, Herr Kucku!« Auch damals fehlte mir zum Kuckuck das K. Es kam zu unvermutet, zu plötzlich, die Begleitumstände waren andere, als ich vermutet hatte. Diesmal ist das Mädchen viel geduldiger. Babette wartet eine ganze Stunde, daß ich mich eines besseren besinne; oder will das Mädchen mich nur auskundschaften? Es geschieht nichts, kann nichts mehr geschehen. Die Reise ist zu unsentimental, ich brauche eine gewisse Illusion, selbst bei einem kleinen Mädchen. Auf keinen Fall bin ich für den Augenblick bereit. Wie sie sich erhebt, verlangt Babette nicht einmal, daß ich sie abputze, sondern besorgt dies selbst.

Wir haben viel Reisig gesammelt und genügend Pilze für mehrere Mahlzeiten. Wir tragen die Ausbeute gemeinsam zu ihr nach Hause. Ihre Schwester ist nicht da, auch Vater Paul ist ausgegangen. Ein Gespräch mit der Großmutter, das diese beginnen will, sagt mir nicht zu. Ich stürze nach Hause und habe nicht vor, die Abendmahlzeit oben einzunehmen. Ich werfe mich gleich in den Kleidern auf mein Bett und döse vor mich hin. Bald klopft es an meine Tür, und gar nicht so schüchtern. Das können Bekannte sein, aber auch die Deutschen. Mir ist es gleich, und ich öffne sofort. Armande ist draußen mit einem Korb. Sie fühlt sich angeblich nicht wohl und möchte sich ausruhen. Ich habe einige Pulver und andere Mittel, die ich nie benütze, die irgendein Mädchen bei mir hinterlassen hat. Ihr Zustand bessert sich angeblich nicht, und ich helfe ihr, in mein Bett zu steigen. Durch die Wimpern blickt sie verschwommen nach mir.

Das Hintereinander der Begegnungen mit beiden Schwestern in Situationen, die sich für eine Annäherung eignen, fällt mir auf. Es kann ein Zufall sein, doch Zufälle dieser Art geschehen nicht häufig. Ich hatte mir nach der Abstandnahme von Babette geschworen, künftig keine Gelegenheit mehr zu verpassen. Ich breche den Schwur sofort. Armande hat noch mehr Geduld als Babette. Sie geht erst nach zwei Stunden. Immer wieder stellt sich die Frage für mich, ob ich nicht doch etwas mit ihr anfangen soll. Allein, sobald die Frage gestellt ist, scheint sie schon negativ beantwortet, wobei das, was ich zu mir sage, daß sie zu jung ist, daß ich ihrem Vater das nicht antun dürfe, auch nicht stimmt. Ihr Vater wollte eine von ihnen, wenn auch als Braut, einem viel älteren Manne, als ich es bin, zuschanzen, mit dem er gut befreundet war. Daß nichts daraus wurde, hatte nur in der Weigerung des Mädchens seinen Grund, es handelte sich um einen greisen, ganz vertrockneten Gelehrten.

Als Armande gegangen ist, empfinde ich so richtig, daß ich ein vollkommener Esel bin. Ich zähle an den Fingern alle versäumten Liebesgelegenheiten meines Lebens her und werde mit Zählen nicht fertig, obwohl ich schließlich auch die Zehen zu Hilfe nehme. Zuletzt renne ich zum dritten Mal in den Wald, diesmal Richtung Ost, da im Westen der Abstieg ist und ich im Norden und Süden heute schon war. Mir begegnet nichts und niemand. Ich besinne mich schließlich auf meine gefährliche Situation und kehre vor Einbruch der Nacht nach Hause zurück, da mir die Wälder noch weniger sicher erscheinen. Zu Hause erfahre ich, Herr Nocquer sei soeben hier gewesen. Ich nehme nicht an, daß er gekommen war, um mir seine Gattin anzubieten, sondern daß er andere, wichtigere Gründe hatte, mich zum ersten Mal aufzusuchen. Da ich nicht glaube, daß diese Gründe mit für mich günstigen Vorzeichen zu tun hatten, will ich heute darauf verzichten, zu Lebleu zu gehen, denn sicher wird Nocquer mich dort noch zu treffen versuchen. Ich schlafe ohne Abendessen ein, obgleich ich mich hungrig fühle. Zwei prächtige Pilze, die ich aus dem Walde mitgebracht habe, bereite ich mir nicht zu, da ich sie ohne das Pilzbuch des Herrn Lebleu nicht kenne. Ein Bauer hat mir geraten, den grünen zu essen, den orangeroten wegzuwerfen. Ersterer erweist sich dann als der grüne Todeswulstling, das Männchen in Orange als der schon zu Jesu Zeiten bekannte edelste Pilz, der Kaiserling, der den Cäsaren und später den Päpsten für ihre Tafel reserviert gewesen war.

Bevor ich aber noch einschlafen kann, stellt sich der dritte unerwartete Besuch bei mir ein. Diesmal klopft es ganz militärisch. Da ich überhaupt nicht öffne, denn Abwechslung muß sein, hat der späte Gast die Tür ganz einfach aufgerissen, sie war vielleicht auch nicht gut zugesperrt. Es ist diesmal der Oberst Dissentin. Sein Auftreten ist nicht anders als sonst, aber seine Züge verraten Furcht.

»Wenn ich heute zu Ihnen herabgestiegen bin, mein lieber Herr Coucou, so ist es, weil Sie ein mir sympathischer junger Mann sind und ein Freund meines Sohnes und vielleicht auch durch diesen in Gefahr gebracht wurden.« Ich erwarte mir nichts Gutes von dieser Einleitung, die der Oberst sogleich unterbricht. »Sie waren heute nicht bei Herrn Paul.« Den Zunamen läßt er weg, obwohl er mit dem Genannten nicht auf so vertrautem Fuße steht. »Kann uns jemand hören?« fragt er schließlich. »Neben mir wohnt ein französischer Zollwachebeamter, Monsieur Bougu. Ich kenne ihn nicht näher.« »Der Mann ist in Ordnung«, sagt Oberst Dissentin, »nun hören Sie, was geschehen ist. Ich kann es Ihnen immerhin leiser sagen.« Er kann es nicht, so sehr er sich anstrengt. »Sie haben, wie Sie mit meinem Sohn und dem Mädchen waren, zwischen dem und Ihnen eine gewisse Zuneigung besteht...« Also munkelt man das. Ich bin mir meinerseits dieser Zuneigung nicht bewußt. »Die ganze Sache scheint Sie nicht besonders zu interessieren, obwohl Sie diese in erster Linie angeht, und gar nicht wenig angeht noch dazu.« »Verzeihen Sie, Herr Oberst, ich lebe in beständiger Gefahr, das stumpft ab.« »Der Soldat, der nicht auf den Hinterhalt achtet, ist schon tot oder zumindest gefangen, was für Sie vielleicht das gleiche ist.« Also ahnt der Herr Oberst meine besondere Lage und will mir vielleicht helfen. Er möge fortfahren. »Wie Sie also wissen, hat Sie eine Patrouille gestellt. Was Sie aber vielleicht nicht wissen, ist, daß man Sie heute morgen gesucht hat, um Sie zu verhaften.« »Und wo hat man mich denn gesucht?« »Man weiß anscheinend nicht, wo Sie wohnen. Von den Ortsbewohnern aus La Commune hat Sie, bisher wenigstens, keiner verraten. Man hat Sie aber wiederholt Richtung Villa Lebleu gehen sehen und daher vermutet, daß Sie sich dort aufhalten oder auch dort leben. Die Villa, die Nocquer und ich bewohnen, liegt daneben und sieht, wie Sie wissen, gleich aus. Heute morgen stand Nocquer vor der Villa und sagte: ›Guten Morgen, meine Herren Allemands, wie geht es Sie?‹ Da wurden diese böse. ›Wir haben genug davon, Herr Coucou, daß Sie nur dann Deutsch können, wenn man Sie zwingt, es zu sprechen. Sie kommen jetzt mit. Man wird Sie lehren, Ihre Muttersprache nicht zu vergessen! Achtung, marsch! Und wenn man es Ihnen einbläuen muß‹. ›Ich nix Coucou, ich nix deutsch, ich Franzose, ich nix einbläuen.‹« »Er ist ja wirklich nicht ich und sieht mir auch gar nicht ähnlich.« »Ihnen kommt das noch spaßig vor, Herr Coucou, aber warten Sie, wie es weitergeht. Sind Sie froh, daß die Deutschen nur auf Größe und Haltung gesehen haben und nicht auf Mienen und Alter! Herr Nocquer konnte sich nicht darüber freuen.« So sehr ich mich bemühe, nötigt mir die Situation, obwohl sie fast die meine ist, weder Furcht noch Verzweiflung ab. Der Oberst aber fährt fort: »Sie schlugen ihn mit dem Kolben aufs Gesäß und riefen ihm zu: ›Achtung, marsch, aufs Kommando!‹ Sie gingen über eine Stunde mit ihm, er mußte Schritt halten. Sooft er etwas einwendete oder nur sonst etwas bemerkte, was man vielleicht für einen Einwand hielt, bekam er einen Kolbenhieb. Er hat das Gesäß ganz blau.« Ich verziehe die Mundwinkel zum Lachen, ich bin es jedenfalls nicht gewesen und habe auch nicht vor, es zu sein, wenn es auch mir gegolten hat und vielleicht noch gilt. Wie der Oberst mich aber ansieht, bin ich schon wieder ernst und auf den Schluß der Geschichte eingerichtet. »Über eine Stunde sind sie mit Herrn Nocquer aufs Kommando gegangen. Der Kommandant war nicht da. Zwei Stunden mußte er dort zwischen den Zöllnern warten. Da der Kommandant nicht kam, wechselten seine Bewacher. Schließlich kam einer aus Österreich, der war besonders erbost: ›Wie alt er heute aussieht und wie gebückt, ganz anders als sonst, nicht mehr so frech.‹ ›Ich nicht bin.‹ ›Du nicht bist. Du Deutsch lernen.‹ Darauf Kolbenhiebe und Exerzieren im Hof. Ab und zu geht einer der Zollbeamten essen. Der vermeintliche Herr Coucou exerziert noch immer und bekommt nichts. Schließlich erscheint der Hauptmann. ›Gott sei Dank, du Käpt'n, sie mich nicht kennen, Herrn Nocquer.‹ ›Natürlich, das ist ja der Mann, der uns die Flasche guten Weins geschenkt hat, ein Franzose aus den Kolonien, ein kreuzbraver Mann, nur etwas verschränkt.‹ ›Sie meinen: beschränkt.‹ ›Kann sein, aber was interessiert Sie das?‹ Man hat Nocquer glücklicherweise nicht nach Ihrer Anschrift gefragt, er hätte sie bestimmt genannt. Aber wie er mir sagte, erinnerte er sich nicht gleich, daß Sie der Herr Coucou sind, sondern hat gemeint, sie betitelten ihn mit einem Scherznamen oder schließlich, man verwechselt ihn mit einem, den er nicht kennt.« »Glücklicherweise etwas verschränkt, der Herr Nocquer.« ›Ich vermute, es ist ein sardonisches Lachen, das Sie zeigen, junger Mann. Ich an Ihrer Stelle würde keinen Augenblick bleiben.« »Und dabei sind Sie Soldat, ja sogar Offizier. Ich bitte Sie nur um eines, Herr Oberst, reden Sie zu niemand mehr über den Vorfall! Herr Nocquer war soeben hier, hat mich aber nicht angetroffen. Ich nehme nicht an, daß er schon heute mit den Deutschen gesprochen hat, sonst wären sie schon vor Ihnen gekommen. Ich habe kein Geld, Herr Oberst. Und mit dem Wald ist es nichts, ich bin heute schon dort gewesen und einer deutschen Patrouille begegnet. Gedulden Sie sich bis morgen mit mir!« »Ich an Ihrer Stelle...« »Schon gut, Herr Oberst, und grüßen Sie mir die Lebleus!« »Wollen Sie sich nicht mit ihnen beraten, Herr Coucou?« »Mit Rat ist mir jetzt sehr wenig gedient, mehr mit Tat. Geld gibt mir hier sowieso keiner, dazu müßte ich nach Nice hinunter. Vielleicht bekomme ich dort welches. Ich will es mir bis morgen früh überlegen.« »Hoffentlich ist es nicht zu spät bis dahin.« »Das hoffe ich auch. Und grüßen Sie mir auch Ihren Sohn und Veronica!« »Gott schütze Sie, Coucou, sind Sie gläubig? Ich hoffe es. Gott allein kann Sie retten, nur Gott.« Der Oberst geht.

In dieser Nacht, die für mich nach dem Abgang des Obersten sogleich beginnt, habe ich folgenden Traum. Ich befinde mich mit dem Schauspieler Igo S. wie seinerzeit vor Jahren auf dem »Ball der Harmlosen« in Wien. Wieder sagt ein junges Mädchen, als wir bei dieser feinen Veranstaltung, er in modischem Frack und ich im altmodischen Smoking meines seligen Onkels, auftauchen: »Da kommen zwei ungarische Aristokraten.« Darauf stürzen wir uns beide ins Getriebe, und ich finde eine Schauspielerin, mit der ich eine Zeitlang beisammen bin, kaufe eine Schinkensemmel, die ich allein verzehren will und die sie mir aus dem Munde ißt, winke freundlich Igo S., der an mir vorbeitanzt und in der Dunkelheit verschwindet. Bisher ist mein Traum wie ein Bericht aus der Vergangenheit, gekürzt, aber wirklichkeitsgemäß. Nun verliert er sich in Phantasie. Wir befinden uns in einem Wald, er links, ich rechts. Er hat noch immer den Frack an, wie wenn er gerade vom Ball käme. Ich aber trage den Waldanzug, in dem ich heute den Deutschen entgangen bin. Plötzlich ruft er: »Hilfe, Pierre Coucou! Sie bringen mich um! Sagen Sie ihnen, daß ich kein Verräter bin!« »Ich kann es ihnen nicht sagen, denn Sie sind einer.« Ich weiß nicht, warum ich mich so äußere. Ich weiß von ihm nur, daß er halb polnischer, halb tirolischer Abkunft ist und daß er nach Polen zurückkehrte, bevor Polen genommen war. Dann habe ich nichts mehr von ihm gehört und auch nicht weiter über ihn nachgedacht.

Wie ich jetzt erwache, ist es Zeit, zum Autobus zu gehen, wenn ich nach Nice fahren will. Ich hatte vor, eine Station zu Fuß zurückzulegen, denn ich weiß, daß bei der Anfangsstation ein deutscher Zollsoldat Dienst macht. Für dieses Vorhaben ist es jetzt zu spät. Ich habe schon soviel riskiert. Ich riskiere auch das noch. Der Posten steht richtig dort, steigt auch ein und setzt sich noch dazu mir gegenüber. Er hat mich nicht für verhaftet erklärt. Vielleicht ist es eine stille Eskorte. Jedermann muß annehmen, daß ich den Ort auf irgendeine Weise jetzt verlassen werde. Die einzige Weise mit öffentlichen Verkehrsmittel ist diese. Daß ich noch einmal über den Paß gehen werde, glaubt niemand. Und vielleicht hat ihnen Nocquer, der es vom Oberst oder über diesen durch Lebleu erfahren hat, gesagt, daß ich heute hinunterfahren will. Oder der Oberst hat es ihnen selbst gesagt. Es ist auf keinen mehr Verlaß, auch wenn er sich noch so oft auf Gott beruft, auf dieser unsentimentalen Reise. Ich fühle, daß mich mein Gegenüber starr betrachtet. Es gelingt mir aber, so zu tun, als ob ich das nicht bemerkte. Ich lese in einem Buch, aber ich lese nichts. Ich sehe Caminflour wie einen Traum hinter mir, einen Traum, den ich weiterträumen möchte, aus dem ich nie erwachen will. Sollte mich dieser Mann nicht verhaften und ich auch sonst nicht verlorengehn, will ich drei Tage in Nice bleiben, um weiteres Geld zu holen, und dann zurückkehren und versuchen, Darling Withorse wiederzusehn. Sie war im Wald, bevor ich die Italiener traf, und ihretwegen konnte ich mich weder mit Veronica noch mit Babette oder Armande begnügen. Der geheime Gedanke an sie muß es gewesen sein, der jede noch so flüchtige Berührung mit anderen hintertrieb und weiter hintertreibt. Sie ist gewiß für mich bestimmt, wenn sie es auch vielleicht selbst noch nicht weiß. Der Traum von Caminflour löst sich in das von hellem Haar umflossene Gesicht von Darling Withorse auf. It's not a good name after all. Der meine ist nicht besser. »Witzpferd«, vielleicht eine Attitüde oder ein ironisches Attribut von Pegasus, dem Liebling und Geisterroß der Dichter. Darling Withorse. Und schon ihre Mutter hat eine Geschichte, die Paul Lebleu zu erzählen verspricht und doch immer zu erzählen aufschiebt. Zuletzt hat er seinen Bericht begonnen, und wiewohl das Wort ›Mord‹ darin vorgekommen ist, wie ich einmal aufgehorcht habe, ist mir der Zusammenhang entgangen. Aber die Mutter ist nicht wichtig, selbst wenn sie eine Mörderin wäre. Es ist sogar unwichtig, ob Darling Withorse eine Mörderin ist oder wird.

Sie haben mich von zu Hause fortgetrieben und mich dann wieder gesucht, weil es ihnen nicht genug war, mein Gut geraubt zu haben, sie wollten noch außerdem mein Leben haben. Der Herr Botschafter von Frankreich hatte am 17. Juni 1938 in Berlin zu mir gesagt: »Wenn Sie bleiben können, Herr Kucku, dann bleiben Sie! Im September oder Oktober wird Hitler die Sudeten verlangen, aber wir werden sie ihm nicht geben, weil wir wissen, daß er bis dahin nicht gerüstet ist.« Die internationale Politik ist andere Wege gegangen. Wenn man ein Schuster wird, muß man sein Handwerk können. Wird man ein Schneider, braucht man seine Lehrzeit ebenso, desgleichen der Baumeister, der Advokat, der Arzt, sogar der Richter. Nur der Kritiker und der Politiker müssen nichts gelernt haben, nichts wissen, nichts können. Sie fallen vom Himmel und zersitzen mit ihrem dummen Hintern die Werte der Welt. »Sagen Sie nichts, sonst kommen Sie ins Konzentrationslager!« Dann kam der Baumeister, der mir die Wohnung wegnahm, und der Vizebürgermeister, der mir sein Ehrenwort gab, das er als Parteimann nicht halten konnte. Dann bekam Hitler die Sudeten. Dann mordete ich meine Mutter, indem ich sie zurückließ und allein floh. Dann reiste ich zu der Frau, mit der meine Mutter nicht wollte, daß ich schliefe, und ich enthielt mich bis zum Abschiedstag, aber am Abschiedstag nicht mehr, obwohl ich das Gefühl hatte, daß meine Mutter im Jahr darauf sterben würde, wenn ich mich gehenließe. Ich kam nicht auf den Landungssteg hinaus und werde diese Frau nicht mehr sehen, auch meine Mutter nicht mehr. Es geht durch Italien nach Frankreich. Ich melde mich als Freiwilliger. Félice lobt mich auf der Polizei, dann muß ich ins Lager. Ich bewundere das Morgenrot in der Festung Antibes. Man befreit mich, nimmt mich wieder fest, schickt mich nach Les Milles. Man befreit mich neuerdings, schickt mich wieder hin. Der Dichter Walter Hasenclever begeht Selbstmord, nachdem ich im Stadium des Stuhls bei Ruhr zu ihm unfreundlich war. Der Rheinländer Quierke will mit mir fliehen, weil er solche Angst vor Hitler hat, daß er über vierzig Fieber bekommt. Er hat auch Angst vor der Flucht und ist jetzt Chef der Gestapo. Vielleicht hat er mir auch die fünftausend Franken geschickt, welche die einzigen Franken waren, die ich auf diese Flucht mitgenommen. Dazwischen war aber noch eine Flucht. Da war er nicht dabei, es war eine ganz reguläre, nach Entlassung aus dem Auffanglager für Juden und Zigeuner zu Zwecken der Vernichtung. Es kann keinen Sinn haben, wieder zu fliehen. Die Reise dauert an und ist durchaus unsentimental. Sofern sie ein Ziel hat, ist es das, wohin ich nicht will, wohin man einen bringt und wo die Reise nicht mehr weitergeht.

Aber außer diesem Ziel sehe ich noch immer das andere, und das ist Darling Withorse, die zwar lebt, weil sie kein Ideal ist, die aber, obwohl sie lebt, für mich zum Symbol geworden ist für ein Leben, das jenseits der Flucht liegt und jenseits solcher Ziele, die auferlegt sind und sich nur in Vernichtung verlieren können. Je langsamer der Wagen fährt, der nach Nice herabsteigt, desto sicherer scheint er schließlich dort anzukommen. Da erhebt sich der Zollsoldat. Ich verbeuge mich kurz und lasse ihm den Vortritt. Er salutiert, steigt aus und sieht sich nicht nach mir um. Ich bin diesmal gerettet.

Bevor ich meinen Weg antrete, schaue ich, wohin er geht. Dorthin gehe ich nicht. Ich habe kaum die Place Masséna passiert, als ein Polizeikordon sie hinter mir absperrt. Ich erfahre bald den Sinn dieser Maßnahme. Man hat in einem Restaurant, in dem deutsche Offiziere speisten, eine Bombe gelegt. Der Bombe ist zwar kein Deutscher, wohl aber eine Kellnerin zum Opfer gefallen, der ein Bein amputiert werden muß. Um die immerhin nachweislich vorhandene böse Absicht der unbekannt gebliebenen und auch unauffindbaren Attentäter zu rächen, hat man beschlossen, die derzeit auf dem großen Platz befindlichen Menschen, einige hundert an der Zahl, durchzusieben, die Arbeitsfähigen in Arbeitslager zu überstellen, die Juden und Zigeuner der Vernichtung zuzuführen. Das Attentat hat sich übrigens schon vorgestern und in gänzlich anderer Gegend abgespielt.

Wie ich dem Posten und der Absperrung entgangen zu sein glaube, fühle ich mich bereits gesichert. Ich habe aber kaum den vierten Bezirk erreicht, in den ich jedenfalls will, und mich in engere Gassen zurückgezogen, als in einer solchen ein alter Mann aus einem Haus herausstürzt, in dem ich einen von jenen zu erkennen glaube, die mit mir aus dem Auffanglager entlassen worden, nicht den, der Anstände wegen Nichtbegrüßung der Fahne hatte, sondern den, der mit der Blonden zurückgeblieben war, Salomon Schlitter. Er erzählt in mit Jargon untermengtem Deutsch laut schreiend und gestikulierend von einer Reihe von Personen, die die Gestapo verhaftet habe, man nehme jetzt Greise bis 120 und Kinder ab 0 Jahren, auch seien bereits die Gaskammern fertig und ersetzten die Panzerzüge, die, für diese Zwecke zu kostspielig, nun für andere benötigt würden. »Den Schlagerkomponisten Richard Fall haben sie auch geschnappt. Er hat mir noch vorher gesagt, Sie sind wo im Gebirge, er hat Sie gebeten, ihn mitzunehmen. Letzthin ist er wieder aus dem Haus herausgekommen, hat jenen Blonden getroffen, der auch Geld verleiht, er war einmal Offizier, Sie kennen ihn auch aus Monaco. Sie haben Deutsch gesprochen, da war es auch schon aus. Der da, dort geht er, der ist es gewesen, der hat ihn festgenommen, ich habe es selbst gesehen.« Ich halte dem Alten den Mund zu. Der von ihm bezeichnete Herr, ein schlanker Zivilist in tadellosem Anzug, sonst ziemlich unauffällig, geht gerade vorbei. Es schlägt zwölf Uhr mittags. Der Herr betrachtet lächelnd den Alten, der noch immer aufgeregt mit dem Finger auf ihn zeigt, doch bleibt er nicht stehen. Anscheinend ist sein Vormittagsdienst zu Ende, oder er hat heute dienstfrei. Ich verabschiede mich schnell und verschwinde in einem Durchgang.

Ich hatte zunächst vor, zu Siegfried Festenberg zu gehen, dem gütigen Greise, der mir schon ein paarmal in Nöten beigestanden hatte, doch weiß ich, daß er in seiner Wohnung hinter fremdem Türschild eingesperrt lebt und nur auf ein Zeichen öffnet, das jeweils mit Eingeweihten verabredet ist. Ich kenne dieses Zeichen nicht, nehme aber an, daß eine alte holländische Dame, Frau von Quanten, mit der er in Verbindung steht, zu den hierüber Unterrichteten gehört. Vielleicht kann ich von ihr auch ein Stück Brot bekommen, das ich offiziell nur gegen Marken erhalten würde, die ich nicht habe, nach dem mein Magen aber nichtsdestoweniger verlangt.

Nun bin ich allerdings in dem Haus, das sie bewohnt, kein Unbekannter. Im obersten Stock wohnt eine Schweizerin, die junge Dichter fördert, mit denen sie schläft. Sie gab mir häufig deren Manuskripte zu lesen. Gleich unter ihr wohnt ein Weißrusse mit seiner Freundin und deren Freundin. Er hat geschworen, das Haus judenrein zu machen, und arbeitet neben seiner Tätigkeit als Sportlehrer für die Gestapo. Nach seiner eigenen Behauptung hat er schon hundertfünfzig angezeigt. Mich selbst kennt er aus zahlreichen Besuchen in dem Haus, er hat mich allerdings auch mit Manja gesehen. Unter dem russischen Sportlehrer wohnt ein lothringischer früherer Deputierter, zu dem ich oft komme und der einen schwunghaften Markenhandel betreibt. Nun ist er irgendwo auf der Flucht. Seine beiden Eltern sind kurz nach Ankunft der Deutschen verschleppt worden, wahrscheinlich nicht ohne Zutun des Sportlehrers. Unterhalb von diesem hat einmal ein deutscher Emigrant jüdischer Zugehörigkeit gehaust, der ist längst weg, und man weiß nicht wohin; auch diesen habe ich ab und zu besucht. Zu ebener Erde wohnt Frau von Quanten, die ziemlich schwer hört und die zu besuchen ich nun in Erwägung ziehe.

Als ich dort tatsächlich ankomme, habe ich den hauptsächlichen Zweck meines Besuches beinahe vergessen. Ich habe große Mühe, mich an der Tür bemerkbar zu machen, bis Frau von Quanten endlich öffnet. Sowie sie dies tut, frage ich nach kurzer Begrüßung, ob sie vielleicht Brot habe. Die Bäckereien sind heute geschlossen, und ich habe keine Marke. Da sie nicht versteht, muß ich meine Frage mehrmals wiederholen und immer lauter sprechen. Das ist äußerst unvorsichtig. Denn der russische Sportlehrer ist gerade vorübergegangen. Nun sieht er mich auch noch eintreten, da Frau von Quanten mich bei seinem Anblick in die Wohnung schiebt. Aus ihrer Wohnung könnte man nur durch das Fenster ins Freie. Das würde an einem Sonntagmittag im Zentrum des guten Wohnviertels ganz besonders auffallen. Sie hat keine Kammer, in der ich mich verbergen könnte. Daß sie auch kein Brot hat, erfahre ich erst jetzt. Wenn mich der Russe anzeigt, und er wird es bestimmt tun, sterbe ich für gar nichts. Frau von

Quanten ist verzweifelt und verflucht ihre Taubheit. Inzwischen läutet es bereits an der Tür. Der Russe steht davor, er ist aber allein. So athletisch er auch gebaut ist, denke ich, daß ich ihn doch beim Hinausstürzen zurückschieben und an ihm vorbeikommen kann. Aber vielleicht steht einer hinter ihm, den ich nicht sehe. Er deckt den Hintergrund gut ab. Wie ich neben Frau Quanten auftauche, wendet er sich halb an mich, halb an sie: »Ich habe gehört, daß Herr Kucku kein Brot hat. Hier ist welches.« Damit geht er, ohne den Dank abzuwarten.

Die Hintergründe dieser Schenkung werde ich vermutlich nie erfahren. Vielleicht ist für einen Weißrussen, der die Juden ausrotten will, einer noch eine Ausnahme, der mit einer russischen Prinzessin geschlafen hat, vielleicht weiß er auch nicht genau über mich Bescheid. Es kann aber auch sein, daß am Sonntag nicht amtiert wird und er die nötigen Leute noch nicht gefunden hat. Auch der Alte auf der Straße, der so geschrien und mit dem Finger gezeigt hat, ist nicht festgenommen worden. Es kann auch sein, daß etwas später jemand kommen wird, der mich doch arretiert, und daß das Brot nur dazu dient, um mich in Sicherheit zu wiegen. Ich schließe jedenfalls aus dieser Gabe nur, daß ich zumindest in diesem Augenblick noch frei bin. Frau von Quanten leiht mir noch schnell ein paar hundert Franken und verabredet einen gemeinsamen Besuch bei Festenberg für den Nachmittag um eine bestimmte Zeit. Sie kennt das Zeichen, sagt es aber nicht, auch braucht sie ebenfalls Geld. Für den Moment hält sie einen Besuch nicht für zweckmäßig, man könnte uns folgen, wenn wir miteinander weggingen. So gehe ich allein und nehme die Hälfte des russischen Brotes mit, die andere lasse ich ihr zurück. Frau von Quanten blickt mir aus dem Fenster lange nach, wie ich weggehe. Niemand folgt mir.

Nun gehe ich ins Domhotel zur savoyardischen Wirtin, in deren Keller ich vor meiner Abfahrt nach Caminflour gehaust habe. In ihrem Haus herrscht Totenstille wie auf einem Friedhof. Ich frage, ob mein Zimmer mit Küche im Souterrain noch frei ist. Sie bejaht durch Kopfnicken, fügt aber hinzu, als sie mich dorthin begleitet: »Wenn Sie das Risiko auf sich nehmen wollen.« »Ich muß jetzt jedes Risiko auf mich nehmen«, sage ich ihr. »Ich kann nicht viel Geld aufbringen, und die Gefahr ist überall.« »Das kann schon sein. Aber vielleicht ist sie hier größer als irgendwo anders.« Sie geht bereits wieder, bevor ich sie weiter befragt habe, allerdings so langsam, daß ich sie leicht einholen könnte. Eine Gefahr, die ich nicht vermeiden kann, will ich nicht näher erklärt haben. Die Fenster des Kellerzimmers sind allerdings vergittert, auch kann ich von hier nur die Füße der Vorbeigehenden erkennen. Ich koche in meinem zurückgelassenen Hafen drei Auberginen ohne Fettzusatz. Eierfrüchte essen die Deutschen nicht. Daher bleiben sie auf den Märkten übrig. So konnte ich sie billig im Vorübergehen erstehen. Dazu habe ich auch Brot.

Nach dem Essen lege ich mich hin. Dabei erinnere ich mich der Bilder Dagoberts, die ich auf dem Kasten vergessen habe. Sie sind nicht mehr dort. Ich muß die Wirtin nach dem Verbleib fragen. Dann schlafe ich ein, träume aber nichts. Wie ich aufwache, stelle ich auf der Uhr fest, daß die Zeit, in der ich mich mit Frau von Quanten bei Festenberg treffen soll, unmittelbar bevorsteht. Ich laufe aus dem Haus und binde mir die Krawatte auf der Straße. In der Gegend, wo Festenberg wohnt, finde ich Frau von Quanten bereits auf dem Rückweg. Sie ist schon bei Festenberg gewesen, aber auf der Treppe gestürzt, obgleich sie am Stock geht.

Festenberg hat ihr Geld für sie selbst und für mich geliehen und mein Darlehen separat auf meinem Konto notiert. Im übrigen war bei Festenberg große Erregung. Man hat in der Nachbarschaft einen Arzt arretiert. Heute nacht hat man auch die Möbel aus dem Haus geholt. Man bezahlt jetzt nur mehr viertausend pro Kopf, das sind bei dem Zwangskurs des Franken zweihundert Mark. Dafür werden die Einrichtungsgegenstände zwischen Anzeiger und Gestapo geteilt. Der verhaftete Arzt hatte das kleine Kind eines älteren Einheimischen wegen Scharlachs behandelt, aber mit Notenstellung so lange gewartet, bis er das Geld dringend benötigte. Da ihn der ältere Herr angezeigt hatte, sparte dieser nicht nur das Honorar, sondern bekam auch die Hälfte der Möbel des Arztes, der sein Kind gerettet hatte. Das war bestimmt ein gutes Geschäft, zumal er sich wegen später Heirat neu einrichten wollte. Nun hat die Gestapo auch in den Nachbarwohnungen gesucht. Bei Festenberg ist stark geklopft und natürlich nicht geöffnet worden. Man hat versäumt, die Türe einzuschlagen, ein Regiefehler, der sich später vielleicht noch korrigieren läßt, denn Festenberg beabsichtigt nicht umzuziehen, dazu ist er zu alt und eigensinnig. Doch macht er die Türe nur auf ein vereinbartes Zeichen auf, ein Kuvert, dessen Farbe und Größe jede Woche anders festgelegt werden. Die beiden Nazialten, die ihn gegen entsprechende Aufzahlung mit Nahrung versorgen, kennen das Zeichen. Sein Mobiliar ist alt und schlecht und sein Geld größtenteils im Ausland. Es steht nicht dafür, ihn zu verraten, er bezahlt sie jedes Mal, und fürstlich. Auch Frau von Quanten kennt das Zeichen, sie wird niemanden je verraten.

Ich begleite sie, da sie schlecht geht, bis nach Hause und bleibe auch noch eine Weile bei ihr. Sie bewirtet mich mit allem, was sie hat. Das ist nicht allzuviel, ihr Geldzufluß aus Holland ist abgeschnitten, und sie muß ja selbst bei Festenberg borgen. Es ist etwas Sonniges und Tröstliches in ihrem Gesicht, das außer in diversen Falten die Greisin nicht verrät. Mit sechzehn war sie bereits eine der ersten Sportredakteurinnen ihres Landes, mit einigen zwanzig eine der ersten Autofahrerinnen. Sie heiratete einen Mann, der um vieles älter war als sie und den sie bis an sein Ende pflegen mußte. Da sie keine Kinder hatte, nahm sie einen Buben an. Sie hing sehr an ihm und zog ihn rechtschaffen auf. Er geriet trotzdem schlecht und wurde ein Nazibandit. Sie hatte die Kraft, sich von ihm loszusagen. Vor dem Krieg lebte sie mit einem Wiener Kapellmeister vierten Grades, der sich über ihre lautere Gesinnung ärgerte. Eines Tages nahm er seinen Hut und verschwand. Er wird irgendwo im Nazireich untergetaucht sein, für das sein Herz schlug, das leer war.

Ich weiß nicht, warum sie mich in das ihrige geschlossen hat. Es mag sein, daß es ihre Gesinnung ist, ein gewisser Hang zum Bemuttern und kraft sportlicher Vergangenheit zu unsentimentalen Naturen. Vielleicht aber will sie auch mit einem jüngeren Mann zusammenkommen. Sie redet nicht viel, und eine Verständigung mit ihr erweist sich ihrer Harthörigkeit halber als schwierig, zumal sie sich wahrscheinlich aus weiblicher Eitelkeit kein Hörrohr anschafft. Im übrigen liegt mir mehr daran, irgend jemand etwas zu berichten, als selbst Berichte entgegenzunehmen. Der Umstand, daß mich Frau von Quanten vielleicht nicht hört, spielt dabei eine geringere Rolle. Es genügt, wenn ich mich selbst höre und manchmal auch die Illusion habe, gehört zu werden. Wenn sie mich nicht verstehen kann, so kann sie auch nichts weitersagen.

Ich berichte ihr einiges aus Caminflour. Ich erzähle ihr vom Dichter und seiner Familie, auch von dem Oberst und dem Funktionär der Kolonien, sogar von Veronica und natürlich von den Abenteuern mit deutschen Soldaten und flüchtigen Italienern. Von Darling Withorse erzähle ich nichts. Da ist ja auch nichts zu erzählen. Und wenn etwas zu erzählen wäre, würde ich es doch nicht tun. Frauen sind zuweilen auf andere eifersüchtig, selbst wenn ihre Situation zu dem Mann, um den es sich handelt, keine solche ist, die Eifersucht zuließe. Und außerdem behält man immer etwas für sich zurück. Spät erst komme ich in mein Quartier zurück, finde alles ruhig und gehe gleich zu Bett.

Als ich am Morgen das Hotel verlassen habe, begegne ich der blonden, großen savoyardischen Wirtin. Sie fährt auf ihrem Fahrrad. Wie sie meiner ansichtig wird, bleibt sie stehen. Sie zeigt mir ein Foto und fragt: »Können Sie sich an die erinnern?« Das Foto zeigt einen nackten, verstümmelten Leichnam einer früheren Frauensperson. Das Gesicht mit der großen Nase, soweit es überhaupt noch erkennbar ist, ähnelt dem der Schauspielerin, die ich knapp vor meiner Abfahrt noch im Domhotel in Gesellschaft der bebrillten Bürgersfrau gesehen habe. »Ja, es ist die Schauspielerin.« »Nun wissen Sie auch, warum ich Sie gewarnt habe, in meinem Hotel Quartier zu nehmen.« Darauf setzt sie ihren Weg fort. Und ich mache kehrt Richtung Meer. Den Schluß der Geschichte werde ich noch früh genug erfahren.

Der Strand ist mit Stacheldraht abgesperrt, die Zufahrtstraßen sind zumeist verbarrikadiert. Die Bevölkerung betrachtet schweigend diese Verwandlung einer der schönsten Städte der Azurküste in ein Gefängnis für deren Bewohner. Hier und da sieht man einen Offizier mit Herrenmiene und herausfordernden Gebärden. Auf einer Hausmauer ist die Inschrift: »Nizza, deutsche Reichsstadt«, zu lesen. Dort steht der Sohn des Obersten und meutert. Ich ziehe ihn fort, nicht ohne aufzufallen.

»Sie haben mir dieses Bild gezeigt, als sie mich verhörten, ob ich nicht den Schmuck der Schauspielerin in Verwahrung hätte. Ich habe das Foto in einem unbewachten Moment in meiner Tasche verschwinden lassen. Es wird ihnen nicht abgehen. Sie haben sicher mehrere Kopien davon. Niemand anderes als Marie Delbrume kann Fräulein Cahn denunziert haben. Sie haben sie vorgestern nacht geholt, die letzten Nächte schlief sie schon nicht mehr zu Hause. Doch diese Nacht war sie bis zuletzt mit Frau Delbrume bei mir und trank zuviel, um sich noch in Sicherheit zu bringen. Sie hatten schon immer den Verdacht und hatten recht damit, Herr Kucku, ich hätte Ihnen glauben sollen.« Der Sohn des Obersten ist noch bei mir, als wir im Domhotel den Bericht entgegennehmen. »Ich werde mich morgen früh für Ihre Fahrkarte anstellen. Für heute ist es schon zu spät. Ich selbst muß noch ein paar Tage bleiben«, sagt er.

Ich habe wieder eine Nacht überlebt und schaffe mein Gepäck zum Bahnhof. Es ist nicht viel, doch die Wirtin hilft dabei. Ich spüre ihre blonden Haare an meinem Hals. Sie ist hübsch, aber nicht Darling Withorse. Sie zieht ein Zeitungsblatt aus ihrer Bluse heraus und meint, einigen Verrätern würde es schon heimgezahlt. »Kennen Sie den vielleicht? Er soll ein großer Filmschauspieler gewesen sein.« Ich lese, daß dieser Tage polnische Widerstandskämpfer (hier sind sie mit einem üblen Namen belegt) den Schauspieler Igo S. im Frack nach einem Galaabend als angeblichen Verräter an der polnischen Sache in den Wald gezerrt und dort getötet haben. Ich kann ein gewisses Grauen nicht loswerden, das nicht nur in der Person und in der Sache liegt, und löse mich aus der zufälligen Berührung mit der blonden Savoyardin.

Bevor ich zur Begegnung mit dem Sohn des Obersten gehe, um die Fahrkarte in Empfang zu nehmen, habe ich nach Deponierung meines Gepäcks das Polizeihaus betreten, um zu versuchen, mein Papier verlängern zu lassen. Schon einmal wurde ich bei solcher Gelegenheit verhaftet, dabei ging es ins Auffanglager. Ich bin ein Spieler und lerne aus Unglücksfällen nur, was ich jeweils will. Es scheint mir jetzt wichtig, bei den Franzosen *en règle* zu sein. Warum, weiß ich selbst nicht genau, zumal sie so wenig im eigenen Land zu bestellen haben. Ich nehme es als ein gutes Omen, daß ich nicht Fräulein Félice dort antreffe. Man verlängert mir auch mein Papier sofort um drei Monate. Es sind jetzt wenige, die noch wegen einer Verlängerung kommen.

Dann treffe ich den Sohn des Obersten und nehme mein Billett in Empfang. Wir nehmen zusammen eine Mahlzeit im Beisel nächst der Polizei. Der Wirt ist ein deutscher Konfident, das erfahre ich aber erst später. Wir essen nicht viel, die Zeche ist aber hoch. Diesmal randaliere ich nicht, das ist ein für mich günstiger Zufall.

»Wäre sie nicht so aufsässig gewesen, hätte sie jetzt noch leben können«, hatten die Herren von der Gestapo, deren Chef vielleicht Herr Quierke ist, zu der Savoyardin gesagt, wahrscheinlich damit sie das Versteck des Geldes und Schmucks der Schauspielerin Cahn angebe, die übrigens zusammen mit ihrer hilflosen, zufolge Poliomyelitis gelähmten Schwester eingeliefert worden war, so daß kein Familienmitglied mehr übrig war, das dieses Hortes noch bedurft haben würde, falls er wirklich vorhanden gewesen. Richtiger und vollständiger müßte die Aufklärung allerdings gelautet haben, daß die Cahn bei geringerer Aufsässigkeit nicht sogleich ermordet und verstümmelt, sondern erst später der Gnade der Vergasung teilhaftig geworden wäre. Doch sollte der Satz offenbar nur eine Drohung an die nichtjüdische Savoyardin sein, die weder die eine noch die andere Todesart für sich befürchtete.

Immerhin erinnere ich mich dieser Worte, sobald ich im Autobus bin und die Fahrt angehen soll. Ich halte mich zwar zunächst schon für gerettet, werde aber, sowie ich diese Haltung einnehme, von ein paar blutjungen Leuten eines anderen, wenn auch nicht besseren belehrt. Diese beginnen nämlich im Gang, in dem ich Aufstellung nehme, nicht ohne mich zu fixieren, zunächst in landesüblicher Weise über die *métèques*, d.i. die Fremden, die sich hier nicht nur zu kurzfristigen Geldanbringungszwecken aufhalten, loszuziehen. Wie ich nun, überdies schon durch die Ereignisse bis zum heutigen Tage mit Furcht und Unruhe beladen, etwas zusammenklappe, zumal ich, im Gang stehend, weder Buch noch Zeitung, mein Gesicht zu wahren, vor mir habe, ergänzen sie ihre Ausführungen dahingehend, daß nahe bei ihnen auch so ein lächerlicher *métèque* stehe. Nun nimmt der Autobus am Pont Magnan plötzlich Aufenthalt. Eine Kolonne von acht Autobussen, die stadtauswärts streben, steht vor uns. Wie der Schaffner uns mitteilt, müssen sie hier haltmachen, weil die Gestapo Stichproben durchführt. Sie ist in die vorderen Wagen bereits eingestiegen. Nun wird auch der Verschlag unseres Wagens von außen geöffnet. »Alles in Ordnung?« fragt ein dicker Preuße mit Handschuhen. »Nein«, schreien die Burschen aus dem Hintergrund jetzt, »hier ist ein Jude.« Der Preuße hält dies offenbar für einen Scherz, grinst und schließt die Wagentür, wobei er das Signal zur Weiterfahrt gibt. »Stehenbleiben, stehenbleiben«, schreien die Burschen, aber der Chauffeur hat bereits zu fahren begonnen.

Ich habe mir Mühe gegeben, meinen Zorn und meine Feigheit zu verbergen. Es ist mir bestimmt beides nicht gelungen. Die Burschen bleiben provokant und erzählen von dem Ort, in dem sie leben, und daß dort einige Juden zu verhaften seien. Sie würden aber außerdem dafür sorgen, daß man auch andernorts diese *rasta* abliefere. Sie steigen an der dritten Station aus. Ihre Atmosphäre aber bleibt zurück und das ungute Gefühl für mich.

Sosehr ich mich nun auch bemühe, meine Lage mit Gleichmut aufzunehmen, wie ich es früher bei manchen Gelegenheiten ohne sonderliche Anstrengung zustandebrachte, gelingt es mir doch ganz und gar nicht mehr. Ich muß mich schon gewaltig zusammennehmen, um nicht anzufangen zu zittern. Allerdings waren die Abenteuer in Nice und ist das, was mich hier offenbar erwartet, etwas viel auf einmal. Der Umstand, daß ich der Razzia auf der Place Masséna mit knapper Not entging, daß der weißrussische Gestapoagent mir, statt mich anzuzeigen, ein Stück Brot schenkte, daß die Gestapo zwei andere Personen in meinem Hotel und einen mir bekannten Komponisten in einem andern verhaftete, mich aber nicht, daß über das Ergebnis der einen Verhaftung außer einem authentischen Bericht sogar noch ein Foto vorlag, daß mein Traum in bezug auf einen angeblichen Verräter, an den ich vorher gar nicht gedacht hatte und von dessen Verrat ich nichts wußte, sich schnell und furchtbar an ihm erfüllte, daß die Gestapo neun Wagen, darunter auch den unsern anhielt, die vordern acht nach verdächtigen Personen durchsuchte, den neunten, in dem ich mich befand, aber undurchsucht ließ, obwohl heranwachsender Pöbel gerade mich denunzierte, hätte mich an eine Bestimmung denken lassen müssen, wenn ich fromm gewesen wäre, oder an einen Traum, wenn ich mich nicht erwacht glaubte. Mir aber scheint es in diesem Augenblick so, als ob die vorhandene und überstandene Gefahr auf die noch lauernde künftige verweise, und daß ein Entrinnen unmöglich sein würde, wie es vor dem Tod kein Entrinnen gibt.

Aber wenn ich klar und vernünftig zurückdenken würde, was ich ja doch schließlich nicht tue, wie sehr ich auch Versuche in dieser Richtung unternehme, müßte ich zu dem Ergebnis gelangen, daß ich bisher mit weit größerem Optimismus viel aussichtsloseren Situationen gegenübergestanden bin. Man hatte mich aus meinem Beruf und meinem Lande davongejagt, und ich hatte mich in fremden Ländern ohne Mittel und ohne Beziehungen befunden und wurde von Ort zu Ort getrieben, wiederholt gefangengesetzt, sah Leute neben mir sterben und wurde bewußtlos in ein Sammellager gebracht, von dem aus man mich der Vernichtung zuführen wollte. Ich habe auch nachher, als ich durch nie völlig aufgeklärte Umstände freikam, keine Gelegenheit vermieden, mich in Gefahr zu bringen. Meine Flucht nach Italien war nicht die letzte Phase sinnloser Eskapaden gewesen, ebensowenig wie meine Flucht hierher, zurück nach Nice und wieder hierher. Ich habe auch jemand liebzuhaben geglaubt, und es scheint mir, ich liebe noch immer wen, nur ganz ohne jeden Grund, gegen alle Vernunft und Natürlichkeit, und das mag ein Motiv für meine Angst sein, die ich plötzlich habe, zugrunde zu gehen.

Der Wagenlenker bläst in sein Horn, um seine Ankunft anzuzeigen. Der Wagen fährt in Caminflour La Commune ein. Es kann sein, daß von den Zollsoldaten avisierte Assistenz schon hier unten auf mich wartet, doch wahrscheinlich oben, wo sie Herrn Nocquer festgenommen hatten. Es ist auch möglich, daß die jungen Leute, die mich in Nice der Gestapo übergeben wollten, mein Reiseziel ausgekundschaftet und für hier oder oben Agenten mobilisiert haben, die auf mich warten. Es kann aber auch sein, daß dies alles nicht der Fall ist und daß man mich völlig vergessen hat oder zumindestens nicht so wichtig nimmt, um allein meinetwegen eine halsbrecherische Gebirgsfahrt zur Nachtzeit zu inszenieren. Ich betrachte diese Möglichkeiten, richtiger, sie schwirren vor mir durcheinander, und ich kann weder ihren Wahrscheinlichkeitsgehalt abwägen, noch sie völlig überblicken. Ich steige jedenfalls nicht aus. Ich fahre weiter. Ich will nicht gleich in meine leere Wohnung. Ich will nach Maisonpierre zu Paul Lebleu. Sein Enthusiasmus, seine lächerliche Übertreibung wirklichen Geschehens in absurde, aber genußreiche Phantasiegebilde scheint mir die einzige Brücke über das Nichts, vor dessen Abgrund ich mich finde.

In der Tat empfängt mich der Dichter mit Überschwang und ausgebreiteten Armen, in die zu stürzen ich mich beinahe geneigt zeige. So klein und reduziert fühle ich mich nun. Die Anwesenheit der Töchter veranlaßt mich sinnloserweise, einen letzten Rest an Starrheit nicht aufzugeben. Dabei habe ich in meiner Erinnerung nicht festgehalten, daß die beiden zuletzt mein Papier gefunden, das meiner Tasche entfiel, mein Alter festgestellt und dann, völlig kalt geworden, meinten, daß ich nicht viel jünger als ihr Vater sei, wodurch ich ein für alle Mal aus dem Kreise möglicher Liebhaber ausgeschieden wäre, wenn nicht meine frühere Ungeschicklichkeit in ihrer Behandlung diese Wirkung schon vorher gehabt haben würde.

Im Hintergrund befindet sich überdies eine Dame mittlerer Jahrgänge mit einem Dutzendgesicht, so wie man es überall und in Mengen im Volke sieht. Es ist aber nichtsdestoweniger eine Aristokratin sowohl von Mutters als auch von Vaters Seite, die nur wegen Verarmung in der Jugend von siebzehn den reichen englischen Wüstling Withorse geheiratet hat. Das ist wenigstens der Aufschluß, den mir Lebleu sogleich zuflüstert und den er wahrscheinlich nach ihrem Abgang durch weitere Details ergänzen wird. Er tut es so, daß sie alles hören kann, wenn sie dies will, und ich glaube, sie hat das auch gehört, wiewohl sie gar nichts sagt, was seine Worte widerlegen, abschwächen oder bestätigen könnte. Diese vollkommene Unangreifbarkeit ist das einzige an ihr, was mich beeindruckt. Ansonsten erscheint sie mir weder anziehend noch abstoßend und vor allem ihrer Tochter Darling Withorse durchaus unähnlich.

Mrs. Withorse begrüßt mich übrigens mit einer Stimme, die offenbar einschmeichelnd sein soll, und hält mir vor, daß ich, ohne sie vorher zu verständigen, bei ihr angekommen sei. Die Baronin hätte ihr weder geschrieben noch telegraphiert. So sei sie gerade in der Stadt gewesen, wie ich hier angekommen sei. Sibylle, d. i. also Darling mit ihrem richtigen Vornamen, habe vor mir Angst gehabt, und Herr Adolf Schlächter sei der Meinung gewesen, ich stünde vielleicht mit den Deutschen in enger Beziehung, er werde den strengen Onkel spielen und mich aus dem Hause bringen. Ich bemühe mich, die von der Mutter gegebene Version zu glauben, weil mir das lieber ist, obwohl ich sehr gut weiß, daß die Schlächter erst erschienen sind, nachdem sie von Darling Withorse verständigt und geholt worden waren. Im Laufe des Abends bemühe ich mich, Mrs. Withorse in dem Maße sympatischer zu finden, in dem sie nach meinem Eindruck von der Wahrheit abzuweichen scheint.

Sobald sie weggegangen ist, beginnt der Dichter die Geschichte des Hauses Withorse in Gegenwart seiner Töchter und seiner Mutter zu offenbaren. Nach seiner Darstellung handelt es sich bei Mrs. Withorse um eine verarmte Comtesse, die, wie dies in Märchen zu geschehen pflegt, in einem Waldhäuschen lebt, in einem Park nahe der Stadt Rosen stiehlt und dabei von dem älteren Engländer ertappt wird, zu dessen Schloß der Park gehört. Bei ihm waren Sehen und Verlieben eins und Heiraten zwei. Allerdings handelte es sich hier keineswegs um seine erste Frau, schon gar nicht um die erste Liebe, die ihm begegnet war. Vielmehr waren drei oder vier legale und mindestens zwanzigmal so viele illegale Vorgängerinnen da, unter den letzteren auch eine Tochter aus einer flüchtigen Vereinigung, und der gute Brite, den sonst wenig im Leben interessierte, dachte nicht daran, wegen der geehelichten Rosendiebin seinen bisherigen Wandel aufzugeben. Bald nach der Hochzeit, anläßlich welcher er auf seinem neuen Acker das Zwillingspaar Colt und Sibylle gesät hat (das männliche Withorsefüllen würde ich demnächst kennenlernen), verschwindet er auf eine Lustreise, auf die ihn seine natürliche Tochter und unnatürliche Liebste begleitet, wiewohl er dort noch andere lustbringende Verbindungen anknüpft. Währenddessen ist seine Gattin nicht müßig gewesen, sowie der ihr angetane Schimpf ihr gehörig zugetragen worden. Sie hat sich ihrerseits in einen Zigeuner verliebt und gibt sich diesem *à la sylphide* an jener Quelle hin, an der sie ihn zum ersten Mal gesehen hat. Der Gatte kehrt erst nach Jahresfrist zurück, als sie gerade mit dem Gebären eines ihm völlig unähnlichen Bastards beschäftigt ist. Er läßt es jedoch an keiner Obsorge für Weib und Kind fehlen, ja sorgt sogar, daß das Kind wohlgeboren wird. Danach scheint er sich für die Person seines zwischenzeitlichen Stellvertreters zu interessieren, der gerade in einer gut abgeschlossenen Kaserne auf Soldat gedrillt wird. Dann veranstaltet er ein großes Fest, bei dem er jeden Augenblick gesehen wird, mit allen Damen tanzt, die eigene nicht ausgenommen. Schon während dieses Festes trifft allerdings die Nachricht ein, daß auf rätselhafte Art in einer Kaserne ein Soldat aus dem Zigeunervolk in seiner Kammer erschossen aufgefunden wurde, obwohl weder ein Fenster offen oder durchlöchert war, noch die Türe offen, und der Schuß von fremder Hand gezielt sein mußte. Mrs. Withorse schreit wie ein verwundetes Tier, und ihr Gatte bringt sie gefühlvoll fort. Sie stellt allerdings fest, daß aus der Schatulle ihres Mannes ein Geldbetrag von zwanzigtausend Franken fehlt. Die Untersuchung der Polizei ergibt nichts, obwohl man im Zusammenhang mit der Tat auch die Eheleute Withorse befragt. Der Mann hat sein Alibi, die Frau verrät nichts von den zwanzigtausend, mit denen vielleicht der Mörder bezahlt ist. Der Gatte, der das Zigeunerkind als seines anerkannt hat, geht allerdings bei der nächsten Autotour, die er unternimmt, zugrunde. Sein Motor ist explodiert und er selbst mit dem Wagen über eine Böschung von einigen hundert Metern abgestürzt. Man nimmt an, daß es ein Gottesurteil war, und prüft nicht, wer es vollstreckt hat.

Als Lebleu geendet hat, zieht er mit seinen Armen gespenstische Kreise, wie um mit diesen seine gespenstische Darstellung zu ergänzen oder abzuschließen. Allein der von ihm vorausgesehene Schrecken tritt bei mir nicht ein. Die Geschichte erscheint mir sogar höchst banal, wenn nicht vulgär. Die Zeit, in der wir leben, ist ein Mosaik aus Grauen und Entsetzen. Jede Sekunde läßt den Mord an Tausenden von Menschen voraussehen, die in keinerlei Schuld verstrickt sind. Ein einzelnes ziviles Unrecht, das noch dazu menschlich verständlich wäre, hat aufgehört zu zählen, selbst wenn es für zwei Personen tödlich ausgefallen. Alles, was ich mir dabei denke, ist nur das: Hoffentlich hat Mister Withorse nicht mehr Zeit gehabt, seine Tochter Sibylle zu schänden. Hoffentlich wird sie auch kein anderer bekommen (mich allein ausgenommen).

Immerhin hat das Erscheinen der Mutter und der damit neu aufgetauchte Gedanke, Darling bald wiederzusehen, auf mich die Wirkung, daß ich die Gefahr, in der ich allezeit lebe, schon viel weniger empfinde. Diese Empfindung wird auch noch dadurch bestärkt, daß ich ganz andere deutsche Soldaten in der Gegend vorfinde als vor meinem kurzen Abstecher nach Nice. Und es dauert nicht lang, bis mir auch mitgeteilt wird, die ganze Besatzung sei gleich nach meiner Abfahrt ausgetauscht worden. Man habe den alten Trupp so schnell an die Front überstellt, daß er kaum Zeit gehabt habe, die schmutzige Wäsche von der Waschfrau zu reklamieren. So hoffe ich denn, daß auch keine Zeit mehr geblieben ist, Verdachtsgründe gegen mich den Nachfolgern zu hinterlassen, zumal solche ja auch nicht zu den gewöhnlichen Aufgaben von Zollsoldaten gehören. Jedenfalls interessieren sich die Neuen für mich nicht in der gleichen Weise, mahnt mich der Oberst nicht mehr zur Abreise und erzählt mir Herr Nocquer die Geschichte seiner Verhaftung nicht anders als andere Anekdoten seines mit lächerlichen Begebenheiten reich ausgeschmückten Lebens. Seine Frau aber scheint ihr Interesse einem weiteren Flüchtling zu schenken, der in La Commune aufgetaucht ist und angeblich Reporter war. Er ist zwar selbst verheiratet und hat auch drei oder vier Kinder, das feit ihn aber nicht gegen ihre Gunst.

Ich nehme nun wieder meine Wanderungen in die Wälder auf und beginne, die Tafel Lebleus mit Pilzen zu versorgen. Ein Steinpilz, der sich dem Gestein durch Schutzfarbe des

Hutes angepaßt hat und ein Kilogramm wiegt, ist eines der von mir erzielten Ergebnisse solcher Pflanzenjagden. Einmal gehe ich mit den Töchtern Lebleus und Veronica am Posten vorbei zum Tanzen. Das Tanzen ist der Gefangenen halber, die in Deutschland schmachten, vom sentimentalen zweiseitigen Marschall verboten worden. Ein Gendarm hebt uns auch aus. Im übrigen war mir Veronica als Tänzerin zugedacht gewesen und nicht eine der Dorfschönen, schon gar nicht Darling Withorse, die ich kaum zu Gesicht bekomme.

Am nächsten Tag kehrt Paul Lebleu atemlos heim. Hinter seiner langen Gestalt hüpft der kleine Hund. »Hören Sie, Coucou, der schöne Gendarm hat Sibylle Withorse verhaftet. Meine Töchter auch.« Ich frage ihn, wie das gekommen, und forsche nach Einzelheiten. Er freut sich über meine Anteilnahme und erklärt mir, daß die Mädchen die Lothringerkreuze de Gaulles auf Felsen gemalt hätten. Er habe ihnen gehörig deshalb den Kopf gewaschen und damit auch erreicht, daß der Gendarm schließlich Babette und Armande freiließ. Der Gendarm wisse ja auch, daß er, Paul Lebleu, im Gegensatz zu seinen unreifen und verführten Töchtern die richtige Gesinnung habe. Sibylle Withorse werde man aber nicht freigeben. Sie ist Engländerin, wenngleich sie kein Sterbenswort ihrer Vatersprache spricht, und die Rädelsführerin dazu.

Nun erscheint aber gleich darauf Mama Withorse und bringt ihrerseits die von ihr gerettete Tochter an der Hand. Der Gendarm habe zwar gesagt, daß die Withorse nun alle von hier fortmüßten. »Wir bleiben aber hier, solange es uns beliebt.« Ich stimme ihr zu. Im übrigen ist es nicht ein Mädchen, das man an der Hand, nämlich der mütterlichen, zu führen pflegt. Trotz Engelsmiene scheint es nicht von gestern zu sein.

Darling Withorse begrüßt mich nun mit ausgesuchter Freundlichkeit und entschuldigt sich wegen der Schlächter. »Meine Mutter und ich haben uns Ihretwegen mit ihnen zerstritten«, betont sie. Ich weiß, daß es bestimmt nicht so ist, doch ich glaube es trotzdem. Man fordert mich auf, meinen vereitelten Besuch zu wiederholen, jetzt, wo doch die Schlächter nicht mehr kämen. »Als Mann von Ehre sollten Sie zu den Withorse nicht hingehen, Coucou«, meint Babette. Ich gehe aber doch.

Normalerweise unternimmt man einen solchen Gang mit Blumen, wenn man ihn überhaupt unternimmt. Aber Blumen kann man hier höchstens auf den Wiesen pflücken oder aus Gärten stehlen, nicht aber in Geschäften kaufen. Außerdem ist die Reise nicht sentimental, Aufenthalt und Situation aller Beteiligten zu vieldeutig und ungeklärt, als daß ein solches Symbol zu deren Ausdruck gewählt werden könnte. Darling Withorse befindet sich in Shorts. Wie sie mich empfängt, verhält sie sich zwar zunächst einschmeichelnd und zutraulich, wird aber wenige Minuten später von den Töchtern Lebleu abgeholt, die offenbar bestellt, zumindest erwartet sind. Man trifft sich irgendwo mit der Dorfjugend, um zu tanzen, Politik oder sonstigen Unfug zu treiben. Man überläßt mich gern der Mutter, die ohnehin im Alter viel besser zu mir paßt und die lang hingestreckt, aber nicht verführerisch angetan in der Sonne liegt. Sie überwacht den kleinen Zigeunerjungen, während ihr älterer, legitimer Sproß, ein etwas zu kurz geratener, sonst gutaussehender Blonder, unter seinem Rasieren an der Unterredung teilnimmt. Er ist der einzige der Familie, dessen Herzlichkeit mir gegenüber irgendwie echt zu sein scheint. Bei Gelegenheit dieses wenig förmlichen Empfanges betrachte ich den Empfangsraum näher. Er sieht einem Keller ähnlich und würde auch mit einem solchen verwechselt werden können, wäre er nicht über der Erde gelegen. Die Decke ist gewölbt, in alle Mauerflächen sind Nischen eingebaut, die einmal der Einschüttung von Lebensmitteln gedient haben mögen. In dem vom Fenster abgelegenen Teil des Raums steht nichts als ein Ofen. Dort füllt Colt Withorse, sein Rasieren unterbrechend, von Zeit zu Zeit Holzstücke ein. Richtung Fenster stehen ein Tisch und eine Bank, beide verrußt, aus ungefirnißtem, schlecht gehobeltem Holz, wie nicht vom Tischler zustandegebracht, dazu zwei gleichfalls rohe, aber besser gearbeitete Armstühle. Nahe dem Fenster liegt die Mutter Withorse, der eindringenden Sonne ausgesetzt, ohne Decke auf dem grauen Steinboden. Das Haus unterscheidet sich in keiner Weise von den Bauerngehöften in Maisonpierre, aber ganz entschieden von den beiden Villen, in deren einer Paul Lebleu, in deren anderer zu ebener Erde Monsieur Nocquer mit Gattin und im ersten Stock der Oberst mit seiner Familie hausen, ja auch von der Bleibe der lettischen Jüdin, die, unterhalb dieser Villen gelegen, immerhin noch mit billigem, wenn auch veraltetem bürgerlichen Komfort ausgestattet erscheint.

Suzy Withorse, die Mutter, fühlt sich aber sehr behaglich in dieser Felsenhöhle, und man hat den Eindruck, daß sie trotz aristokratischer Herkunft an keinerlei Prunk gewöhnt ist. Ihr Äußeres ist vernachlässigt, desto mehr sieht sie auf ihre Kinder, für die allein sie zu leben scheint. Es muß ein starker italienischer Einschlag in ihrem Blute sein; darauf verweisen Temperament und sonstige Sinnesart sowie die Abgestumpftheit gegen Äußerlichkeiten, die sie selbst betreffen könnten. Man sagt den Französinnen zwar nach, daß sie unter ihrer Schminke ungewaschen seien, das trifft aber erfahrungsgemäß nur auf eine bestimmte Gesellschaftsschicht zu. Mrs. Withorse ist übrigens gar nicht hergerichtet und unterscheidet sich von den Bäuerinnen nur durch den jugendlich-schwebenden Gang. Dem Vernehmen nach hat sie in ihren Entwicklungsjahren viel rhythmisch getanzt. Sowie ich mich einigermaßen bei ihr zurechtgefunden habe, beginnt sie sich bereits bitter über die Schlächter zu beklagen, denen sie bisher geholfen habe, und die sich nun selbständig gemacht hätten. Früher wurden die Mahlzeiten mit diesen gemeinsam eingenommen. Nun führten die Schlächter getrennte Küche. Hand in Hand damit gehen andere Undankbarkeiten. Sie, Suzy Withorse, habe Verwandte mütterlicherseits in Italien, die ihr Beträge zukommen ließen, die ihr von dortigen Liegenschaften gebührten. Von ihrem Vermögen in England könne sie ja derzeit nichts beziehen. Die Schlächter, die selbst aus oder über Italien Geld erhalten sollten, besorgten durch geheime Kuriere unter Einschiebung sonstiger Mittelspersonen Inkasso, Transfer und Auszahlung. Dazu habe Adolf, der Gatte, von Mrs. Withorse eine Blankounterschrift erlangt, doch stimmten ihrer Meinung nach die von ihm eingesetzten Posten nicht. Ich habe den Eindruck, daß Schlächter sehr viel mehr Geld als nötig zur Wirtschaftsführung beigetragen hat und daß er nun sucht, durch kleinere oder größere Korrekturen in den Abrechnungen oder Verrechnungen den Ausgleich zu erlangen. Ein sonstiger Grund für das Zerwürfnis wird mir diesmal nicht mitgeteilt. Die lächerliche Behauptung, man habe sich meinetwegen zerstritten, wird nicht mehr wiederholt.

Ich bleibe zwar ziemlich lange, um nicht den Eindruck zu erwecken, ich sei nur Darlings willen gekommen, doch habe ich nicht die Absicht, meinen Besuch so bald zu wiederholen. Im übrigen verhalte ich mich in jeder Beziehung förmlich, so wenig meine Gastgeberin und deren Kinder es auch sind. Als mir beim Abschied Mutter und größerer Sohn ein baldiges Wiedersehen in Aussicht stellen, verneige ich mich nur, ohne das Wie und Wo festzulegen.

Ich komme gerade rechtzeitig zu Lebleu, um das Nachtmahl einzunehmen. Danach erscheinen ausnahmsweise zu so später Stunde Oberst Balthasar Dissentin vom Nachbarhause sowie der Rechtsanwalt Serabouche, an den ich den Brief der Baronin abgegeben hatte. Der Oberst entwickelt bereits ein Aktionsprogramm für die Befreiung. Er muß mir besonders mutig erscheinen, weil er dies in Gegenwart des andersgesinnten Dichters tut. Auch der Anwalt ist auf der Seite der Alliierten, obwohl er vor dem von ihm entdeckten Verrat für Doriot und seine PPF (Parti Populaire Français) gewesen war. Sowohl Anwalt als auch Oberst stimmen aber darin mit den Deutschen überein, daß sie deren Abneigung gegen die Juden voll zu verstehen glauben. Der Oberst, der sehr katholisch ist, hält die Juden deshalb für moralisch nicht einwandfrei, weil ihnen das Beispiel der Selbstlosigkeit nie vorgehalten worden sei.

Ich menge mich ein und korrigiere ihn dahingehend, daß das *Liebe deinen Nächsten wie dich selbst* ein jüdisches Gebot seit eh und je gewesen, und was darüber hinaus von der Liebe der Feinde gesagt werde, höchstens in der Lehre von der Selbstvernichtung des greisen Tolstoi ernstgenommen worden sei. Bei der These zur Antithese, die Alten hätten gesagt, man möge den Feind hassen, sei ein »Nicht« von einem Rollenkopierer versehentlich weggelassen worden, wovon man sich durch Lektüre der bezüglichen Stelle jederzeit überzeugen könne. Doch schleppten sich Schreib- und Druckfehler in Geschichte und Religion durch Jahrtausende weiter und erzeugten noch in der Folge üble Gesinnung und Massenmorde oder trügen zu beiden bei.

Nun meint der Anwalt, er würde zwar jeden Juden vor den Deutschen schützen, in seinem Stande aber wären Kollegen aus diesem Volk schädlich und überflüssig. Nun komme ich noch mehr in Harnisch und erzähle ihm von seinem Anwaltskollegen Néron Potiphas, und wieviel dieser zu der Rettung SS-Kohns beisteuern wollte zum Lohne, daß ihm derselbe den Genuß des eigenen Lebens bewahrt hatte. Ich erkläre ihm, daß alle Argumente, die pauschaliter gegen die Juden vorgebracht würden, nur niederem Sinn oder abgründiger Dummheit entsprächen und sich ihrer seit jeher nur solche Lumpen bedient hätten, die auf billigste Weise um echte Probleme herumkommen wollten.

Während nun Oberst und Anwalt zum Schweigen gebracht sind, schließt der Dichter Lebleu die Diskussion auf folgende Weise ab. Er meint, wiewohl er die Juden und deren Anhang aus Überzeugung und politischer Gesinnung verabscheue, könne er sich doch vorstellen, daß er sich nicht weigern würde, mit einem Ausnahmejuden an einem Tisch zu sitzen. Er wisse aber, daß sein gegenwärtiger Freund Pierre Coucou kein Jude sei, wenn dies auch jemand behaupten oder insgeheim glauben sollte, und daß dieser aus anderen, vermutlich austropatriotischen Gründen sein Land verlassen habe.

Ich halte zwar den Blick aller aus, der nun auf mich gerichtet ist, werde auch nicht rot, habe aber den Eindruck, daß mich jetzt jeder für einen Juden hält, auch die dies früher nicht getan haben sollten. Da ich aber weiß, woran ich bin, werde ich ein Thema nicht mehr berühren dürfen, hinsichtlich dessen von Judengegnern nie mit guten Gründen, sondern nur mit Thesen, halbverdautem Quark, verdrehten Zitaten und erfundenen Fakten operiert wird. Es muß mich jede Parteinahme um so verdächtiger machen, als meine Position hier vom ersten Tag an fragwürdig war, und es kann mich keine Ausnahmestellung jemals schützen, zumal in meinem geliebten Vaterlande schon immer jeder einen Ausnahmejuden hatte, den dann der Nachbar anzeigte, wofür sich jener mit der Anzeige des Ausnahmejuden des andern rächte, wie auch für kein anderes Land die vollständige Ausrottung der Juden auf dieser Basis gesicherter erscheint als für Österreich, auf das der klassische Satz Hebels »Haust du meinen Juden, haue ich deinen Juden« am reinsten zutrifft. Ich kann nur hoffen, daß für Frankreich diese Gesetze vielleicht dann nicht gelten, wenn man sich so wenig auffällig als nur möglich verhält, sofern man nicht die Gabe hat, in einer Versenkung zu verschwinden oder sich zu verstecken, was mir ganz und gar nicht gelingen würde, da immer noch mein Kopf irgendwie sichtbar bliebe, sollte ich selbst eine Stunde lang einmal stillhalten können.

Da mich nun diese Erwägungen zum Schweigen bringen, geht ein Besprechen um, wie man Weihnachten verbringen solle. Es wird ein allgemeiner Kirchgang zwischen zwei Mahlzeiten beschlossen. Der Anwalt Serabouche scheidet als Anwärter für das Gelage aus, da er von seiner Gattin zu Hause erwartet wird. Daß er diese mitbringen möge, wird von niemand angeregt. Der Oberst wird mit seiner Frau an der vollen Veranstaltung teilnehmen. Sie erscheint soeben, um ihn zu holen, und verspricht, einen Kuchen zum Fest beizusteuern. Nach dem Abgang der Gäste, der sich nunmehr wegen des Couvrefeu vollziehen muß, meint Lebleu, die Dissentins seien enorm geizig. Der Kuchen, den sie vielleicht bringen würden, werde bestimmt aus minderwertigem Material oder mit minderen Zutaten ausgeführt, auf jeden Fall ganz wertlos sein. Er wolle noch das Mädchen einladen, das ihn so verehre, allenfalls auch die Withorse. Die verstünden zwar von der Küche nichts, ließen sich's aber vielleicht was kosten, von anderen eine Torte machen zu lassen. Auch brächten sie bestimmt Braten und Beilagen mit. Was mich anlange, möge ich lediglich das Obst und etwas Wein beisteuern. Das glaube ich leicht auf mich nehmen zu können, denn Frau von Quanten hat mir soeben geschrieben, daß jemand für meinen bei ihr zurückgelassenen Feldstecher einen guten Preis biete. So stimme ich gerne zu. Das Wiedersehen mit den Withorse an einem andern Ort als bei diesen selbst würde weniger schmerzlich für mich sein.

Nun gehe ich nach Hause und finde die Ausbeute dieses Tages zwar schlecht, doch freue ich mich nichtsdestoweniger auf den nächsten. Denn abgesehen davon, daß die Nazis da sind, ich kein Glück in der Liebe habe, keinen Beruf, nicht einmal eine sichere Bleibe, wird die Gefahr um mich herum mir immer gewohnter. So ist vielleicht dem Wild zumute, das ohne Schonzeit immer gejagt wird, wenn ihm anders als den Briten des Herrn Maurois seine Gefahr zum Bewußtsein kommen sollte oder zumindest aus dem Unterbewußtsein in Haut, Mark und Knochen überginge. Ja, ich beginne bereits an meinem Leben Geschmack zu finden, es erscheint mir wenigstens interessant: als ob ich mich so spalten könnte, daß ein Teil von mir die Gefahren übernimmt, der andere aber als unbeteiligter Zuschauer von außen dem gebotenen Schauspiel beiwohnen darf. Außerdem frage ich mich längst nicht mehr, wovon ich am morgigen Tage leben werde. Wichtig ist, bis morgen zu leben, das andere findet sich leichter als das Leben an sich. Das Exempel von den Lilien auf dem Felde ist auch ohne Theologie einschlägig.

Am nächsten Tage treibe ich bei dem Tabakverschleißer, der eine Bienenzucht im Walde hat, Honig auf. Der ist zwar teuer, doch gibt er Kraft und Süße. Ich denke dabei an Dr. Honigmann. In welchem Ofen wurde er umgeschmolzen? In welcher Form könnte ich ihm noch einmal begegnen? Ich lasse den Alptraum von der Seelenwanderung an der Waldgrenze zurück, als ich mit meinem Pilzkorb zwischen den Stämmen schreite. Da Schnee und Rauhreif ausblieben, finde ich trotz vorgeschrittener Jahreszeit gute Ausbeute.

Als ich von dem hochgelegenen Forst zur Villa, in der Lebleu wohnt, herabkomme, sehe ich drei deutsche Soldaten auf dem Wall sitzen, die mich aber freundlich begrüßen und meine Pilze bewundern. Sowie ich jedoch die Wohnung Lebleus betrete, stürzt mir laut schreiend die greise, aber noch immer behende Großmutter entgegen. »Ihretwegen erleben wir schöne Dinge. Dreiundneunzig Jahre bin ich alt geworden. Aber niemand, ich sage, niemand auf der ganzen Welt hat es bis heute gewagt, mein christliches Haus so zu brandmarken!« Ich wende mich fragend an die beiden Töchter, die mit schützenden Schürzen zur üblichen oberflächlichen Geschirreinigung in der Küche stehen, und erhalte zur Antwort: »Wir haben nicht die Gesinnung von Großmutter und Vater. Wir bedauern, daß Sie Jude sind. Aber Sie hätten es wenigstens sagen sollen.« Ich beteuere, daß ich es nicht bin, und bitte, mich endlich darüber aufzuklären, was los ist. Man führt mich zur unteren Ausgangstür, durch die ich sonst immer zu kommen pflege, und ich finde, daß über dieser ein Zettel mit der Inschrift *»maison juive«* (Judenhaus) sichtbar ist.

»Diesen Zettel haben sicher die Deutschen hingeklebt. Mein Vater ist in den Ort zum schönen Gendarmen, um sich zu beschweren«, sagt mir Babette Lebleu, und ihre Schwester Armande fügt hinzu, wobei sie schelmisch lächelt, als ob sie die Sache nichts anginge: »Es wird ihm wahrscheinlich nicht viel nützen.« Ich ziehe aus der Tasche mein Vichypapier, nach dem ich für keinen Juden angesehen werden darf, doch Babette erwidert scharf: »Wir kennen dieses Papier. Sie haben es einmal absichtlich fallenlassen, damit wir es finden sollten. Wir haben daraus auch Ihr Alter entnommen, welches zweifellos stimmt. Wir haben kein solches Papier, und ich glaube nicht, daß einer ein solches Schriftstück nötig hat, bei dem man gar nicht auf den Gedanken kommen kann, daß er ein Jude ist.«

Ich räume dies ein, erkläre meinen Bedarf nach diesem Papier mit meiner Qualität als Flüchtling und füge hinzu: »Die Deutschen haben diesen Zettel bestimmt nicht angebracht. Sie hätten mich, wenn sie mich für einen Juden hielten, längst geholt. Außerdem bedienen sie sich nicht französischer Aufschriften. Übrigens will ich niemand durch meine Besuche in Gefahr bringen, am allerwenigsten Herrn Lebleu und seine Familie.« »Nun bleiben Sie schon!« sagt wenig liebenswürdig Armande, das jüngere Mädchen. »Vater hängt ja doch an Ihnen!« Und die Großmutter fügt hinzu: »Das fehlte noch, daß Sie jetzt gehen, bevor er zurückkommt! Er würde uns vorwerfen, daß wir Sie vertrieben haben!«

Nun stehe ich zwischen Tür und Angel, sehe aber von hier bis zum letzten Platz von La Commune, wo Lebleu zum Abschied hinunterwinkt und mit seinem Hund den Pfad nach unserer Anhöhe nimmt. Man erkennt ihn an der Größe seiner Statur und an der Kleinheit des ihn begleitenden Tiers. Er steigt ziemlich rasch herauf. Bald ist er vor dem Hause angelangt. Er ringt noch nach Atem. Die Haare hängen ihm ins Gesicht, er faßt sich aber bald. »Der Gendarm sagt: Sie können den Zettel ruhig wegnehmen, ich kenne auch die jungen Leute, die das gemacht haben, sage es aber nicht, weil ich es nicht darf. Ich werde sie aber bestimmt verwarnen. Die Deutschen waren es also Gott sei Dank nicht. Das, lieber Coucou, wäre für mich das größte Malheur gewesen. Denn ich bin zwar aus alter französischer Soldatenfamilie, mein Ahnherr war Marschall unter Napoleon, doch habe ich keine Familienpapiere zur Hand, nicht einmal einen Taufschein, und denken Sie das Unglück, ich bin aus gesundheitlichen Gründen...« – er flüstert mir den Rest ins Ohr, wahrscheinlich wegen der Anwesenheit der Damen – »beschnitten!«

Gesagt muß werden, daß auf Antrag eines Nizzeaner Arztes und PPF-Chefs, der übrigens nach Angabe Paul Lebleus zu seinen engsten Freunden zählt, die Deutschen hier häufig darauf verzichten, aufgrund von Papieren, die nicht verläßlich sind, oder nach rassischen Merkmalen, die in den seltensten Fällen Erfolg versprechen, das Judentum eines Verdächtigen festzustellen, sondern daß sie dies immer häufiger durch Öffnung der Hosentüren der Inkulpaten überprüfen. Ich verstehe daher einigermaßen die Nöte von Paul Lebleu und biete ihm, trotz der von ihm berichteten glücklichen Lösung, die Trennung von mir an, falls er glaube, durch mich belastet zu sein. Er schüttelt mir die Hand, richtiger, beide Hände und erklärt: »Selbst wenn Sie ein Jude wären, was ich ganz und gar nicht glaube, würde ich Sie nicht mehr von mir lassen. Sie sind mein lieber Freund, und wir bleiben beisammen.« Ich fühle mich doch nicht recht zu Hause, als die alte Großmutter sichtlich verärgert und mit viel Gepolter die Speisen auf den Tisch stellt. Die Blicke der beiden jungen Mädchen, die auch nicht gerade freundlich sind, machen mir keinen Eindruck.

Als ich das Haus verlasse, um nach Hause zu gehen, fühle ich mich erleichtert und befreit. Ich weiß zwar nicht, was die nächste Stunde bringt, und jeder freie Atemzug ist ein unberechtigter. Um so mehr Vergnügen macht es mir, daß ich ihn allein genießen kann mit keinem anderen Zeugen als dem märchenhaften Wald, der breiten Wiesen- und Ackerlandschaft zwischen den Bergen, der Halde, genannt Salon, welche fern auf dem Hügel in dem von Bäumen umgrenzten Viereck steht, und den drei Orten selbst, die ich alle um mich sehe, Audelà ganz oben mit seinen Schweizer Häusern, deren Dächer aneinanderschließen, wie um eine drohende Riesenlawine abzulenken, Maisonpierre, in Felsen gebaute, langgestreckte, kahle Wohnungen, Ställe und Keller, La Commune mit Häusern wie Ritterburgen, und vor der Stadt die unwirkliche Kirche, die plötzlich aus der Wiese hervorwächst wie eine zum Haus gewordene Verkörperung Gottes, der nur die einläßt, welche durch Gnade, nicht Verdienst den schmalen Pfad zu ihm gefunden haben.

Aber zusätzlich zu diesem Glück zu leben, das ich plötzlich und fast unvermittelt zu entdecken glaube, gerade inmitten der völligen Sinnlosigkeit alles Lebens und insbesondere des eigenen, das vom Standpunkt der Zweckmäßigkeit und Nützlichkeit nicht anders als ein Vegetieren auf Widerruf genannt werden darf, entdecke ich eine Reihe von nahe und fern liegenden Dingen und gebe ihnen bereits einen ganz neuen Zusammenhang.

Ich bewundere Lebleu, von dem ich noch immer nicht weiß, wovon er lebt, und es auch nicht wissen will: er ist wie die Lilien auf dem Felde. Ich finde ihn plötzlich – er mag auf welcher Seite auch immer stehen – mit seiner unverbrüchlichen und doch völlig grundlosen tapferen Freundschaft für mich geradezu erschütternd fromm und gut. Er sieht nur den Kampf auf der einen und den, für welchen er aufgenommen wird, auf der anderen Seite. Auf diesen überträgt er alle Liebe, deren er fähig ist, und fragt nicht nach der wirklichen Beschaffenheit des Wesens, für das er den höchsten Einsatz leisten will. Selbst seine Prinzipien gehen dabei in Fetzen. Denn er schließt die Möglichkeit nicht aus, daß sie dem aufgenommenen Kampf entgegenstehen, ja ihn gar nicht zulassen würden, so daß er einen Ausnahmefall annehmen muß, wiewohl er den Fall ganz und gar nicht kennt. Denn seine Tapferkeit ist auf die Grundlosigkeit seines Einstehens gegründet. Und der Feind, gegen den zu kämpfen er sich entschlossen hat, ist überall, besonders auch in ihm.

Im neuen Licht scheint auch mein eigenes Quartier mir höchst bemerkenswert. Vom architektonischen Standpunkt aus kann es weder als zweckmäßig noch als stilrein gelten. Aber Standpunkte müssen bei dieser anderen Betrachtung gänzlich außerhalb bleiben. Das Haus gehört weder zu den Burgen des unteren La Commune, noch ist es Villa oder Gehöft, paßt auch schlecht in die Landschaft, fällt höchstens durch Häßlichkeit auf. Geht man die Holztreppe hinauf, zeigt sich vom Korridor gegen Osten eine geräumige, völlig verrußte Küche, in der ich an kühlen Abenden mit vom Wald gebrachtem Reisig Feuer mache. Den Preis, den mir Holzfäller für geschlagenes, meist übrigens feuchtes, unförmiges und wurzeldurchzogenes Holz rechnen, kann ich nicht mehr erschwingen. Ich rette mich oft vom Küchentisch, an dem ich sonst schreibe und lese, an das vergitterte Fenster, um Luft zu bekommen. Das Schlafzimmer, das im Spätherbst noch voller Fliegen ist, scheint mit derben Möbeln eingerichtet. Es hat einen langen Balkon, auf den mein Fenster, aber auch das des Nachbarn, des kleinen Zollbeamten Bougu, mündet, dessen Frau und Kinder den Balkon allein benützen. Wenn ich zu Hause bin und mich aufs Bett lege und mich mit meinen Kotzen zudecke, da ich nun einmal Bettwäsche und Decke beizusteuern habe, schneiden mir die Nachbarskinder vor dem Fenster Grimassen. Abends ist die Luft meist zu kalt, um außerhalb des Bettes zu bleiben. Diesmal tue ich es doch und genieße die frische Kälte als eine Gabe der Natur an mich, um meinen Atem rein zu halten. Der Dichter und offenbar auch Babette, der ich meine Daunendecke lieh, sind tuberkulös. Ich fühle mich trotzdem wohl mit dem Baumwollrest über mir, der nach unten durch meinen Winterrock ergänzt und verlängert wird.

Ich schätze die Zeit, die ich hiersein kann: Es müßte noch sehr lange bis Weihnachten sein, oder ich müßte schon länger hier sein. Lebleus Töchter sollten nur den Sommer über verbleiben und würden zu Weihnachten wahrscheinlich wiederkommen, dazwischen aber eine Schule in der Umgebung ihrer wiederverehelichten Mutter in der Gegend von Marseille besuchen. Man hat vielleicht die Weihnachtspläne lange im voraus gemacht – wie Oberst und Advokat die Pläne für die Befreiung, die auch auf lange Sicht gemacht sind. Ich habe keinen Kalender und müßte mein Papier betrachten, um zu sehen, wann ich gekommen sein kann und wann es verlängert wurde, oder ich müßte fragen, um das Datum zu erfahren. Das erscheint mir aber bereits als Verrat an dieser Stunde, die eher eine Minute der Ewigkeit ist. Und ich sehe vom Lager aus über der Terrasse vor meinem Fenster, die sonst der Nachbar und die Seinen allein benützen, die Sterne aufgehen und habe so den Eindruck, daß zwar nicht der meinem Fenster vorgelagerte Balkon, aber doch die siderischen Körper in der weit entfernten Höhe ganz bestimmt irgendwie zu mir gehören, und das ist vielleicht sogar zuviel für eine unsentimentale Reise.

Wie ich wieder bei Lebleu bin, ist die Zeit weitergegangen. In der Tat fehlen Babette und Armande bei Tisch. Sie mußten zur Mutter zurück und in die Schule, werden aber zur Weihnacht wieder da sein. Weihnachten, das ist gar nicht so weit, wenn man hier ist, und weit, wenn man fort muß. Lebleu kommt nicht mehr auf den Zettel »*maison juive*« zurück. Das ist lange her, und die Mädchen sind fort, die ihn daran erinnern könnten. Die alte Großmutter, die bei meinen Besuchen ein feindliches Schweigen zeigt, hat das Papier fein säuberlich entfernt und seine Reste weggewaschen, an der entweihten Stelle ihres Hauses aber ein großes sichtbares Kreuz angebracht. Im übrigen läuft das Essen ab wie eine Zeremonie. Danach kommt Oberst Dissentin mit seiner schwarzhaarigen fünfzigjährigen Frau, die fromm, aber schwindsüchtig ist und zu allem verbindlich lächelt. Man spricht über Kunst. Der Dichter führt das große Wort, der Oberst gibt ihm Schach und unterliegt. Das erzeugt im Dichter den Mut, auf militärisches Gebiet überzugehen und auch auf diesem dem Oberst vorzutragen. Der wehrt mit lauter Stimme ab. Da er aber nur Verrechnungsoffizier sein soll, greift sogar die Großmutter zugunsten ihres Sohnes ein, der wieder gewinnt. Wie ich gehe, begegne ich einem deutschen Soldaten, der mich nach dem Weg fragt und dem ich auf Französisch Auskunft gebe. Den Nachmittag schlafe ich durch.

Gegen Abend aber klopft es sanft an meine Tür, und als ich öffne, steht Darling Withorse vor mir. Sie kommt freilich in Geschäften. Die Schlächter haben einen Brief geschrieben, den Mutter Suzy Withorse an den Kurier weitergeben soll, den diesmal sie bestellt hat und der auch ein Grenzgänger sein könnte. Der Brief ist deutsch geschrieben, und es wird befürchtet, daß der Inhalt der Vereinbarung zuwiderläuft, nach der die Withorse sofort und prompt zwanzigtausend Franken an Gegenwert für eine Zahlung in Italien erhalten sollten. Ich lese den Brief und übersetze ihn. In der Tat ist ein Passus darin, der besagt, daß das Geld erst auf besondere Weisung der Schlächter bezahlt werden soll. Darling Withorse bittet mich mit süßem Blick, den Brief unter Nachahmung der Handschrift der Schlächter so umzuschreiben, daß diese Stelle wegbleibt. Ich tue ohne Bedenken, worum sie mich bittet: Darling geht mit dem Schriftstück, nicht ohne die künstlerische Köstlichkeit meiner Nachahmung zu preisen.

Ich habe nicht versucht, für meine Fälschung einen Lohn von Darling einzufordern. Es war dies, wie ich mir weismache, weder eine schöne Geste noch ein augenblickliches Versagen. Ich glaube sogar, mir darüber klar zu sein, daß ich sie nicht mehr will. Dazu nötige ich mir innerliche Erklärungen ab, daß ich von Rechts wegen, seit ich das Drahtgitter von Rives Altes passiert habe, tot bin, wiewohl mein Leben nicht ganz transzendental wurde. Ich könnte höchstens meinen Tod weitergeben. Ich esse, trinke, schlafe zwar wie sonst, aber wahrscheinlich nur, um den Anschein des Lebens aufrechtzuerhalten. Ich darf aber nicht lieben, und darum scheitern auch alle meine einschlägigen Versuche. Es wäre höchstens die Tätigkeit eines Incubus. Ich fühle mein Herz heute so leer, wie ich mich gestern dem All nahefühlte. Vielleicht ist der Besuch Darlings daran schuld; sie ist dagewesen, hat mich zu einer Fälschung verleitet und ist gegangen. Das war alles.

Es wird wohl stimmen, daß die Schlächter Gauner sind. Das gibt aber den Withorse nicht das Recht, in dieser Weise zu verfahren, und schon gar nicht mir, ihnen dabei behilflich zu sein. Vielleicht würde es mich nicht so sehr bestürzen, wäre es nicht meine erste Fälschung, wenn man nicht in Rechnung stellt, daß ich die Übersetzung des I.K.G., das nach der Absicht der Nazis »Israelitische Kultusgemeinde« bedeutete, mit »im katholischen Glauben«, zuerst selber mündlich vor der Verhaftung und im Auffanglager durchführte, und dann durch Auftrag an Dolmetscher auch schriftlich durchführen ließ. Vorher habe ich nichts von alldem getan, was ich anderen nicht übelgenommen, weder schwarzen Markt betrieben, noch mir aus Schmuggel, Valuten-, Devisenhandel oder irgendeiner sonstigen Gesetzesübertretung einen Vorteil zu verschaffen versucht, sondern ließ sogar meine karge Ration an Lebensmitteln wiederholt verfallen, statt sie zu verwerten. Allerdings wollte ich nicht als Jude gelten. Aber damals mit dem I. K. G. ging es um mein Leben, und dieses Leben habe ich, wenn auch ohne Inhalt, behalten. Nun begehe ich eine Fälschung für Darling Withorse, weil sie mich darum bittet. Freilich tun mir die Schlächter keinen Augenblick leid. Sie kommen höchstens um das, was sie ergaunert haben. Aber ich bin nicht mehr ich selbst.

Der Dichter Paul Lebleu hat einen famosen Plan, wie er zu einem Truthahn zu Weihnachten kommt. Er hat in einer Zeitung von einer Firma in Nice gelesen, die en gros billig Kartoffeln abgibt. Er selbst hat sowohl die Kartoffeln, die sein Acker trug, als auch die Naturalpacht von Veronica teils mit seiner Familie, teils mit mir verzehrt und braucht neue. Er möchte eine gewisse Menge von unten kommen lassen, dann seinen Bekannten – gedacht ist an den Oberst, aber auch noch an Nocquer und den Anwalt – Anteile abgeben; der Zwischengewinn müßte sich in einen Truthahn verwandeln lassen. Vorerst ist es aber wichtig, zu wissen, welche Mindestmenge man abnehmen muß. Zu diesem Zweck soll ich wieder einmal nach Nice fahren. Ich würde diesen Gedanken normalerweise ablehnen. Die erste Fahrt hinunter war gefährlich genug, sie war aber nötig. Der Truthahn für Weihnachten ist nicht nötig, und das ganze Projekt hat vorläufig keine wirkliche Grundlage. Da ich aber ohnehin mit mir höchst unzufrieden, ja geradezu fertig bin, wage ich meine Haut auch für einen imaginären Truthahn.

Die Fahrt verläuft diesmal ohne Anstand. Allerdings habe ich unterwegs weder Gefahr noch Gegend irgendeiner Beachtung unterzogen. Die Place Masséna ist nicht gesperrt. Aus keinem Haustor kommt mir ein Bekannter entgegen. Nur den beiden Nazialten begegne ich auf der Straße. Sie verwundern sich, mich zu treffen, und berichten mir gleich, daß ein Sonett aus meinem Manuskript »Erbarmungen« den Weg zu dem Schweizer Autor Ernst Zahn gemacht habe, der sich nichts sehnlicher wünsche, als den ausgezeichneten Verfasser bald kennenzulernen. Es wäre ein wechselseitiger Wunsch und sogleich realisierbar, würde mir bloß jemand Einreise und Aufenthalt in die Schweiz verschaffen und mir auch Mittel zu beidem zur Verfügung stellen. Indessen begleite ich die beiden Alten, denn sie gehen zu Festenberg und wissen das heutige Zeichen, auf das er öffnet.

Er empfängt mich freundlich und bietet mir Geld an, fragt mich allerdings, warum ich die Reise gewagt, er hätte mir durch Frau von Quanten, die meine Anschrift weiß, auch sonst geholfen. Als die beiden Alten gehen, behält er mich noch zurück. Er hat mit dem Leben abgeschlossen und ein Gift vorbereitet, falls man ihn findet. In der Zwischenzeit seien nach und nach alle Juden aus der Stadt weggeschleppt worden. Man habe sie zuerst einzeln geholt, dann verlautbart, daß die jüdischen Stellen wieder Unterstützungen an Bedürftige abgäben. Darauf seien Tausende beim Hilfsfonds erschienen und dort gleich von der Gestapo festgenommen worden. Was man noch nicht festgenommen, hole man jetzt. Manche hätten schon Selbstmord begangen, heute morgen ein junger Mann namens Ehrlich, früher französischer Soldat. Ich will Herrn Festenberg nicht sagen, daß ich aus Ekel vor mir selbst oder auch aus irregeleiteter Verliebtheit die Vergasung nicht fürchte.

Ich nehme wieder Quartier bei der Savoyardin. Sie fragt mich gleich, warum ich von oben käme, ob ich vom Leben genug hätte. Ich bejahe. Sie erzählt mir weitere Einzelheiten von ihrem Verhör bei der Gestapo und zeigt mir noch einmal das Bild. Es ist eine Leiche, wie bei Morden üblich. Wäre nicht die Nase, hätte man Fräulein Cahn gar nicht erkannt. Die Savoyardin berichtet nun, wie die Ermordete vorher aufbegehrt hatte. Sie fühlte sich ganz sicher, hatte sie doch einen

Freund bei der PPF, den man noch verständigt hatte und der Intervention versprach. Es hat aber gar nichts genützt. »Kannten Sie nicht auch einen Herrn bei der Gestapo?« »Man hat mir gesagt, daß ein Mann, mit dem ich eingesperrt war, dort eine Rolle spielt. Ich kenne ihn aber nicht so gut. Es war bei einer Internierung, daß ich ihn kennenlernte.« »Vielleicht erkundigen Sie sich über ihn näher! Das ist auf alle Fälle gut.« Ich verspreche es, doch habe zunächst anderes vor.

Der Kartoffelmann liefert nur gegen sofortige Barzahlung und nur eine ganz große Quantität. Ich nehme einen Prospekt und denke darüber nach, ob ich schon jetzt anzahlen soll. Ich weiß aber nicht, ob Lebleu so viele Bewerber auftreibt. Dann treffe ich den Sohn des Obersten wieder, der bei einer Assekuranz Dienst macht. Wir gehen nicht mehr zusammen an den Strand. Die Deutschen haben mit ihrem Schatten das ganze Meer verdunkelt. Der Sohn des Obersten meint, daß es nicht mehr lange dauern wird. In seiner Versicherungsanstalt ist ein Widerstandsnest, die Belegschaft ist fünfmal so groß, als sie sein müßte, um die jungen Leute dem Arbeitsdienst, d. i. der Verschickung in deutsche Fabriken, zu entziehen. Ich begegne noch einem zweiten jungen Mann, der hat einmal mit mir Tür an Tür in einer Wohnung gewohnt und ist freiwillig nach Deutschland arbeiten gegangen. Nun erzählt er, daß man dort elf Stunden schuften muß und daß ein Tscheche, der seine Arbeit wegen Notdurft minutenlang unterbrach, auf Anzeige eines flämischen Spitzels auf Nimmerwiedersehen verschwand, da man nicht öfter als dreimal am Tag und höchstens für zwei Minuten den Abort betreten darf. Er selbst wolle sich verstecken und nie wieder nach Deutschland zurückkehren. Während wir noch sprechen, kommt ein fetter Spießbürger auf uns zu und schreit: »Sie hier! Sie hier! Das ist das Höchste! Ihre Kameraden sind in den Tod gegangen. Sie sind am Leben geblieben!« Ich weiß zunächst nicht, was er will und wen er meint. Dann erinnere ich mich des feisten Lumpen aus dem Gegenzug auf dem Transport Richtung Vernichtungslager. Nun beginne ich meinerseits zu schreien, aber die beiden jungen Leute ziehen mich schon fort, und zwar zickzack. Die fette Stimme hinter uns verliert sich schließlich.

Nun bin ich auf einmal vor Quierkes Fabrik. Hier verabschiede ich mich von den beiden und warte. Es wird bald Arbeitsschluß sein, irgend jemand muß herauskommen. Zunächst sehe ich nur fremde Gesichter, schließlich kommt einer, der mich kennt. Ich will ihn nach dem Chef fragen. Der Mann, offenbar derselbe, der mir die erste Auskunft gegeben, grinst höhnisch: »Der liebe Gott bleibt unsichtbar. Ich sagte Ihnen doch, in welchem Himmel er zu finden ist. Sie haben es gut. Solche Beziehungen.« Ich denke daran, wie ähnlich mir die Rheinländer Quierke und Krone vorkamen, die beide in der Heimat Industrielle gewesen. Aber der eine ist erwählt und der andere verworfen, wie von Kindern beim Auszählen: einer bleibt, der andere geht.

Schon bin ich noch einmal bei der Kartoffelgroßhandlung. Es ist kein eigentliches Geschäft und wenig zu sehen. Ich möchte nunmehr eine Anzahlung leisten. Das Leben geht doch weiter. Man verlangt soviel, wie mein ganzes Geld ausmacht. Ich denke an den jüdischen Hilfsfonds, bei dem ich noch niemals war und wo sie neulich so viele Leute weggeführt haben. Vielleicht will ich die Probe machen, ob Quierke hilft. Ich habe häufig mein Geld im Roulette gesetzt und immer gesteigert, bis alles dortgelegen ist. Siebzehnmal, denn das ist eine gute Zahl, bin ich durchgedrungen. Dann wollte ich nicht mehr hingehen. Doch war eines Tages gerade niemand von meinen Bekannten anzutreffen, ich hatte zu nichts Lust, so ging ich noch einmal ins Casino. Ich spielte und verlor. Ich gewann wieder zurück, verlor wieder. Ich hatte schon alles zurückgewonnen, es aber nicht bemerkt, weil ich das Geld in eine zweckfremde Tasche gesteckt. Ich blieb den halben Tag und die ganze Nacht, zum Schluß verlor ich alles. »Ich hätte mich lieber umgebracht als so ein Vermögen zu verspielen«, sagte eine ältere Frau. Dann begannen die Razzien, und sie war eine der ersten, die man holte, obgleich sie nie im Casino verspielt hatte.

Ich muß nun lange nach dem Hilfsfonds suchen, da ich nicht fragen will, doch finde ich schließlich das Gebäude nach der Beschreibung, die ich zuletzt von Festenberg und früher von anderen erhalten hatte. Ich kann ja hingehen und eine Adresse angeben. Ich wohne nicht hier. Man wird kein Papier verlangen. Ich kann irgendeinen Namen nennen. Aber würde das nicht jeder tun? Die Gestapo wird nicht alle Tage kommen, sonst erschiene niemand mehr. Und wenn sie kommt... Es sind wirklich nur drei Leute vor mir, die sind bekannt. Der Mann, der sie bedient, hat einen schiefen Blick und ein windschiefes Gesicht, das ist zweifellos ein Verräter. Er kommt auf mich zu. »Name, bitte.« Ich nenne blitzschnell den eines bereits Deportierten. »Sie brauchen keinen Namen zu nennen«, sagt er, indem er irgendwie zusammenzuckt, »ich kenne Sie, sonst dürfte ich Ihnen sowieso nichts geben.«

Ich habe nun mehr Geld, aber es war zu gefährlich zu erlangen, als daß ich es zu dem zweifelhaften Kartoffelhändler tragen wollte. Ich gehe jetzt zu Frau von Quanten. Sie empfängt mich ehrenvoll und bereitet ein Festmahl. Auch das Geld für den Feldstecher ist eingelangt. Während der Mahlzeit sprechen wir nichts, aber nachher beim schwarzen Kaffee frage ich nach dem Russen. »Der kommt nicht mehr«, sagt sie. »Es war nämlich so. Sie wissen, daß er mit seiner Freundin und noch einem andern Mädchen lebte, dem er auch ein Kind gemacht hat. Das war für seinen Bedarf nicht genug. Er wollte immer mehr Frauen. Die Mädchen von der jüdischen Widerstandsbewegung wußten dies ebenfalls. Eine davon, die besonders hübsch ist, gab ihm ein Stelldichein im Wald. Er ging hin und wurde niedergeknallt.«

Da ich als Gepäck nur eine Tasche mithabe, ist das Problem der Wiederabreise für den nächsten Tag bald gelöst. Um meine Fahrkarte stellt sich niemand an, auch ich nicht. Ich komme in den Autobus erst zur Abfahrt. Mit jener Sicherheit, den der ungewohnte Besitz von Geld gibt, verlange ich im Wagen vom Chauffeur ein Nachtragsbillett. Auf mein energisches Beharren beläßt mich dieser nicht nur als überzähligen Passagier im ohnehin vorhandenen Gedränge, sondern gibt mir auch, was ich von ihm verlange, ohne jede Aufzahlung. Als ich schließlich angekommen bin, habe ich nichts Schreckliches erlebt, wiewohl von viel Schrecklichem gehört, nicht viel sonst in der Stadt ausgerichtet, aber doch einiges erfahren und komme vor allem als ein Geldmann wieder, der sich über manches hinwegsetzen kann, auch über eine unglückliche Liebe und eine erste Fälschung.

Trotzdem hüte ich mich, bei Lebleu meine Pension vorauszuzahlen. Auch verrate ich zunächst nichts von meinen Moneten. Lebleu hört meinen Bericht von der Notwendigkeit einer größeren Bestellung und ist gleich Feuer und Flamme. Er fragt bei Bekannten und Ortsfremden herum und forscht auch bei den Bauern und schließlich beim Pfarrer. Alle wollen sich an den Kartoffeln beteiligen, das Kontingent ist bereits abgenommen. Nun ist noch das Geld einzusammeln und an den Händler zu senden, was schließlich nach dem von mir mitgebrachten Prospekt auf schriftliche Bestellung per Post geschehen kann. Diese Formalitäten besorgt Lebleu gerne selbst. Uns anderen kündigt er an, daß nach den von ihm vereinbarten Zwischenhandelspreisen für uns weit mehr als ein Truthahn herausschaue. Nun bezahle ich auch meine Pension im voraus und warte auf das, was kommen wird.

Lebleu hat bereits an den Kartoffelmann geschrieben. In Vorbereitung für das große, noch ferne Fest schafft er außerdem schon einen Hasen an, und weil er schon dabei ist, auch frische Forellen, die im Gebirgsbach gefangen wurden. Des weiteren hat er sogar noch ein Rebhuhn ausgekundschaftet, das er natürlich zusätzlich nehmen muß. In der Folge findet sich außerdem ein Stück von einem jungen Eber. Dazu kommen Eier und Butter ins Haus, obwohl die Saison nicht danach ist und man dergleichen äußerst schwierig auftreibt. So rückt langsam das Fest heran, und die beiden Mädchen kehren zurück.

Nun knickst die junge Malerin herbei und hat nur Augen für ihn. Sie bringt auch eine gute Torte, die ihre Mutter gemacht hat. Danach erscheint unvermutet Veronica. Sie trägt, allerdings in ein Tuch eingeschlagen, einen kälbernen Braten und etliches Wurstzeug. Dann tauchen Oberst und Frau auf, aber was sie bringen, lohnt nicht der Mühe, auf den Tisch gelegt zu werden. Man tut es trotzdem, damit ihr Angebinde durch das hellere der anderen überstrahlt werde. Nun ist auch Mrs. Withorse mit ihrer Tochter da. Sie hat drei ganze Torten gebracht, keine selbstgemachten, Konditorfriedensware, dazu, was von niemand erwartet wird, ein Stück vom delikatesten zahmen Schwein. Bleibt noch die Frage, ob es sich hier nicht um ein Ergebnis ihrer verrufenen Kochkunst handelt, es wäre jammerschade um die Sau. Aber die sofortige Probe, die Herr Lebleu anstellt, erweist sich als absolut zufriedenstellend. Es scheint bestätigt, daß hier nicht eigene, sondern fremde, geübte Hände am Werke waren. So erhält Mrs. Withorse den Preis für die beste Picknickgabe, einen Kuß von Herrn Lebleu auf ihre Stirn.

Sodann beschäftigen sich alle mit der Mahlzeit. Die alte Mutter und Suzy Withorse setzen sich zuletzt. Die eine hackt geringe Brocken mit ihrem Geierschnabel, die andere sieht fast nur zu. Darling speist zierlich und geziert. Will sie jemand gefallen? Babette und Armande Lebleu zeigen gesunden, robusten Appetit, während der Vater jeden Bissen genießerisch auf der Zunge den Duft ausströmen läßt und noch Muße findet, während dem Essen Honneurs zu machen. In süßer Frömmigkeit zehrt die Oberstin, die junge Malerin in ekstatischer. Veronica haut ein, als ob sie sich das Schweißtuch verdienen müßte. Aber keiner kann es mit dem Oberst aufnehmen, der mit Hilfe kleinkalibriger Geschütze ganze Armeen an Nahrung in seinen Rachen befördert und von dort in seinen Tiefen verschwinden läßt. Es müssen Abgründe in ihm gähnen. Mich selbst kann ich nicht beobachten, da ich zu sehr in der Beobachtung der anderen aufgehe. Wahrscheinlich würde auch ich für die andern ein komischer Anblick sein, doch hat niemand für einen solchen Zeit.

Als sich nun nach der Mahlzeit der Zug zur Kirche bewegt,

ist es sicher, daß die junge Malerin die Kommunion nehmen wird. Auch Paul Lebleu hat sich angemeldet, der Pfarrer hat ihn aber zurückgewiesen, weil er kein Praktikant der Frömmigkeit sei und sich überdies die Sache zu spät überlegt habe. Den ganzen Weg über schreit Lebleu Verwünschungen gegen den Pfarrer, der ihn unter der schweren Last seiner Sünden am Weihnachtsabend mit Wollust und ohne geistlichen Trost zusammenbrechen sehe. Die jungen Mädchen sind vorangegangen und haben in einer der ersten Bänke Platz genommen. Lebleu führt seine alte Mutter. Die Oberstenfrau ist unsichtbar, sie beichtet übrigens alle Tage. Der Oberst befindet sich an meiner Seite. Er scheint ein wenig mißtrauisch, wie ich mich verhalten werde. In der Bank vor uns sitzen die Schlächter. Wenn sich die andern im Gebet erheben und einige alte Frauen niederknien, küßt Schlächter fast den Boden vor lauter Ergebung. Und seine Frau rutscht auf und ab, als müsse sie mit Strumpf und Rock die Reinigung der Fliesen besorgen.

Auch der Kirchgang geht vorüber. Die Worte des Pfarrers, so sehr sie vorher beeindruckt haben mögen, sind bereits vergessen. Nur Herr Lebleu hört nicht auf, sich über seine Sündenlast zu beklagen. Wahrscheinlich liegt ihm noch ein Teil der genossenen Mahlzeit diesseits der Verdauung, und er möchte ihn mit geistlicher Hilfe durchbekommen, um Platz für das Souper zu machen. Nur fügt er etwas rätselhaft hinzu, der Pfarrer wisse vielleicht im voraus, auf welche Weise er sich entlasten wolle, daher lasse er ihn aus persönlicher Bosheit oder solcher seiner Kaste ungebeichtet. Niemand versteht diese Andeutung, und keiner traut dem Pfarrer prophetische Gaben zu. Im übrigen bleibt die Frau des Obersten mit dem Priester zurück und folgt erst später mit ihm nach. Auch der Pfarrer ist zum Souper nach Mitternacht eingeladen. Die laienhaft begonnene Reveillon (das französische Weihnachtswachen) wird mit geistlicher Assistenz weitergefeiert.

Lebleu erwartet den Pfarrer vor seiner Haustüre, derselben, an der jetzt ein einfaches Kreuz die Bezeichnung »Judenhaus« ersetzt, und hat noch Zeit, ihm vorzuwerfen, daß der

Angeredete zwar ein perfider Diener Gottes und falscher Jesuit sei, er, Lebleu, sich aber nichtsdestoweniger durch Ausschüttung seines Herzens an dem verräterischen Busen des andern erleichtert gefühlt haben würde. Der Pfarrer wirft sich in kämpferische Position, und es steht zu befürchten, daß es trotz der soeben gefeierten Geburt des Erlösers noch zu einem Handgemenge in geistlichen Dingen kommt. Mit fliegenden Schößen will der Pfarrer zuletzt das Feld räumen, nicht ohne vorher Lebleu als einen nichtpraktizierenden Verdammten gebrandmarkt zu haben, der nur in die Kirche komme, um seine Last auf Gott zu werfen, wenn er unter ihr zu verschwinden fürchte. Hierzu rollt er noch ein Bild auf von Kartoffelsäcken, die platzen und den Träger unter sich begraben. Hier beginnt Lebleu zu schluchzen, und ich breche eine Lanze für ihn, daß im ganzen Haus nirgends Kartoffelsäcke seien, die Mahlzeit sei zwar üppig, wie es sich zieme, Kartoffeln aber seien nur in höchst geringer Menge anzutreffen. Nun läßt sich der Pfarrer dazu bringen, an der Mahlzeit teilzunehmen, doch verzehrt er das ihm Gebotene so grimmig, als müsse er darüber das Jüngste Gericht vorbereiten. Zu Ablenkungszwecken erzähle ich ihm von einer alten Bäuerin, die mir bekundet hat, sie glaube nichts, besuche aber nichtsdestoweniger die Kirche, da sie trotz ihrem Unglauben nicht wissen könne, ob da nicht doch etwas sei, an das sie zwar nicht glaube, vor dem sie sich aber fürchte. Der Pfarrer weiß sogleich, um wen es sich handeln kann, und notiert den Namen in seinem Innern. Ich habe eine schlechte Handlung begangen und jemand preisgegeben, um den Pfeil von Lebleu abzulenken.

Lebleu unterdrückt sein Schluchzen, das fast wie ein verfeinertes Rülpsen klingt. Der Oberst ißt mit dem Pfarrer um die Wette und schlägt ihn um Längen, denn er ist Offizier und versteht das Marschieren. Im übrigen ist seine Wißbegier, was mich anlangt, befriedigt. Er hat mich in der Kirche weder bei einer Übertretung noch bei einer Außerachtlassung ertappen können, denn ich kenne den Ritus genau, und auf den Inhalt kommt es sowieso nicht an. Das Tafeln ist nun im vollen Gange, und es sind mehr Personen mit Essen und Trinken beschäftigt als bei der Mahlzeit vor dem Kirchgang. Dazu gießt man reichlich den Rotwein nach, denn ohne sein Blut könnte keiner außer dem Oberst so viele Speisen vertilgen. Auch der Pfarrer wird beim Weingenuß milder, sei es, daß sein gutes Herz nun herausgewaschen wird, sei es, daß ihn das edle Getränk an das Blut des Erlösers erinnert. Er ist schließlich bereit, am Dreikönigstag die Beichte Lebleus entgegenzunehmen.

Darauf ist Lebleu etwas beruhigt und weint nur mehr leise in sein Taschentuch, denn er muß immerhin noch mehr als zwölf Tage mit seiner Seelenlast haushalten. Indessen unterhält sich der Oberst mit der Maladeptin, die Gedichte und Lieder in deutscher Sprache zum besten gibt, denn sie liebt die Deutschen, wiewohl sie auch nichts gegen die Engländer hat. Trotzdem singt und spricht sie das Deutsche schlecht und wird vom Oberst verbessert, der es nicht besser weiß. Für Lebleus Ohren ist der Klang unserer Sprache auch in verderbter Form Musik der Sphären und himmlische Beitat zum Weihnachtsessen. Er kann allerdings nicht Deutsch. Ich fürchte, daß er auch mich in diesem Zusammenhang apostrophieren wird, was mir nicht wohl bekäme, denn ich will nach meinem Ausfall vor der Pforte völlig unbemerkt bleiben. Glücklicherweise hat er, sobald er sein stilles Weinen eingestellt hat, nur Augen für das Mädchen. Frau Withorse geht im Servieren auf, denn nun ist auch Colt, der Sohn, zugegen, der die Vorfeier mit den Dorfschönen, zuletzt mit einer allein verbracht hat. Seine Bemühungen, den Oberst einzuholen, haben nur vorübergehenden Erfolg. Das Interesse richtet sich übrigens bald auf Colts Halbbruder, der schon immer, wenn auch unbemerkt, zugegen war und nun auf Darlings Schoß in vollen Zügen speit. Das Mädchen entläuft darauf wie eine geschändete Nymphe. Es kommt aber bald in Skihosen zurück, die es für anderen Anlaß offenbar parat hatte. Und nun geht das Essen weiter bis zwei Uhr in der Nacht, aber später ohne die Jugend. Der Withorse-Zigeuner wird sodann an

Ort und Stelle zu Bett gebracht. Seine Geschwister sowie die Schwestern Lebleu sind nach La Commune entrückt, wo eine Art Kirtag (Kirchweih) angeht. Mit ihnen verschwindet auch Veronica, die ihre jungfräulichen Gemächer zuletzt für eine Orgie vermietet, in die eine Reihe von Dorfbewohnern verwickelt ist und die darin gipfelt, daß der schöne Colt, wie er später jedermann erzählt, das schönste Mädchen im Dorf ergattert. »Sie hat mir alles gegeben, was ein Mädchen nur einmal hat. Das gibt es hier noch«, ist seine Explikation. Veronica allein verrät zum Sachverhalt nichts, sie ist bezahlt.

Ich selbst habe mich zwischen Alten und Jungen schweigend aufgeteilt, solange sie noch beisammen waren. An der Orgie darf ich nicht teilnehmen, sie ist entgeltlich und nur gegen vorherige Reservation. Ich muß aber annehmen, daß auch Stadtbewohner an dem Feste teilgenommen haben, denn die Bauernjungen sind hier nicht so. Auch ist Armandes Rock ganz zerrissen und mußte Babettens Bluse daran glauben. Ich sehe auch noch, denn ich bin bereits in La Commune, wie Darling Withorse sich von einem mir fremden, nicht uneleganten Herrn halsen und küssen läßt und kaum daran denkt, sich ihm zu entziehen. Das alles geht mich eigentlich gar nichts an, der Katzenjammer beginnt aber bereits zu wirken.

Am darauffolgenden Tage wird sehr spät gemittagt. Lebleu verweilt sehr lange in seinem Zuber. Er empfängt mich nichtsdestoweniger mit ausgebreiteten Armen und spricht von seiner Seelenlast. Er werde mir alles sagen, wenn erst der Dreikönigstag gekommen sei. Vorher dürfe es keiner wissen, der Priester habe das Vorrecht. Zwölf Tage seien viel. Man müsse sie noch ausfüllen, damit sie nicht leer bleiben, mit Sünden ausfüllen, das sei besser als nichts. Ich frage ihn, ob er Geld brauche. Dann biete ich ihm das Geld an, das ich noch habe. Er steckt es ein, ohne nachzuzählen, als ob es ein Bettel wäre. »Sie sind gut, Coucou, gar nicht geizig, wie die Juden sind. Aber Sünden, wissen Sie, Sünden drücken schwer, und Geld ist leicht, nur ein paar Scheine Papier, weiter gar nichts.«

Die Tafel enthält noch die Reste von gestern. Für morgen ist aber ein Ausflug nach Audelà vorgesehen. Wir steigen auf Waldwegen hinauf. Das Tal liegt in unbeschreiblichem Sonnenglanz, wie erweitert durch die ein wenig länger werdenden Tage. Das Viereck, welches der Salon heißt, hebt sich klar aus der Landschaft und den Bäumen, die es statt einer Wand absondern. Auf die Kirche, die die Mitte des Bildes einnimmt, fällt soviel Glanz, wie von einer göttlichen Geburt noch übrig sein konnte. Wir landen schließlich bei der Wirtin im alten Ortsteil, einer dicklichen Italienerin, die für jeden Mann ein schwellendes Herz und eine freigebige Küche bereithält. Sie drückt uns zunächst abwechselnd an ihre Fülle und begibt sich dann in die Küche, um die Mahlzeit zuzubereiten. Da gibt es zunächst Spaghetti mit echtem Parmesan und aufgegossener Brühe, die kraft ihrer Würze in unsere Nasen schreit. Wir greifen so wacker zu, wie es nur möglich ist, aber die Brühe ist bereits eine Mahlzeit für sich, und das Fleisch, das mit Rohscheiben und Wintergemüse nachfolgt, ist eine andere. Immer wieder fließt der kostbare Wein, der höher geschätzt wird als alles andere, denn er ist selten in dieser Gegend und muß wahrscheinlich geschmuggelt werden. Zwar hat die Wirtin das Geschäft nebenan und schöpft aus dem Schwund, denn sie führt alles, was man in Audelà verlangen kann, doch muß sie noch über weiterreichende Wege ihre Ernte eingeheimst haben. Sobald ich mit Lebleu hinabsteige, sind wir selig wie angefressene Engel, und keiner von uns kümmert sich um die einzelnen Deutschen, nicht einmal um das Hauptquartier, an dem wir vorbeigehen, ohne es zu müssen. Er würde der Besatzung alles Gute gönnen und ist durchaus brüderlich gegen sie aufgelegt. »Alles, was sie vertragen können. Es täte mich aber verdrießen, lieber Coucou, und würde meine Ehre verletzen, sollte man Sie von meiner Seite verhaften und müßte ich allein mit meinem winzigen Hund heimkehren.«

Was mich betrifft, so hindert das Feuer des Weins mein Blut am Erstarren vor dem Abgrund von Gefahren, an den ich mich wage. Dazu sage ich mir immer wieder, daß ja sowieso nichts geschehen kann, als daß man mir ein Glück wieder nimmt, das immer unvollständig bleiben wird und zudem Stück für Stück gestohlen ist. Ansonsten besteht es aus keinem andern Stoff als dem rein natürlichen, keine Sorgen zu haben und satt zu sein. Beides bleibt im Leiblichen stecken und hier vorwiegend in der Darm- und Magensphäre.

Da ich die Sorgen, die ich haben sollte, vergesse oder zurückstelle, ist es nötig, daß ich andere an ihren Platz treten lasse, um eine Änderung in meine Daseinsumstände zu bringen. Ich habe mich daher entschlossen, mich an Veronica heranzumachen, obgleich sie mir nicht gefällt, so wie man eine schwierige Aufgabe löst: denn für mich scheint die Anbahnung jeglicher Beziehung zum andern Geschlecht seit meiner Haftentlassung aus Rives Altes nahezu ans Unmögliche zu grenzen. Das liegt nicht an meiner physischen Beschaffenheit, die unverändert ist, aber es muß in meinem Psychischen etwas weggefallen sein, so daß jede erfüllte Verbindung zum anderen Partner unüberbrückbar bleibt. Man bringt mich bald mit Veronica ins Gerede, und das ist mir recht. Auch glaubt so wenigstens niemand, daß ich noch an Darling denke. Veronica macht weder den Eindruck der Jugend, noch ist sie sonst anziehend. Sie stapft hin wie ein Mann und läßt wie ein Roß im Stall frei ihre Winde streichen. Dabei ist sie auch nicht fest in der Form, wie sonst französische Mädchen zu sein pflegen. An einigen Stellen ist sie kitzlig. Ich verliere mich gern mit ihr abseits, wenn ich mich locker der Jugend zu Gängen anschließe. Pilze sind nicht mehr zu finden, doch trägt man Reisig für die Küche heim, das auch das Zimmer heizt, was bei Sonnenauf- und -untergang und während der Nacht von Bedeutung ist. Für meine eigene Behausung trage ich selten etwas fort, sondern hauptsächlich für die der Familie Lebleu, der ich während der Hauptmahlzeiten angehöre. Und jetzt helfe ich Veronica ihren Buckelkorb schultern, und sie trägt mehr, als sie kann, um nur ja dem lieben Gott nicht zuviel zurückzulassen. Aber wenn ich sie beim Auf- und Abladen berühre oder mich ihr sonst nähere, bekomme ich bald das

Gefühl, daß das Ganze nicht stimmt und daß ich nur irgendeine Rolle spiele, in der ich nicht mich selbst verkörpere. Und überdies muß ich sie dann auch gleich loslassen, weil das nicht zur Rolle gehört und man das auf der Bühne nicht tut. Trotzdem scheinen die andern zu glauben, daß etwas geschehen ist. Wenn es so wäre, müßte es ein Incubus sein. Ich bin nicht mehr ich.

Der Weihnachtsbedarf ist vorüber, nun zeigt sich das neue Jahr. Im Jänner nimmt die Wärme zu statt ab. Lebleu bringt weiter kulinarische Kostbarkeiten nach Hause, allerdings Wildbret bis hin zu Hähern, Amseln und Eichhörnchen. Es ist nicht viel daran zu essen, aber es schmeckt trotzdem. Dazu kommen seltenere Gerichte, die Schleichware sein müssen, wie Käse vielerlei Art, geronnene Butter, halbgeräucherte Wurst, und all dies in rauhen Mengen. »Am sechsten Jänner werde ich beichten. Bis dorthin darf ich leben, wie es mir zukommt und wie es meine Krankheit erfordert.«

Schließlich rückt der Morgen der Beichte heran. Für diesen Tag, der ein Fest der Kinder ist, sind die üblichen Palatschinken (Pfannkuchen, hier *crêpes* genannt) vorgesehen, aber auch vielerlei anderes, soweit man es erschwingen kann, und sogar darüber hinaus. Dazu sind der Oberst und Frau eingeladen, zu deren Ärger auch Herr Nocquer, aber ohne seine Frau, Frau Withorse mit allen Kindern, die Malelevin, dazu auch Veronica mit einem ganz jungen Burschen, den sie mitgebracht hat. Es ist ihr Halbbruder und, wie man erfährt, der Sohn von Herrn Lebleu, blond und bleich wie dieser, aber wesentlich robuster und sicherlich nicht krank.

Lebleu ist wie ein Schatten zur Erde gebeugt, als er zur Beichte nach La Commune hinabsteigt. Dem Pfarrer war anzusehen, daß es ihm eine himmlische Freude machen würde, diesem Sünder vor der Absolution gehörig einzuheizen. Es muß aber nicht so gegangen sein, wie er sich dies vorgestellt hat. Denn nach der Beichte erscheint der Sünder völlig befreit und leicht und schwebt förmlich nach Hause. Dagegen macht der Pfarrer einen beladenen und bedrückten Eindruck und verkriecht sich förmlich in seine Bleibe.

Zum Schauder der Anwesenden wiederholt nach Tisch der erleichterte Sünder auf gänzlich unkatholische Art seine Beichte vor den versammelten Gästen. Er habe leider das Geld, das er für die Kartoffeln bei allen Anwesenden, den Pfarrer nicht ausgenommen, eingesammelt habe, für eigene Zwecke verbraucht, statt die Kartoffeln einzukaufen. »Herr Oberst sind sicher nicht böse, Sie haben das Ihrige in Nahrung zurückbekommen. Sie waren, ich gratuliere Ihnen, der beste Esser zu Weihnacht. Sie, Herr Nocquer, haben zwar nichts bekommen, doch ein Prost auf die gute Nachbarschaft. Die andern werden es auch verschmerzen können, denn es sind lauter wohlhabende Leute. Am härtesten hat es den Pfarrer getroffen. Er hat gut die Hälfte beigesteuert.« Totenstille tritt ein, dann spricht der Oberst zuerst. Er wird sehr ernst und nennt das Ding beim richtigen Namen. »Das ist Veruntreuung.« Nocquer räuspert sich nur und ist verlegen.

»Aber, meine Herren«, sagt Lebleu, »wir sind doch alle Freunde. Von Ihnen wird mich keiner anzeigen. Und der Pfarrer hat doch das Beichtgeheimnis.«

Wie ich nun den Steig hinuntergehe, der von Lebleus Haus nach La Commune führt, geschieht wieder etwas, worauf ich nicht gefaßt war. Ich benütze diesen Steig auch sonst bei Tag und abends, selbst wenn die Dunkelheit eintritt, und dann ganz besonders, denn auf der Straße stehen die deutschen Posten, und nach zehn Uhr darf niemand mehr durch, muß alles zu Hause oder zumindest im geschlossenen Ort hocken. Nur zu Weihnacht und Silvester wurden Ausnahmen geduldet. Daran kann ich mich niemals halten, da wir spät zu essen pflegen, und jeden Abend riskiere ich einen Schuß oder mindestens eine Anhaltung, die im Endergebnis auf dasselbe hinausliefe. Diesmal allerdings ist es Nachmittag und der Steig schön sonnig. Das ist mir recht. Aber die mir jetzt begegnet, hat den gleichen Abstieg gewählt, obwohl sie von ihrem Wohnhaus einen kürzeren, besseren und bequemeren hat. Es ist Darling Withorse, die ich soeben treffe. Sie richtet das Wort an mich, das hat sie seit der Fälschung nicht mehr getan, und fragt mich, was ich mache. Ich mache zwar nichts, spreche aber eine ganze Menge. Plötzlich erklärt sie, Deutsch könne sie zwar nicht, aber Russisch habe sie einmal angefangen zu lernen, ihr Lehrer sei so nett gewesen, es komme überhaupt so sehr auf den Lehrer an. Ich nehme an, daß Darling zu denen gehört, die nur des Lehrers wegen lernen, aber da sie auch einige deutsche Sätze vorzubringen versucht, sehe ich bald, daß sie bereits einiges weiß und mit richtigem Ausdruck wiedergibt. Dazwischen ist sie ein wildes Geschöpf oder einschmeichelnd sanft wie eine Taube. Sie geht freilich erst ins siebzehnte Jahr. Das betont sie auch und meint, die jungen Leute aus der Stadt verhielten sich grob, wenn sie mit Mädchen umgingen, die Bauernjungen wären nicht so. Das ist mir nicht neu, ich habe von Weihnacht noch meine Erfahrungen übrig. Ich halte dafür, daß sich nun unsere Wege trennen, aber Darling fragt beim Abschied, wann ich wieder zurückginge und ob ich immer diesen Weg einschlüge. Ich würde gern ein Rendezvous anregen, halte dies aber für taktisch falsch, antworte unbestimmt und überlasse es lieber dem Zufall oder vielmehr der Laune des kleinen Mädchens, ob und wann wir uns wiedersehen.

Nachträglich, in meiner kalten Küche, beklage ich meine Vorsicht oder Unschlüssigkeit.

Der Emigrant, mit dem Frau Nocquer befreundet ist und der Fischer heißt, stellt sich plötzlich bei mir ein. Es ist ein ziemlich langer, schmächtiger Geselle, dem das Judentum auf dem Gesicht geschrieben steht, der sich in östlicher Art wiegt, mit Mitteilungen zurückhält, bereits Mitgeteiltes abzuschwächen sucht und darauf aus ist, etwas zu erfahren. Er bringt mir eine belanglose Nachricht von Herrn Nocquer, den ich mit ein paar Worten zu Frau von Quanten geschickt habe, weil ich eine Kleinigkeit aus meiner dort zurückgelassenen Habe brauche. Herr Fischer lädt mich auch zu sich ein, und ich muß diese Einladung annehmen.

Danach erhalte ich den zweiten Besuch des Obersten. Ich kann mir denken, daß etwas nicht in Ordnung ist, vermute aber nach der Generalbeichte Lebleus, daß sein Erscheinen etwas mit diesem zu tun hat. Dem ist aber nicht so. Der Oberst teilt nur kurz mit, die Deutschen hätten Wind bekommen, daß hier oben Flüchtlinge lebten. Wir seien alle angezeigt und verraten, es müsse noch heute mit Recherchen gerechnet werden. Ich vergesse, ihn zu fragen, aus welcher Quelle er diese Neuigkeit gefischt hat. Er läßt mir übrigens wenig Zeit, ihn hierüber auszuforschen. Sein diesmaliger Besuch war nur ein Abstecher. Er geht so schnell, wie er gekommen ist.

Ich begebe mich daher sogleich waldwärts, muß aber den schlechten Weg gewählt haben, denn ich stoße auf zwei deutsche Zollsoldaten, die mich französisch ansprechen. Verdutzt und erschreckt antworte ich deutsch und weise auch mein Papier vor, das sie gar nicht verlangt haben. Nun setzt eine Befragung meiner Person ein, die fast kein Ende nimmt. Es geht hauptsächlich darum, wieso ich denn hier und nicht im Felde sei. Der Verdacht, daß ich vor Hitler die Flucht ergriffen habe, besteht anscheinend zunächst nicht. Ich berufe mich darauf, daß ich bei den zuständigen Kommissionen gewesen wäre und daß man mir eine besondere Verwendung vorbehalten hätte. Das war vielleicht das Dümmste, was ich mir einfallen lassen konnte, denn sie werden bestimmt nachprüfen, was ich ihnen gesagt habe; doch kann ich meine Worte nicht mehr zurücknehmen.

Als man mich schließlich losläßt und ich mich endlich waldwärts wenden kann, laufen mir auch noch die Schlächter über den Weg. Dabei schlagen sie die Richtung ein, aus der ich gekommen bin, und müssen so den Deutschen in die Hände fallen. Obwohl ich sie nicht leiden kann, wünsche ich das nicht, besonders da ich weiß, daß auf ihrem Papier ihr Judentum vermerkt ist. Ich erzähle ihnen daher, was mir widerfahren ist, und muß nun selbst ihre Gesellschaft in Kauf nehmen, denn sie klammern sich zum Dank an mich wie

Ertrinkende, die ihren Retter am Halse mit sich niederzuziehen versuchen. Zuletzt lasse ich sie stehen und entspringe in den Wald.

Ich muß sehr weit gehen, bis ich mich außer Gefahr glaube. Diesen Teil des Waldes habe ich noch nicht gekannt. Baum und Buschwerk umwachsen hier vollkommen eine kleine, gänzlich abgeschlossene Lichtung, in der ein offenbar schon längst verlassenes Haus steht. Dieses Haus ist zwar gemauert, enthält aber nur einen einzigen Raum. Der Fußboden ist durchgefault. Es befinden sich im Innern keinerlei bewegliche Dinge. Das Dach fehlt beinahe zur Hälfte, der vorhandene Rest ist schadhaft. Das einzige Fenster ist eingeschlagen. Ein Strauch wächst von außen nach innen, der es, zwischen beiden vermittelnd, ersetzt. Auch aus dem Fußboden schießen allerhand Moossorten. Dort, wo er zerbrochen ist, steht schräg ein sonst eßbarer Holzschwamm, doch bereits in ungenießbarem Zustand. Eine Bleibe für den Winter ist dieses Haus nicht mehr, es sei denn, daß man es gründlich reparierte. Ich mache mich daran, dies zu tun, obgleich ich keine Ahnung habe, wie ich Material und Werkzeug beschaffen soll.

Zunächst suche ich die Umgebung ab, auch in Hinblick auf Zugänge. Außer dem übel passierbaren, den ich gekommen bin, bemerke ich einen, der von einem Felsen niedersteigt. Obwohl dies kaum jemals der reguläre Weg gewesen sein kann, sondern noch eher der es war, den ich gekommen bin, bemühe ich mich, den neuen Pfad zu erkunden, und stoße bald auf eine Felswand, die ihm ein Ende zu machen scheint. Nur ist der erste Fels noch besteigbar, wiewohl der Steig nicht über ihn geführt haben kann. Doch als ich auf dem ersten Felsen bin, habe ich einen Ausblick in die Landschaft: Tal, Gebirge, Schluchten wie auf einer Landkarte, bis ans Meer und von dort aus ins Unendliche hinausgetragen. Der Blick ist frei und nicht, wie häufig von Höhen an der Südküste, im Dunst und Dampf der feuchten Luft verschwimmend. Es verlangt mich nun, statt Material und Werkzeug aufzutreiben, von noch weiter oben die Landschaft zu betrachten, aber wie sehr ich auch nach einem praktikablen Steig Ausschau halte, es ist keiner vorhanden, und die knappen Schrunden im Gestein verlangen nach Eisengriffen oder Steigeisen, um zu etwas dienen zu können.

So will ich es darauf ankommen lassen, ob die Felsentürme nicht seitlich umgangen werden können. An einer schmalen Stelle wäre dies vielleicht mit einiger Anstrengung möglich, der Erfolg ist freilich höchst unsicher. Da ansonsten kein Zutritt besteht, halte ich diese Enge für gangbar. An der Ecke verbreitert sich der Raum, aber dort liegt schon etwas. Ich sehe da einen Menschen liegen, der sehr schlank sein muß, und ein Buch lesen. Ich nehme an, daß niemand von der Gestapo dergleichen an solcher Stelle tut, und versuche diesen Menschen näher zu betrachten.

Das schlanke, hier gelagerte Wesen trägt Hosen, scheint daher männlich zu sein, wie auch nicht anzunehmen ist, daß ein weibliches Geschöpf sich auf so schwierigem Gelände und ohne einleuchtenden Zweck so weit verstiegen haben sollte. Allerdings stelle ich jetzt fest, daß der Kopf der Gestalt lange Haare trägt und deren Oberbau die gestreckte Herrenform durchaus vermissen läßt. Ich suche nun näherzukommen und bringe dabei einen Stein ins Rollen. Der Mensch mit dem Buch auf der Felskante erhebt sich jetzt langsam und lacht: »Nicht hier, Herr Coucou, sehen Sie nicht?« Bei dieser Ansprache weist er mit dem Finger auf die senkrechte Beschaffenheit der Felswand an dieser Stelle, und indem er hinzufügt: »sondern da«, bezeichnet er einen anderen Platz, der auf den ersten Blick unzugänglich erscheint, es aber offenbar nicht ist. Der Mensch ist Darling Withorse.

Es zeigt sich dann wirklich, daß von der Stelle aus, die das Mädchen zuletzt bezeichnet hat, der Anstieg zwar nicht mühelos, aber doch ohne Hilfsmittel möglich ist. Ich nehme daher diesen Weg, aber nicht mehr, um Materialien oder Werkzeuge für den ramponierten Bau zu suchen, und ebensowenig, um allein die Aussicht zu genießen. Als ich auf dem äußersten Vorsprung vor der Höhe angelangt bin, reicht mir Darling die

Hand, mehr um mir hinaufzuhelfen als zwecks Freundschaftsbezeugung. Das beschämt mich. Immerhin bin ich jetzt oben bei ihr. Sie fragt mich, was ich in dieser Gegend mache, und ich frage sie dasselbe. Mögen ihre Gründe harmlos sein, sie antwortet jedenfalls nicht, wie ich es übrigens auch nicht tue. Es mag auch ihrerseits eine Flucht gewesen sein, aber keine, um sich vor ähnlichen Gefahren in Sicherheit zu bringen. Darauf wird nichts mehr gesprochen. Wir bleiben eine Weile beisammen, so nahe, wie es die Enge der Felsvorsprünge vorschreibt, und so ferne als es möglich ist, ohne in den Abgrund hinunterzufallen.

Um etwas zu tun, betrachte ich das Buch, das Darling gelesen hat. Es ist eine schlechte Übersetzung von »Also sprach Zarathustra«. »Er ist auch ein Österreicher«, meint Darling in bezug auf den Autor, offenbar um ihre Lektüre zu entschuldigen, denn sie mag die Deutschen nicht. Ich verweise sie nicht auf ihren Irrtum, der ist mir völlig gleichgültig. Ebenso trifft es mich nicht mehr, ob ihr das Buch gefällt oder nicht. Es wäre selbst für Nietzsche nicht wichtig gewesen, ob ein Mädchen von siebzehn Jahren, noch dazu eine französisch sprechende Engländerin, an diesem Band etwas findet. Was mich allein an der Sache interessieren könnte, wäre, warum sie gerade Bücher von Österreichern liest oder lesen will, und ich stelle ihr diese Frage.

Sie meint, daß die Österreicher nicht so seien wie die Deutschen, und daß man die beiden nicht miteinander verwechseln dürfe. Ich frage sie nun, ob sie viele Österreicher kenne. Sie erklärt, sie habe welche gekannt, im übrigen viel von ihnen gehört. Vernünftigerweise muß ich damit rechnen, daß sie mir keine direkte oder indirekte Liebeserklärung machen wird. Ich höre mit Fragen auf und beginne, die Gegend zu bewundern. Sie tut dies auch und bemerkt noch, daß die Freude an der Anschauung sich desto mehr erhöhe, je weniger man dazu sage. Damit hat sie recht, und das könnte auch für die Liebe gelten. Ich überlege mir, ob ich sie nicht küssen sollte, doch bin ich mit meiner Überlegung noch nicht fertig, als sie bereits den Felsen hinabzusteigen beginnt. Sie fordert mich diesmal auf, ihr Buch zu nehmen, und das ist vielleicht schon ein Fortschritt.

Als wir unten sind, scheint es mir nun selbstverständlich, sie zurückzubegleiten. Es ergeben sich vielleicht noch einige Gelegenheiten, sie zu küssen, doch würde dies unterhalb der Felsenhöhe nicht mehr dasselbe sein. Ein Gespräch kommt auch nicht zustande, obwohl es nunmehr immer wieder sie ist, die ein solches beginnt. Sie fragt mich sogar nach meinem früheren Beruf und meinen künstlerischen Leistungen. In diesem Augenblick fällt mir aber durchaus nichts ein, was meine Vergangenheit rechtfertigen könnte, und ich bringe es nicht über mich, sie zu belügen. So zeigt es sich bald, daß wir einander nicht viel zu sagen haben.

Beim Abschied bemerkt sie noch, daß sie in drei Tagen fortmüßten, der schöne Gendarm habe erreicht, daß sie alle ausgewiesen würden. Die Deutschen duldeten jetzt keine Engländer mehr hier, auch wenn es sich um solche handle, die in dieser Gegend befohlen hätten. Sie hat das ganz ruhig und einfach gesagt, doch klang in ihrer sonst weichen Stimme ein wenig von dem Anrecht der Grafen mit, die als ihre Ahnen von Mutterseite hier angeblich behaust und begütert gewesen waren. Vielleicht kommt es mir allerdings nur so vor. Ich frage sie zuletzt, ob ich sie vor ihrer Abreise noch sehen würde. Sie meint, das werde wohl geschehen, sie komme mit ihrer Mutter und ihren Brüdern jedenfalls noch zu Lebleu.

Ich drehe mich noch einige Male nach ihr um. Sie blickt nicht zurück, sie ist so jung. Nun gehe ich zu Lebleu, meine Mahlzeit einzunehmen. Es fällt mir ein, daß heute der Oberst bei mir war und daß ich habe fortwollen. Es fällt mir weiter ein, daß ich schon eine Behausung für mich gefunden habe. Und endlich denke ich daran, daß ich unter dem Sternbild des Schützen geboren bin und immer darauf aus bin, etwas zu Ende zu führen. Aber ich weiß auch, daß ich es schon lange nicht mehr so halte, wie ich es gehalten habe. Die Armbrust des Schützen ist vielleicht zerbrochen, seine Hände zittern, seine Pfeile treffen ins Leere.

Lebleu freilich hat für mich sogleich, und zwar noch vor dem Essen, eine weitere alarmierende Nachricht. Die Deutschen haben beschlossen, daß niemand Verdächtiges mehr im Grenzgebiet bleiben darf. Es solle überhaupt kein Fremder hier bleiben, der nicht einen Acker, ein Feld, einen Wald hier habe. Die Schlächter, die lettischen Juden und Herr Fischer seien nun mit Bestätigungen versehen, daß sie Grund gepachtet hätten und bearbeiteten. Herr Fischer habe überdies ein falsches Papier, denn er sei mit dem Sekretär der Gemeinde befreundet. Die Schlächter seien im Begriff, ebenfalls ein solches, wenn auch für Geld, zu bekommen. Was schließlich die Letten beträfe, so lebten sie hier seit geraumer Zeit, und im Ort habe man sie gern, obgleich man von ihrem Judentum wisse. Die Withorse müßten binnen drei Tagen fort. »Und was ist mit Ihnen, Monsieur Coucou?«

Nun scheint es mir vielleicht sogar ein glücklicher Zufall, wenn ich mit den Withorse gemeinsam gehen müßte, obzwar ich nicht weiß, ob sie mich mitnehmen würden, und so finde ich die Nachricht nicht traurig. Auch habe ich nicht vor, im Augenblick irgendwo vorzusprechen. Aber Lebleu wendet sogleich ein: »Was Sie betrifft, lieber Coucou, so lasse ich Sie nicht gehen. Ich selbst schreibe auf, daß ich Ihnen meinen Acker verpachtet habe. Ich selbst gehe für Sie zum Sekretär.«

Er beginnt bereits, mit beiden Händen oder eher noch mit seinen beiden langen Armen in die Ferne zu drohen: »Wenn Schlächter, Fischer und die Letten bleiben, müssen Sie auch bleiben. Außerdem sind Sie gar kein Jude, sondern ein Deutscher, natürlich ein Deutscher.« Mir gefällt diese Wendung nicht ganz, und ich erkläre, daß ich ja doch kein Deutscher bin, ja, auch kein Ostmärker, sondern ein Österreicher, der angesichts des Anschlusses geflohen sei, daher unbedingt verdächtig und unzuverlässig. Lebleu will nicht verstehen oder kann es nicht. Inzwischen kommt Frau Withorse mit dem Jüngsten und erzählt, daß sie soeben beim Gemeindesekretär vorgesprochen habe, um zu verlangen, daß sie und ihre Familie bleiben dürften und ich auch. Sie habe aber die Antwort bekommen, wir könnten alle nicht bleiben, sie nicht, weil sie Engländerin sei, und ich nicht als Junggeselle, der keinen Acker habe. »Und trotzdem bleiben wir«, habe sie dem Sekretär gesagt und sagt sie jetzt uns. Lebleu bestärkt sie in ihrem Entschluß, und ich finde die Lösung, daß alles bleibt, auch nach meinem Geschmack. Man beschließt eine Vorsprache zu fünft oder sechst für morgen nachmittag.

Einstweilen schreibt Lebleu auf gestempeltem Papier einen Pachtvertrag, wonach er den von ihm gepachteten Acker an mich weitergegeben hat und den Pachtschilling erhalten zu haben bestätigt. Er schreibt in einem erlesenen Französisch, und die Strenge der Jurisprudenz ist trotzdem enthalten, obwohl sie nicht zu seiner Befassung gehört. Tags darauf marschieren wir in einer Kolonne in die Gegend der Mairie. Unterwegs hat sich Frau Withorse die Sache vielleicht anders überlegt, denn sie hat noch einen Weg zu machen und kommt vielleicht nach. Dann verlieren sich die Töchter, welche einen Burschen treffen. Zuletzt hält die Großmutter ihr Beisein für überflüssig und kehrt um. Ich bin schließlich mit Lebleu allein.

Der Sekretär, ein kleiner, runder, freundlicher Mann, läßt uns eine Weile warten, denn der Parteienverkehr ist stark. Schließlich ruft er uns hinein und wiegt den Pachtvertrag in der Hand, als fände er ihn zu leicht. Trotzdem nimmt er ein Gesuch auf, daß ich einen Acker hätte und hier bleiben wolle. Daß ich Junggeselle sei, falle freilich übel ins Gegengewicht, aber er sehe ein, daß ich deshalb jetzt nicht heiraten könne. Das Gesuch will er jedenfalls weiterleiten. Er sagt allerdings nicht, daß er es auch befürworten werde. Ich frage nun auch, was mit den Withorse sei. Er winkt energisch ab: »Die sind Engländer und bleiben natürlich nicht. Haben Sie übrigens nicht genug davon gehabt, daß man bei Lebleu den Zettel mit *»maison juive«* angebracht hat? Nun, die das getan hat, war Sibylle Withorse.« Jetzt beginnt Herr Lebleu, mit den Armen

Protest zu fuchteln. Der Sekretär unterbindet auch diese stumme Äußerung. »Wir wollen darüber weder Zeichen noch Worte verlieren. Man hat Grund, die Sache zu vertuschen.«

Ich nehme an, daß sich der letzte Satz darauf bezieht, meine Situation sei auch sonst nicht ganz in Ordnung. Doch das interessiert mich jetzt auch nicht mehr. Wesentlich ist mir nur noch, daß ich mir nun über Darling Withorse und ihrer Zuneigung zu mir klar bin. Sie hat mich bei Nacht und Nebel aus dem Hause gejagt, als sie wußte, daß draußen die Deutschen sind, die mich holen können. Sie hat mich immer für einen Juden gehalten und einen Zettel mit der Aufschrift »Judenhaus« dorthin geklebt, wo ich meine Mahlzeiten einnehme. Sie hat mich zwar in meiner Wohnung aufgesucht, aber nur, um mich zu einer Fälschung zu mißbrauchen. Sie hat auf meinem gewöhnlichen Wege auf mich gewartet, um mich weiter zum Narren zu halten. Und wenn sie mir jetzt wiederum im Wald begegnet ist und meinen Fluchtweg vereitelt hat, war es allerdings nur ein böser Zufall. Oder sollte sie die *femme fatale* sein, welche jede Rettung, die mir zugedacht war, vereiteln wird, solange ich ihr dies ermögliche?

»Sie sind doch kein Jude«, sagt Herr Lebleu und beschreibt mit seinem Stock Kreise in der Luft, die offenbar der Beschwörung dienen, ihm diese weitere seelische Belastung zu ersparen, mit der er allerdings angeblich schon gerechnet hatte. Aber er findet gleich etwas zu meiner Entschuldigung: »Haben Sie vielleicht Darling den Hof gemacht, und sie ärgert sich darüber? Sie ist doch sonst nicht für die Deutschen.« »Ich habe Darling nie den Hof gemacht und interessiere mich auch nicht für sie.« »Das wissen wir. Sie haben für niemand anderes Augen als für Veronica. Es ist gewiß ein braves Mädchen. Aber vielleicht meint Darling, daß sie sich über Veronica nur lustig machen und nur so tun, als ob Sie in sie verliebt wären. Darling ist ja noch ein Kind, wie meine Töchter auch.«

Die Frage, wann man aufhört, ein Kind zu sein, ist eine strittige und wohl nicht eigentlich für alle Fälle zu lösen. Was Darling anlangt, glaube ich nicht sehr, daß sie noch ein Kind ist. Vielleicht, daß ihr von diesem Zustand ein später weiterentwickelter Zerstörungstrieb geblieben ist. Im übrigen ist meine Erkenntnis, daß ich nun wieder völlig frei in meinen Entschließungen bin, soweit dies die sonstigen Umstände erlauben, eher eine Erleichterung als eine Erschwerung für mich. Ich sage mir, meine Neigung zu ihr sei nie sehr tief gegangen. Daher wäre sie nur eine Schlinge gewesen, welcher sich das Mädchen nach Bedarf bedient hätte, ohne selbst in seiner Freizügigkeit beschränkt zu sein.

Allein die Abreise der Withorse wird von Tag zu Tag verschoben, und der Gendarm schreitet nicht ein, obwohl er es gerne möchte. Die Mutter fährt von Zeit zu Zeit nach Nice, was sie nunmehr auch nicht soll, oder bleibt am Ort, was wiederum verboten ist. Darling besucht sehr häufig ihre Freundinnen, die längst hätten bei ihrer Mutter wohnen und die Schule besuchen sollen, und ich sehe Darling zu Mittag auch. Es hat übrigens einen Streit zwischen Babette und ihr gegeben, weil sie sich mir gegenüber gerühmt hat, Russisch zu können, und ich dies Babette erzählt habe. Babette glaubt nicht an dieses Können und macht ihr die Prahlerei zum Vorwurf. Sibylle besteht aber auf der Richtigkeit ihrer Behauptung. Wir vermögen das alle nicht nachzuprüfen, und so behält sie am Ende recht. Ich sehe nun, daß Darling einen Fuß leicht nachzieht, wenn sie lange geht. Sie hat als Kind Poliomyelitis gehabt, aber sonst dank der Obsorge ihrer Mutter keinen weiteren Leibesnachteil davon behalten.

Herr Nocquer befindet sich in großen Schwierigkeiten. Er ist, was ich längst schon weiß, in jungen Jahren und nicht freiwillig aus dem Kolonialdienst ausgeschieden, weil er über sein Alter hinaus gealtert, zur Erfüllung seiner Aufgaben nicht mehr in der Lage war, und hatte damals auf sein Bitten um Einsetzung eines für ihn erträglichen Entlassungsgrundes das ironische Angebot, ob man ihm vielleicht Gaullismus vorwerfen solle, ernsthaft angenommen, so daß diese Begründung eines Witzboldes tatsächlich in seinen Papieren zu lesen ist. Nun beginnt er sich vor den Deutschen zu fürchten, zumal er schon einmal statt meiner verhaftet war und auch bei seiner Frau etwas nicht ganz zu stimmen scheint. Sobald diese stadtwärts zieht, was die Saison zeitweise mit sich bringt, lädt er Deutsche zu sich ein, und trotz seinem Knickertum spendet er manche Flasche.

Die lettische Jüdin, die etwas unterhalb seines Hauses wohnt, verwendet man als Dolmetscherin bei der Truppe. Die Deutschen wissen nicht, daß sie Jüdin ist, und wollen es auch nicht wissen, zumal sie nützlich erscheint. Die Bevölkerung hat reinen Mund gehalten. Sie aber hofft, durch ihre Arbeit ihr Kind, den kranken Mann und sich selbst über Wasser zu halten. Die Gattin des Herrn Nocquer steckt viel mit ihr zusammen, wenn sie ins Gebirge kommt.

Herr Nocquer hat einen Garten anzulegen begonnen. Dadurch greift er aber angeblich in die Rechte des Obersten Dissentin ein, der ebenfalls eine Gartenanlage vorhat. Ich habe alle Mühe, in Gemeinschaft mit Lebleu Frieden zu stiften. Als mir dies schließlich gelungen ist und die Gartenfläche der von den beiden Gegnern gemeinsam bewohnten Villa auf die Weise geteilt wird, daß der im ersten Stock wohnende Oberst zwar den steinigeren Teil, aber dafür zwei Drittel erhält, Herr Nocquer aber den kleineren, guten Rest, beauftragt mich der Oberst zum Zeichen seines Dankes, seine Fläche zu bebauen, da sein Sohn in der Stadt tätig ist und er selbst diese Arbeit nicht machen will. Ich klaube nun die Steine heraus, und da es keine gute Erde ist, habe ich allein damit ein paar Tage zu tun.

Ich finde diese Tätigkeit zwar, je länger ich sie ausübe, desto weniger mit dem freiwillig übernommenen Amte eines Schiedsrichters zwischen Dissentin und Nocquer vereinbar, doch meint selbst Nocquer, er hätte gegen meine Arbeit nichts einzuwenden, zumal die Einigung bereits zurückliege und er lieber mich als den Oberst neben seinem Restgrund schuften sehe. Ich glaube, daß Nocquer durch seine vorgeschrittene Alterung zwar vielleicht zum Staatsdienst nicht, aber zu meiner Übertölpelung sehr wohl geeignet ist und offenbar im voraus gewußt hat, daß weitaus mehr Steine auf dem von ihm aufgegebenen Grund liegen, als ich annahm. Und vielleicht ist der Oberst sogar eines Sinnes mit ihm. Ich werde hier jedenfalls nie mehr den Richter spielen.

Inzwischen kommt Lebleu und tut seinen Rat und seine Ansicht kund. Als Zuschauer finden sich auch der Kesselflikker des Orts sowie der Totengräber ein. Beide erweisen sich bei Erteilung von Ratschlägen als eminente Fachleute, wobei sie in ihren Meinungen miteinander allerdings nur selten übereinstimmen. Als schließlich mit Schweiß und Mühe von mir alle Steine weggeschafft worden sind, eine Arbeit, die ich den herkulischen Anstrengungen hinzurechnen zu können glaube, muß ich bald das Frühgemüse setzen. Die Anschaffung desselben übernimmt allerdings der Oberst. Herr Lebleu bedingt sich aus, daß für meine Arbeit auch etwas aus der Ernte auf seinen Tisch kommen müsse. Man einigt sich aber nicht leicht auf den Anteil. Oberst Dissentin erklärt zudem, diese Arbeit sei für mich sehr wichtig, weil die Deutschen nun nicht mehr an meiner Landwirtschaftsqualität zweifeln könnten. Hierin stimmt ihm auch Nocquer zu, der zum ersten Mal einer Meinung mit ihm ist. Ich selbst neige mehr der Ansicht Lebleus zu, der ins Treffen führt, daß mich die Deutschen bei meiner Tätigkeit gar nicht wahrnehmen könnten, da sowohl die Straße als auch die Häuser mit ihren Haupteingängen nach oben lägen, die von mir bestellten Flächen aber unterhalb der Häuser und der Böschung, und so nur vom Kesselflicker und Totengräber eingesehen würden, die nahebei Gärten bestellten oder sonst eine Tätigkeit ausübten. Noch schweben die Unterhandlungen zwischen den Parteien, in die ich mich diesmal nicht einmenge. Aber sowie alle Pflanzen eingesetzt sind, kommt der bisher ausgebliebene Winter. Das Wetter schlägt gründlich um, und es fällt hoher Schnee. Damit ist der Streit zwischen Oberst und Dichter zugunsten des Winters entschieden.

Nun haben die Withorse erst recht keine Lust, wegzufahren. Der Winter an der Küste ist zwar warm, aber gewöhnlich feucht und regnerisch. Hier ist es lustig, man kann auch Ski fahren. Darling bereitet sich auf die Wintersaison vor. Die Töchter Lebleu, die dies gleichfalls tun, werden von ihrer Mutter nun für den Schulbesuch reklamiert. Lebleu ist ratlos, er schwankt zwischen Kindesliebe und Pflicht. Die Großmutter setzt sich mehr für die letztere ein. Die Unterstützung, die die Enkelinnen im Haushalt gewähren, wiegt die Kosten ihrer Erhaltung nicht auf. Und an die Mutter braucht man keine Geldhilfe zu senden, da Lebleu völlig vermögens- und einkommenslos ist.

Die Schlächter haben sich zuletzt wiederholt an mich herangemacht. Wo ich gehe, kommen sie auf mich zu und belasten mich mit ihren Sorgen. Sie tun dies auch auf der Post, beim Kaufmann, bei einzelnen Bauern und selbst beim Metzger. Sie passen mich dort ab und schließen sich mir an. Das ist der Dank, daß ich sie einmal vor den deutschen Posten gewarnt habe. Ich werde immer kühler ihnen gegenüber und bedaure, daß ich von Lebleu seit dem nicht mehr aufschiebbar gewesenen Abgang der Töchter mit den Einkäufen betraut werde, für die ich überdies mitunter den Gegenwert nicht erhalte. Meine Kost ist auf lange Sicht vorausbezahlt.

Nun wird vom Herold in der Ortschaft verkündigt, daß alle Deutschen sich auf der Mairie zu melden haben, zwecks Einrücken natürlich. Mir macht die Sache ohnehin viel Kopfzerbrechen, da hier nur ich betroffen sein kann, wenn man mich nämlich für einen Deutschen hält, was man bereits einmal und sehr amtlich getan hat, damals als ich mich noch an den italienischen Polizeipräsidenten um Hilfe wenden konnte. Nun kommen auch noch die Schlächter auf mich zugetänzelt und fragen höhnisch, ob ich den Anschlag schon kenne. Ich erwidere ihnen grob und mache weitere Annäherungen von ihrer Seite unmöglich. Im übrigen überhöre ich den Appell und reagiere gar nicht darauf. Gegebenenfalls ziehe ich es vor, als Fahnenflüchtling erschossen als wegen Judentums vergast zu werden.

Bald folgt aber die zweite Neuigkeit. Der Herold verkündigt sie genau. Alle Personen, die seit Kriegsbeginn ins Gebirge gezogen sind, haben sich zu melden und sind auf eine Liste zu setzen, die die Deutschen verlangen. Herr Schlächter verhandelt lange mit dem Sekretär. Er will ein anderes falsches Papier. Vielleicht ist es zu teuer, vielleicht hat er es erhalten. Er geht grölend weg. Am nächsten Tag heult der Metzger und klagt, daß die Schlächter bei ihm einen ganzen Schinken und ein viertel Kalb auf Borg genommen hätten, nun seien sie mit dem Morgenautobus samt allen ihren Koffern fort. Er betrachte sich als einen ruinierten Mann. Niemand bedauert ihn, doch fühlt man auch nicht mit den Entronnenen, die, nach seinen Klagen zu schließen, noch weit mehr als er zugibt, auf Borg weggeschleppt haben dürften.

Am Nachmittag kommt Fischer zu mir, er ist in großer Aufregung. Soeben seien zwei Soldaten mit einem Maschinengewehr bei ihm gewesen und hätten ihn gesucht. Man habe ihn als Juden denunziert, obwohl er es nicht sei. Er ist es natürlich schon. Glücklicherweise sei er gerade nicht zu Hause, sondern beim Sekretär gewesen. Der habe auch den Denunzianten herausgefunden und Fischer gewarnt, in die Falle, das heißt nach Hause zu gehen. »Gehen Sie auch fort, Herr Coucou!« beendet Fischer seine vertrauliche Mitteilung. »Ich fahre jetzt hinunter, komme aber später wieder. Ich habe ein Papier, daß ich landwirtschaftlicher Arbeiter bin.«

Am Abend ist große Aufregung bei den Letten. Herr Nocquer hat ihnen geraten, zu den Deutschen zu gehen und sich bei ihnen als Juden zu melden. Er hat gemeint, daß dies für sie vorteilhaft wäre. Das wundert mich nicht von ihm. Sie aber haben es geglaubt, und das wundert mich schon viel mehr. Die Deutschen haben sie zwar nicht verhaftet, setzen ihnen aber eine Frist von vierundzwanzig Stunden, um von hier zu verschwinden. Das ist für sie besonders kritisch. Sie sind als einzige von uns allen mit eigenen Möbeln ausgestattet, und überdies haben sie sonst gar nichts, keinerlei Mittel. Der große Wirt aus dem Ort nimmt aber schließlich ihr Kind auf und versorgt auch ihre Einrichtung. So werden sie mit Gottes Hilfe gehen.

Der große Wirt des Ortes, der auch praktisch das Bürgermeisteramt führt, da der ernannte Bürgermeister hier gar nicht wohnt und nur selten kommt, ist mir bereits von meiner Wohnungssuche bekannt. Damals wollte er mir zunächst eine Villa in La Commune vermieten, später zog er sein Angebot zurück. Näher kannte ich ihn nicht, nur seinen kleineren Kollegen, der als ein großer Spitzbube gilt und bei dem ich dank Darling und den Schlächtern die ersten Tage meines Aufenthaltes Quartier nehmen mußte. Der große Wirt Ramier ist dem kleinen durchaus unähnlich. Er hält zwar den Marschall Pétain für einen Vater des Volkes, zumal er auch der Sieger von Verdun gewesen und soviel für Frankreich herausgeholt habe, als man unter den gegebenen Umständen hätte herausholen können. Von den Deutschen verspricht er sich aber nichts Gutes und verabscheut ihr Mordgelüst und ihren Weltbeglückungsschwindel. Er lebt mit seiner Frau, einer Lehrerin, und einem jungen, hübschen Sohn recht zurückgezogen und beteiligt sich nicht an den örtlichen Streitigkeiten. Sein Wirtshaus in La Commune ist besser als das seines Konkurrenten und hat auch höhere Preise. Es wird von den Ortsbewohnern, aber auch von den Deutschen nur selten, hauptsächlich bei festlichen Anlässen besucht und war für Sommerfrischler und sonstige Urlauber gedacht gewesen, doch verfügt der Wirt anscheinend über hinreichende Gelder, die Vakanz zu überbrücken. Der Lettin hat er sich nicht nur aus ihm eigener Hilfsbereitschaft angenommen, und weil er sie schon lange kennt, sondern überhaupt aus einer lauteren Gesinnung heraus und dem Mangel an Judenhaß.

Lebleu schimpft bei der Suppe auf den Wirt. Er hat zwar dieselbe politische Gesinnung wie dieser, nur daß er auch außerdem noch die Nazis liebt und die Juden haßt, doch ist er im Grunde genommen kein schlechterer Mensch als Ramier. Aber vielleicht sind die Guten, wie andre Kollegen auch, aufeinander eifersüchtig, im gegebenen Fall auf die Ausübung der Güte, wiewohl Lebleu die Jüdin nicht mag, wie sich jetzt herausstellt. Nach dem Essen erscheint Frau Withorse mit ihrer ganzen Familie. Man hat sich zu fahren entschlossen. Die Liste für die Deutschen ist ihr sehr nahegegangen. Nun fragen mich alle, was ich tun werde. Ich fahre nicht.

Das trifft sich übrigens nicht so schlecht. Der freundliche dicke und kurze Sekretär der Gemeinde ist nämlich in großer Verlegenheit. Er hat an die Polizeipräfektur von Nizza berichtet, daß drei ehrsame Familien, nämlich die Letten, die Schlächter und Fischer, die übrigens Pächter seien, ansuchten, im Orte bleiben zu dürfen. Mich hat er nur ganz nebenbei erwähnt, als einen Junggesellen, der auch gerne bleiben würde, wenn ihm dies gestattet werden könnte. Nun hat er den Auftrag erhalten, die Papiere vorzulegen. Das Papier der Lettin trug die Aufschrift »Jüdin«, das von Schlächter war falsch und das von Fischer von ihm ohne Befugnis ausgestellt. Nun sind Fischer und die Schlächter fort, auch ist die Lettin im Begriffe, von hier zu verschwinden. Übrig bleibe daher nurmehr ich. Man hatte nicht allzu großen Wert darauf gelegt, mich hierzubehalten. Da nun aber die Präfektur auf Vorlage aller Papiere drängt, besteht man gemeindeseits darauf, daß wenigstens ich bleibe. »Wo sollte Coucou sonst bleiben?« fragt Lebleu den Sekretär. »Er hat kein Geld, keinen Unterschlupf. Bei uns ist er noch am besten aufgehoben.« Und wiewohl für den netten, aber sonst anders gearteten Beamten die von Lebleu erwähnten Pluspunkte in keiner Weise zählen und auch nicht zählen dürfen, da man in Frankreich als Flüchtling zwar nichts verdienen darf, aber bei jeder Aufenthaltsverlängerung Geld vorweisen muß, das einer dem andern oft hierzu borgt, ist er ausnahmsweise einer Meinung mit ihm. Er nimmt daher mein Papier in Empfang und sendet es wohlwollendst an die Präfektur. Alle Empfehlungen, die nicht ohne Beziehungen und nach Maßgabe der Beiträge auf die Schlächter, Fischer und die Letten verteilt waren, sammeln sich nun aus gänzlich anderem Grunde auf meinem unwürdigen Haupt.

Nach drei Tagen bin ich der einzige Fremde im Ort. Die Deutschen patrouillieren überall und beschränken diese Gänge nicht mehr auf Kontrollen zwischen Maisonpierre und

Audelà oder oberhalb von Audelà, sondern dehnen sie auf das ganze Gemeindegebiet und darüber hinaus aus. In La Commune sieht man sie jetzt den ganzen Tag. Nachträglich erzählen mir Nachbarn, auch die Familie des Zöllners Bougu, daß sie schon dreimal bei mir gewesen sind. Nun schicken sie ihre Listen fort, ohne mich gesehen zu haben.

Heute treffe ich den Leutnant mit drei Soldaten. Er verlangt mein Papier. Ich habe keines und verweise ihn an die Mairie. Er fragt mich, was es für eine Bewandtnis damit habe. Ich sage ihm, man habe die Urkunde nach Nice geschickt. Er sagt, er werde später vorbeikommen, und geht. Der eine Soldat, es ist natürlich ein Landsmann von mir, bringt ihn mit dem bei uns ortsüblichen Grinsen, in dem sich Dreck, Stupidität und Verlogenheit zu einer Art Trinität vereinigen, dazu, mir nachzufolgen und mich auf Herz und Nieren zu prüfen. Aber bevor er noch zum Reden kommt, trete ich ihm energisch entgegen und sage ihm: »Was wollen Sie noch? Das Papier durchläuft Ihre vorgesetzte Behörde und die Gestapo, bevor mein Aufenthaltsgesuch entschieden wird.« »Sie haben erst ein Aufenthaltsgesuch eingereicht?« fragt er, unsicher, ob er nicht doch amtshandeln soll. »Gewiß«, antworte ich ihm mit einer Sicherheit, die ich aus der Luft greife, »und Sie werden von der Entscheidung verständigt werden.« Damit setze ich energisch meinen Weg fort, nicht ohne dem lausigen Niederösterreicher einen Peitschenhieb in Gestalt eines entsprechenden Blickes zugeworfen zu haben, wie ihn nur einer austeilen kann, dem dies zusteht und erlaubt ist. Der zuckt geprügelt zusammen und sagt auch nichts mehr.

Mich wundert, daß diese Gegenattacke geglückt ist. Mir war nichts anderes übriggeblieben, als sie zu wagen, und ich fand auch glücklicherweise gleich die richtigen Worte und den richtigen Ausdruck. An Quierke habe ich dabei nicht gedacht. Ich denke jetzt an ihn, wie er die Listen mit den gemeldeten Personen übernimmt und meinen Namen ausstreicht, sobald er ihn liest. Er denkt noch immer an mich. Wie ich nunmehr erfahre, ist es aber ganz anders gewesen. Bericht und Listen, die sie im Wagen hinunterbrachten, wurden von den Bomben der Widerstandsbewegung gesprengt. Man weiß sogar den Ort, wo dies geschehen ist. Ich möchte den Helden danken, die sich allein meinetwegen bemüht haben, denn die Namen der andern zählen nichts mehr, da deren Träger schon in Sicherheit sind. Leider sind es unbekannte Helden, die Quierke die schwere Entscheidung, ob er mich preisgeben oder mir zum Dank für eine Vertragserrichtung, die er sonst nicht bezahlt hat, mein Leben schenken solle, erspart haben.

Wie ich mich über meine neuerliche Rettung freue, verstellt mir der schöne Gendarm den Weg: »Herr Coucou, es gibt nur eines für Sie: Verschwinden!« »So? Aber der Sekretär sagt, ich muß bleiben.« »Ich bin nicht der Ansicht des Sekretärs, der vielleicht seine besonderen Gründe hat. Ich meine es gut mit Ihnen.« Ich höre nicht auf ihn. Im Walde treffe ich das schöne Bauernmädchen Madeleine, auf dessen Schoß ich die erste Fahrt hierher zurückgelegt habe. Es grüßt mich, und ich habe Lust, es zu küssen, tue es aber nicht.

Es wird März. Frau von Quanten schreibt mir, daß sie kein Geld mehr für mich auftreiben kann. Festenberg verleiht keines mehr, verlangt vielmehr das seine zurück. Er selbst ist knapp bei Kasse. Wir brauchen aber Geld, Lebleu und ich. Herr Nocquer erfährt von mir, daß ich eine kleine Markensammlung bei Frau von Quanten zurückgelassen habe, in der auch einige sehr gute Stücke enthalten sind. Er ist bereit, zu ihr zu fahren, die Stücke zu beheben und abzusetzen. Ich gebe ihm die Ermächtigung dazu. Er kommt strahlend zurück. Er hat die Marken um ein Zehntel ihres wahren Wertes abgesetzt. Von dem Erlös hat sich Frau Quanten bezahlen lassen und etwas dem Festenberg gegeben. Mir selbst bleibt das Nachsehen.

Ich kann nicht mehr nach Nice fahren. Man sucht mich dort bereits. Nicht einmal das hat Quierke verhindern wollen oder können. Ich sehe den robusten Feigling zittern. Er wird noch mehr zittern, wenn das Gericht für seine Zittertaten kommt. Ich sollte auch hier nicht bleiben. Man wird mich bald hier suchen. Niemand wird das verhindern können oder wollen. Weder ist Geld da, um mein Leben an Ort und Stelle zu sichern, noch solches, und dies schon gar nicht, um mir fortzuhelfen. Nocquer bietet mir dreihundert für meine goldene Uhrkette, sie ist gut ihre drei-, viertausend wert, aber niemand will sie. Ich habe noch ein paar wertvolle Marken bei Frau von Quanten, davon habe ich bisher nichts gesagt, weil es meine letzten Wertgegenstände sind. Nun biete ich sie zum Verkauf an, das Leben geht sonst nicht mehr weiter. Frau von Quanten hat eine Freundin, eine Malaiin aus Holländisch-Indien, die einen Herrn von Ahfensaas geheiratet hat. Diese hat einen polnischen Juden namens Nickermann zum Freund, der sich mit Marken gut auskennt. Die beiden sind angeblich sehr verläßlich. Weil die Marken so wertvoll sind, will Frau von Quanten, daß ich persönlich nach Nice herunterkomme.

Ich wage auch diese Fahrt, die ich wie ein Schlafwandler zurücklege. Weder sehe ich die Gegend, noch bemerke ich die Gefahren. Ich weiß nicht einmal, wo ich wohnen kann, denn ich habe überhaupt nichts mehr außer dem Fahrgeld in die Stadt, das ich mit Mühe aufgetrieben habe. Sogleich begebe ich mich zu Frau von Quanten und finde dort die Ahfensaas und auch den Liebhaber Nickermann und erkenne sogleich ihre Vertrauensunwürdigkeit. Wie man mir sagt, will die Ahfensaas den Liebhaber irgendwo verstecken, da ihr Mann angeblich bald nach Monte Carlo kommt, wo auch sie wohnt und den Liebsten bisher bei sich untergebracht hat. Es ist ein besonders gutaussehender Mann Marke Bonvivant, dem der angenehme Schurke im Gesicht geschrieben steht. Sie strotzt von Häßlichkeit, ähnelt einer unterentwickelten Giraffe und dürfte aus der Mischung der Ausgüsse verschiedener Rassen im Schoße einer ostindischen Hure entstanden sein. Ich sage Frau von Quanten abseits meine Bedenken, das ist nicht leicht, weil sie mich nicht gut hören kann und ich angesichts des Besuches weder schreien soll noch will. Schließlich bezahlt aber Frau Ahfensaas einen nicht sehr wertvollen Satz, der sich noch vorfindet, generös, so daß ich den Vorstellungen der von Quanten nachgebe und der Eurasierin und ihrem Liebsten die Wertstücke anvertraue. Mit dem Geld kann ich bei der Savoyardin Quartier nehmen. Ich will aber nicht lange bleiben. Man bestätigt mir gleich, daß ich hier auf der Liste bin. »Mir scheint, Sie haben Ihren Mann bei der Gestapo nicht gefunden, oder er tut so wenig für Sie, wie der PPF-Mann für Fräulein Cahn.« (PPF = Partisan Populaire Français) Ich dränge Frau von Quanten, die Markensache voranzutreiben. Trotz ihrer Schwerbeweglichkeit begibt sie sich selbst nach Monte Carlo. »Denken Sie nur! Sie hat mir ins Gesicht geleugnet, die Marken von uns bekommen zu haben. Den Liebsten hat sie teuer und gut versteckt, wahrscheinlich für Ihr Geld.« Ich weiß nun nicht, was ich machen soll. Frau von Quanten drückt mir viertausend Franken in die Hand. »Herr Festenberg hat mir das gegeben, wie er von der Geschichte gehört hat. Es war sein letztes Geld.«

Ich bin nun wieder in La Commune und habe Lebleu das Geld abgeliefert. Frau von Quanten hat sich sogar mit Herrn von Ahfensaas in Verbindung gesetzt und ihm von der Schuld seiner Frau berichtet. Als er sich halsstarrig stellt, bringt sie das Gespräch auch auf Herrn Nickermann. Ahfensaas soll sehr wütend gewesen sein, aber nicht auf seine Frau und deren Liebsten, sondern auf mich. »Geben Sie mir die Anschrift dieses Mannes, ich zeige ihn noch an. Wieso hat er so wertvolle Marken? Die hätte er längst schon abliefern müssen. Oder sagen Sie ihm, daß er mich hier in Monte Carlo besuchen soll. Ich will ihn lehren, meine Frau für eine Diebin und mich für einen gehörnten Ehemann zu erklären.« Ich verstehe nicht, warum Frau von Quanten alles Vorgebrachte auf mich geschoben hat, wo sie mir doch selbst von allem Mitteilung machte. Wahrscheinlich will sie es sich nicht meinetwegen mit der Ahfensaas ganz verderben, obwohl sie weiß, daß diese nichts als eine gemeine Verbrecherin ist.

Großmutter Lebleu soll sich eines Tages beim Kochen mit einem Küchenmesser verletzt haben. Sie hat die Wunde nicht gut versorgt und einen enormen Finger bekommen. Lebleu geht mir ihr zum Arzt, der in Audelà wohnt. Der gibt wenig Hoffnung, die Großmutter ist über neunzig. Lebleu soll mit ihr nach Nice fahren. Veronicas Mutter erwartet ihn dort, die einmal seine Freundin gewesen ist und von der er auch den Buben hat, der zuletzt mit Veronica bei uns war. Beim Abschied macht er wenig Worte, er hofft, bald wiederzukommen. Nun fahren auch noch die Nocquers hinunter. Zuletzt muß man für die Großmutter doch das Rettungsauto kommen lassen. Ihr Finger ist so dick wie die andern drei ohne den Daumen. Sie ist sehr gefaßt. Wie man sie auf der Bahre hinausträgt, sagt sie: »Ich komme niemals wieder. Was wird mein Sohn tun ohne meine zweitausend Franken Rente?« Oberst Balthasar Dissentin und ich begleiten sie zum Wagen.

Nun bin ich allein und habe Lebleus Hund in Kost genommen. Er friert und hungert mit mir. Wenn die Deutschen mich holen kommen, wird er sicherlich anschlagen, dann springe ich vielleicht durch ein Fenster. Die Maiabende sind noch immer kalt. Der Winter kam spät und blieb lang. Doch gibt es zum Glück schon Pilze im Wald. Geld gibt es nicht.

Die Auffindung des Kreuzes ist das Fest von Audelà. Ich bin bei Festen nie dort gewesen, es war zu gefährlich. Jetzt gehe ich doch hin und nehme den Hund mit. Vielleicht fällt etwas für mich ab, und das ist die Gefahr wert. Ich habe für weit weniger reichliches Essen, als ich dort oben bekommen könnte, tagtäglich auf dem Wege von Lebleu zu mir meine Haut riskiert, wenn ich jedes Mal nach dem Couvrefeu, ja nach Mitternacht nach Hause strebte.

Mich empfängt die Wirtin, die seinerzeit Lebleu und mich so gut aufgenommen hat. Sie fragt mich nach ihm, da sie den Hund an meiner Seite sieht. Nach langer Zeit zum ersten und vielleicht zum letzten Mal verzehre ich eine überreiche Mahlzeit und trinke dazu überreichlich Wein. Zum ersten Mal in meinem Leben weiß ich nicht, wer sie bezahlen wird. Später erscheint plötzlich Oberst Balthasar Dissentin mit Frau. Sie versorgen sich im angrenzenden Kaufmannsgeschäft mit Schleichware, dann nehmen sie im Wirtshaus den Apéritif. Da es nur den einen Tisch gibt, müssen sie an meiner Seite Platz finden. Ich glaube, sie haben Angst, für mich zahlen zu müssen. Ich habe die Franzosen meistens geizig gefunden, trotz der Generosität, die sie sich selber nachrühmen, aber Oberst Dissentin ist noch viel geiziger als alle andern, die mir je begegnet sind, zusammengenommen. Ich glaube, er würde lieber sterben, als für mich zahlen zu wollen. Nun erscheint schließlich der Notar aus der nächsten Stadt. Er kommt als Gast zu diesem sehr großen Fest von Audelà. Auch gibt es viel zu essen, und das ist selbst für einen Notar jetzt bemerkenswert. Der Oberst macht ihn mir mir bekannt. Der Notar setzt sich an meine andere Seite. Kommt schließlich der Pfarrer, aber der bleibt nur ganz kurz, denn der Mesner erwartet ihn zu Tisch. Ich kenne den Notar nicht gut genug, aber da kommt ein Viehhändler mit Weib und Kind, mit dem könnte ich Bekanntschaft schließen. Es erweist sich aber, daß der Platz neben uns nicht reicht, denn der Notar erwartet noch Familie. Die Wirtin bringt einen anderen Tisch für den Viehhändler und klemmt ihn in die Ecke. Nach Ankunft der Leute des Notars bleibt nur noch ein Platz für einen Menschen übrig, der für mich zahlen könnte. Auf diesen schwingt sich im Nu ein luftiger deutscher Feldwebel, der sich sofort auf Französisch in die Unterhaltung einmischt, doch dann nicht die richtigen Worte findet. Der Viehhändler will sich gerne mit ihm verständigen, kann es aber nicht. Der Notar macht den Dolmetscher. Der Pfarrer, der ohnehin nicht bleiben will, grinst freundlich und geht. Der Oberst sieht bedenklich auf seinen Teller, geht aber nicht. Ich muß bleiben, bis meine Zeche bezahlt ist.

Wie der Notar die Meinungen des Viehhändlers übersetzt, begeht er Fehler über Fehler. Halb unbewußt, halb aber mit Absicht, denn der Wein hat mir stark zugesetzt, verbessere ich ihn. Der Platz mir gegenüber ist jetzt frei, der Pfarrer ist gerade gegangen. Auf diesen Platz schwingt sich nun der Feldwebel, der den seinen verlassen hat. »Sie können gut Französisch, Herr Kucku! Sie können auch gut Deutsch. Ich weiß es, wir wissen es alle. Wir wissen auch genau, wer Sie sind, Herr Doktor Kucku! Ich sage es auf Deutsch. Die andern verstehen uns nicht. Wir wollen Freunde sein. Ich bin ein rheinischer Maler, und Sie sind ein österreichischer Dichter, das paßt gut zusammen.« »Was ist Herr Kucku, ein Doktor Kucku?« läßt sich jetzt der Notar vernehmen, der doch das eine oder andere Wort aufgepickt hat. »Dieser Herr, der Doktor Kucku, ist auch ein Rechtsanwalt und Notar.« Ich weiß, daß die Rechtsanwälte in Deutschland auch Notare sind, bei uns aber sind es zwei verschiedene Berufe. Ich komme aber gar nicht dazu, den Feldwebel zu korrigieren, bevor der bereits illuminierte Notar mich freundlichst als Kollegen begrüßt und erklärt, daß ich selbstverständlich sein Gast sei, worauf der Viehhändler uns alle einladen will. Der Oberst hat das Ende der Debatte um die Bezahlung der Rechnung nicht abgewartet und ist mit seiner Frau gegangen. Vielleicht war er entrüstet, daß wir andern mit dem deutschen Feldwebel sprachen, vielleicht auch hatte er Furcht, daß die Zahlung der Zeche zum Schluß noch an ihn kommen werde oder zumindest, daß man sie, seinem Range entsprechend, von ihm erwarten werde. Als einen besondern Akt von Vorsicht muß ich ansehen, daß er auch für sich selbst nichts bezahlte.

Kaum ist er gegangen, als der Feldwebel seine Ansprache an mich fortsetzt und zur Verdauung derselben immer mehr Wein für sich und mich kommen läßt. »Wir sind keine Nazis. Wir waren sehr froh, daß Ihr Herr Fischer uns entkommen ist. Er war bestimmt ein Jude. Was geht das uns an? Wir sind deutsche Zollsoldaten und nehmen nur wen hopp, wenn man ihn anzeigt. Wir Deutschen tun unsre Pflicht, sind aber keine Denunzianten, Ihre Landsleute sind es schon. Wenn die herausbekommen, wer Sie sind, dann sind Sie gewesen.« Hier will der Notar wieder eingreifen. Der Feldwebel, der schon einiges getrunken hat, packt ihn an der Brust und schüttelt ihn: »Kusch, Notar, ich bin da mit meinem Landsmann Kucku! Dein welsches Geschwätz brauche ich nicht dazu.« Der Notar ist verdutzt, zahlt und geht. Der Viehhändler folgt ihm auf dem Fuße. Ich bin jetzt mit dem Feldwebel allein, kann aber nicht gehen, obwohl die Zeche bezahlt ist.

»Hör mal, mein Lieber, ich habe meine Charge verloren, weil ich vom Tanz zu spät in die Kaserne bin, und dazu noch Arrest bekommen. Und wem verdanke ich das: deinen Österreichern. Die haben auch den Fischer fassen wollen, wie ihn der krumme Bauer verraten hat. Der Krumme läuft wie ein Wiesel, wenn es darauf ankommt. Ich war aber vorher beim Sekretär und habe ihm gesagt, was gespielt wird. Da hat er den Fischer bei sich behalten. Noch Wein, Wirtin, immer mehr Wein!« Die Wirtin ist selig, sie liebt die Deutschen so sehr. Und da betrinken sich gleich zwei bei ihr, und der eine ist ein Freund von Herrn Lebleu.

»Was andres von deinen Österreichern, lieber Peter!« sagt nun der immer vertraulicher werdende Feldwebel, der die französischen Weine sehr liebt, wie es sich für einen guten Deutschen schickt. »Wir waren früher unten in Saint George. Da war eine hübsche Jüdin, die hat uns immer eingeladen, alle Kameraden und mich. Wir sind recht gern hingegangen, sie war ein reizendes Geschöpf, man konnte sie gut leiden, und sie verstand es auch, gut aufzutischen. Deine Freunde, die Österreicher, kamen aber viel öfter als wir und fraßen alles auf, was sie hatte. Wie nun nichts mehr bei ihr zu holen war, haben deine Österreicher sie angezeigt, und wir alle mußten sie festnehmen. Ich auch. Sie hat so flehentlich gebeten. Ich habe ihr nicht helfen können. Es hat jeder gewußt, Pflicht ist Pflicht. Deinen Fischer habe ich aber doch laufen lassen. Ja, das war eine Ausnahme von der Pflicht, das war Katzenjammer, und niemand hat's gesehen.«

»Und es ist vielleicht auch gar nicht wahr«, setze ich hinzu, denn Wein verpflichtet zur Aufrichtigkeit. »Sag das nicht, sonst werde ich ernstlich böse! Wir Deutschen haben alle die Nase voll, nur die Österreicher nicht. Die haben uns diesen Schickelgruber geschickt, ihren Schickelgruber, deinen Schickelgruber. Ich würde ja aufgeben bei diesem de Jaulle, aber das soll ein Kommunist sein. Und die Russen will ich nicht, dann schon eher die Amerikaner. Aber wann kommen die endlich? Sie kommen überhaupt nicht. Meinst du, daß wir diesen Krieg gewinnen werden?« »Mach dich nicht patzig, Feldwebel, den habt ihr schon längst verloren!« »Du bist ein mutiger Mann, Peter, sagst, was du dir denkst, in deiner Lage! Nein, dich beneide ich nicht! Jetzt komm aber mir mir! Wir feiern weiter. Bei uns ist auch ein Fest.«

Ich mache keine Ausflüchte. Die wären sowieso nutzlos, auch beschwichtigt der Wein meine schweren Bedenken. Es dauert nicht lange, so stehe ich vor einem Hauptmann, der mir beide Hände entgegenstreckt: »Willkommen, Herr Doktor Kucku, wir haben Sie schon lange erwartet!« Dann sehe ich noch die Fratzen der beiden österreichischen Zollsoldaten. Die Fressen werden so lang, daß ich achtgeben muß, nicht auf sie draufzutreten. Jetzt sehe ich etliche Franzosen, aber nur wenige. Von La Commune unten sehe ich nur den hinkenden Bauer, denselben, der Herrn Fischer verraten haben soll, den schönen Gendarmen und seine Frau. Die starren mich an wie ein überzähliges Weltwunder. Ich lasse ihnen keine Gelegenheit, mich länger zu bestaunen, sondern engagiere die häßliche Frau des schönen Gendarmen zum Tanz. Sie soll eine Megäre sein. In meinen Armen wird sie gefügig wie ein Bettmädchen. Ich tanze so mit ihr, wie ein Geschlechtsverkehr getanzt aussehen würde, ohne daß die Entkleidung erfolgt. Der Feldwebel winkt mir zu und ruft: »Peter, das kann keiner wie du!« Die Gendarmenfrau zeigt sich nicht beschämt. Im Gegenteil, sie fühlt sich wie im siebten Himmel. Ihr Mann scheint anderer Meinung zu sein. Sein Gesicht nimmt einen finsteren Ausdruck an. Er liebt seine Frau bestimmt nicht, betrügt sie höchstwahrscheinlich. Aber das, was ich hier vor den Deutschen mit ihr mache, muß ihn erniedrigen und zutiefst verletzen. Das will ich eigentlich auch, denn für mich ist er in diesem Augenblick nicht nur mein erster Feind an Ort und Stelle, sondern außerdem identisch mit allen meinen früheren, gegenwärtigen und künftigen Feinden, der Gestapo, den Schlächtern, dem Herrn von Ahfensaas samt Anhang und dem dicken Mann aus dem Zug, der es richtig gefunden hat, daß die Juden in den Tod fahren. Als aber die Gendarmin schon spüren muß, daß es soweit ist, und es bei ihr auch soweit ist, verlasse ich den Saal und lasse sie so, wie sie ist. Sie mag sich herausreden, wie sie kann.

Ich bin so schleunig wieder daheim in meinem Bett, als ob ich nicht ein Betrunkener, sondern ein Flieger gewesen wäre. Ich bin freilich ein Stück durch den Wald gegangen und habe unter einem Baum drei Schwindlinge gesehen, die nicht der Mühe lohnten und die ich daher auch nicht mitgenommen habe. Ehe ich mich aber zu Hause ins Bett lege, gebe ich mir als zusätzliche Mutprobe auf, noch einmal in den Wald zurückzukehren und diese drei Schwämme zu holen. »Es geht nicht um die drei Schwindlinge, die weniger als nichts wert sind, es geht um deinen Mut, deine Kraft, dein Gesicht und deine Ortskenntnisse. Bringst du die Schwindlinge aus dem Wald, sagt das Märchen, dann kann dir niemand mehr etwas anhaben, Monsieur Coucou, auch der liebe Gott nicht.« Es ist drei Uhr früh, als ich mich aufmache, im stockdunklen Wald nach meinen drei Schwindlingen zu sehn. Es ist vier Uhr früh, als ich den Ort erreiche, an dem sie stehen und sie sogleich mitnehme. Dann gehe ich auf die breite Straße hinaus und kehre auf dieser zurück.

Dort geht der Gendarm mit seiner Frau. Ich schaue ihn gar nicht an, sondern nur sie und weiß weder, wie er die Sache aufgenommen hat, noch was inzwischen vorgefallen ist. »Guten Abend, Fernande, war es noch nett?« »Seit Sie weg sind, nicht mehr!« »Sag mir nur ruhig du, dein Ehemann hat nichts dagegen. Ich habe schon geschlafen, als ich mich erinnerte, daß ich etwas hier vergessen hatte. Darum bin ich umgekehrt.« »Was hast du vergessen?« fragt Fernande. »Dich«, sage ich laut und küsse sie voll Überwindung auf den Mund. »Es ist unerhört«, zischt der Gendarm zwischen den Zähnen, wagt aber nicht, mich zur Rede zu stellen. Ich mache ihr die Cour, daß sie wiehert. Auch überlege ich, ob ich sie vielleicht auf die Wiese hinschmeißen und in seiner Gegenwart bearbeiten soll. Doch ginge das vielleicht zu weit.

Ich bin nun vollständig nüchtern, wie ich zu Bett gehe. Ich weiß, ich habe sie zum Abschied noch einmal sehr vollständig geküßt, und der schöne Gendarm ist dabeigestanden und hat nichts gesagt, er hat mir sogar die Hand zum Abschied hingestreckt. Für welch wichtige Persönlichkeit muß er mich jetzt halten. Das kann mir aber später, sobald die Deutschen weg sind, schaden, wenn er nämlich noch Gelegenheit bekommt, den Mund aufzumachen. Ich wollte Ilse noch vor der Vergasung haben, dazu kam es nicht mehr. Ich wollte nach meiner Rückkehr Jeanne Varien. Ich habe alle Gelegenheiten versäumt. Ich war in Darling Withorse verliebt, habe mit Veronica geflirtet und beinahe vor den Augen ihres Gatten die häßliche Frau des schönen Gendarmen in Besitz genommen. Ich werde es bestimmt nie mehr wieder tun, weder nüchtern noch betrunken.

Am nächsten Morgen ruft der Ortsherold eine Botschaft aus, die er mehrere Male langsam verliest. Sie betrifft diesmal nicht die schäbigen Fremden, die ich allein repräsentiere, sondern überhaupt alle Männer, die im Dorf vorhanden sind, vom vierzehnten bis zum sechzigsten Jahr. Sie alle müssen sich melden und sollen für den Arbeitsdienst bereitstehen. Ich schreibe mich mit mehr Vertrauen als bisher in die Liste ein. Ich glaube nicht, daß man die Absicht hat, uns alle umzubringen, und habe meinerseits auch nicht die Absicht, diese Gefahr auf mich zu nehmen. Ich weiß nicht, wie ich es machen werde, aber ich habe wieder Vertrauen zu mir, und ich weiß, daß ich es machen werde, wenn es nötig sein sollte. Das Dorf bespricht lebhaft das neue Ereignis. Die Listen gehen diesmal einen andern Weg als das letzte Mal. Damals haben Widerstandskämpfer den Wagen aufs Korn genommen. Diesmal soll das nicht wieder passieren. Es passiert aber doch etwas, allerdings erst, als alle Listen der ganzen Gegend beisammen sind. Der Wagen fängt Feuer. Die Listen verbrennen.

Es liegt etwas in der Luft. Die Deutschen werden kleinlaut. Monsieur Nocquer ist zurückgekehrt. Es erscheint bei ihm plötzlich eine Patrouille. Man sucht seine jüdische Frau. Er öffnet bereitwillig alle Kasten und geheimen Ausgänge. Er hat seine Frau in Nice gelassen. »Die Operation war nicht so arg«, erzählt er mir, »aber sie ist doch Jüdin, und so läßt sie sich pflegen.« Die Bauern im Ort behaupten, daß der Arzt ihr Liebhaber sei, aber das ist nur die Eifersucht, denn sie waren auch ihre Liebhaber.

Mein Freund von der Auffindung des Kreuzes, der deutsche Feldwebel, hat mit der Maladeptin des Herrn Lebleu Kontakt aufgenommen. Da kehrt Lebleu plötzlich zurück. Seine Mutter ist soeben qualvoll gestorben. Sie hat mich noch vorher grüßen lassen. Diese Grüße sind schwer zu erwidern. Lebleu ist in Gesellschaft seiner letzten Geliebten; sie kommt hinkend aus den Armen ihres Gatten und bringt außer ihrer Liebe, die weniger vermißt wird, auch Geld. Nun gibt es im Hause Lebleu wieder etwas zu essen, sogar Wild, wie er es liebt, und kleinere Rebhühner. Ich werde noch einmal in Pension aufgenommen, zumal Frau von Quanten weitere Gegenstände von mir fand, die sie veräußern konnte. Lebleu besorgt seine Einkäufe selbst. Auch seine alten Schulden hat er zum Teil abgestattet, allerdings durch Hingabe von Gemälden seiner Mutter. Es handelt sich um einen Abklatsch von Maisonpierre. Die Farben sind wie echt, die Stimmung ist einfach und zum Herzen sprechend, auch zu dem der Schleichhändler, an die sie an Zahlungs Statt zuletzt gelangen. Als die humpelnde Geliebte kein Geld mehr hat und geht, um eine Tätigkeit in Nice zu finden, stellt Lebleu die Einkäufe wieder ein oder verschiebt sie auf den Nachmittag.

Lebleu erhebt sich nicht vor elf Uhr und steigt nicht vor zwölf aus seinem Zuber. Dann komme ich meist mit meinem Beitrag für das Mahl. Es sind das die ersten Pilze und was ich an Frühgemüse und Butter im Austausch für Schwämme erlangen kann. Dann kauft er ein, oder besser, er erhält noch immer etwas auf Kredit und mit Emphase vorgetragene praktische Dichtung. Das Feuer haben wir schon vorher gemeinsam angefacht, und ich bleibe am Herd, während er die Einkäufe besorgt. Der Herd hat nur ein Loch, doch gibt es meist mehrere Gänge. Ein jedes Gericht muß den Gaumen eines Gourmets ansprechen, doch darf es seinen Magen nicht überladen. Um fünf Uhr sind wir meist bereits an der Tafel. Wir essen auch Amseln und Eichhörnchen, selbst die sind nicht billig und kosten viel Kredit. Die Kartoffelgläubiger sind inzwischen alle mit Großmutters Bildern abgefunden worden, außer dem Pfarrer, der sich nur ungern mit Gottes Lohn begnügt, zumal er der größte Gläubiger ist.

Die Abendmahlzeit präpariere ich auf dieselbe Weise wie das Mittagessen zusammen mit Lebleu. Wir speisen zumeist erst um zwei Uhr nachts. Um drei steige ich dann den steilen Pfad nach La Commune hinunter. Die Straße kann ich noch immer nicht gehen, denn das Couvrefeu wird dort sehr streng kontrolliert. Ich bin nicht mehr daran gewöhnt, das strenge Ausgehverbot zu brechen, weil Herr Lebleu so lange weg war. Eines Tages, als es gerade regnet und ich mein letztes gutes Stück, einen Regenschirm, den ich auf dem Wiener Ring nächst der Oper gekauft hatte, bei mir trage und mir außerdem einbilde, einen größeren Geldbetrag mit mir herumzuführen, den mir Frau von Quanten infolge vergessener Werte übersandt haben soll, träume ich im Gehen, ich befände mich nach der Behebung des Betrages, den ich auf der Post empfangen haben will, auf dem Heimweg zu mir, als ein verdächtiger Kerl, Österreicher in deutscher Uniform, auf mich zuspringt, »Halt!« ruft und mir das Geld entreißen will. Ich schlage ihm mit dem Regenschirm auf den Kopf. Wie er nun sichtlich betreten und begossen etwas stammelt, gieße ich noch eine Flut von französischen Schimpfwörtern über ihn aus, bevor ich mich stolz wie ein Hahn entferne. Der mir aber aus dem Traum geholfen hat, ist lebensecht; das Geld, von dem ich glaube, daß er es mir stehlen wollte, ist es dagegen nicht. Wiederum trage ich für nichts meine Haut zu Markte.

Am Morgen diskutieren die Bauern freudig das neueste Ereignis: Die Amerikaner sind in der Bretagne gelandet. Kann sein, daß der Soldat den Schlag mit dem Regenschirm einstecken wird. Wie ich mir aber beim Kaufmann zum ersten

Mal nach sehr langer Zeit wieder eine Zeitung kaufe, finde ich keine rechte Freude daran. Die Begebenheit kommt zu spät, zuviel Zeit ist inzwischen vergangen; ich bin gestorben, sie können jetzt nur mehr meinen Leichnam retten. Aber auf Rettung kommt es ihnen ohnehin nicht an. Was wird Lebleu sagen? Er wird die Hände durch die Luft schwenken und den Untergang des Abendlands beklagen, der längst eingetreten ist, ohne daß er es bemerkt hat. Aber auch diese Schadenfreude genieße ich nicht unverfälscht. Der Soldat, den ich auf den Kopf getroffen habe, steht jetzt neben mir und kratzt sich an demselben. Er ist ein Skelett von einem Menschen, bei Licht besehen, ein Knecht von der traurigen Gestalt. Nur die greinerliche Stimme vom Abend hat der Morgen nicht erst aufgefrischt. Man sieht es ihm an, daß er mir nicht verziehen hat und mich auch wiedererkennt. Er fragt den Kaufmann in meiner Gegenwart über mich aus. Der kann mich nicht gut verraten, wenn ich dabeistehe. So muß ihm die halbe Aufklärung genügen. Ein Österreicher ist er übrigens nicht. Ich bleibe jetzt, bis er geht, und benütze für meinen Abgang unbemerkt die Hintertür.

Als ich zu Lebleu komme, hat dieser ein neues Gedicht vorzuzeigen, das er mitten im Zuber veranstaltet hat. Das preist ihn als Sonnenprinzen und schildert im übrigen die Kalamitäten, die er mit dem Greißler und sonstigen Lebensmittelverabreichern, die schwarzen Schieber der Finsternis nicht ausgenommen, hat. Dann kommt meine Mitteilung von der Landung. Er faltet sein Gedicht zusammen und legt es fort. »Ormuzd besiegt von Ahriman«, resümiert er schließlich, »aber die Landung ist noch nicht der Endsieg.« Das dürfte auch des Führers Meinung sein.

Wir essen an diesem Tag zeitiger als sonst. Es drängt Lebleu, im Ort beschwichtigend zu wirken. Er muß das Ereignis besprechen, er muß vor der Zukunft warnen, bevor alles im russisch-amerikanischen Sumpf des Bolschewismus versinkt, wie die Stadt Vineta, wie Atlantis und andere noch früher unter Meeren versunken sind. Er breitet die Hände aus und hält eine lange Ansprache. Sein Französisch ist gepflegt, der Sinn seiner Darstellung entschlüpft ihm selbst in deren Verlauf. Immerhin geben ihm zwei ausgepichte Kollaborationisten zehn Eier auf Kredit. Von den finstern Schiebern und dem von ihnen geschädigten Sonnenprinzen läßt er nichts mehr verlauten.

Am Nachmittag kommt ein Mann aus Audelà und erzählt, daß dort oben ein Aeroplan abgestürzt ist und daß die Deutschen ihn noch nicht entdeckt haben. Ich begebe mich sofort zur Unfallstelle. Der tote Flieger zeigt ein breites Gesicht, seine Hautfarbe ist unbestimmt, es muß nicht unbedingt ein Weißer sein. Jedenfalls hat er aber den Ort verschont, das teilen Augenzeugen der Katastrophe mit, die ihn noch winken sahen. Wäre er über den Häusern niedergegangen, hätte vielleicht für ihn noch die Möglichkeit der Rettung bestanden, für die Gebäude und deren Bewohner aber wäre die Gefahr sehr groß gewesen. Das wurde ihm nun mit Leichenfledderei gedankt. Auch die wesentlichsten Bestandteile im Innern des Flugzeugs fehlen, soweit sie noch irgend brauchbar gewesen waren. Es gelingt uns durch die Vermittlung von Leuten der Widerstandsbewegung, mit dem nächsten Fallschirmkommando in Verbindung zu treten und diesem den Vorfall zu melden. Die Ansagen übernehme ich, weil ich Englisch kann.

Wie sich aber Engländer am Telephon melden, kann ich es plötzlich nicht mehr und stammle Französisch. Das hätten die andern auch gekonnt.

Trotzdem haben die Briten verstanden, wo der Aeroplan liegt, und kommen am Tag darauf, ihn zu holen. Sie finden aber nichts mehr davon. Die Bewohner von Audelà haben bereits das ganze Gestell des Flugzeugs zerlegt und fortgetragen. Nun bleibt mir nur übrig, den Pfarrer dazu zu bringen, daß er den Toten einsegnet. Der zurückgelassene Leichnam wurde nicht gestohlen, sondern liegt noch da. Der Kopf scheint bis zu den Ohren gespalten, sonst habe ich aus den Zügen nichts Neues ersehen. Nun untersuche ich die Identitätskarte. Ich stelle zwar fest, daß es ein südafrikanischer

Bure, vielleicht auch ein Mischling ist, doch behaupte ich dem Pfarrer gegenüber, es wäre ein französischer Kanadier. Der hochwürdige Herr, welcher vermutete, daß es sich um einen toten Protestanten handelte, und ihn auch wegen der Deutschen nicht einsegnen wollte, gibt allmählich nach. So verhelfe ich durch meine Lüge dem toten Flieger wenigstens zu einem christlichen Begräbnis und vielleicht sogar zum Eintritt in den Himmel. Und das alles ist den Deutschen vollends entgangen.

Nun liest jedermann die Zeitungen und diskutiert die neue Lage, die sich trotz aller Geheimhaltung immer klarer ergibt. Man erfährt, daß die Engländer zwar noch immer bei Caën sind, die Amerikaner aber bedeutend weiter. Die Gesichter derer, die auf die Deutschen gesetzt haben, beginnen länger zu werden, nur das von Lebleu hat die Unschuld und den Glauben des Narrentums behalten. Er predigt auf öffentlichen Plätzen. Die rothaarige Wächterin hört ihn mit Freuden. Sie hat zwar fünf Kinder von ihrem sohin tauglichen Mann, doch schlief sie, davon abgesehen, auch gerne mit italienischen Soldaten und hält es jetzt mit den deutschen. Solange keine neue Armee da ist, kann mit ihrer unbedingten Treue zur alten gerechnet werden. Auch der Totengräber und der Lehrer hören Lebleu zu, doch sagen sie nicht, was sie von seinem Vortrag denken. Jetzt heißt es, daß die Amerikaner auf der ganzen Linie durchgebrochen sind. Dann kommt eine neue Nachricht, zunächst mündlich, sie sind auch im Süden gelandet. Nun ist auch der Pfarrer für de Gaulle.

Die Deutschen bestellen alle Bauern samt Mauleseln nach Audelà. Die Bauern erscheinen, man braucht sie aber nicht mehr. Die Deutschen ziehen mit Mann und Maus und allem Fuhrwerk ab. Sowie sie fort sind, kommen in einem wackligen Auto drei Leute von der Widerstandsbewegung, welche Armbinden tragen, und gehen ins Postgebäude. Es stellt sich heraus, daß einer von ihnen der Leiter des Postamts ist, den man seit ein paar Tagen vermißt hat, der zweite ist der Heger, den dritten kenne ich nicht. Der Sekretär der Mairie zieht jetzt seine Leutnantsuniform an, die ihm drollig steht. Er mißt knapp einen Meter fünfzig.

Der Totengräber und ein finsterer Bauer, der den Milchverschleiß innehatte, bis man ihn ihm wegen Verfälschung der Materie abnahm, sind für die Kommunisten. Der eine ist arm, der andere der reichste Landwirt des Orts. Sie warten auf die Franktireure. Es kommt übrigens zunächst kein wie immer gearteter Trupp. Oberst Balthasar Dissentin erklärt sich aber zum Führer der Résistance. Das Suchen nach Waffen verläuft meist ergebnislos. Nur einige Wilderer sind mit Hinterladern versorgt, die zünftigen Jäger haben längst die ihrigen abgegeben. Man muß aber Armbinden tragen, das hilft auch.

Am Montag wagt sich ein deutscher Motorradfahrer durch. Einige Heckenschützen werfen ihm Handgranaten nach, von denen eine ihn an der Hand trifft. Nun schießt er mit den Fingern der andern Hand wild herum und verletzt einen Bauernjungen. Der gute Wirt verbindet beide und fragt den Soldaten, ob er sich nicht ergeben will. Dieser weint zwar, lehnt aber die Übergabe ab und kündigt Rache an.

Am Dienstag läßt der Lehrer seine Kinder, richtiger die seiner Schule, im Viereck vor der Kirche exerzieren. Das gibt Anlaß zu einem heftigen Bombardement. Ich befinde mich gerade in meinem Zimmer, als das Fenster durch den Luftdruck weit aufgerissen wird. Im nächsten Moment ist mein elektrischer Kocher durch einen Bombensplitter zerstört, während ich gerade meinen letzten Schluck Tee einnehme. Auch der Plafond erweist sich an einer Stelle als offen. Nun kommt der Zöllner Bougu in meine Wohnung und reißt mich mit sich hinaus ins Freie. Er will mich Richtung Kinderspielplatz ziehen, ich ziehe ihn instinktiv in die andere Richtung zum Wald der Kaiserlinge. Obwohl er viel stärker ist als ich, gewinne ich bei diesem Ziehen. Im nächsten Augenblick, als wir bereits in der von mir gewählten Richtung auf dem Boden liegen, fällt eine Bombe dort, wo er hinwollte, und dann noch einige andere in der Mitte. Dann entfernt sich das Flugzeug. Als wir die Auswirkung der Bomben untersuchen, ist der

Schwiegervater des Kaufmanns getroffen, der grundehrlichste Mensch in der ganzen Ortschaft, der mir noch am Morgen angekündigt hat, er wolle mir von jetzt an Milch zum offiziellen Preise zukommen lassen. Wir erkennen ihn am Kopf mit dem Hut, der wie der einer Scheuche auf einem Strohhaufen liegt, Teile des Rumpfes, der Beine mit Hosenteilen kleben an den umliegenden Bäumen. Auch zwei Kinder sind getroffen worden, doch leben beide. Man sagt, daß dies die Rache der Deutschen gewesen sei. Es stellt sich aber später heraus, daß ein amerikanischer Flieger den Spielplatz mit den Kindern für eine deutsche Truppenansammlung gehalten hat. Glücklicherweise traf er nicht sehr gut.

Nun beginnt der Auszug aus dem Ort. Der Heger, seine Familie und einige französische Sommergäste ziehen in den Wald. Der Anwalt Serabouche, der wieder da ist, begibt sich zu den Hütten an der italienischen Grenze. Ihm folgt fast der gesamte Zolldienst, der Lehrer mit seinen Schülern, ein anderer Lehrer mit Ferienkindern, Herr Nocquer und schließlich der Oberst. Er hat zuvor seiner Truppe Befehl gegeben, die Armbinden wieder wegzuwerfen, wenn der Feind noch einmal kommen sollte. Im übrigen haben die ihm lose Unterstellten schon vor der Erteilung des Befehls vorausahnend in diesem Sinne gehandelt, es sind meist Bauern und Bauernburschen und nicht ausdauernd kriegerisch. Außerdem hat der Oberst vor, in der villenähnlichen Almhütte der reichsten Besitzerin zu wohnen, die vor ihm schon Herr Lebleu mit seinem Ackeranliegen und mit seiner Kartoffelsammlung geschröpft hat. Der Dichter bleibt aber jetzt zurück und ich ebenso. Die Lebensmittelauftreibung erfordert nun allerdings einen weiten Weg. Die Bauern mit ihrem Vieh sind dem Oberst nachgezogen.

Da sich aber inzwischen nichts ereignet hat, gibt zunächst der Advokat und kurz darauf auch der Oberst das Signal zur Rückkehr. Man schreibt den sechsundzwanzigsten August, wie man mir sagt. Ich stehe gerade auf dem großen Platz, als die ersten Kolonnen der Rückkehrer einlangen, und betrachte mit dem mir eigenen Hang zur Romantik das Panorama im Sonnenuntergang. Die Wohltäterin des Orts, dieselbe, die Herrn Lebleu ihren Acker unentgeltlich zur Nutzung überlassen hat, gibt die Obdachlosensuppe aus. Der Anwalt ist der erste, der sich um diese Spende erfolgreich bewirbt und sie verzückt schlürft. Ich melde mich nicht, aber die Wohltäterin zieht mich mit Gewalt ins Haus. »Sehen Sie, Herr Coucou, der Anwalt kommt auch, es ist keine Schande, und dann sind Sie ein wirklicher Bombengeschädigter!« »Mein Dach hält noch.« »Sie wollen doch nicht, daß ich die Suppe wegschütte!«

Die Suppe ist gut. Aber sowie ich den ersten Löffel unten habe, kommt ein fremder Mann und schreit: »Die Deutschen sind wieder da, sie kommen mit den letzten Rückwanderern. Sie kommen mit Herrn Nocquer.« Von diesem Unglücksvogel Nocquer war nichts anderes zu erwarten. Zunächst löffle ich aber meine Suppe aus, sie ist wirklich gut. Da schreit eine Frau: »Der Mann muß hinaus. Wenn die Deutschen den finden, sind wir verloren.« Der Mann bin aber ich. Eine zweite Frau läßt sich jetzt vernehmen: »Der Mann muß jetzt bleiben. Wenn man die Tür aufmacht und er hinausgeht, sind wir erst recht verloren.« Die Wohltäterin erscheint, löst den Streit und nimmt mich bei der Hand. Ich werde über eine Brücke geleitet, die vom ersten Stock des Hauses auf die andere Seite der Straße in ein sehr hohes Vorratshaus führt. Sie sagt mir, ich brauchte nur einen Deckel zu heben und könnte über eine Leiter in die Stallung darunter hinabsteigen und durch die Tür dort ins Freie gelangen. Auch sei unten viel Stroh aufgeschüttet, so daß ich sogar hinunterspringen könne. Darauf sperrt sie mich auf dem Futterboden ein.

Ich hebe sofort den Deckel und will über die Leiter hinunter, doch ist keine vorhanden. Ich möchte auf das Stroh springen, dieses fehlt aber gleichfalls. Ich messe die Tiefe mit den Augen. Sie beträgt sechs bis sieben Meter. Ich schlage daher den Deckel wieder zu und höre gleich darauf die Deutschen am Tor der Stallung.

Sie schreien etwas über das wacklige Auto, das sie vor dem Haus gefunden haben. »Der Wagen gehört den französischen Banditen. Der Besitzer ist bestimmt im Haus versteckt.« Sie sind bereits unten eingedrungen und finden anscheinend niemand. Oben bin ich allein. Wenn sie den Deckel heben, haben sie mich. Ich lege mich flach darauf und warte, was kommen wird. Ich bin nicht schwer, mit einiger Mühe kann man den Deckel samt mir in die Luft schmeißen. Ich stemme mich gegen den vermeintlichen Druck. Ich bin im Hemd, die Nacht ist kalt im Gebirge, auch Ende August. Ich kann von hier nicht weg, muß aber meine Notdurft verrichten; ich bin am Ende meiner Beherrschung. Unten knarrt das Holz. Wahrscheinlich hat einer die Pisse auf den Kopf bekommen.

Die Deutschen brummen: »Es regnet durch das Dach. Oder es sitzt eine Katze dort oben. Nein, ein Mensch macht sowas nicht.« Sie leuchten hinauf, doch liege ich flach auf dem Deckel, der Lichtschein dringt nicht durch. »Das Dach ist an dieser Stelle undicht, oder es ist noch was andres da droben.« Sie dringen auf die Wohltäterin ein. Ich erkenne an der Stimme, daß sie es ist, die abwinkt, gefährliche Fragen teils verneint, teils nicht zu verstehen vorgibt. Sie fahnden noch immer nach dem Besitzer des Autos der FFI (FFI = Forces Françaises d'Intérieur). Der schläft wahrscheinlich in einem guten Bett beim Postchef oder beim Heger. Am Ende zieht der Trupp ab, nur zwei bleiben zur Bewachung des Wagens zurück. Man versucht, das Auto abzuschleppen, aber es ist versperrt. Man verlangt Maulesel, um es wegzuziehen. Die Wohltäterin versteht wieder nicht, wird diesmal offenbar bedroht, schreit aber nicht. Mir wird es immer kälter, ich hätte gerne eine Decke. Ich beginne mich zu rühren, erschrecke aber, sobald die Sparren knarren. Es ist schlecht, in seiner eigenen Pisse zu liegen, besonders, wenn diese fast gefriert. Es ist plötzlich so kalt geworden, als ob es Winter wäre. Es ist aber August, allerdings in tausend Meter Höhe.

Am Morgen gegen sechs steht die Wohltäterin an meiner Tür. »Brauchen Sie etwas?« »Ich will hinaus.« »Die Deutschen sind noch immer da.« Ich erkläre, daß mir das jetzt gleich ist. Ich fühle mich hundeelend und bin halb erfroren. Da sie mich nicht vorbeilassen will, stoße ich sie zur Seite, dringe über die Brücke mit aufgestellten Haaren zu den durch meinen ungewöhnlichen Anblick entsetzten Bewohnern vor, reiße das Tor unten auf und laufe nach Hause. Es hat mich auf dem ganzen Weg zu mir zurück niemand gesehen. Als ich daheim bin, gehe ich gleich zu Bett, schlafe ein und erwache erst am übernächsten Tag.

Wieder ist es mein Nachbar, der Zöllner Bougu, der sich in meinem Zimmer befindet, als ich erwache. Es kann diesmal kein Bombenangriff im Gange sein, denn die Geräusche sind nicht danach. Was will der Mann also? Sowie er mein Erwachen bemerkt, zu dem er vielleicht unabsichtlich beigetragen hat, stellt er zunächst fest, wie lange ich geschlafen habe. Sodann beginnt er gleich mit Erzählen. Während meines peinlichen Aufenthalts auf dem Futterboden hat er sich wieder mit sechs FFI aus Nachbarortschaften beim bösen Wirt zum Kartenspiel zusammengefunden. Die Herren von der Widerstandsbewegung seien mit Armbinden geschmückt gewesen. Dann seien plötzlich die Deutschen gekommen. Obwohl der böse Wirt mit ihren Vorgängern gut gestanden habe, hätten die Nachfolger nichts davon gewußt oder zumindest nichts zur Kenntnis genommen. Vielmehr seien sie gleich revolverfuchtelnd aufgetreten und auch gegen Bougu vorgegangen, zumal sie sein Zöllnerkleid für eine englische Offiziersuniform hielten, trotz allen einschlägigen Erfahrungen mit der früheren hiesigen Garnison und trotz allen Aufklärungen, die ihnen nunmehr zusätzlich gegeben wurden. Vielmehr sei von ihnen maßlos geschrien worden, und ungeachtet dessen, daß ihre Revolverbetätigung von ihren gefährlichen Absichten eine deutliche Sprache gesprochen, hätte man nach einem Dolmetscher gesucht, der ihr Geschrei übersetzen sollte, und für diese Rolle mich ausersehen. Unglücklicherweise habe man mich nicht finden können. So sei die große Gefahr, daß der Wirt und er, der Zöllner, mit den ohnehin verlorenen, weil durch Armbinden kenntlich gemachten kartenspielenden Widerständlern erschossen worden wären, beinahe unabwendbar geworden, wäre nicht der gute Wirt mit seinem ehrlichen Gesicht, dem selbst die Deutschen glaubten, zuletzt zur Stelle gewesen und hätte er nicht mit seinem ausreichenden Deutschverständnis und seinem, wenn auch mageren Sprachwortschatz das Wunder der Separation bewirkt, so daß man ihn, den Zöllner, schließlich ausgeschieden und den bösen Wirt gegen Ablieferung eines Schweines und von sieben Gänsen für ausgelöst gehalten und auch sein im Hemd aus dem Bett gesprungenes Weib in ebendieses zurückgelegt habe, wobei sie allerdings nicht minder erschrak als bei dem früheren Verlassen der Liegestatt. Dann wurde noch anschließend bei den Bauern die Tour gemacht und vieles Verborgene zutage gefördert, was die Finanzer und Kontrolleure früherer Zeiten umsonst gesucht hatten. Es war da Heulen und Zähneklappern, auch bei den FFI, die die ganze Beute anstelle von Mauleseln schleppen mußten und doch keine Maulesel waren. Danach seien die Deutschen mit der Ankündigung wiederzukommen verschwunden. Herr Nocquer habe ihnen den Weg gezeigt und sie noch in seinem Weinkeller bewirtet, bevor sie gingen, wobei sie allerdings statt der ihnen zugedachten drei Flaschen den ganzen großen Inhalt des Raumes mitnahmen. Da sei ein Jammern angegangen, nicht nur seitens des Herrn Nocquer, sondern auch der FFI, die auf ihren leiblichen Rücken den nicht eben organischen Inhalt von Nocquers Weinkeller aufgeladen bekamen, auf dem sich zuvor schon die bei den Bauern gemachte Beute befand, und dazu noch, was zu sagen vergessen wurde, das Ergebnis einer Großinquisition bei dem Krämer. Dieser arme Mann, der erst vor kurzem daraufkam, daß sein wohlbehütetes stilles Mädchen von Colt Withorse um ihr Jungferntum ohne Eheaussicht gebracht worden, und dem der Schmerz um seinen vom kürzlichen Bombenanschlag zerfetzten Schwiegervater noch in den Gliedern steckt, verliert nun außerdem den geheimen Stock seines Ladens, und zwar gänzlich. Der Schaden an der Tochter kann zunächst nur als ein ideeller veranschlagt werden. Der Schwiegervater hinterließ ein volles Haus, die Deutschen hinterlassen ein leeres. Dazu haben sie auch noch angekündigt, bei ihrem nächsten Besuch, weil sie offenbar mit dem Ergebnis des diesmaligen nicht ganz zufrieden waren, auch das von ihnen ausgeräumte Gebäude in Brand zu stecken. Von dieser Ankündigung und den sonstigen Ereignissen in Schrecken versetzt, habe sich der selbsternannte Chef der FFI, Oberst Dissentin, zu Fuß davongemacht und keinerlei Spuren hinterlassen. Man sagt allerdings, er sei unter die Soutane des Pfarrers von Sainte Catharine geschlüpft.

Der Bericht des Zöllners Bougu zeigt mir, daß mein Versteck und mein Aufenthalt im Teilergebnis meiner Verdauung noch vergnüglicher war als das, was mich erwartet haben würde, wenn ich meine mir zugedachten Dolmetscheraufgaben hätte erfüllen können und müssen. Auch glaube ich nicht, daß ich ebensoviel erreicht hätte wie der gute Wirt, und daß bei meiner Intervention eine Begegnung mit dem Zöllner je ermöglicht worden wäre. Ja, ich bezweifle sogar, daß ich in der gegebenen Situation mehr Mut gezeigt hätte als der Oberst, wenngleich ich mich nicht wie dieser an die Spitze der örtlichen Widerstandsbewegung gestellt habe.

Immerhin sind der Besitzer des Wagens sowie Heger und Postleiter gerettet. Auch der Wagen selbst findet sich schließlich, nicht viel ramponierter als er ursprünglich gewesen, auf dem Rückzugsweg der Deutschen. Da die Maulesel nicht mehr gefunden werden, ist anzunehmen, daß sie, vom Ziehen des Wagens entlastet, nun die Rolle der FFI beim Tragen der Vorräte übernommen haben und so diese in allen ihnen aufgetragenen Verrichtungen vertreten konnten. Fragt sich nur, was mit den FFI geschehen ist, als sie sich als nicht mehr nützlich erwiesen, oder vielmehr, wo ihre Leichen liegen, die man noch nicht gefunden hat, die aber vielleicht später von ihren Angehörigen reklamiert werden könnten.

Die Ordnungsgewalt in der Gemeinde Caminflour, bestehend aus den Ortschaften La Commune, Maisonpierre und

Audelà, ist inzwischen auf das Zollwachepersonal als einzige offizielle Repräsentanz ähnlicher Obliegenheiten übergegangen. Am 28. August haben die Deutschen Nice geräumt. Noch vor ihrem Abzug wurden der schöne Gendarm und seine beiden Kollegen nach Nice abberufen. Das ist sogar auf Veranlassung der Deutschen geschehen, weil irgendwo in der Haute Savoie die Gendarmen mit den Maquisarden gemeinsame Sache gegen die Deutschen gemacht hatten. Daß hier nie eine ähnliche Tendenz bestanden hat, wurde dabei nicht veranschlagt.

Nach der Räumung von Nice hustet Herr Lebleu Blut und wird in einem Auto in diese Stadt transportiert. Niemand weiß, ob er wirklich dort ankommt, denn die Straßen sind noch unsicher. Nachdem die Gendarmen weg sind, wird nunmehr von Lebleu rührender Abschied gefeiert und dessen kleiner Hund wieder von mir übernommen. Vielleicht wäre es besser gewesen, Lebleu hinabzubegleiten, denn es besteht für mich kein Grund, hierzubleiben, doch suche ich nach einem solchen. Mein Kapital ist auf Null zusammengeschrumpft. Außer ein paar Büchern besitze ich nichts Verwertbares, und für die hat niemand hier Interesse. Das mit der Geldsendung aus Nice hat nur im Traum geklappt, wirklich war nur der Reflex mit dem Regenschirm, der dank einem Wunder glimpflich für mich abgelaufen ist. Ich gehe in den Wald um Holz und Pilze. Das Holz heizt meinen Herd, der immer noch raucht und den die Eigentümer nicht richten lassen. Die Pilze tausche ich gegen andere Lebensmittel und esse nur die, welche die andern nicht kennen. Die Bauern gehen nicht mehr in den Wald, es ist zu gefährlich, doch lieben sie jene Pilze, die sie kennen: den *boletus edulis*, den *amanita Caesarea*, den *agaricus campestris* und auch den Pfifferling, dessen lateinischer Name mir gerade entfallen ist. In Nice würde ich nicht heizen müssen, hätte Freunde und einen Aufgabenkreis, der sich vielleicht bezahlt machen würde, und wäre sicher, jetzt Geld aufzutreiben. Pilze gibt es dort allerdings nicht. Aber bleibe ich wirklich wegen der Mykologie, oder bleibe ich, weil ich hier niemand mehr habe als die Gefahr und Herrn Nocquer, der diese bei Bedarf und ohne solchen herbeiführt oder vergrößert und mir nichts zu sagen hat, außer daß auch so etwas lebt wie er?

Ich denke nicht darüber nach, ich bleibe, das ist alles. Dabei weiß ich, daß es kein Bleiben ist, aber vielleicht ein Aufenthalt auf einer unsentimentalen Reise, deren Ziel ich nicht kenne, wenngleich Gründe für die Annahme bestehen, daß es ein besseres sei als das ursprünglich vermeinte, aber haben mir Gründe je etwas gesagt? Ich lebe mehr im Wald als daheim. Auch klaube ich Fallobst auf, aber verstohlen, denn die Bauern gönnen mir selbst dies nicht. Die alte Bäuerin, die nur in die Kirche kommt, um auch noch für den Fall, daß der von ihr geleugnete Gott doch existieren sollte, gut zu fahren, hat mir sogar verboten, in ihrem Wald Pilze zu sammeln. Da sie außerdem die Mutter der Besitzerin des Hauses ist, in dem ich wohne, muß ich ihr Verbot entweder ernstnehmen oder geschickt umgehen. Ihr Wald ist allerdings der ergiebigste von den nahegelegenen, dort finde ich hier und da auch einen Konkurrenten, denn die Gefahr ist hier nicht so groß. Allerdings sind die Erdbeeren und Heidelbeeren sehr spät gekommen und die Brombeeren noch zu gewärtigen. In zweitausenddreihundert Meter Höhe ermißt man erst richtig die Weite der Welt, während unten die Grenzen nahe sind. In dieser Gegend sind die Kühe auf der Alm, das Gras steht gut, denn es hat auch häufig genug geregnet. Die Almhirten servieren mir Käse und Molke und werden später, wenn alles gut ausgeht, bei mir Wein bekommen. Ich erzähle ihnen von der Befreiung Nizzas, von der sie noch nichts wissen, und sie berichten mir, daß einem der sechs FFI die Flucht gelungen ist, daß sie ihn bei sich beherbergt haben und daß er den Weg nach Sainte Marthe genommen hat. Es ist gut, daß einer entkommt, auch wenn die andern zugrunde gehen.

Am sechsten September kommt ein Auto der Gendarmerie nach Caminflour La Commune. Es bringt den alten Gendarmeriechef, den man früher kaum bemerkt hat, wieder zurück.

Es ist ein unscheinbarer Geselle mit Subalternengesicht, der jede kleine Rolle übernehmen und mittelmäßig spielen würde. Ein gewaltiger Gendarm, hünenhaft wie der General de Gaulle, ist in seiner Begleitung. Beide schwingen ihre Kolben und erklären, alle Deutschen abschießen zu wollen. Der schöne Gendarm ist nicht mehr wiedergekommen. Manche sagen, daß er entlassen worden ist, manche, daß er erschossen wurde.

Wenn ich um Pilze gehe, sehe ich den Hünen mit Madeleine, dem schönen Bauernmädchen. Im Walde begegne ich ihm dann mit Alice, einer Minderschönen. Als ich zurückkehre, schleicht er sich aus dem Gebüsch mit einer, die geradezu häßlich ist, ich kenne sie aber nicht. Nun nimmt die ganze Bevölkerung für die Befreier Partei. Der Sous-Chef rät mir und den restlichen Sommergästen, nach Nice hinunterzufahren. »Was wollt ihr noch alle hier? Was machen Sie, Monsieur Coucou, im Wald? Die Deutschen können jederzeit wiederkommen. Dafür sind wir, die bewaffnete Macht, da. Für euch haben wir Nice befreit.« Ich weiß zwar nichts von seiner Befreiungstätigkeit, mache aber auch nicht von seinem Angebot zur Rückkehr Gebrauch. Die meisten Sommerfrischler steigen jetzt auf den Lastkraftwagen auf, der gerade vor meinem Hause hält. »Überlegen Sie sich die Sache doch noch!« ruft mir der Sous-Chef Marmitot zu. Zu dieser Überlegung kommt es nicht. Die Gendarmen haben noch Zeit, ihren Wagen, wie ein Boot in das Meer, zur Fahrt nach unten abzustoßen, und sind aus irgendeinem Grunde dann selbst auf ihn aufgesprungen, obwohl sie doch die Gegend mit geschwungenen Kolben gegen die Deutschen verteidigen wollten. Kaum hat sich das mit ungeheurer Geschwindigkeit vollzogen, als Herr Nocquer mit einem größeren deutschen Trupp über den schmalen Pfad von seiner Villa in Maisonpierre hier einlangt.

Die Deutschen dürften aus dem Wald heruntergekommen und in die Nähe seines Hauses gelangt sein, und er hat ihnen offenbar aus Angst oder Gefälligkeit den Weg in die Ortschaft La Commune gezeigt, die ohnehin bei der letzten Heimsuchung genügend ausgeplündert worden war. Bei dieser Gelegenheit dürfte er seine schwachen Kenntnisse der deutschen Sprache durch entsprechende Gebärden erfolgreich ergänzt haben. Man sieht aber bereits, daß seine Gesten nicht mehr ausreichen, die Deutschen hören ihm kaum noch zu. Nun sucht er offenbar nach einem andern Dolmetsch zu seiner Unterstützung, ohne selbst abtreten zu wollen, und dieser andere bin offenbar ich.

In dieser ausweglosen Situation treffe ich meine Vorbereitungen schnell. Da die Bauern der Ortschaft noch alle versammelt sind, zumal sie es sich nicht hatten nehmen lassen, die Sommergäste zum abtransportierenden Lastauto zu begleiten, und nun in zwei Gruppen herumstehen, offenbar schon nach links und rechts geschieden, wende ich mich zunächst an einen Bauern der rechten Gruppe, der etwas Deutsch spricht, und instruiere ihn, im Falle der Fragestellung den Besatzern anzugeben, daß sieben amerikanische Wagen mit rund siebenhundert Mann vorbeigefahren wären. Dann wende ich mich an die linke Gruppe, in der immerhin ein Mann schlecht Deutsch spricht, wenn auch besser als Herr Nocquer, und erkläre ihm: »Sie sagen, die Camions kamen von dort, es waren fünf Wagen mit fünfhundert. Sie fuhren in die andere Richtung und wollen wiederkommen. Wann, haben sie nicht gesagt.«

Mehr Zeit habe ich nicht, denn Herr Nocquer ist bereits mit dem Trupp eingelangt, kommt auf mich zu und erklärt in bezug auf mich: »Dieser Herr ist ein Österreicher!« Der Führer der Kolonne fragt, wie ich es nicht anders erwartet habe: »Wieso sind Sie hier, wenn Sie Ostmärker sind?« »Ich bin es seit zwanzig Jahren und habe daher Gelegenheit, Ihnen jetzt zu dienen.« »Vorerst möchte ich wissen, wieso Sie diese Gelegenheit haben.« »Leider ist keine Zeit, Ihren Wissendurst zu stillen. Ich habe Ihnen mitzuteilen, daß die Amerikaner aus dieser Richtung gekommen und in diese Richtung gezogen sind. Sie haben die Absicht, bald wiederzukommen.« »Das entspricht ganz und gar nicht unserer Information.« »Das dachte ich mir. Darum habe ich Gelegenheit, Ihre Informationen zu ergänzen.« Ich wiederhole noch einige Male unter Einbegleitung von Zeichen, was ich soeben gesagt habe, damit auch der rechte Trupp im Falle der Fragestellung, trotz mangelnder Aufklärung durch mich, die richtige Richtung angeben kann. »Wieviel Mann waren es?« fragt nun der Offizier. »Es waren sechs große Camions mit sechshundert Mann.« »Wir müssen das überprüfen.«

Herr Nocquer hat diesen Teil der Unterredung leider verstanden und ist totenbleich, so zittert er um sein Leben. Auch unterbricht er mich sofort: »Es ist alles nicht wahr!« kreischt er nunmehr in einem Gemisch von Französisch und Deutsch. »Dieser Herr lügt!« Aber nun ist der gute Wirt an meiner Seite, der den Mut hat, den Sturm für mich aufzuhalten, und der auch die Obrigkeit ist, die letzte, die hier standgehalten hat. »Dieser Herr hat gar nichts sehen können«, sagt er jetzt in halbwegs gutem Deutsch. »Er war in seiner Villa, wo Sie ihn getroffen haben, die Sicht ist dort durch Häuser und Bäume verstellt. Auch hat sich alles hier sehr schnell abgespielt.« Diese Antwort gibt mir wieder Mut, ich ergänze sie aber vorsichtigerweise sogleich. »Was Ihnen der Herr Bürgermeister gesagt hat, müßte Ihnen eigentlich genügen. Doch muß ich Ihnen noch sagen, daß Herr Nocquer nervenkrank ist, was Sie ja aus seinem Zustand erkennen können, und daß er sich deshalb in der Villa dort oben befindet. Sie sollten aber die Leute links und rechts fragen, wie es sich mit den Amerikanern verhält. Einige von ihnen sprechen auch Deutsch.« »Nicht nötig, ich spreche etwas Italienisch, das wird man hier auch verstehen.« Daran hatte ich nicht gedacht. Es tritt nun eine Gefahr hinzu, weil einige Bauern vielleicht wirklich Italienisch können, die haben meine Antwort nicht verstanden. Ich winke daher schnell den designierten Interpreten, vorzutreten, und diese, die bereits in der Menge untergetaucht sind, entnehmen meinem Lächeln und der Anwesenheit des Bürgermeisterstellvertreters, daß die Sache günstig stehe, und reißen das Wort an sich. Der rechte Dolmetscher erweist sich dabei als besonders geschickt und weiß weit mehr Einzelheiten, als ich ihm eingeschärft habe, der linke allerdings hat anscheinend einiges vergessen, oder sein deutscher und italienischer Wortschatz reicht nicht aus. Dann höre ich den Leutnant zu seinem Feldwebel sagen: »Es scheint, daß dieser Kuckuck nicht gelogen hat. Alle erzählen von den Amerikanern, auch daß sie schwer bewaffnet sind und bald wiederkommen. Nur über ihre Anzahl und die Menge der Kraftwagen weichen ihre Angaben voneinander ab. Das spricht eher dafür, daß die Antwort nicht einstudiert ist.«

Der Bürgermeister fragt durch mich die Deutschen noch, ob sie sich uns nicht ergeben wollten, die Amerikaner seien sehr stark und hätten viele Geschütze. »Wenn Sie es schon wissen wollen, wir sind einundachtzig und auch nicht schlecht ausgerüstet. Auch ich bin übrigens Ostmärker, und dieser Soldat ist aus Traiskirchen bei Wien, er studiert Medizin. Wir als die engsten Landsleute des Führers werden uns nie ergeben. Wir warten auf den Sieg.« Da ich sehe, was für ein Esel er ist, versuche ich von ihm zu erfahren, woher er gekommen ist, zumal er auf unsere Auskunft hin wahrscheinlich dorthin zurückkehren wird. »Finden Sie nicht, daß diese Gegend unserer Heimat gleicht? Wenn man die Seen sieht?« »Wir haben keine gesehen.« »Dann die Mühlen.« »Auch diese nicht.« Ich frage noch nach ein paar Eigentümlichkeiten der Gegend, bis nur ein Weg übrigbleibt, auf dem sie gekommen sein können. Nun fällt Herr Nocquer wieder ein und zischelt: »Reden Sie nicht so viel mit ihnen! Die Bevölkerung wird noch glauben, daß wir von der Gestapo sind.« Die Deutschen verlangen sogleich, daß ihnen das übersetzt wird. Ich übertrage diesmal Wort für Wort die Meinung Nocquers. Der ganze Trupp schüttelt sich nunmehr vor Lachen.

»Meine Herren, wenn Sie sich uns nicht ergeben wollen, in welchem Falle ich für Ihre Sicherheit bürgen würde, rate ich Ihnen, sich jetzt abzusetzen. Ihre Vorgänger hier haben den Ort geplündert, fünf Geiseln weggeführt und eine Frau geschändet. Die Amerikaner würden Sie vielleicht mit diesen verwechseln und als Kriegsverbrecher behandeln.« »Sie haben recht, Herr Kucku«, erklärt der Offizier, »und wenn Sie wirklich einer von denen sind, über die Herr Nocquer gesprochen hat, dann halten Sie sich hier so gut wie bisher, denn wir kommen wieder mit dem Endsieg. Heil Hitler!« Zum ersten Mal in meinem Leben muß ich diesen Gruß ebenso erwidern. Ich fühle einen eklen Geschmack auf der Zunge.

Nun kann ich auf die andere Seite des Waldes gehen und meine Schwämme für den Mittagstisch suchen. Die letzten drei Tage habe ich sie alle in natura verzehrt, die Bauern haben mir nichts in Tausch gegeben. Wie ich mich aber in meine nunmehrige Richtung begeben will, faßt mich der gute Wirt und Stellvertreter für den von Vichy eingesetzten Bürgermeister am Ärmel und zieht mich an diesem mit sich bis in sein gutes Wirtshaus. »Sie speisen heute mit uns!« erklärt er bestimmt. »Sie wissen, daß ich kein Geld habe, Herr Ramier!« »Sie sind mein Gast und der der ganzen Gemeinde.« Ich trete verwundert ein und weiß nicht, warum mir das geschieht. Da ich aber gelernt habe, mein Schicksal hinzunehmen, ohne nach Gründen zu fragen, ergötze ich mich auch an dem köstlichen, für mich völlig ungewöhnlichen Essen, bestehend aus Suppe, Braten, Kartoffeln und einem Stück Torte, und obwohl ich sonst als hastiger Esser gelte, brauche ich zur Aufnahme dieser Mahlzeit ungewöhnlich lang, so daß der Wirt Geduld mit mir haben muß, auch bin ich sein einziger Gast.

Nachdem ich doch schließlich das göttlich mundende Werk der Kochkunst, vermehrt um nektarischen Wein, langsam in mich aufgenommen, halte ich mich schon für übel bezecht, als ich den Wirt neuerdings an meinen Tisch treten sehe, er meine Hand ergreift und Geld in diese drückt. »Hier, das ist Ihres«, sagt er ruhig. »Wenn Sie wieder einmal welches brauchen, wissen Sie, wo es zu finden ist!« »Ich nehme kein Geld«, rufe ich entrüstet. »Sie werden es, wenn Sie wollen, zurückzahlen, sobald Sie können. Im übrigen gebe ich es Ihnen für die Gemeinde, im Namen aller.«

Ich beginne nun zu begreifen. Ohne daß ich es bemerkt,

geschweige denn gewollt habe, bin ich in wenigen Minuten zu einem Helden geworden. Ich hätte nie gedacht, daß das so einfach ist und man es selbst gar nicht so empfindet. Ich habe jeden Abend wissentlich und freiwillig mein Leben für ein Nachtmahl riskiert, und manchmal nicht einmal für soviel, und trotzdem hat mich niemand je darum für einen Helden gehalten. Ich habe mich auch im Auffanglager wegen Nichtzuteilung des Weins so unbotmäßig aufgeführt, daß meine Freilassung in Frage stand und leicht in eine Vergasung hätte umgewandelt werden können. Diesmal habe ich im eigenen Interesse nicht anders gekonnt, als ein Held zu sein, sonst wäre es für mich gefährlich schiefgegangen. Man merkt also dergleichen selbst nicht, hat gar keine Zeit dazu und erfährt es erst von den anderen. Ich zähle beschämt mein Geld, es sind dreitausend Franken, so viele habe ich schon lange nicht beisammen gehabt, auch nicht beisammen gesehen.

Ich bringe mein Geld in Sicherheit, verschenke die Pilze, die meine heutige Mahlzeit bilden sollten, an meine Nachbarn und begebe mich dann trotzdem in den Wald, um für den morgigen Tag vorzusorgen. Ich habe nicht vor, ein weiteres Festessen für meine Heldentat zu absolvieren. Dieser Gedanke erweist sich übrigens als sehr lohnend. Ich finde so viele Schwämme, daß ich sie kaum tragen kann. Auf meinem Rückweg treffe ich das ganze Dorf, vor dem Haus, in dem ich wohne, Spalier stehend. Ich werde mit solcher Ehrfurcht begrüßt, daß ich es kaum fassen kann, da man mich bisher scheel angesehen oder gar nicht beachtet hat. Nur durch schnelles Verschwinden in meiner rauchigen, von außen unsichtbaren Küche kann ich vermeiden, auch noch Ansprachen über mich ergehen zu lassen. Es klopft zwar wiederholt an meine Tür, doch mache ich nicht auf.

Wie ich aber am nächsten Tag ausgehe, werde ich jeden Augenblick angeredet und auch geduzt. Besonders der Totengräber versichert mich seines Interesses an meinem körperlichen Wohlbefinden. Ich bin irgendwie in den Verband der Gemeinde aufgenommen. Das veranlaßt mich, den Inhalt eines Korbes Pilze zu verteilen und die Anregung zu geben, durch die noch intakt gebliebenen Telephonleitungen Kontakt mit den Amerikanern zu suchen, die sich bereits in der Nähe befinden müssen. Ich möchte so einerseits die Wiederkehr der Nazis unmöglich machen, andererseits durch die Besetzung dieses sehr wichtigen Platzes, der zwei Gebirgstäler miteinander verbindet und für deren sechs oder sieben wichtig sein kann, auch die Sicherung von Nice bewirken.

Verhältnismäßig schnell bekomme ich die Verbindung, und diesmal ist mein Englisch soweit in Ordnung, daß ich bald verstanden werde. Allein, wie Grabbe sagt, vom Verstehen zum Begreifen ist ein weiter Weg. Der Offizier am Ende des Drahts ist nicht auf Draht. Schließlich begreift er, wie man von Sainte Anne heraufkommt und wie wichtig der Platz ist, doch bin ich nicht gewiß, ob er auch wirklich kommen wird, und rufe daher auch noch in Sainte Catharine an, dem Ort, wo Oberst Dissentin sein soll. Ich will auch von hier die Amerikaner rufen, die sicher schon eingelangt sind. Das mit dem Oberst stimmt nicht mehr, die Amerikaner sind aber da. Der Offizier, der dort befiehlt, versteht etwas schneller und begreift etwas besser. Ich habe den Eindruck, daß er kommen wird, und verständige die Gemeinde sofort von dieser Wahrscheinlichkeit.

Am Abend beratschlagen die Honoratioren der ganzen Gemeinde etwas hinter verschlossenen Türen. Den guten Wirt hat man im übrigen nicht beigezogen, er scheint kompromittiert, weil er für Vichy war. Den Vorsitz führt daher der Oberste der Zollwache, Monsieur Feribondaux. Man teilt mir bald darauf das Resultat dieser Beratungen mit. Man hat vorgeschlagen, mich zum Bürgermeister von Caminflour zu wählen. Mein Einwand, daß ich nicht einmal Franzose sei, wird nicht zur Kenntnis genommen, das sei jetzt unwichtig. Immerhin bleibt es zunächst bei diesem Vorschlag. Ich schäme mich sehr, zumal ich überzeugt bin, daß Ramier der bessere Mann ist. Sogleich ziehe ich mich nach Hause zurück, verfalle in Schlaf und träume, wie ich zusammen mit Dr. Honigmann mager wie ein Gespenst in die Gaskammer eingewiesen werde.

Sehr zeitig am Morgen darauf bin ich schon wieder im Wald, um Pilze zu holen, und spät gegen Mittag erst bin ich zurück. Ich habe einen neuen Kocher erhalten, er stammt aus dem Nachlaß Lebleus, und der hat ihn erst kurz vorher von der Hinkenden zur Verfügung gestellt bekommen. Auf diesem Kocher schmoren die Pilze schnell. Da klopft ein Bauer an meine Tür: »Sie sprechen Englisch, rasch, Herr Bürgermeister, die Amerikaner sind da! Sie kommen aus Sainte Catharine.« »Warten Sie einen Augenblick. Meine Pilze stehen auf dem Feuer.« Sie warten leider nicht. Sie ziehen bereits weiter. Ein anderer Dometscher hat sich ihnen zugesellt, es ist wieder Herr Nocquer. Ich befürchte das Schlimmste! Es wird sicher alles schiefgehen. Sie werden vorübermarschieren, oder es wird sich noch Ärgeres ereignen. Ich lasse meine Pilze im Stich und springe durch das Fenster auf die Veranda. Herr Nocquer weist mich mit Hochmut zurück: »Der Dolmetscher bin ich.« Ich bitte und beschwöre ihn und nähere mich dem Trupp. Man hört mich nicht an, man marschiert. Ich kehre zu meinen Schwämmen zurück, die ich inzwischen vom Kocher auf den Herd gestellt hatte. Sie sind auf dem starken Feuer verkohlt. Heute bin ich kein Held.

Da ich meine gestrige Ausbeute zunächst zum Teil und später ganz und gar verschenkt habe und vorhin nur gerade genug für diese Mahlzeit fand, muß ich noch einmal in den Wald gehen. Es läßt mir keine Ruhe, ich gehe den Weg, den die Truppe genommen hat. Es ist plötzlich Nebel aufgezogen. Da krachen Schüsse dort, wo Herr Lebleu gewohnt hat. Die Schüsse hören nicht auf. Als endlich alles ruhig ist, frage ich den Krämer Petibouche nach dem Resultat. »Es ist nichts weiter gewesen. Herr Nocquer hat die Alliierten aus Sainte Catharine vor das Haus Lebleu geführt. Dahinter sind die aus Sainte Anne gekommen, die Sie, Herr Coucou, ja auch verständigt hatten. Die beiden Alliiertentrupps konnten einander wegen den Nebels und des Hauses Lebleu nicht rechtzeitig sehen und haben sich daher gegenseitig für Feinde gehalten. Als aber dann das Haus nicht mehr dazwischen war, haben die Alliierten einander erkannt und aufgehört zu schießen. Es hat immerhin nur zwei Tote und dreizehn Verletzte gegeben.« Also hat auch mein telephonischer Anruf in Sainte Anne Erfolg gehabt, und so ist es, weil ich des Guten zuviel getan habe, zu einem furchtbaren Fehlschlag gekommen. Ich ziehe mich in meine Küche zurück und setze mich freiwillig der Räucherung aus. Eine Mahlzeit gibt es heute nicht mehr.

Erst spät abends gehe ich aus und steige hinauf Richtung Villa Lebleu. Sein Hund begleitet mich. Das Tier hat mir wenig Umstände gemacht, war mir allerdings auch nie dienlich. Ich begegne plötzlich Nocquer. Er trägt besonders schwer. »Die Amerikaner haben mir für meine guten Dienste zehn Pakete Zigaretten gegeben. Jetzt werde ich auch bald Gouverneur in den Kolonien. Ich habe doch das Entlassungspapier, daß man mich als Gaullist weggeschickt hat.« »Wieviel Tote hat es oben gegeben?« »Nur drei, und höchstens zehn Verletzte.« »Man hat mir von dreizehn gesprochen.« »Vielleicht waren es auch dreizehn, ich habe sie nicht gezählt.« »Aber die Pakete Zigaretten haben Sie gezählt? Es waren bestimmt nicht dreizehn, sondern nur zehn, Herr Gouverneur.« »Ich bin es ja noch nicht, ich werde es nur bald. Ich schreibe heute noch an General de Gaulle. Ich freue mich schon.« »Ich freue mich auch, und schreiben Sie ihm, daß es nur zehn Pakete Zigaretten gegeben hat, aber dreizehn Verletzte und drei Tote.« »Was kann denn ich dafür? Sie haben doch die Amerikaner gerufen. Das waren Sie, Herr Coucou.« Nun sind die Rollen wieder richtig verteilt.

Jetzt requiriert man Quartiere für die alliierte Garnison. Die aus Sainte Anne sollen bleiben. Sie haben nur einen Toten und fünf Verletzte gehabt. Morgen kommen neue Fallschirmtrupps an. Die ganze Bevölkerung ist auf den Beinen. Herr Nocquer ist der Held des Tages, er bekommt auch keine Einquartierung, wiewohl er nunmehr allein die größte Villa bewohnt. Er spricht auch so gut Amerikanisch, daß die Alliierten nur ihn allein als Dolmetscher wollen. Die ganze Schuld hat der Offizier von Sainte Catharine, auch hätte ich diesen nicht rufen sollen. Die Zigaretten hat Nocquer von ihm und von dem andern verlangt. Einen Freitisch bei Ramier bekommt er aber nicht. Dieser hat ein besseres Gedächtnis als die Bauern. Im übrigen übt er weiter das Amt des Bürgermeisters aus. Bald soll ihn der Schulleiter ersetzen. Von mir ist nicht mehr die Rede.

Jetzt ist Paul Lebleu auf Umwegen aus der Stadt zurückgekehrt und hat seinen Hund wieder in Empfang genommen. Er ringt die Hände, als er das sieht, was einmal sein Haus war. »Warum haben Sie die Amerikaner nicht vor Ihr Haus geführt und das des Obersten?« fragt er Herrn Nocquer. »Weil ich dort wohne. Der Oberst ist nicht mehr hier.« Nun schwenkt Lebleu seine Arme wie Taschentücher und bezeichnet sich als Obdachlosen. Alle Welt hat Mitleid mit ihm, und er wird auf Kosten der Stadt verköstigt. Das ermutigt ihn, Politik zu betreiben, denn er glaubt sich nun in seiner ganzen Persönlichkeit bestätigt. Er predigt, daß die Deutschen nicht so schlecht sind wie die Amerikaner. Da hört die Verköstigung auf.

Die Amerikaner geben jetzt jeden Tag einen Ball. Alle Dorfmädchen sind eingeladen. Man tanzt bis in die Nacht. Dann verschwindet jeder Tänzer mit seiner Tänzerin hinter einem Misthaufen oder sonst aufgehäuftem Zeug. Einige Demoiselles werden schwanger, die meisten aber kennen sich aus. Jeder weiß nun, was Darling bedeutet, und man wundert sich, daß die Tochter Withorse auch so genannt wurde. Der Pfarrer tauft nicht auf diesen Namen.

Am Sonntag ist eine Schau. Die rothaarige Wäscherin und ein junges Mädchen aus Audelà, die ein kleines Kind hat, haben mit den Italienern und Deutschen geschlafen, und das schickt sich nicht mehr. Sie werden daher auf dem Markt geschoren. Herr Lebleu kommt in den Ort und schreit auf dem Markt, wie gemein das ist, wenn man einer Frau die Haare schert. Der Dorfschullehrer hört ihn an und läßt ihn vom Sicherheitsausschuß verhaften. Dieser besteht aus dem Totengräber, dessen früherem Obdachgeber, nämlich dem kommunistischen Großbauern, und einigen Holzfällern. Lebleu wird schließlich von den letzteren nach Noten verprügelt und kriecht fort wie ein geschlagener Hund. »Jetzt weiß ich, Herr Coucou, wie Ihnen zumute war.« Er weiß es natürlich nicht.

Ich besteige einen amerikanischen Wagen und fahre nach Sainte Anne hinunter. Von dort aus verkehrt schon der Autobus nach Nice. Dort hat bereits jedes Mädchen seinen Amerikaner. Ich erfrage die Anschrift der Withorse und melde mich an. Darling fällt mir um den Hals und küßt mich ab. »Ich bin so glücklich, daß ich Sie wiederhabe.« Ich nehme an, daß sie mich für einen guten Onkel hält, und erwidere ihre Küsse nicht. Übrigens ist auch Mutter Withorse zugegen, die mir erzählt, wo sie überall gewesen ist und wie man durch Zeitungsverteilen und Zettelankleben Widerstand leistete und auch die ersten Amerikaner mit Küssen begrüßte.

Ich nehme an, daß es andere Küsse waren als die mir soeben verabreichten und andere Zettel als der an dem Hause Lebleu befestigte. Darling errät vielleicht meine Gedanken und versichert: »Lebleu hat immer mit den Deutschen sympathisiert. Sie wissen es selbst. Da ich auch wußte, daß ich ihn dadurch in Verlegenheit brachte, habe ich den Zettel an seinem Haus angebracht.«

Sie mußte also um seine intime Beschaffenheit gewußt haben. Und wenn dies der Fall war, glaube ich nicht, daß sie etwa mir das mitteilen wollte. Somit antwortete ich ihr: »Ich weiß, und damals mit den Schlächtern ging es auch nicht gegen mich.« »Ich versichere Ihnen, Pierre, die Schlächter sind unsere Feinde.« »Und ich bin Ihr Freund?« »Ich hoffe, daß sie unser Freund sind«, stellt Darling richtig. Sie ist ein Mädchen, das von Zeit zu Zeit auf sich hält.

Ich schlage den Withorse vor, mit mir ins Gebirge zu gehen. »Mutter, wir gehen mit Coucou, das wird herrlich. Ich habe niemand lieber als Coucou.« Mutter hat zunächst einiges einzuwenden, aber schließlich wird die Reise gemacht. Man braucht zwar Grenzpapiere, aber Frau Withorse schert sich nicht darum. Wenn es verboten ist, hat auch sie einen Grund zu fahren. Colt und der Kleine sind nicht ganz dafür. Colt macht seine Geschäfte in der Stadt und hat dort oben eine Honoratiorentochter entjungfert, die Krämerstochter Petibouche, für die er kein weiteres Interesse mehr hat. Wenn es oben aber Amerikaner gibt, kann er vielleicht auch in Maisonpierre Geschäfte machen. Er fälscht sich daher einen militärischen Auftragsschein.

Nun sitzen wir richtig im Wagen nach Sainte Anne, Suzy Withorse mit dem Kleinen auf dem Schoß, Colt, der einen Kameraden mitgebracht hat, und Darling Withorse, die an meiner Schulter lehnt. Ich spreche nichts, werde auch nicht sentimental. Es ist eine unwirkliche Fahrt, das heißt eine Wegstrecke auf meiner Reise, die hineingezaubert ist. Ich bin zu alt für Darling, wenn ich mich auch jung fühle. Sie lehnt an meiner Schulter und schläft. Ihre Mutter weckt sie und sagt ihr, daß sich das nicht schickt. Nun schläft sie an der Schulter ihrer Mutter weiter. Ich bin die tausend Jahre alt, die das Dritte Reich gedauert hat. Die ganze Gegend steht im rosigen Herbst, die Blätter sind rötlich, sie leben ihr zweites Leben, aber dieses Leben gilt nichts mehr.

Sobald wir ins Gebirge kommen, wird es kalt. Es ist bereits Oktober. Die letzten neunhundertfünfzig Meter Höhenunterschied legen wir zu Fuß zurück bis nach Maisonpierre. Jetzt ist die Mutter weit voraus und die beiden Burschen sind es auch. Wenn ich jetzt wollte und Darling auch wollte, wäre die Gelegenheit da. Aber ich mache nicht den Anfang, und sie wird gewiß nicht beginnen.

Wir kommen an der Kapelle vorbei. Es wachsen dort noch immer wilde Beeren. Der Bachlauf ist versandet. Die Einbeere wächst daran, die Belladonna, die Tollkirsche, ist nicht weit. Hier zeigt der weiße Knollenblätterpilz, *the deathcup*, seine tödliche Blässe. Ich will Darling Withorse all das erklären. Sie kennt den Wald viel besser als ich und lacht, daß ich nichts anderes zu sagen weiß. Dann machen wir große Schritte und holen die andern ein.

Im Dorf ist man sehr vergnügt, daß die Withorse wiederkommen. Das sind Leute, die, wenn sie Geld haben, jeden Preis für das, was sie wollen, bezahlen, die nicht rechnen, nicht nachdenken und immer guter Laune sind. Vielleicht haben sie anderswo Schulden, leben anderswo alle in einem Zimmer. Hier sind sie die Leute, die im Ausland ein großes Bankkonto haben und davon mit vollen Händen ausgeben. Der Sekretär der Gemeinde scheint aber anderer Meinung. Er kommt auf mich zu und sagt: »Man wird Colt Withorse verhaften. Er hat die Wohnung der Schlächter ausgeräumt. Die Schlächter sind zurück und haben ihn angezeigt.« Ich habe Angst um Darling. Einstweilen verhaftet man ihn nicht.

Wie Darling Withorse am Morgen durch den Ort geht, sind alle Amerikaner in sie verliebt. »Sie müssen Dolmetscher bei ihnen werden«, sagt sie zu mir, »ein Mann muß Geld verdienen.« Sie spricht auch gleich mit dem Leutnant, der speist des Abends bei ihnen. In der Nacht holen mich die Amerikaner aus dem Bett, ich glaube, die Deutschen wären schon wieder da. Doch hat man nur einen Italiener gefaßt, der ein Spion sein kann. Den soll ich verhören. Mein Italienisch reicht aber diesmal nicht, der Mann spricht zudem einen abenteuerlichen Dialekt, auch komme ich als Dolmetscher für Italienisch wohl kaum in Betracht. Jedenfalls blamiere ich mich kläglich. Sie sperren den Mann auf alle Fälle ein, erschießen ihn aber vorläufig nicht, vielleicht war er doch ein harmloser Grenzgänger.

Nun halte ich mich im vorgeschlagenen Amt für erledigt. Am Morgen holt man mich aber wieder. FFI sind im Ort angelangt, und der Leutnant will sie weghaben. »Gehen Sie zu dem Chef der FFI und rufen Sie ihn zu mir!« Die Mission ist delikat. Der Franzose ist Hauptmann und will nicht zu einem Leutnant gehen. Auch ist er der Ansicht, daß er im eigenen Lande ist und der andere in einem fremden und daß ich, der Bote, überhaupt der Angehörige einer feindlichen Macht sei. Trotzdem gelingt es mir schließlich, die beiden auf neutralem Boden zusammenzubringen. Sie sagen einander ungute

Dinge, die ich bei der Übersetzung mildere oder unterdrücke. Schließlich kommt eine Übereinkunft zustande. Die Franzosen erhalten die Schule, in der sie auf Stroh schlafen dürfen, während die Kinder überhaupt hinaus müssen. Die Amerikaner bleiben in beiden Hotels und in allen noch brauchbaren Villen außer der Nocquers verteilt. Die Franzosen fluchen. Die hundert Amerikaner schlafen in Betten, und sie sind hundert auf Stroh. Als ich aus der Schule zurückkomme, begegne ich Darling Withorse an der Seite des Leutnants: »Man ist mit Ihnen als Dolmetscher zufrieden«, sagt sie. »Der Leutnant hat mir dreißig Zigaretten für sie übergeben.« »Behalten Sie sie für Colt«, sage ich.

Am Abend gehe ich nicht zu den Amerikanern. Darling sucht mich überall. Da man mich nicht findet, nimmt man statt meiner den Sohn des Schusters Dieuphraste als Dolmetscher, der ein paar Brocken Englisch in der Schule aufgeschnappt hat. Ich gehe wieder in den Wald, doch suche ich weder Pilze noch Holz. Das Geld von Ramier für meine Heldentat ist mir zwischen den Fingern zerronnen. Neues habe ich nicht vor zu beanspruchen. Bei meinem Ausflug nach Nice war ich auch weder bei Festenberg noch bei Frau von Quanten.

Als ich wieder aus dem Wald komme, ohne etwas gesucht oder getan zu haben, sehe ich einen jungen Flieger auf dem Geländer hocken, der ist aus dem Ort und hat früher Darling den Hof gemacht, aber keinen Anklang gefunden. »Ich fliege morgen nach Afrika«, sagt er, »dort wird es das Chaos geben.« »Würden Sie für mich einen Brief an meine Schwester aufgeben?« Er übernimmt die Botschaft gern. Am Abend bringe ich den Brief. Dann gehe ich nüchtern zu Bett. Sowie ich eingeschlafen bin, klopft es an meine Tür. Darling Withorse ist da und lädt mich zum Abendessen ein.

Sie ist nicht eingetreten. Ich habe mich hinter verschlossener Tür angezogen und ihr nicht geöffnet. Wie ich die Tür aufmache, finde ich sie nicht mehr vor. Ich steige aber trotzdem nach Maisonpierre hinauf. Drei von den Withorse sind dort versammelt: die Mutter, der Kleine und Sibylle. Dann gibt es noch zwei Amerikaner. Darling lehnt an der Schulter des einen. Aber beide küssen sie. Dann legt die Mutter den Kleinen schlafen und kommt nicht mehr zurück. Darling bittet mich zu bleiben, ich soll offenbar den Elefanten spielen. Die Mutter hat schon gegessen, der Kleine auch. Jetzt werden amerikanische Delikatessen aufgetragen. Ich esse mit, obwohl es mir vorkommt, als ob es ein dunkles Geschäft wäre. Der eine Amerikaner geht. Der andere macht keine Anstalten dazu. Sie küssen und drücken sich. Ich habe gar keine Lust, da zuzuschauen und darf doch nicht gehen.

Da kommt Colt zurück und ist vergnügt. Er hat gute Geschäfte gemacht und viel getrunken. Ich gehe jetzt, obgleich mir Darling einen bittenden Blick zuwirft. Ich ersuche Colt, mich nicht zu begleiten, sondern gleich zurückzukehren. Er lacht mich aus. Im nächsten Augenblick wird ein Gewehr zum Fenster hinausgeworfen, und ein Amerikaner verschwindet rasch aus der Tür in der Dunkelheit. »Meine Schwester schläft nicht mit diesem Soldaten«, versichert mir Colt Withorse.

Ein amerikanischer Soldat wird am Morgen erschossen im Wald gefunden; man meint, er sei auf einen deutschen Hinterhalt gestoßen, ich glaube aber nicht, daß es ein deutscher war.

Ich will nicht mehr zu den Withorse, aber Lebleu bringt mich bereits am nächsten Tag zu ihnen. Sein Herd raucht, seine Wohnung ist kaputt, er sucht eine neue. Er kocht auch nicht mehr, er hat nichts zu kochen. Sein Kredit ist vorbei. Seit er wegen der Rothaarigen Prügel bekommen hat, ist die öffentliche Meinung gegen ihn. Nur einige Außenseiter stecken ihm heimlich etwas zu. Sein Appetit wächst aber mit der Krankheit. Wie ich bei den Withorse bin, kommt Darling scheltend auf mich zu. »Sie versehen Ihren Dienst nicht. Die Amerikaner haben schon dreimal nach Ihnen gefragt. Jetzt haben sie den Schusterjungen Dieuphraste als Dolmetscher aufgenommen. Der kann doch kaum Englisch. Er hat gleich einen Anzug erhalten und viele Zigaretten. Auch bekommt er

Lebensmittel, soviel er will. Sie sind nicht tüchtig!« Ich möchte um keinen Preis tüchtig sein, auch wenn ich mir die Rügen von Darling Withorse einhandle.

Sie hat ihre Ansprache beendet und trägt jetzt das Essen auf. »Ich habe es selbst zubereitet«, läßt sie vernehmen. Nie hat ein Franzose so schlecht gekocht. Nicht einmal im Lager habe ich so elend gegessen. Es ist ein wahres Glück, daß kein Amerikaner eingeladen ist. Lebleu, der lange nichts Warmes gegessen hat, schlingt verzweifelt. Ich bringe den Mist nicht hinunter. Frau Suzy meint, es sei viel Fett, Fleisch und Reis darin. Ich weiß nicht, wo diese begraben liegen. Es sind angeblich drei Konservenbüchsen zusammengeschüttet worden, dabei muß eine Säure oder Base herausgekommen sein. Ich werde es am Effekt erkennen, welche von beiden es gewesen ist. Darling soll sogar noch Milch, Eier und Knoblauch hinzugefügt haben. Es ist eine wahre Kunst, so viel gute Dinge auf einmal zu verderben. Hierin sind die Withorse groß, Darling noch stärker als ihre Mutter.

Nach dem Essen wird Lebleu gleich politisch. Natürlich verteidigt er den greisen Maréchal. Die Withorse fällt ihm in die Rede, gratuliert ihm zu den empfangenen Prügeln und wünscht ihm neue. Darling bittet mich, am Abend wiederzukommen. Um mir viele Worte zu ersparen, sage ich zu, komme aber nicht. Das macht kaum etwas bei den Withorse. Sie nehmen Zusagen nicht ernst, auch nicht ihre eigenen.

Die Nacht über bin ich wach im kalten Zimmer und denke an die Frauen, mit denen ich beisammen war. Darling Withorse entschlüpft meinen Gedanken so schnell, wie sie darin aufgetaucht war. Ich denke an Lise, die ich im Lager kannte, und höre, wie sie sagt: »Sie werden keine Zeit haben, an uns zu denken.« So ähnlich muß sie gedacht haben, als sie in meinen Armen gelegen ist und die Bucklige sie gerettet hat. Ich denke an Irma, und wie sie mit offener Hose auf meinem Bett lag, aber floh, als ich das Buch unter ihrem Kopf wegzog, damit es nicht beschädigt werde. Ich denke an die Prinzessin, wie wir zusammen von Monte Carlo zum Leuchtturm von

Monaco schwammen und wieder zurück, wie wir dann in Juan les Pins des Nachts nackt badeten, ich sie haben wollte und sie sich mir entzog, wie ich mich im Kaffeehaus bei einem fremden Zeitungsmann über sie beklagte und sie alsbald daheim in meinem Bette vorfand, und mit ihr eine Nacht verbrachte, außerhalb des Alltags, mit den Gedanken bei nichts anderem, ohne Furcht und Heimlichkeit und ohne Bedenken vor dem, was kommen könnte. So liebt man nur in Frankreich. Und ich denke auch an Jeanne Varien, wie sie mir ihre schönen Brüste gezeigt und mich aufgefordert hat, mich neben sie zu legen, ich aber ablehnte, weil Marassino mein Freund sei, in Wirklichkeit, weil ich es nicht wagte, weil sie viel zu schön für mich war, oder weil ich schon tot war, als ich mich aus dem Auffanglager vor der Vernichtung rettete. Und jetzt beginne ich bereits zu träumen und sehe einen Wald, der wie der daheim ist, und ich gehe hinein und begegne meinem Gymnasialkollegen aus der vierten Klasse, Baggio, der schon mit fünfzehn Vater war und die Klasse dreimal machte, bis er durchkam, weil ich ihn abschreiben ließ. Ich habe ihn seit der vierten nicht gesehen, ja, doch einmal, als er schon erwachsen war und vor einem Autoladen stand, und dann habe ich gehört, daß er ein erbitterter Nazi wurde. Und jetzt sehe ich ihn wieder und bin erstaunt: »Du hier, Baggio, wo kommst du her?« »Du hier Kucku, nein, welche Überraschung!« Und der Wald ist derselbe wie daheim.

Am anderen Morgen treffe ich den Sekretär der Mairie. Er sagt mir: »Ich will Ihnen ein Papier geben, was Sie für uns getan haben. Sie werden es vielleicht einmal brauchen!« Ich nehme sein Papier, obwohl ich nicht glaube, daß ich es noch brauche. Ich habe eben so gut von zu Hause geträumt und werde bald zurückfahren. Einstweilen verlange ich einen Erlaubnisschein für eine Fahrt nach Nice. Dort will ich mich näher erkundigen, wie die Dinge stehen. Der Erlaubnisschein wird nur mühsam erwirkt, von Tag zu Tag werden die Dinge schwieriger. Der Autobus ist für heute versäumt. So gehe ich noch einmal auf gut Glück in den Wald und ganz woanders hin, wo ich nie gewesen bin. So was gibt es auch.

Und richtig stehen hier die Bäume so seltsam, wie ich sie den Deutschen an jenem Tag geschildert habe, an dem ich, von mir unbemerkt, meine Heldentat begangen habe. So österreichisch stehen hier die Bäume und sehen auch so aus wie daheim, und der Weg sieht auch so aus, und doch habe ich es gerade jetzt gesehen, obwohl ich gar nicht daheim gewesen bin, gerade jetzt, heute, zum letzten Mal, und ich kann mich nicht erinnern, heute schon fortgewesen zu sein. Wie ich mich langsam zurückbesinne, kommt ein Mann aus dem Wald und versetzt mich in Schrecken. Er hat ein Gesicht, das ich unbedingt kenne, obwohl es nicht mehr ganz so aussieht, wie ich es gekannt habe, nicht so gepflegt, nicht so ruhig, und auch nicht so schön. Als ich aber trotzdem erkenne, wer es ist, muß ich mich selbst sehr verändert haben, das spüre ich genau: »Du hier, Baggio, wo kommst du her?« »Du hier, Kuckuk, nein, welche Überraschung.« Die Franzosen hatten ihn gefaßt, er ist zu der Wirtin in Audelà entkommen. Dort lebt er schon eine Weile versteckt. Jetzt möchte er zu Tal, er hat mit dem Krieg Schluß gemacht. Französisch kann er gut. Bei Kriegsanbruch hat man ihn in Korsika festgenommen, als er fotografierte. Er wanderte durch viele Lager und war zuletzt von den Italienern ins Gebirge geschafft worden, wo er mit einer alten Jüdin auf deren Kosten Haus hielt. Als man die festnahm, konnte er sich angeblich nicht mehr mit den Deutschen befreunden. Nun ist er wieder hier und will in Frankreich leben. »Sterben kann man auch bei uns, leben nur hier«, ist seine Meinung.

Ich lasse diesen Mann zurück. Er wird seinen Weg selbst finden und fragt nicht nach meiner Hilfe. Ich weiß nicht, warum ich von ihm geträumt habe. Außer daß ich ihn im Gymnasium abschreiben ließ, hatte ich mit ihm nichts zu tun. Er kam dann in eine andere Schule, und ich bin ihm nur das eine Mal begegnet, als er schon erwachsen war. Jetzt allerdings noch einmal.

Tags darauf fahre ich nach Nice. Abschied habe ich von niemand genommen. Ich erhalte bei der Savoyardin Quartier. Sie hat die Bilder von Fräulein Cahn nicht mehr, die sie mir seinerzeit gezeigt hat. Der Prozeß gegen die Verräterin hat schon stattgefunden. Diese hat das gemacht, weil man ihr versprochen hat, ihren jüdischen Mann herauszugeben, wenn sie sechs andere anzeige. Fünf davon hat man identifiziert. Die Bilder von Fräulein Cahn waren das Überzeugendste. Man hat noch andere Aufnahmen bei der Gestapo gefunden, auf denen hatte das Fräulein auch keine Nase mehr, da waren Mund und Riechorgan ein einziges Loch. Beim Prozeß der guten Bürgersfrau haben der Gatte und die drei Kinder geweint. »Die Mutter hat sich für uns alle geopfert.« Man hat sie erschossen und den Leichnam irgendwo verscharrt. Gerechtigkeit muß sein.

»Und wo ist der Mann, den Sie bei der Gestapo gekannt haben?« Ich habe keine Eile, ihn zu suchen. Die Savoyardin ist jung und hübsch und groß, ich könnte jetzt vielleicht mein Glück bei ihr machen, ich mache es aber nicht. Ich erfahre, daß Marassino zurück ist und gehe gleich zu ihm.

Jeanne Varien ist jetzt seine Frau. Sie haben ein reizendes Töchterchen miteinander. Jeanne begrüßt mich, als ob nichts gewesen wäre. Dann öffnet sie eine Schatulle und gibt mir die Hälfte des geschuldeten Geldes. Den Rest muß mir der Gatte nach seiner Rückkehr auszahlen. Man hat die Summe für den Wächter übrigens nicht gebraucht. Marassino versprach sie ihm zwar, leistete aber nichts, als ihm die Flucht von dem zu Prellenden ermöglicht wurde. Dem Wächter ist es dann schlecht ergangen. Nun ist Marassino angeblich Oberst der Freischärler. Er war seinerzeit mit einem falschen Papier den Deutschen in die Hände gefallen. Der Mann, auf den das Papier wirklich ausgestellt war, wurde von den Deutschen gesucht, und sie hatten vergessen, daß er bereits von ihnen erschossen worden war. Nun sollte er in der Person von Marassino zum zweiten Mal hingerichtet werden. Nur Jeannes Schönheit und vielleicht auch deren unmittelbare Anschauung veranlaßte sie, den Fall näher zu untersuchen, wobei sich eine zufällige Namensgleichheit des unschuldigen Marassino mit dem schuldigen Toten herausstellte. Immerhin ergab sich daraus für Jeanne und ihn die Gelegenheit, die Deutschen auszukundschaften und nützliche Berichte an die Widerstandsbewegung gelangen zu lassen. Jetzt betreiben sie anscheinend Großschmuggel. In einer Puppe, von dem Kind begleitet, transportiert Jeanne Gold und Schmuck aus Italien. Die Puppe ist hohl, es ist keine Gefahr dabei, das Kind spielt damit, nur fallen lassen darf es sie nicht. Ich verabschiede mich von Jeanne, da ihr Mann ohnehin nicht erscheint, und soll am nächsten Tag wiederkommen.

Festenberg ist sehr glücklich, mich wiederzusehen. Bis die Alliierten kamen, war er bei sich zu Hause versteckt. Die Tafel an der Tür lautete die ganze Zeit auf einen französischen Namen. Die beiden Nazialten haben ihn mit Proviant versorgt. Nun, da es nicht mehr notwendig ist, hat er ihnen eine Pension ausgesetzt. Denn jetzt gehen sie nicht mehr auf die Straße. Sie finden die Rente nicht ausreichend und schimpfen über ihn. Ich zahle ihm einen Teil meiner Schuld zurück, obwohl er das Geld nicht verlangt. Ich spreche noch einmal von den fünftausend, die vor meiner Abreise in einem Briefumschlag eintrafen, und zeige ihm das fragliche Kuvert. Er beteuert, mit dieser Sendung nichts zu tun gehabt zu haben.

Mein nächster Besuch gilt Frau von Quanten. Sie ist inzwischen stocktaub geworden und erzählt mir, daß ihr Ziehsohn in Holland bei den Nazis war. Nun hat man ihn erschlagen. Sie bedauert es nicht. Sie hat immer an die Befreiung geglaubt, nun da sie gekommen ist, erübrigt sich alles andere. Ihre javanische Freundin und der Gatte von Ahfensaas haben sich nicht mehr gemeldet. Der polnische Jude ist offenbar mit den mir gestohlenen Marken in Sicherheit gebracht worden und nun nach Amerika gefahren. Frau von Quanten bewirtet mich gut, obwohl sie wenig hat. Sie gibt ihr ganzes Geld für Nahrung aus, auch raucht sie unmäßig. Im übrigen ist sie Kommunistin geworden. Wenn sie einmal tot sein wird, will sie sich mit einem Massengrab begnügen.

Nachdem ich sie verlassen habe, suche ich weitere Aufklärung über die Herkunft der fünftausend Franken. Ich begebe mich zwar in die Nähe von Quierkes Wohnung, doch gehe ich nicht zu ihm. Es kommt zwar nur er als Sender in Betracht, doch werde ich ihn jetzt kaum treffen. Stattdessen treffe ich Paraplou, einen Juden aus Polen. Der war einmal Apotheker und lebt seit langem in Frankreich. Mich hat er durch meinen Onkel, den Friedensrichter, kennengelernt. Durch ihn habe ich auch Manjas Bekanntschaft gemacht. Als er von meiner Not erfahren hat, war er selbst in Nice versteckt und konnte seinen Namen nicht nennen. Daher sandte er mir das Geld anonym, jetzt reklamiert er es auf der Straße. Ich gebe es ihm gleich und bin eine harte Schuld los. Ich habe im Gestapochef den Gläubiger vermutet. Nun weiß ich, daß dieser nichts für mich getan hat, mir insbesondere nie Geld gegeben, mich von keiner Liste gestrichen hat, auf der ich stand, denn die FFI haben deren Vernichtung besorgt. Er bleibt in meiner Schuld für den Vertrag, den er mit einem kalten Nachtmahl bezahlen wollte und der ihm bis zu seiner Gestapozeit reichlichen Lebensunterhalt sicherte.

Bevor ich auf die Avenue de la Victoire hinauskomme, werde ich von einem Mädchen angesprochen. Das ist mir früher öfter geschehen, in letzter Zeit aber schon lange nicht mehr. Das Mädchen erinnert mich überdies an ein anderes, das ich gekannt habe, als ich in Nice eintraf. Es war eine Bretonin aus Saint-Brieux. Es saß in meinem Zimmer, als ich ankam, obgleich es gut behütet war. Dann trafen wir uns auf dem Gang. Es verlangte nach Wasser und kam wieder zu mir. Wir sprachen so viel miteinander, und ich konnte doch nicht Französisch. Es lehrte mich etwas Bretonisch. Ich weiß noch, was Brot heißt. Einmal holte es mich zum Strand und zeigte sich mit mir vor allen Leuten. Dann wieder sprach es mich heimlich in einer engen Gasse an, ich erkannte es nicht, wies es ab, weil ich es für ein käufliches Mädchen hielt. »Mein Herr, Sie sind nicht höflich«, meinte es damals. Diese hier sieht genauso aus, so schön, so knabenhaft schlank und umrahmt von dunklen Haaren. Es ist offenbar eine Dirne, aber eine köstliche Frau. Ich gehe niemals mit Dirnen. Diesmal würde ich es trotzdem tun. Aber ich habe fast kein Geld mehr, soviel habe ich an Festenberg und den jüdischen Apotheker Paraplou zurückbezahlt. Ich sage ihr freundlich, daß ich nichts habe und daß ich ein anderes Mal kommen werde. Sie meint, daß ich trotzdem schon jetzt kommen möge, es koste für mich nichts. Die Ähnlichkeit mit dem Mädchen aus Saint-Brieux fällt mir immer mehr in die Augen, das war aber mit seinen Eltern und kam nur heimlich mit mir zusammen, da es streng gehalten wurde, das eine Mal ausgenommen, als es mit mir am Strand promenierte. Ich gehe doch nicht mit der Hure, sie ähnelt zu sehr diesem anständigen Mädchen. »Sind Sie bange vor mir? Haben Sie Angst davor, mein Freund zu sein?«

Ich komme an dem Haus vorbei, in dem ich wohnte, bevor ich verhaftet worden bin, um ins Vernichtungslager gebracht zu werden. An dem Kandelaber davor und an dem gegenüber hatte man zwei angebliche Widerstandskämpfer gehängt und einige Stunden ausgestellt. Jetzt macht man dem Chauffeur den Prozeß, der sie für die Deutschen zum Richtort brachte und der beim Hängen mithalf. Man wird ihn wahrscheinlich erschießen. Knapp unter meinem Fenster ist eine Nische mit einer Erinnerungstafel, darunter sind Blumen und ein Licht, aber kein ewiges. In einem Geschäft nahebei gibt es die ersten Bilder von den Nazigreueln. Auch ein Bild von Fräulein Cahn ist dort ausgestellt, aber nicht das, das die Savoyardin seinerzeit hatte, sondern jenes andere, auf dem ein einziges Loch klafft, wo Nase und Mund waren. Um die Stirn ist ein Kranz wie von einer Dornenkrone. Dabei war sie nur eine unbedeutende und dumme Schauspielerin.

Ich frage nach vielen Leuten, die ich kannte. Sie sind verschleppt worden und nicht mehr zurückgekehrt. Übrig ist nur die Bucklige, der ich auch bald begegne. Ich sage ihr nun, daß man mit Fräulein Félice abrechnen müsse. Sie ist aber dagegen. Auch zieht sie die Stirn in Falten: »Lassen Sie es sich nicht einfallen, etwas gegen Félice zu tun! Sie hat zwar hundert Juden geliefert und fünfzig Widerstandskämpfer angezeigt. Man hat sie dreimal verhaftet und dreimal wieder freigelassen. Aber sie hat nicht nur gute Beziehungen zum Intelligence Service, sondern war auch ein *agent double*. Für jeden Juden, den sie geliefert hat, hat sie dreimal so vielen Nazis den Garaus gemacht. Da kann man ihr nicht an den Kragen. Die ist tabu.«

Ich sage ihr, daß allein mein Leben, das sie gefährdet hat, alle Leistungen aufwiegt, die sie für die Alliierten vollbracht haben kann. Ich sage das nur aus Zorn und meine es nicht ernst. Auch wandle ich einen Satz ab, den mir ein älterer Autor daheim einmal gesagt hat: »Glauben Sie mir, Kucku, wenn einer eine alte Frau erschlägt, sollte man ihn nicht so bestrafen wie einen Autowildling, denn der gefährdet auch mich.«

Wie dem nun auch sei, die bucklige Ilse ärgert sich sehr über meine Überheblichkeit und schreit mich an: »Wir müssen froh sein, wenn man uns in Ruhe läßt. Es ist unverschämt, wenn wir uns rühren. Wir sind ja doch schließlich Deutsche.« Ich nenne sie eine dumme Gans und gehe meiner Wege, nunmehr fest entschlossen, das Fräulein Félice von der Polizei so bald wie möglich zu erledigen.

Mein nächster Besuch gilt dem Armendoktor Autin, der angeblich den französischen Antispionagedienst in diesem Distrikt leitet. Der Mann freut sich ungeheuer, mich wiederzusehen, wenigstens behauptet er dies. Wie er mein Anliegen hört, ist er gleich Feuer und Flamme. Er ruft sofort an und bestellt mich für eine Stunde später. Dann teilt er mir mit, daß nichts zu machen ist. Hauptmann Joseph von der Widerstandsbewegung hat der schließlich wegen der Judenhatz ins Naturalisierungsbüro versetzten Dame einen Italiener zwecks Einbürgerung gebracht, als er in ihr die Frau erkannte, die ihn selbst und dreißig andere den Deutschen ans Messer geliefert hat, von denen nur er und zwei Kameraden fliehen konnten. Er nimmt sie daher nunmehr selbst mit seinen FFI fest und möchte sie womöglich gleich an die Wand stellen. Aber schon zehn Minuten später wird vom Intelligence Servie interveniert. Er muß die Frau herausgeben, sich noch entschuldigen, und sie wird auch gleich wieder bei der Polizei eingestellt. »Gegen die kann man gar nichts machen«, sagt der Armendoktor.

Ich will das nicht glauben und besuche einen Herrn, der mir als der Chef der gesamten politischen Kontrolle bezeichnet wird. Welches Amt er wirklich bekleidet, sagt man mir nicht, es muß aber ein sehr hohes sein, denn er sitzt ganz allein am Ende eines riesigen Saales und rührt sich nicht, als ich erscheine. Trotzdem hört er mich an, denn ich weise eine gute Empfehlung vor. Ich berufe mich auch darauf, daß ich eine Ortschaft im Gebirge befreit habe. Er wundert sich allerdings, daß ich als Feindausländer noch im Grenzgebiet geduldet werde. Ich zeige ihm die Bescheinigung des Sekretärs. Er zuckt die Achseln, dann schreibt er sich meine Daten auf, nicht die von Félice. Immerhin ruft er noch eine Nummer an und spricht kurze Zeit, scheinbar in Chiffren. Dann sagt er mir sehr deutlich: »Nichts zu machen. Die Dame hat für uns gut gearbeitet. Wir brauchen sie noch.« Damit ist die Vorsprache erledigt, und ich gehe in großem Zorn.

Am nächsten Tag empfängt mich Marassino höflich, aber nicht überschwenglich. Zuerst möchte er das Geschäftliche regeln und belehrt mich darüber, daß ich ihm selbst noch Geld schuldete, das er mir in einem Spielsaal vor Jahren zur Verfügung gestellt habe und das dort von mir verspielt worden sei. Daher hätte ich keine Forderung mehr zu stellen. Ich erinnere mich an diese Gegenleistung nicht, er führt immer mehr Daten auf und nennt dabei verschiedene Beträge. Schließlich einigen wir uns auf den geringsten der von ihm aus der Erinnerung genannten, und er zahlt mir noch etwas aus, so daß ich nicht mit ganz leeren Händen nach Caminflour zurückkehren werde. Dann bringt er mir sein Kind, welches groß und stark ist und lebhaft schreit. Zuletzt kommt Jeanne, die mich zum Mittagessen einlädt. Ich nehme an, bin aber nicht mehr sehr hungrig.

Das Mittagessen wird förmlich eingenommen. Marassino vermeidet zunächst jede Ansprache, zuletzt bleibt es doch bei dem ›Du‹. Jeanne erweist sich als viel herzlicher, doch bleibt es in ihrem Fall bei dem ›Sie‹. Zuletzt, beim Wein, fange ich an, von Félice zu sprechen. Marassino hört meinen Bericht aufmerksam an. Er scheint meiner Meinung zu sein, daß man das nicht hinnehmen dürfe. Endgültiges sagt er aber nicht. Immerhin läßt er durchblicken, daß er auf der Polizei vieles durchsetzen könne und insbesondere der Chef, der da entscheide, von ihm abhänge. Ich kann mir nicht vorstellen, wie das möglich ist, doch bestreite ich nichts, bevor nicht die Probe auf das Exempel gemacht ist.

Als ich fortgehe, erklärt Marassino, mich begleiten zu wollen. Dann sagt er aber, daß wir beide auf die Polizei gehen würden. Das tun wir auch. Er tritt sofort ein und begibt sich in ein Zimmer, wo einer der Gottsöbersten amtiert. Ich bleibe draußen vor der Tür stehen, er nimmt mich also nicht mit. Dann höre ich verschiedene Stimmen nach draußen dringen, darunter auch die Marassinos. Was gesprochen wird, höre ich zunächst nicht. Man spricht nicht laut, ich erkenne Marassino nur an der Melodie seines Organs, später auch den Chef an der Konzilianz seines Ausdrucks. Aber schließlich wird es lauter. Ich höre deutlich den Namen ›Félice‹. Die Stimme Marassinos wird immer lauter, die des Chefs bleibt konziliant. Dann erscheint Marassino wieder in der Tür, vom Chef bis an diese begleitet. »Komm!« sagt mein Freund, der Großschmuggler. »Die Sache wird so gemacht: Morgen entläßt die Polizei alle Frauen, weil sie sie nicht mehr braucht. Nächsten Monat stellt sich ein Bedarf wieder ein. Man nimmt die anderen Frauen wieder auf, Félice aber nicht. Die Sache ist geregelt!« Wenn Marassino die Wahrheit sagt, habe ich durch einen wenig seriösen Menschen das erreicht, was die seriösen nicht machen konnten. Der Weg war allerdings nicht sehr direkt.

Am Abend reise ich wieder nach Caminflour. Wie ich ankomme, tanzt man im neuen Hotel des bösen Wirts. Ich gehe auch hin. Darling Withorse tanzt alle Tänze mit dem amerikanischen Leutnant. In einem Winkel gibt man zu amerikanischen Preisen Wein aus. Ich lege einen Großteil des restlichen, von Marassino zurückergatterten Geldes in diesem Treibstoff an. Dann fordere ich Darling zum Tanz auf. Sie schmiegt sich wie eine Katze an mich, und ich tanze wie ein Satyr. Der Leutnant verläßt sichtlich entrüstet den Saal. Wird er mich fordern? Es wäre mir nur recht. Ich tanze auch noch den nächsten und übernächsten Tanz mit Darling. Sie geht auf alle Bewegungen meines Körpers ein. Ihr Gesicht behält die ursprüngliche Unschuld. Ich glaube nicht, daß sie weiß, was wir tun. Nach dem dritten Tanz kommt der Leutnant zurück. Seine Verliebtheit war stärker als seine beleidigte Eitelkeit. Er macht eine höfliche Verbeugung vor mir und engagiert Darling wieder. Ich bin gezwungen, sie ihm zu überlassen. Er zeigt mir, wie ein Mann von Welt tanzt, auch wenn er Soldat ist. Dabei ist er geschmeidig wie ein Aal und beherrscht den Rhythmus. Er vermeidet jede Annäherung, die mißfallen könnte. Ich tanze nun mit anderen und wiederhole dasselbe Spiel. Der Krämer Petibouche, der trotz Todesfall zugegen ist, hält sich die Seiten vor Lachen: »Monsieur Coucou, Sie tanzen wie ein junger Mann, das ist nicht fein!« »Fein genug für alle, die hier sind«, gebe ich zur Antwort.

Darlings Augen haben einen ungewöhnlichen Ausdruck. Ich stelle mir vor, daß sie so tief sind, als ob man in ihnen ertrinken könnte. Alle Dinge bekommen durch sie einen neuen Anschein, wie das Leben für sie mit jedem Augenblick beginnt. Sieht man sie nur an, so sind ihre Züge wie auf einer antiken Gemme gemeißelt, und man hat den Eindruck, daß in diesem Konterfei alles noch Traum bleibt und ihr Körper nur geschlossene Knospen treibt. Die Festigkeit ihrer Formen scheint die Flüchtigkeit ihrer Träume zu binden und zu verwahren. So scheint sie das Sinnbild edlen Ebenmaßes, an das die Zeiten und Völker glauben, seit sie sich des Schönen bewußt sind. Aber wenn man sie berührt, wird ein anderer Eindruck vermittelt. Sie ist wie irgendein Weib, das die Möglichkeiten seines Körpers kennt. Nur ein Stümper oder verliebter Narr würde dahinter eine Seele suchen. Ich weiß das manchmal sehr gut und will sie dann auch nicht retten, sondern haben. Doch wenn ich mich der Unschuld ihrer Blicke erinnere oder dieser von neuem innewerde, verzichte ich wieder. Und was ich bereits weiß, das glaube ich nicht mehr.

Am Morgen berichtet mir Lebleu mit viel Aufsehen, was sich zwischenzeitlich in der Gegend ereignet haben soll. Der Gendarmeriebrigadier schläft mit Darlings Mutter, Suzy Withorse. Seine Frau hat dies erfahren und ist abgereist. Bei den Engländern gehe es auch sonst hoch her. Colt bringe viel Geld ein und gebe noch mehr aus. Niemand wisse, woher er es habe und wohin er es trage. Nur Darling sei in puncto Unschuld absolut einwandfrei. »Sie ist auch mit meinen Töchtern aufgewachsen. Und jede weiß alles von jeder.« Ob freilich nicht gerade deshalb jede von jeder schweigt, ist eben eine Frage der Konvention.

Es gibt dann noch einen anderen Skandal. Der Sohn des Obersten ist mit einem Freund heraufgekommen, und dieser hat während des Gottesdienstes mit einer Schönen den Kirchturm bestiegen und sich dort so lange aufgehalten, bis die Kirche geschlossen war. Als er am Morgen befreit wurde, mußte er dann vor den Augen der Dorfbewohner Spießruten laufen. Auf die Obersts falle nunmehr ein schiefes Licht, obwohl sie praktizierende Katholiken sind, die keinen Gottesdienst versäumen und kein gottgefälliges Werk, das nichts kostet, unterlassen. Der Sohn des Obersten muß nun einen dicken Strich zwischen sich und dem Kirchturmmißbraucher ziehen.

Vor dem alten zurückgesetzten Haus zwischen der Mühle am Dorfeingang und den anschließenden Gebäuden sonnt sich die alte Mutter meiner Hausfrau. Sie hat schon gesagt und sagt es immer wieder, daß sie in die Kirche geht, obwohl sie nicht an Gott glaubt, um sich auch für den gegenteiligen Fall zu schützen. Das ist ohnehin die Philosophie unserer Zeit. Darum spielt jeder auf allen Tischen, wenn er kann.

Nun stolpert der Stelzfuß an mir vorbei, der nach dem Bericht des deutschen Feldwebels seinerzeit Herrn Fischer bei den Deutschen als Juden denunziert hat. Er grüßt mich devot, den Hut bis zur Erde gezogen. Ich erzähle seinen Nachbarn, was ich gegen Félice ausgerichtet habe. Das ist eine vorbeugende Maßnahme gegen die nächste Denunziation, die gegen mich gerichtet sein könnte. Warum? Der Mann könnte vielleicht sogar sagen, ich hätte für die Deutschen gearbeitet, er habe mich am Tag der Auffindung des Kreuzes bei ihnen gesehen.

Darauf betrete ich das Haus Withorse und treffe zwei Paare an. Mrs. Withorse befindet sich im Armsessel. Daneben versucht der Chef der öffentlichen Ordnung, Brigadier Marmitot, seine ungelenk mürrische Hand auf einer Harfe. Diese beiden verhalten sich dezent. Dagegen beschnuppert der Leutnant Darling wie ein Hund und beschleckt sie auch. Nichts von seiner Tanzsaalwürde ist mehr vorhanden. Dann kommen noch andere Gäste. Man trägt Tee auf. Darling verschwindet in ihre Kammer, einen Verschlag, in dem nur ein Bett steht. Kurz darauf verschwindet der Leutnant in dieselbe Richtung. Nach einiger Zeit, sie kommt mir geraum vor, wendet sich der zwischenzeitlich erschienene Colt an mich und konstatiert monoton: »Meine Schwester schläft mit dem Leutnant.« »Du lügst«, sagt knapp neben ihm Darling Withorse, die soeben unbemerkt zurückgekehrt ist. Die Zeit, die beide weg waren, war immerhin lang, und es ist nur ein Bett in der fraglichen Kammer, sonst nichts. Der Leutnant hat kein Wort verstanden.

Nun geht es gegen Weihnacht. Die Tanzabende häufen sich. Immer mehr FFI erscheinen zwischen den Amerikanern. Manchmal ergeben sich Unstimmigkeiten wegen eines Dorfmädchens. Man gibt nun bald getrennte Feste. Die Besitzenden verzichten aber nicht auf ihre Mädchen. Die Abende der FFI werden schlecht besucht. Darling Withorse geht aber auch dorthin, und ich tue dasselbe. Zwischen zwei Engagements mit FFI-Soldaten tanzt sie mit mir. Ihre Partner fragen sie nun, wer ich sei. Sie erwidert, daß ich ein Österreicher sei, den sie überaus schätze und der für Frankreich vieles getan habe. Die FFI bezweifeln dies. Der eine sagt sogar, ich sei der Mann, den er kürzlich habe verhaften sollen. Darling fragt ihn nicht nach weiteren Details, doch berichtet sie mir sofort. Ich nehme das nicht ernst.

Zu den FFI gesellt sich eine neue Gruppe. Die Neuen haben noch weniger Glück bei den Ortsschönen. Man sagt, es seien Wegelagerer. Eines Tages hört man nahe am Wald Schüsse. Sie haben eine Frau, angeblich eine Spionin aus Sainte Anne, gebracht. Die wurde jetzt erschossen. Da der Boden hart gefroren ist, mußten Bauern ihr ein Grab schaufeln. Die Frau soll geschrien haben: »Jean, ich lasse dir ja meinen Schmuck. Laß du mir mein Leben!« Es hat ihr aber nichts genützt. Die neue Gruppe verschwindet sofort, sowie die Leiche begraben ist.

Am Abend tanze ich mit Darling Withorse. Sie tanzt mit mir allein und nicht mit den FFI. Nach dem Tanz spricht sie ein Soldat an und fragt sie, wer ich sei. Angeblich sagt sie: »Der Mann ist mein Freund, und ich liebe ihn sehr.« Der Soldat erwidert: »Es tut mir leid. Ich glaube, dieser Mann ist der Österreicher, den ich werde verhaften müssen.« »Warum?« fragt diesmal Darling Withorse. »Er hat den Deutschen Signale gegeben, sooft er in den Wald gegangen ist, angeblich um Schwämme zu suchen.« Ich bin bereits mit Colt Withorse weggegangen, als mich Darling atemlos einholt: »Unternehmen Sie etwas für sich, Coucou, die FFI wollen Sie als Spion festnehmen!« Ich lache sie aus. Sie erzählt mir das Gespräch und fügt hinzu: »Vielleicht war auch die Frau keine Spionin, die sie dort oben erschossen haben.«

Der schlechte Wirt vom »Neuen Hotel« schreit Zeter und Mordio. Man hat ihm sein bestes Schwein gestohlen, das können nur die FFI gewesen sein. Eine Bäuerin beklagt den Verlust von Hühnern. Am Dorfeingang begegnet mir die Frau des schönen Gendarmen in der Dunkelheit: »Wollen Sie nicht mitkommen, Coucou? Ich bin hier allein, um unsere Sachen zu holen. Ich habe auch Holz und im Garten Gemüse und Obst.« Ich gehe mit ihr, aber es kommt zu nichts weiter. Auch sie hat eine Warnung für mich: »Hüten Sie sich vor der Frau des Gendarmeriebrigadiers Marmitot! Sie ist zurückgekommen und ist böse auf die Withorse, weil sie ihr den Mann wegnimmt. Sie ist aber auch böse auf Sie, weil Sie zu den Withorse gehen. Sie sagt, Sie hätten irgendwo einen Sender im Wald, um den Deutschen Nachricht zu geben. Darum hätten Sie sie auch so leicht weggebracht, damals am 6. September. Ich und mein Mann, wir sagen natürlich nicht, daß wir Sie oben beim Fest gesehen haben.« Davon, daß ich sie auf dem Fest fast gehabt habe, und ebenso auf dem Weg von dort, sagt sie natürlich nichts. Wie ich das Holz und Gemüse wegtrage, Obst gab es sowieso keines, komme ich mir wie ein Gigolo vor. Besser sollte ich ihr alles ins Gesicht schleudern, aber dann habe ich zwei Feinde mehr, denn ihr Mann ist offenbar nicht tot.

Am nächsten Tag gehe ich zum neuen Bürgermeister, dem Schuldirektor, schlage mit der Faust auf den Tisch und begehre mein Recht. Der Schuldirektor meint, das seien üble Gerüchte, die Frau des Brigadiers müsse man aber nicht verdächtigen, der schöne Gendarm hasse deren Mann, denn man habe ihn als Deutschendiener aus der Gendarmerie hinausgejagt. Auf die Angaben der Frau eines solchen Mannes könne man gar nichts geben. Sie habe schon recht, wenn sie von hier fortziehe. Dann setzt sich der Bürgermeister an den Schreibtisch und schreibt im Schulmeisterstil ein ellenlanges Papier, was für ein Held ich gewesen sei, als die Deutschen gekommen sind, um Geiseln zu nehmen und den Ort in Feuer aufgehen zu lassen.

»Damit gehen Sie zum Chef der FFI. Der soll die Sache in Ordnung bringen.«

Ich stecke mein Papier ein, so daß es zerreißt, und mache mich auf den Weg. Ein bärtiger Herr empfängt mich. Es ist der zweite Leutnant. »Ich habe nichts gehört«, sagt er nach längerem Bedenken, »aber die Sache interessiert mich. Wollen Sie mich nicht zu Darling Withorse bringen?« Ich verspreche es und vereinbare, am nächsten Tag wieder zu ihm zu kommen. Ich spreche mit Darling und ihrer Mutter. Man wird den Herrn Leutnant zum Kaffee empfangen.

Am nächsten Tag gegen Mittag treffe ich nicht nur den bärtigen Sous-Leutnant an, sondern auch den eigentlichen Chef, den ersten Leutnant, einen ruhigen und gepflegten jungen Mann. Auch er läßt sich meinen Bericht vortragen und sagt nichts, als daß er die Einladung Darlings annimmt. Auch lädt er mich zum Mittagessen ein. Beim Essen erscheint eine Frau, gleichfalls in Offiziersuniform, die jung und schön ist, aber einen seltsam wiegenden Gang hat. Sie begrüßt mich wie einen alten Bekannten, obwohl ich sie meinerseits nicht kenne. Sie legt mir soviel Nahrung auf den Teller, daß fast nichts für die andern bleibt. Dazu schenkt sie mir auch den meisten Wein ein. Der erste Leutnant fragt mich indessen nach vielen Dingen, die nichts mit meiner Sache zu tun haben. Besonders oft kommt er auf die Withorse zu sprechen. Dazwischen nötigt mich die schöne, sich wiegende Offizierin zu immer weiterem Zechen. »Sind Sie bange, mein Herr, von uns etwas anzunehmen? Haben Sie Angst vor uns?« Nun weiß ich, daß ich dieses Mädchen schon einmal ohne Uniform irgendwo getroffen habe. Sie hat auch damals von Angst und Bangesein gesprochen, nur bezog sich das auf andere Dinge.

Da der erste Leutnant auch Wert darauf legt, zu den Withorse mitzukommen, und dies nicht sofort kann oder will, wird die Zusammenkunft um ein paar Stunden verschoben. Ich gehe, um es dort zu melden, und stoße auf Lebleu, der mir eine neue Botschaft bringt: »Unter dem Maréchal wäre so etwas nicht möglich gewesen. Die neuen Leutnants sind Banditenchefs. Eine Hure aus dem Bordell der Rue de France von Nice ist die Geliebte des älteren der beiden und trägt französische Offiziersuniform.«

Am Nachmittag befragt der Leutnant mit dem Bart Darling Withorse über die Begegnung mit dem Soldaten, während sich der erste Leutnant im Hause umsieht. Darling erklärt, den Namen des Soldaten nicht zu wissen, sie würde ihn aber wiedererkennen, wenn sie ihm gegenübergestellt werden könnte. Man bespricht, daß Darling am nächsten Tag in die Kaserne kommen soll. Der Leutnant mit der Geliebten in

Hosen macht nun seinerseits Darling Withorse den Hof, aber der mit dem Bart ist der stürmischere. Schließlich erzählt der schon beweibte Chef ein Erlebnis vor seiner Flucht aus Deutschland, oder besser gesagt aus deutscher Gefangenschaft in Ostpolen.

Es war in Tarnopol, wo von jüdischen Frauen, Mädchen und Kindern Straßen angelegt und ausgebessert werden mußten. Das vollzog sich unter den Peitschenhieben der SA. Aus einem Stacheldrahtverhau sah er, wie ein Mädchen von dreizehn Jahren von den Arischgesichtern mit angemaßtem I aus den Kleidern und der Wäsche gerissen, dann am Wegrand niedergepeitscht und zertreten wurde. Im Judenlager war Fassungsraum für fünftausend. Zehntausend hatte man dort untergebracht. Da kamen neue fünftausend an.

Es blieb nichts übrig, als die Überbelegung zu eliminieren. Aus seinem Stacheldrahtverhau habe er einen guten Überblick über die Gegend gehabt. Mit Maschinengewehren fegten die braunen Helden die Straße rein. Die Leiber der Frauen, Mädchen, Kinder, Greise wurden wie Klumpen übereinandergeschichtet. Ein paar noch Überlebende, die man erst später dazulegte, besorgten diesen Dienst. In dieser Nacht sei er durch den Drahtverhau gedrungen und zwischen den Leichen entkommen. Nach sehr viel Hunger, Irrweg und Gefahr überwand er die lange Strecke ins Maquis nach Frankreich.

»Nicht alle, die bei uns sind, haben die gleichen Erfahrungen gemacht. Nicht alle von uns sind in Ordnung und wirklich für die gute Sache. Wenn eine Bewegung zu siegen beginnt, dann kommen viele dazu, die früher lau oder dagegen waren, und auch solche, die keinen ehrlichen Zweck verfolgen.« Der bisher schweigsame erste Leutnant erzählt nun sehr viel, während der Bärtige sich mit Darling Withorse in die Ecke drückt. Von der Offizierin in Hosen und warum er sie aus der Rue de France heraufgebracht hat, erzählt er freilich nichts. Es wäre vielleicht auch eine sentimentale Geschichte, aus der man nur amerikanische Filme dreht, von der man aber nicht spricht auf einer unsentimentalen Reise.

Man erzählt sich im Ort, der erste Leutnant habe aus eigener Tasche das Schwein des Wirtes bezahlt und sogar die Hühner der Bäuerin. Nun behauptet man erst recht, die Soldaten hätten für den Leutnant gestohlen. Ich glaube das nicht. In Frankreich stiehlt jeder nur für sich selbst.

Am Tag darauf geht Darling Withorse mit dem bärtigen Sous-Leutnant die Reihen der FFI ab. Ihre Mutter ist vorsichtshalber mitgekommen. Darling kann in keinem der ihr vorgeführten Männer den Verbreiter des Gerüchtes erkennen. »Es gibt noch andere, die Uniform tragen, ohne Soldaten zu sein. Über die haben wir natürlich keine Kontrolle«, sagt der Chefleutnant, der dazugekommen ist. Von der Offizierin, über die er doch die volle Kontrolle hat, spricht er natürlich nicht. Die kann es auch kaum gewesen sein.

Für den Abend bittet er mich, den amerikanischen Chefleutnant zu ihm zu bringen. Das ist nicht derselbe, der bei Darling Withorse verkehrt, sondern ein anderer, der erst seit kurzem da ist und den ich noch nicht kenne. Die Einladung erscheint mir nicht leicht. Die Offizierin in Hosen legt auch großen Wert darauf, daß ich das arrangiere. Natürlich soll ich auch selbst, diesmal als Dolmetscher, kommen.

Die Mission stellt sich noch schwieriger dar, als sie aussieht. Seit ich bei den Amerikanern Dienst gemacht habe, ist die kleine Garnison mindestens fünfmal ausgetauscht worden. Die ersten Indianer, die als Fallschirmsoldaten kamen, haben an ihre Mädchen aus den Ardennen geschrieben, daß dort eine große Schlacht gewesen sei, es seien nur wenige von ihnen davongekommen. Nur der Leutnant von Darling Withorse ist immer hiergeblieben. Wie er das angestellt hat, weiß ich nicht, obwohl ich zu wissen glaube, warum er geblieben ist. Schließlich muß ich mich seiner Vermittlung bedienen, um überhaupt an den ersten Leutnant heranzukommen. Das ist ein unbeweglicher Herr wie ein Zinnsoldat und dürfte schottischen Ursprungs sein. Die Einladung nimmt er aber schließlich an.

Wir sind schon ein paar Minuten versammelt, als er eintrifft. Er hat einen Feldwebel vom Roten Kreuz mitgebracht, der einen rotbronzenen Teint besitzt und einen schwarzen gestutzten Schnurrbart trägt. Sein schlichtes Haar ist besonders dunkel und lang. Die Offizierin aus dem Bordell schenkt ein. Der amerikanische Sergeant trinkt mit viel Durst und noch mehr Behendigkeit. Seine bronzene Röte bleibt dieselbe. Nach dem Austausch der üblichen Höflichkeiten, die ich gebührend übersetze, spricht man dem Mahle zu. Dann stellt der Leutnant mit Bart durch mich Fragen an seinen amerikanischen Kollegen, welche der Feldwebel blitzschnell für den Befragten beantwortet.

Zuletzt will der Bärtige wissen, wie man in Amerika über die Rassen denkt. Der Bronzene gibt die Frage zurück und fragt, was sich der andere unter Rassen vorstelle. Dieser will die Einstellung des durchschnittlichen Amerikaners zu den Schwarzen, Gelben und Rothäuten kennenlernen. Der Sergeant erwidert zunächst kurz: »Neger – Tier. Chinese – halbes Tier. Indianer aber – Weißer, nur kein Bleichgesicht. Besser als Bleichgesichter. Kühner, klüger. Nur wenn man ihm Wein gibt und dann sagt, er sei eine andere Rasse, wird er wild, wird er sehr wild, kann er einen Menschen töten. Ich selbst bin Indianer.« Diese seine Darstellung hat er damit begleitet, daß er beim Bericht von der Wildheit der Indianer mich in meiner Eigenschaft als Dolmetscher zu schütteln begann, als ob ich die ihn verletzende Frage selber gestellt und nicht bloß weitergegeben hätte. Dieses Schütteln, um die Geste des Erstechens vermehrt, hat bei der Darlegung der Möglichkeit einer Tötung noch zugenommen. Als er aber der von ihm offiziell erteilten Antwort privat noch hinzugefügt hat, daß er selbst zu dem beleidigten Volke gehöre, ist er bei dieser nicht verlangten Auskunft völlig ruhig, fast tonlos geworden.

Sobald ich mit dem amerikanischen Leutnant fortgehe, denn sein Weg ist derselbe, und sein Sergeant noch einen Augenblick zurückbleibt, um sich recht ausdrucksvoll von der Dame Offizier zu verabschieden, frage ich meinen Begleiter, warum er eigentlich einen Unteroffizier und gerade diesen mitgebracht habe. Er meint: »Ich bin ein Yankee, und er ist ein

Indianer.« Im Süden und insbesondere in früher mexikanischen Gebieten wäre der Feldwebel wie auch jeder andere »Farbige« für dasselbe Vieh wie ein Neger gehalten worden.

Wir feiern auch diesmal Weihnachten bei Herrn Lebleu, wie das letzte Mal. Da ist seine alte Mutter nicht mehr, denn sie ist tot, nicht mehr Babette und Armande, denn deren Mutter hat die Töchter diesmal zurückbehalten, auch nicht der Oberst, der abgereist ist, auch nicht Veronica, sie ist in Nice verblieben. Selbst die Maladeptin fehlt, obwohl sie noch ortsansässig ist. Auch das Dekor ist nicht das gleiche und nicht das Heim. Lebleu ist hinunter nach La Commune gezogen. Seine Räume sind ärmlich. Geblieben von unserer Runde sind nur die Withorse und ich. Hinzugekommen ist Darlings amerikanischer Leutnant, der dazu ein ganzes Fruitcake spendiert hat. Zur Zubereitung der Mahlzeit wurde eine fremde Person engagiert, denn man will den Leutnant nicht verlieren.

Herr Lebleu ist müde und spricht wie aus einer andern Welt. Es ist die Welt des Maréchals, die jetzt jenseitig ist, und seine Hoffnung auf deren Wiederkunft ist so irrig wie die auf die eigene Genesung. Auch seine sonst vorhandenen Kochkünste haben unter dem Schwund dieser Welt wie unter der völligen Verflüchtigung seines Kredits und seiner Mittel gelitten. Immerhin macht er die Honneurs, und Mutter Withorse trägt das ihrige bei. Sie hat sich zwischenzeitlich über den Leutnant erkundigt. Seine Eltern besitzen ein großes Warenhaus in der Provinz, und er ist das einzige Kind. Eine Tante ohne sonstigen Anhang lebt überdies in New York und hat viel Kapital. Trotzdem schäkert Darling diesmal nicht mit dem Leutnant. Sie ist sichtlich geniert, weil Herr Lebleu, der Vater ihrer Freundinnen, anwesend ist.

Zu meiner Ehre dient, daß von den Pilzen, die ich gegen bisherige Gepflogenheiten getrocknet habe, eine gute Sauce gemacht werden konnte, die der Herr Leutnant für eine Austernverarbeitung hält und als solche auch bevorzugt. Als man ihm allerdings mitteilt, daß es sich nur um Pilze handelt, und noch dazu um solche zweiter Wahl, betrübt er sich, sie sich zugeführt zu haben, und weist den Rest zurück. Man beißt schließlich ins Fruitcake, das Suzy Withorse in sechs Teile zerschnitten hat. Der Leutnant ist entsetzt. Es handelt sich um Material für viele Tage, das in kleinsten Portionen hätte serviert und verzehrt werden sollen. Die Stimmung ist schließlich gedrückt. Der Druck legt sich auf den Magen, wo er bei allen Beteiligten noch am nächsten Tag anhält, bei Darling auch am übernächsten.

»Neujahr feiern wir bereits allein«, erklärt Paul Lebleu. »Die Withorse fahren am dreißigsten nach Nice zurück!« Ich nehme diese Nachricht mit Angst zur Kenntnis. Ich gehe gleich zu ihnen. Nur der kleine Zigeunerzwerg ist zugegen. »Natürlich fahren wir nach Nice«, bemerkt er, »ich habe genug von hier. Auch will ich wieder unten in die Schule gehen.« Später kommt Mutter Suzy Withorse mit hochrotem Gesicht. Man sagt, daß der Gendarmeriebrigadier Marmitot auf Betreiben seiner Frau versetzt ist. Suzy spricht nicht davon. Sie hat den Schmerz über den Tod des Zigeuners verbissen. Sie wird alle ihre Liebsten mit dem gleichen schweigenden Heldentum in ihrem Herzen beerdigen.

Im übrigen hat heute in den Bergen eine Schlacht stattgefunden. Die Deutschen waren in der letzten Zeit nachts öfters von italienischem Boden gekommen. Während die GIs ihr Tanzbein schwangen, hatten sie sich jedes Mal einiger Jeeps bemächtigt, ohne daß man sie kommen sah oder die Richtung ihres Weggehens feststellen konnte. Auch war keine Straße zu finden, die von ihnen benutzt wurde. Zuletzt war die Besatzung der Jeeps in den Fahrzeugen zurückgeblieben und trotzdem mit ihnen verschwunden. Man denkt sogar, daß die Amerikaner erschlagen und dann entkleidet wurden und die Deutschen nunmehr in den Uniformen der Erledigten herumkutschieren. Darum hat man diesmal Leute hinaufgeschickt, welche die deutschen Nester ausheben sollten, und es dürfte dabei bereits ein Erfolg erzielt worden sein, behauptet man. Die Jeeps hat man zwar nicht wiedergefunden, auch nicht die verschwundenen Amerikaner, aber einige Deutsche haben daran glauben müssen.

Jetzt treffe ich Darling Withorse, die aus der Richtung der Schlacht auftaucht. Sie hält etwas in den Händen. Es ist etwas Weißes, Glänzendes, doch zeigt sie es nicht genau. »Ich habe sie im Bach gewaschen, fädle sie auf und trage sie um den Hals.« »Was ist es eigentlich?« »Ein Toter ist doch nichts anderes mehr als eine Puppe.« Der Leutnant, der in der Nähe ist, versucht ihre Hände auseinanderzureißen, aber sie läuft davon. Er hat genug gesehen, seine Haare sträuben sich. Er geht ihr nicht nach, sondern in sein Hotel. Es waren die Zähne deutscher Leichen.

Am siebenundzwanzigsten will Darling nach Sainte Anne hinab. Ich biete mich an, sie zu begleiten. Wir sind kaum fünf Minuten unterwegs, als uns ein Jeep einholt, der uns mitnimmt. Unterwegs wird der Chauffeur frech. Ich tausche mit Darling den Platz. »Wer ist dieser ältere Herr?« fragt er. »Es ist mein Freund«, erwidert Darling. »Ist das nicht der Advokat aus Österreich, der hier die Sache der Deutschen vertreten hat?« Ich werde wütend und springe auf. »Setz dich, alter Freund«, sagt der Chauffeur, »mir wäre es auch recht, wenn die Deutschen gesiegt hätten. Die Welt wäre ruhig und alle Juden tot. Was haben wir gegen Hitler? Wir werden morgen dasselbe bei uns machen müssen, wir Deutschamerikaner!« Darling fragt, was er gesagt hat. Ich übersetze ihr nichts.

Darling zeigt mir, wo ungefähr das Schloß ihrer Familie einmal war. Die Steine reichen nicht einmal für eine richtige Ruine aus. Bisher hatte ich nicht gewußt, aus welchem Grund sie hierhergewollt hatte. Nun sehe ich an einer Ecke den Jeep des amerikanischen Leutnants. Dessen Inhaber starrt uns beide an, als kämen wir von einer Mondreise. Sein Gruß ist kalt, er kommt nicht auf uns zu. »Wir sind böse miteinander«, meint Darling Withorse. Darum also hat sie meine Begleitung angenommen.

Der Weg zurück ist weit. Kein Jeep nimmt uns mit, und ich verzichte gerne auf eine solche Fahrt wegen der Begleitumstände, hinsichtlich welcher ich nun gewitzigt bin. Allerdings ist es bergauf nicht bequemer als bergab. Wir gehen einen wilden Pfad, der auf verkarstetem Grund, die Serpentinen der Straße schneidend, nach dem grünen Caminflour La Commune hinaufführt. Darling zeigt mir mit viel Unschuld ein Gebüsch. »Sehn Sie, hier kam ich mit Babette Lebleu vorbei. Da hörten wir plötzlich einen Aufschrei, halb Widerspruch, halb Zustimmung. Es war Veronica. Ein hübscher junger Mann war in ihrer Nähe. Es dürfte der Sohn des guten Wirts Ramier gewesen sein.« Diese Geschichte ist sicher nicht wahr. Der Sohn des Wirts und Veronica haben sich nie füreinander interessiert, aber es ist vielleicht ein Einfall, mir eins auszuwischen, weil sie mich doch mit Veronica in Zusammenhang bringt, oder auch eine Aufforderung, das Beispiel nachzuahmen.

»Und was hat Babette dazu gesagt?« »Sie hat sich gewundert«, erwidert Darling. Mir fallen nunmehr Bilder von Babette und Armande mit fremden Männern ein, die mir irgendwer gezeigt hat und auf denen sie in bedenklichen Posen zu sehen waren. Ich erinnere mich auch an die Liebesbriefe italienischer Soldaten, die ich ihnen zu übersetzen hatte. »Sagen Sie meinem Vater nichts!« Ich habe nichts gesagt und nicht mehr daran gedacht. Jetzt ist mir das gegenwärtig. Und ich denke wieder, daß Darling um kein Haar besser ist als sie, nein, viel schlechter, und daß ich sie irgendwo hinwerfen sollte, die Gelegenheit ist besonders günstig. Aber wie ich mich zum Mut durchringe, bekomme ich Durchfall und muß aus diesem Anlaß allein hinter dem Busch verschwinden, während Sibylle den Weg fortsetzt.

»Schauen Sie, wie schön die Gegend ist«, sagt Darling Withorse, die bereits neben einer älteren Frau hinaufgeht, zu mir. Bei anderer Gelegenheit hat sie, nicht ganz zu Unrecht, solche Bemerkungen, wenn ich sie gemacht habe, beanstandet. Ich antworte ihr nichts darauf. Mein Durchfall und das sentimentale Abendrot passen ohnehin nicht zusammen. Als ich aber wieder zu Hause bin, weiß ich, daß ich in Darling

Withorse verliebt bin und daß ich sie nie bekommen werde. Bei dieser Gewißheit empfinde ich einen ähnlichen Schmerz wie damals, als sie die Schlächter holte, um mich aus dem Hause zu treiben, und als ich zusehen mußte, wie sie sich mit dem Soldaten vergnügte, dessen Gewehr sie später aus dem Fenster warf und der sich ihretwegen dann auch umbrachte.

Am dreißigsten nachmittags kommt Lebleu zu mir und sagt: »Die Withorse gehen jetzt nach Sainte Anne, wo sie den Autobus nehmen. Das Gepäck ist schon voraus.« Ich hatte vor, den Abschied zu versäumen, da es sowieso nichts hilft, sie noch einmal zu sehen, gehe aber trotzdem mit ihm. Ich war zweiunddreißig, als ich mein Land verließ, jetzt bin ich vierzig. Der Leutnant ist dreiundzwanzig und Sibylle siebzehneinhalb.

Darling und die Mutter sind schon unterwegs. Wir begegnen aber dem Leutnant, der ebenfalls zu Fuß kommt und sich uns anschließt. Wir stellen eine lächerliche Equipe dar, doch kehre ich trotzdem nicht um. Wir sehen die Withorse von weitem, wie sie langsam den Berg hinuntergehen. Wir winken ihnen und rufen Hallo. Am lautesten ruft der Leutnant. Sie bleiben stehen, und wir erreichen sie. Hier ungefähr habe ich mich von Sibylle absondern müssen, als wir vor drei Tagen von unten heraufkamen, damals war sie mit dem Leutnant noch böse. Nun kommt sie auf uns beide zu und schüttelt mir zuerst die Hand. Dann sagt sie auf Französisch: »Kommen Sie mit uns, Peter! Was machen Sie noch hier? Sie haben hier niemand mehr. Veronica ist ja auch fort. Und dann hat man etwas Böses gegen Sie aufgebracht. Vielleicht bin ich wieder daran schuld!« Sie wartet übrigens meine Antwort gar nicht ab. Sie weiß ohnehin, daß ich nicht mitkommen werde, und würde wahrscheinlich gar nicht wünschen, daß ich es mir anders überlege. »Hallo, Leutnant«, sagt sie bereits auf Englisch, denn sie hat es inzwischen ein wenig erlernt, »wir sehen uns doch in Nice. Sie geben sich sicher selber Urlaub oder bekommen ihn leicht vom Hauptmann, der ohnehin nicht am Platz ist.« »Ja«, sagt der Leutnant und weint fast. »Euch beide habe ich wirklich gern, am liebsten von allen, Pierre und Sie!« Das muß uns genügen, und wir gehen zurück, er allein, ich mit Lebleu. »Es wird nichts aus der Heirat mit dem Leutnant«, sagt dieser, »wenn sie ihm zu verstehen gibt, daß sie sich so wenig aus ihm macht wie aus einem von uns alten Herren.«

Wir feiern das Neue Jahr, als müßte es etwas Gutes bringen. Der letzte Rest von Marassinos Zahlung ging drauf. Nun haben wir zweierlei Fleisch und einen Truthahn. Wir sind jetzt beide in La Commune, und Lebleu hat in seiner jetzigen Wohnung zwar nur einen billigen Herd, aber einen mit zwei Feuerstellen. An den Wänden hängen keine Bilder mehr, die sind alle in Nahrungsmitteln aufgegangen oder für die Zahlung früherer Schulden. Das Haus ist auch keine Villa, sondern eine schlechte Bauernhütte, die Möbel sind höchst einfach. Was Lebleu noch an eigenen Sachen hat, ergibt keinen Schein von früherem Wohlstand mehr. Gesellschaft haben wir nicht. Wir sind einfach zwei ältere Junggesellen, die beide einmal Gedichte gemacht haben, aber dies nicht wieder oder nur noch gelegentlich tun. Er war immerhin einmal verheiratet und hatte bis zuletzt Liebschaften. Auch sind Kinder in der Ferne vorhanden. Ich habe, seit sie mich bewußtlos weggebracht haben, mit keiner Frau mehr etwas zu tun gehabt. Der Kamin in diesem Haus funktioniert nicht. Wir sitzen in den Mänteln.

Als wir nach Mitternacht zusammen auf die Straße gehen, ist die Nacht sternlos und kein Schnee gefallen. Niemand ist auf der Straße, nicht einmal ein Betrunkener. Der schlechte Wirt hat noch offen. Wir wollen eins trinken und gehen hin. Ein italienischer Holzfäller berichtet im Rausch, warum er sein Land verlassen hat. Es ist die alte Leier: politische Gründe und die Hoffnung, im Ausland die Wendung zu erleben. Lebleu stimmt dem Italiener zu, als ich ihm, so gut ich's kann, übersetze. Ich lasse ihn allein, da ich heute nicht streiten will. Am Morgen erbreche ich mich.

Die frische Luft im Gebirge bläst das alte Jahr weg, weht das neue her. Hier sollte der Atem immer rein bleiben, doch kommt er nicht mehr rein aus den Lungen. Das ist zwar schade, doch ist es das Leben. In diesem Jahr 1945 wird vermutlich der Krieg zu Ende gehen. Von Rechts wegen hätte ich in die Stadt zurückkehren sollen, um eine Position zu beziehen. Die Überlebenden werden jetzt langsam aus ihren Verstecken kriechen und ihre Rechte geltend machen. Wer zuerst kommt, kann auf den Vorrang pochen und hat die besten Aussichten. Ich bin nicht sicher, daß ich wirklich ein Überlebender bin.

Nun hat die Gemeinde mir das schönste Los Holz zuerkannt, obwohl ich allein sowie ein Flüchtling und Fremder geblieben bin. Am letzten Abend hat man mir bei den Wohnungsgebern der Withorse deren Milch zuerkannt, aber ich bin beim Holen gestürzt und habe mir eine Sehne am Knie gezerrt, vielleicht auch die Kniescheibe verletzt. Milch holt man nur bei Dunkelheit, sie ist streng rationiert. Die Gendarmen sind neu, und ich kenne sie nicht. Die Bauern, zu denen ich gehe, sind eine sehr ordentliche Familie. Der Mann trägt einen Spitzbart und sieht einem erzürnten Gelehrten gleich. Er ist immer in rascher Bewegung. Die Frau zeigt ein Gesicht voll Offenheit und Ehrlichkeit. Die Tochter, die jung ist, wartet auf ihren kriegsgefangenen Mann, dem sie streng die Treue hält. Immer sehe ich den Mann mit dem Spitzbart allen Andachten vorausgehen. Er trägt die brennende Kerze. Auch die Frau fehlt in der Kirche nie. Wie anders sind diese Leute als der reiche Eigentümer der Villa, in der Lebleu gewohnt hat, bis sie zerschossen wurde. Freilich ist dieser Eigentümer auch Kommunist. Nun erwähnte ich heute, als ich bei dem häufigen Kerzenträger meine Milch bezog, daß jeder seine Strafe findet, auch der Mörder, dessen Tat nicht aufkommt. Man hat mich kühl entlassen. Herr Lebleu, mit dem ich die Sache jetzt bespreche, erzählt mir, der Bauer habe den Vater des Kommunisten mit der Hacke erschlagen, und seine Frau habe dann vor Gericht unter Eid erklärt, daß der später Totgeschlagene vorher ein Attentat auf ihre weibliche Reinheit auszuführen im Begriffe war. Sie selber habe ihn in Abwehr erschlagen. Das Gericht hat den angeblichen Mörder freigesprochen, der Staatsanwalt die Frau gar nicht unter Anklage gestellt. Seither aber ist das Verhältnis gespannt zwischen Caminflour La Commune und Caminflour Maisonpierre.

Nach diesem Sturz in der Gunst des Bauern und dem andern von den Stufen herab bin ich wieder in Nice und gehe zu Frau von Quanten. Sie hat alle meine Bücher in einer Etagere über ihrem Bett aufbewahrt. Das macht sich gut und gibt ihrer Wohnung Glanz. Die Schweizerin aus dem vierten Stock sitzt bei ihr, und beide spielen Karten auf eine mir unbekannte Art. Die Schweizerin erzählt überdies von ihren Freunden. Wie wir allein sind, ergänzt Frau von Quanten, daß sie es übel mit den Amerikanern getrieben, aber zwecks besserer Anlokkung der Beute ihre weibliche Reife durch die Anmut der jungen Frau des Portiers ergänzt habe, allerdings habe nur die letztere die Syphilis bekommen.

Mein nächstes Ziel ist wieder Festenberg. Er empfängt mich als mein alter Wohltäter und bietet mir Geld als Darlehen an, das ich annehme. Ich lebe schon so lange auf Kredit, und ich weiß nicht, wann das aufhören wird. Im übrigen ist der alte Siegfried unter die Bücherleser gegangen. Die ersten achtzig Jahre seines Lebens und insbesondere während der Zeit seiner rührigen und wohlanständigen Kaufmannschaft ist er ohne jede Literatur ausgekommen. Durch seine erzwungene Abgeschlossenheit hat er sich auf die Lektüre der Klassiker und sogar mancher Moderner verlegt und betrachtet sich nun als Feinschmecker. Um seinen ersten Eindruck vom Nizzeanischen Himmel nach seiner freiwilligen Einkehr und Absperrung beneide ich ihn. Im übrigen bringe ich ihm Kartoffeln aus den Bergen. Er revanchiert sich durch Vorlesen aus Büchmanns Zitatenschatz. Aber sein Organ eines ehrlichen Kaufmanns hat nichts von heuchlerischer Schauspielerei und Deklamation an sich, und die Zitate sind zudem alt und wenig pikant.

Marassino reibt sich die Hände, wie er mich sieht. Der Vergleich, den wir bezüglich seiner Schuld an mich geschlossen haben, sowie sein Erfolg für mich in Sachen Félice macht ihn besser gelaunt und mir gewogener. Man behält mich wieder zum Essen. Wie er zwecks Einkaufs verschwindet, singt seine fragile Frau mit fragiler Stimme. Als er wiederkommt, meint sie, soviel sie wisse, liebe er Fisch, ich nicht, vertrüge ich Braten gut, er schlecht – wie sollte sie es ihren beiden Männern rechtmachen? Ich erinnere mich nun, wie Darling Withorse gesagt hat, daß der Leutnant und ich von ihr am meisten geliebt würden. Aber hier wie dort ist die Liebe zu mir anders als zu dem neben mir Genannten. Sie erschöpft sich in Worten, die echte Ernte bleibt denen gewidmet, die mit mir in einem Atem erwähnt werden.

Ich gehe nun auch zu den Withorse, die bei Frau Suzys jüngerer Schwester wohnen. Diese Dame mit Platzangst, die nicht ausgeht, hat sich einen von Colts Freunden gekapert und ihrem minderjährigen Liebsten nur ein Alter von dreiundzwanzig gestanden. Die zwanzig anderen Jahre ihrer Entwicklung deckt sie mit einem süßen Lächeln zu. Sie ist sehr rundlich. Dadurch ergeben sich keine angeberischen Falten, immerhin bleibt das eingestandene Ausmaß ihrer Jahre auch hinter wohlwollendster Schätzung weit zurück. Die Withorse, die sie auf die Straße schickt, wenn sie mit dem jugendlichen Liebhaber allein sein will, sind heute Colts wegen fortgegangen. Sie haben eine Nacht auf der Polizei verbracht; mit Colt ist etwas Unangenehmes passiert. Ich erinnere mich, was der Sekretär der Mairie gesagt hat, als ich mit den Withorse oben angekommen bin, ich erinnere mich der Freundschaft von Frau Suzy mit dem Gendarmeriebrigadier Marmitot. Vielleicht sollte diese damals die Verhaftung Colts verzögern, die nun doch erfolgt ist. Es ist nicht unmöglich, daß ihre Opferbereitschaft für den Sohn nun auch das Opfer der Tochter umfaßt. Als beide schließlich sehr müde zurückkehren, beklagt sich Darling, wie viele Wege sie für Colt machen müsse. Als ich mich bei ihrer Mutter für sie einsetze, gibt sie mir einen Kuß auf die Stirn. Auf dem Weg zurück, den ich bald antrete, da ich offenbar ungelegen gekommen bin, treffe ich den Oberst. Der zeigt mir eine kommunistische

Zeitschrift. »Das ist die einzige, bei der weder Frau Suzy noch Fräulein Sibylle den Redakteur gewinnen konnten. Glücklicherweise ist der Name verschrieben.« Ich lese, daß ein gewisser Holt Brit Dorse wegen Diebstahls an einem Flüchtling verhaftet wurde. In dieser Schreibweise erscheint der Bericht entschärft.

Der Oberst trägt übrigens Trauer. Seine Frau ist vor kurzem unbemerkt an Lungenschwindsucht gestorben. Sein Sohn hat inzwischen geheiratet, und er trachtet, bald dasselbe noch einmal zu tun. Er ist zwar ein frommer Mann, aber selbst für einen solchen wird die Ehe durch den Tod gelöst. Es scheint, daß er überdies von der Verstorbenen geerbt hat, aber nicht die Krankheit, nur der Sohn hüstelt ab und zu. Im übrigen treffen wir durch Zufall die Braut, eine Belgierin, die sogar Deutsch kann, ja sogar österreichischen Dialekt spricht, den sie Freunden aus diesem Land verdankt. Wir begleiten sie bis zu einem Haus, in dem sie verschwindet. Der Oberst verabschiedet sich. Aber bevor ich mich noch wesentlich von der Stelle entfernt habe, begegne ich einem österreichischen Kollegen, der im Zuge der Besatzungsmisere die Frau, sie war nämlich Jüdin, eingebüßt hat. Auch er trägt sich mit Wiederverehelichungsgedanken und wartet auf seine Braut, die ebenfalls eine Belgierin sein soll. Bevor ich noch dazu komme, die seltene Koinzidenz der Fälle zur Sprache zu bringen, kommt sie bereits aus dem Hause, in dem wir soeben die Belgierin des Obersten abgegeben haben. Es ist, zu meinem peinlichen Befremden und ein wenig auch zu dem ihren, da sie mich noch hier sieht, dieselbe, nur gänzlich anders aufgemacht. Da ich mich aber schnell entferne, setzt sie das gütige Lächeln einer Komplizin auf. Es ist ja nicht anzunehmen, daß ihr polygames Gehaben auch mit zwei unmittelbar aufeinanderfolgenden Hochzeiten endet, es sei denn, daß einer der Bewerber bald genug verstirbt. Sie will sich doch wohl nur die Wahl bis zum letzten Augenblick vorbehalten. Da sie trotz Abgegriffenheit noch besser aussieht als jeder der beiden Kandidaten, und diese auch nicht vor Mitgefühl für ihre kürzlich verlorenen

Ehehälften zerfließen, kann selbst ihre Haltung menschliche Rechtfertigung finden.

Nun sind die Flüchtigen zurückgekehrt und alle aus ihren Verstecken gekrochen. Nur die Toten sind ausgeblieben, und das sind die meisten. Es sind auch noch nicht alle Lager erobert, in denen man die zu Vernichtenden festhält. In welchem Lager wird Dr. Honigmann gewesen sein, in welchem die Jungen und Mädchen, die die Horah tanzten? Die Leute von Vichy suchen sich durch gute Geschäfte mit den Alliierten noch reinzuwaschen. Die Feigsten unter den Lauen sind auf einmal Widerstandskämpfer gewesen und haben den Deutschen nachgeschossen, wie sie schon fort waren oder auf dem Weg, das Land zu räumen. Selbst der Gangsterchef Jean Bouffe aus Marseille hat sich unter einem Vorwand knapp vor Torschluß das FFI-Gewand angezogen und noch eine Jüdin als Spionin erschießen lassen, die von den Deutschen nicht verhaftet worden war, aber viel Schmuck besaß. Ich frage, wo dies gewesen ist. Man weiß aber nur, daß das Militärgericht unter Vorsitz des Gangsters irgendwo in einem Alpental zusammengetreten ist, daß der Gangster sie dann durch zwei seiner Leute erschießen ließ und sich mit ihrem Schmuck nach Südamerika begab, das nicht ausliefert.

Ich höre die Stimme des Dr. Honigmann mir ins Ohr säuseln: »Denken Sie nicht, daß Agnes gerettet ist oder der junge Soldat oder die beiden Alten! Nur die bucklige Ilse ist gerettet und Häubener. Sie werden ihm bald begegnen.«

Wie ich im Autobus bin, treffe ich wieder Madeleine, die mir ihren Schoß anbietet, da sonst kein Platz frei ist. Ich fühle mich etwas geniert, sie zieht mich nieder. Ich fahre fort zu träumen. Doch als der Chauffeur das Horn bläst, um unsere Ankunft diesmal schon in Caminflour anzuzeigen, erwarten mich zwei Gendarmen beim Aussteigen aus dem Autobus und lassen mir nicht einmal Zeit, mit Madeleine noch ein paar Worte zu sprechen. Es handelt sich allerdings weder um meine neuerliche Verhaftung noch um meine Ausweisung, sondern ganz einfach um die sofortige Inspruchnahme meiner Dolmetscherdienste. Der oberste Offizier der Grenzgendarmerie war hier mit seinem Auto zur Inspektion, und dieses ist plötzlich vom Erdboden oder zumindest von jenem Teil desselben, auf dem er es zurückgelassen hatte, entschwunden, ohne daß sich Anzeichen dafür finden, wohin es gebracht worden sein könnte. Er hat Grund anzunehmen, daß die Amerikaner in irgendeinen Zusammenhang mit der kaum selbsttätigen Entfernung dieses Kraftfahrzeuges gebracht werden können. Ich soll nun dessen Herausgabe bei den Amerikanern betreiben. Zunächst suche ich »unsern« Leutnant oder besser gesagt, den von Darling. Der aber ist abkommandiert worden, wohin sagt man mir nicht, vielleicht zu den Withorse nach Nice. Dann erfahre ich, daß der Hauptmann eingetroffen ist, von dem man bisher nichts gesehen hat. Ich melde mich bei ihm. Es ist ein Mann mit gutem Benehmen, auch spricht er ein korrektes Englisch. Der Fall des Gendarmeriekommandanten tut ihm sichtlich leid. Es stellt sich bald heraus, daß ein paar GIs dieses Fahrzeug für ihr Wochenende benötigten, weil gerade kein anderes zur Hand war oder weil sie ihren Mut zeigen wollten, auch mit einem so alten Karren das Gebirge zu bezwingen. Sie haben übrigens das Gendarmerietransportmittel in nicht vollständig zerstörtem Zustand, wenn auch dringend reparaturbedürftig, in Saint Arthur, etwa sechzig Kilometer von hier, zurückgelassen. Man gibt sogleich Order, den Wagen von dort zu holen und ihn gehörig instandzusetzen. »Und was ist mit Ihnen, wollen Sie nicht für uns arbeiten?« »Ich habe wohl Englisch gelernt, aber die Hälfte vergessen.« »Well, kommen Sie zu uns! Dann vergessen Sie auch die andere Hälfte!«

Ich nehme das Angebot nicht an, die Anhaltung durch die Gendarmerie steckt mir noch in den Gliedern, ich liebe solche Dienstverpflichtungen nicht. Vielmehr gehe ich zu Lebleu, dem Ungebundenen, finde ihn aber nicht zu Hause vor. Er steht vielmehr auf dem großen Platz und diskutiert dort furchtbare Ereignisse. In dieser Nacht ist angeblich von zwei deutschen Gefangenen einer durchgegangen. Die FFI haben darauf den noch vorhandenen mit einem Kollaborateur zusammengebunden. Was für Leute unter den FFI seien, habe man soeben erfahren. Weil die Deutschen nett zu einer Jüdin waren, die viel Schmuck hatte, ließ sie ein amerikanischer Gangster in FFI-Uniform, John Buffalo, hinrichten. Das war der Mann, den diese Frau meinte, als sie sagte: »John, behalte den Schmuck, aber laß mich leben.« Ich sage ihm, daß der vermutliche Mörder kein Amerikaner, sondern sein Landsmann war und in Wirklichkeit Jean Bouffe hieß, und die andern bestätigen dies. Man hat das Kreuz beseitigt, denn als man die Leiche exhumierte, erkannte sie der Witwer besagter Jüdin als ihm zugehörig. Damit ist der Fall der erschossenen Spionin von Caminflour restlos aufgeklärt.

Nach meinem Abschied von der Menge kommt ein reicher Bauer auf mich zu, welcher der Vater des Fliegers ist, der nach Afrika flog. Er sagt mir, daß sein Sohn bei meiner Schwester war, mit der ich noch keine Verbindung erlangt habe, und bringt mir dreitausend Franken, die sie ihrerseits seinem Sohn gegeben hat. Ich nehme diesen Betrag mit dem Gedanken in Empfang, daß sie sicher mehr gab, als sie hatte. Vielleicht ist sie schon am Ende mit allem Ersparten. Ihre großen Fabriken und Ölfelder haben zunächst die Nazis genommen, nun werden sie wohl die Russen an deren Stelle behalten.

»Jetzt müssen Sie bald den Häubener treffen«, flüstert mir Dr. Honigmann zu. Aber zunächst sind es die Amerikaner, die in mein Quartier kommen und Aufnahmen machen. Der Leutnant ist schon einmal bei mir gewesen und hat gemeint: »So schlecht wohnt in den USA niemand.« Vielleicht wollen sie das Emigrantenelend in einem Film zeigen. Sie erklären, daß sie auch meine Visage dazu brauchen, die ausgemergelte, samt dem, was noch an Körper daran schlottert. Eine namenlose Frau kommt vorbei, und die Amerikaner stürzen sich auf sie wie Hunde auf ein Stück Fleisch. So werde ich diesmal vor ihrem Mitleid gerettet. Die Frau war vielleicht Madeleine.

Ich erinnere mich, wie mich die Nazis nach geglückter Belagerung vor einen jüdischen Laden schleppten, auf dessen Schild ich malen sollte, daß nur ein Schwein dort einkaufe.

Wie ich die Leiter tragen mußte und die SA sie mir auflud, meinte eine unbekannte Frau: »Der trägt die Leiter wie Jesus sein Kreuz.« Ich habe die Frau nicht erkennen können. Andere anonyme Frauen protestierten, bis sie mich nach halbgetaner Arbeit losließen. Im Grunde genommen sind alle Frauen für mich anonym. Auch meine Mutter habe ich einmal auf der Straße nicht erkannt, als sie mich ansprach, um mir ihren neuen Hut zu zeigen.

Ich suchte schließlich in der Volksmenge, die sich vor meinem Hause angesammelt hatte, nach der unbekannten Frau mit den menschlichen Zügen. Ich sah lauter zum ›Heil Hitler‹ verkrampfte Viehfressen, lauter österreichische Antlitze. Die Schadenfreude, die Sucht nach Erwerb ohne Anstrengung sowie eine perfide Sinnlichkeit, die nur im Bruch des Rechts, in der Erniedrigung des Höheren, im In-den-Dreck-zerren des Reinen, Zerfleischen des Besseren, Ausbluten des Edleren ihre gemeine Genugtuung finden kann, waren das Vergnügen, das diese mit Reversseiten verwechselbaren Voderansichten dauernd zum Ausdruck brachten, wie im Lachkabinett ausgezogene, erlustigte, nunmehr nur noch belustigende Blößen menschlichen Fleisches, im Starrkrampf des Lachens ob fremder Not für immer festgehalten. Und plötzlich hebt sich aus all dieser animalischen Stumpfheit das schöne Gesicht von Darling Withorse. Gut und schön nach griechischem Begriff kann nicht gesagt werden. Aber es ist ein menschliches Gesicht, und schon das kann nicht stimmen. Ich fühle, daß ich träume.

Nun kommt Lebleu und holt mich zu einem Gang nach Audelà. Ich willige gerne ein, die Wege sind frei, ich habe wieder Geld, mir das gute Wirtshaus zu leisten. Lebleu hält eine lobende Leichenrede auf den Hitlerismus. Ich widerspreche ihm nicht, höre ihm auch nicht zu. Die Sonne scheint uns bis ins Herz, und das ist angenehm. Mit seinen hölzernen Häusern erhebt sich auf Quote 1350 zusammengedrängt der gesuchte Ort wie in den Wolken. Ein idiotischer Hirtengreis steht vor der angeblich wundertätigen Quelle. Die gleichfalls wundertätige italienische Wirtin beweint mit einem Schürzenzipfel ihren armen Sohn, der beim Einschlafen vor dem Feind in einer mit dem Kohlenoxyd des Ofens angefüllten Herberge versehentlich auf dem Felde der Ehre dahingegangen. Sie tröstet sich allmählich mit den noch Lebenden und drückt sowohl Lebleu als auch mich beide gleichzeitig an je eine ihrer gewaltigen Brüste. Nun geht ein Essen an, wie man es nur für opulente Totenschmäuse ausgibt. Wieviel Fett und Zucker, wieviel Fleisch und Zutat, reines Weizenmehl, Gebirgskartoffel, Ei und Schinken verladen wir nicht über den Vorposten unseres Gaumens.

Man bewilligt mir aber nicht viel Zeit zum Verdauen. Ein Gendarm, der nach Audelà hinaufsteigt, teilt mir bereits mit, das Ministerium für Deportierte, Deplacierte und Flüchtlinge habe seine Entscheidung getroffen, daß von hier binnen drei Tagen zu evakuieren sei Pierre Coucou, Exösterreicher, derzeit ohne Profession.

Ich schreie den Gendarmen an, als ob ich ihn verhaften sollte. Er verweist mich an den Bürgermeister. Mit Siebenmeilenstiefeln eile ich nach La Commune hinab. Lebleu ist weit zurückgeblieben. Ich reiße den Maire aus seinem Schulbetrieb und halte ihm alle meine Verdienste für die Rettung der Republik vor, und die Schwere des Verbrechens, das an mir begangen wird. Er wagt nicht einmal, die Enten zu Ende zu füttern, wie er dies gerade beim Schulhaus getan hat. Sogleich beschreibt er viele Papiere, in denen er die Freude der Ortsbewohner für den Fall schildert, daß sie ihren Helden in Nazinot, den Schützer vor Brand und Geiselaushebung, ja vor Zerstörung der Ortschaft, behalten könnten. Sodann bin ich bei dem Hauptmann der Amerikaner. Er ist ergriffen, meine Beschwerde zu hören, setzt ein Papier in Englisch auf, demzufolge ich ein Gentleman bin, der bei vielen Gelegenheiten der alliierten Sache gedient habe. Der nunmehr fix eingestellte Übersetzer mildert mein Lob in der französischen Übersetzung und fügt hinzu, daß es der Hauptmann nur vom Hörensagen wisse. Auch meinen Namen verschreibt er etliche Male.

Sowie ich die Papiere habe, besteige ich den Autobus, um nach Nice zu fahren und auf der Behörde mein Recht zu holen, als ob es dort zu finden wäre. Im Bewußtsein meiner Nichtwiederkunft nehme ich mein Gepäck mit, die wenigen Bücher, die mir verblieben sind, den guten seidenen Schirm, den ich aus Wien mitgebracht und bei nur einer Gelegenheit getragen habe. Bloß mein Los Holz muß ich zurücklassen. Ich behalte mir aber vor, darüber nach meinem Gutdünken zu verfügen. Unterwegs spüre ich wieder Schmerzen in meinem schlecht verheilten Bein und nehme an, daß diese Erinnerung an das Milchholen kürzlich in Caminflour mir jedenfalls bleiben würde, auch wenn ich nicht zurückkehren könnte. Außerdem aber vergesse ich meinen Regenschirm im Wagen, und so habe ich auch noch eine zweite Erinnerung.

Ich nehme Quartier in meiner ehemaligen Wohnung in der Avenue de la Victoire, bestehend aus der Kammer unter dem Dach samt Gasrechaud neben dem Klosett, im Ausmaß von 1 mal 4 Metern oder noch weniger, möbliert mit einem Bett, der Bücheretagere darüber, einem Tisch, einem Sessel, dazu ein Fensterflügel, der andere gehört zur Stätte der Entleerung, die allen Untermietern gemeinsam ist. Hier habe ich gewohnt, bevor sie mich bewußtlos auf die Reise nach Rives Altes schickten. Das war mein eigenes Schicksal. Bei der Savoyardin war es zu sehr mit fremden Geschicken vermengt.

»So klein, aber mein«, höre ich wieder die Stimme Dr. Honigmanns in meinen Ohren und wundere mich, daß immer er sich zum Sprecher der Vergasten macht, obwohl er mir zu Lebzeiten von allen auf der unterbrochenen Wanderung dorthin am allerfernsten gestanden ist. »Man macht das in so kleinen Räumen mit Gas. Die Züge sind auch nicht weiter. Die großen Anlagen sind noch nicht fertig.« Sie müßten schon längst fertig sein, also lügt die Stimme in meinen Ohren. Auch ist mir Häubener bisher nicht begegnet, den sie schon zweimal angesagt hat. Sie tut es heute übrigens nicht wieder.

Sogleich begebe ich mich zur Zweigstelle für Deportierte,

Deplacierte und sonstige unliebsame Personen, Abteilung Nice. Man verweist mich an einen Herrn, den ich schon zu kennen glaube, nur sitzt er nicht mehr am andern Ende eines großen Saales und hat nicht mehr die Kontrolle über alle Kontrollen. Der Betreffende gibt auch gleich zu, mich bereits zu kennen, ich bin seinerzeit an ihn empfohlen worden, diesmal trage ich nur die Briefe des Bürgermeisters von Caminflour und das Schreiben des amerikanischen Hauptmanns bei mir. Der jenseits seines Schreibtisches Unerreichbare erklärt mir zunächst, daß er meine hiesige Adresse gar nicht wissen wolle, ich sei nach Grasse ausgewiesen, da ich verdächtig sei, als Nichtjude so lange unbehelligt und ohne Einberufung von den Deutschen im Gebirge gewohnt zu haben, diese Ausweisung betreffe mich als einzigen von allen dort oben Ansässigen, doch teilte ich mein Schicksal mit manchen andern im Gebiet der Meeralpen. Ich schreie ihn an, daß ich sehr wohl von den Deutschen angefordert worden, ich hätte aber diesem Befehl nie Folge geleistet. Er meint, ich möge mir eine Bestätigung hierüber beschaffen und dann wiederkommen. Ich frage ihn, ob es nicht genüge, wenn ich die Ortschaft vor Niederbrennung und die Einwohner vor Geiselaushebung geschützt hätte. Er zuckt die Achseln. Ich schreie ihm ins Gesicht, daß es hierzulande offenbar vorkomme, daß der eine für eine Handlung die Ehrenlegion, der andere aber den Strick bekomme. Er meint, dergleichen könne sich bei Regimewechsel auch an ein und derselben Person ereignen, allerdings hänge man sie in Frankreich nicht, man habe ja das historische Fallbeil, die Politischen aber würden erschossen. Er tue schon genug für mich, wenn er meine Anschrift in Nice nicht zur Kenntnis nehme, ich dürfe ja hier keine Anschrift haben, da ich evakuiert sei.

Ich renne nun zu meinem Armendoktor Autin und klage ihm mein Leid. Er erklärt, daß ich als Réfractaire und Maquisard Anspruch auf eine Bestätigung hätte, er würde mein Gesuch befürworten. Ausnahmsweise erhalte ich sehr bald eine Legitimation, aber nicht für meine »Heldentat« im

Gebirge, sondern für die Nichtfolgeleistung der Einberufung. Das ist gerade das, was der frühere Kontrolleur der Kontrolleure und jetzige Exponent des Ministeriums zur Verfolgung der Meteken von mir gefordert hat. Aber wie ich mich, von dem so schnell erlangten Papier unterstützt, zu ihm begebe, weist mich der Sekretär ab und erklärt mir, sein Chef nehme nicht zur Kenntnis, daß ich noch in Nice sei, ja nicht einmal, daß ich überhaupt existierte.

»Sehen Sie, Sie existieren gar nicht. Ich habe Ihnen gleich gesagt, wozu passen Sie auf Ihren Anzug auf, Sie werden nie herauskommen. Häubener, ja, der ist gerettet.« Dr. Honigmann spricht jetzt immer wieder zu mir, obwohl ich gar nicht an die Vergasten denke, am allerwenigsten an ihn.

Also laufe ich zum Sekretariat der Maquisards und Réfractaires. Ein junger Mann, der Chef, empfängt mich geradezu großartig. »Sie sind auch ein Freund der Familie Withorse, wie ich weiß. Ich bin mit Darling befreundet.« Ich kann mich nicht erinnern, ihn dort gesehen zu haben. Aber da er mich kennt und mit den Withorse zusammenbringt, muß es jedenfalls vorgekommen sein. Er fragt mich, was mich zu ihm führe, und ich will es ihm nicht gerne schildern. Ich sage ihm aber, wenn ich es schon aufgäbe, nach Caminflour zurückzukehren, so würde ich gerne in Nice bleiben, man wolle mich aber als Ausländer nach Grasse verpflanzen.

Der junge Mann erklärt: »Von diesen Dingen verstehe ich nichts. Da könnte Ihnen vielleicht der Bürgermeister helfen. Wir haben allerdings jetzt drei: einen gaullistischen, einen kommunistischen und den, der vorher da war. Oder Sie könnten sich an den Präfekten wenden. Es gibt allerdings gegenwärtig zwei Polizeipräsidenten. Einer ist von Paris ernannt und einer von hier. Ich könnte Ihnen ja eine Empfehlung geben. Aber wie soll ich das machen, ich will es mir mit keinem von beiden verderben, und das wäre der Fall, wenn ich Sie zu dem einen oder zum andern schicken würde. Am besten ist, Sie warten überhaupt zu, bis man weiß, welcher der richtige ist.« Ich denke daran, daß ich die Tochter des Bürgermeisters, der immer da war, (oder ist es bloß seine Nichte?) zweimal in Caminflour nach Hause in Sicherheit gebracht habe, als noch die Deutschen die Straßen kontrollierten. Ich riskierte jedes Mal mein Leben, sie wußte es nicht, ich wollte ihr Vertrauen nicht enttäuschen. Die Frau des gaullistischen Bürgermeisters habe ich gelegentlich bei einem befreundeten Arzt hier getroffen. Dem Sohn des kommunistischen, der ebenfalls kurzfristig in Caminflour war, gab ich einmal, von ihm im Wald angesprochen, einen prächtigen Herrenpilz. Ob das aber genügt? Ich bin skeptisch, seit bei SS-Kohn eine Lebensrettung als Entgelt für eine andere nicht ausreichend war.

Nun schaue ich im Büro des jungen Mannes herum, und mein Blick trifft auf einen Deckenhaufen. »Was ist das?« frage ich. »Das sind Decken für die Widerstandskämpfer und Réfractaires. Sie können auch zwei bekommen, wenn Sie an unseren Umzügen teilnehmen.« »An wievielen Umzügen?« »Ihre Teilnahme an dem heutigen genügt.« Ich hatte früher eine wunderbare Wolldecke in meinem Koffer. Die nahm ich in das Lager mit, in dem Walter Hasenclever Selbstmord begangen hat. Danach begleitete sie mich auf der Reise bis Bayonne und wieder zurück nach Nîmes. Als ich ohne Gepäck floh, mußte ich sie Quierke anvertrauen, meinem damaligen guten Freund und dem späteren Chef der Gestapo. Er hat sie mit allen meinen anderen Sachen im Lager vergessen, als er befreit wurde. In Nice blieb mir noch meine Daunendecke. Die brachte ich nach Caminflour und lieh sie Lebleus lungenkranker Tochter Babette. Als ich sie zurückbekam, waren keine Daunen mehr darin. Die Decken des jungen Mannes sind ordinäre Kotzen, aber noch besser intakt als die Lumpen, mit denen ich mich in Caminflour La Commune zudeckte. »Geben Sie sie mir! Sie können auf dem Umzug mit mir rechnen!« »Zuerst der Umzug, dann die Decken.« Der junge Mann hat kein Vertrauen zu mir.

Wie ich nun als von hier evakuierter lästiger Ausländer im Zuge mitmarschiere, das erste Mal, seit ich erwachsen bin, in einer Formation, komme ich mir wie eine Witzfigur vor, aber die Leute stehen Spalier, wie wir anrücken und bemitleiden uns, besonders mich, wegen unseres schlechten Aussehens. Es sind bisher 450 Réfractaires und Maquisards in den ganzen Meeralpen registriert, aber kaum achtzig zu dieser Veranstaltung erschienen. »Wohin geht es?« »Zu Ihnen«, erklärt der junge Mann, der gerade an meiner Seite geht.

Tatsächlich bleibt man vor meinem Haus stehen. Aber die Ehrerbietung gilt nicht mir, sondern den beiden von den Deutschen hier aufgehängt gewesenen, für die hier Tafeln, Kränze und Lichter angebracht sind. Wir stehen aber gerade unter meinem Fenster. »Es wäre gerechter«, sagt der Jüngling, der uns anführt, zu mir, »wenn man Ihnen und Ihrer, wie ich mir habe sagen lassen, traurigen Behausung die Reverenz erwiese. So wäre sie an den richtigen Mann gekommen. Die beiden Gehängten hatten nur insofern mit der Widerstandsbewegung zu tun, als sie die Stiefel gestohlen haben, die die Amerikaner für die Widerstandsbewegung mit Fallschirmen herabwarfen. Da die Deutschen das Material bei ihnen fanden, mußten sie als Widerstandskämpfer sterben, die sie nie waren, und wurden so unsere Märtyrer.« Ich habe die Geschichte schon einmal gehört, aber nicht ganz geglaubt, nunmehr ist es eine offizielle Aufklärung.

»Kennen Sie schon die Geschichte von den Helden von Ariane?« fragt der Anführer unseres Haufens mich beinahe flüsternd. »In Ariane am andern Ende von Nice, wo man auf dem Hügel den neuen großen Friedhof errichtet hat, wurden ein deutscher Unteroffizier und ein deutscher Soldat von je einer Bombe zerrissen. Da von der Besatzung mit Recht vermutet wurde, daß diese Tat auf unser Konto ging, ordnete der machthabende Major an, daß zwanzig Geiseln wahllos in dem Stadtteil ausgehoben und sofort erschossen würden. Der Befehl wurde auch gleich durchgeführt. Man nahm, wen man fand, auch Ausländer und Frauen. Die meisten der Festgenommenen hatten mit den Besatzern sympathisiert, eine Frau war sogar eine Deutsche, die erfolgreich für die Gestapo gearbeitet und den eigenen Mann, der Jude war, sowie etliche andere Juden angegeben hatte. Vergebens verlangten diese irrtümlich zu Geiseln gewordenen, einen Offizier zu sprechen oder sich auch sonst zu rechtfertigen. Man erfuhr ihre Qualitäten erst nachher, begrub sie trotzdem im gemeinsamen Massengrab, das nun zur Opferstätte des Widerstands für unser Gebiet geworden ist, zu dem wir, weil es ziemlich weit ist, nur bei besonders feierlichen Anlässen wallfahrten. Haben Sie Lust, uns dorthin zu begleiten?« Ich reklamiere zunächst meine Decken und lehne nach deren Empfang jede weitere Teilnahme an Umzügen ab. Ich glaube, ich habe bereits mit diesem Marsch das Material zum Zudecken hinreichend verdient.

»Vielleicht wird Ihnen der Rabbi erlauben, sich darin einwickeln zu lassen«, flüstert die Stimme des vergasten Dr. Honigmann. »Wir Juden werden nur in Unterkleidung begraben, wenn Sie es vielleicht vergessen haben. Uns aber begraben sie überhaupt nackt. Sie brauchen auch unsere Unterkleider. Häubener freilich gehört nicht mehr zu uns.«

Im Laufe der nächsten Tage versuche ich bei verschiedenen Ämtern vorzusprechen, erreiche nichts und gehe schließlich zerknirscht zu Marassino. Der sagt: »Was hast du schließlich in Caminflour verloren? Du bleibst jetzt hier.« Dann macht er sich mit meinen Empfehlungen und Dokumenten auf den Weg. Es zeigt sich, daß mein Aufenthalt in Caminflour auf dem Amt, das mit der Bewilligung der Aufenthalte hier betraut ist, gänzlich unbekannt geblieben ist. Ja, man hat mir nach meiner letzten Vorsprache bei der Polizei sogar für die ganze Zeit, die ich dort oben war, den Aufenthalt hier bewilligt, nur mir die Bewilligung nicht zustellen können, da ich nicht hier gewesen bin und daher auch nicht aufgefunden wurde. Immerhin kann es nicht so schwierig sein, die bereits vorliegende Bewilligung weiter zu verlängern.

Soeben habe ich nach vier Stunden Wartezeit dank Marassino das Papier in der Tasche, das mich zum offiziellen Dasein in Nice ermächtigt. Aber sowie ich im Besitz dieses Schriftstücks bin, beschließe ich, nach Caminflour zurückzukehren, ein Gedanke, den ich bereits zurückgestellt hatte, als ich mich um dieses Schriftstück bemühte.

Am Nachmittag gehe ich zu den Withorse. Colt ist aus der Haft entlassen. Er hat eine bezaubernde Geliebte, deren Angehörige bei der Haftentlassung eine wichtige Rolle gespielt haben sollen. Die Mutter ist sehr gegen die Verbindung, nicht aus Gründen der Herkunft, denn sie ist betont demokratisch eingestellt, auch in Liebesdingen, aber aus Gründen der Politik, weil sie mit ihrer ganzen Nachkommenschaft getreu zum General de Gaulle steht. Das Mädchen ist nämlich die Tochter eines kommunistischen Redakteurs. Als Colt und seine Freundin sich entfernt haben, beginnt die Tante aus der Schule zu schwatzen. Sie beklagt sich sehr über die heutigen Mädchen, die sich mit den Amerikanern zu viel eingelassen haben, weil ihre Angehörigen aus Patriotismus zu wenig eingeschritten sind. Es ist leicht zu verstehen, daß sie von Darling spricht, die übrigens nicht zugegen ist und von der man nur tuschelt, wo sie sein könnte. Zuletzt überredet mich Frau Suzy Withorse, in Nice zu bleiben und meine Abreise nach Caminflour für später vorzubereiten. Sie werde für mich die Amerikaner in Bewegung setzen und selbst mit ihrer Familie dorthin reisen. Ich erfahre, daß der Gendarmeriebrigadier Marmitot wieder auf den Posten im Gebirge zurückversetzt ist. Frau Withorse erklärt, mir auch mein Los Holz abkaufen zu wollen, doch verspricht sie mir den Kaufpreis für ein anderes Mal.

Ich füge mich in den Gang der Dinge und bewerbe mich auf Anraten eines Österreichers, der ein Komitee für die Vertretung unserer Landsleute ins Leben gerufen hat und sich selbst bereits Konsul nennen läßt, um eine Stelle bei den Amerikanern, die in Nice nach Requirierung einer großen Anzahl von Hotels ein Urlaubszentrum für ihre Soldaten errichtet haben, die hier für jeweils acht bis vierzehn Tage, je nach der Schwierigkeit ihrer Aufgaben und der Festigkeit ihrer Gesundheit, ihren Frontdienst unterbrechen dürfen. Man hat dort vor, mir eine gute Stelle zu geben. Da aber mein Gesicht einem französischen Zivilbeamten, der die Verteilung der Dolmetscher überwacht und früher ein schäbiger jüdischer Agent schäbiger Getränke gewesen sein soll und Chécole heißt, nicht gefällt, muß ich zufrieden sein, einen kleinen Posten zu erhalten. So kann ich wenigstens hoffen, mich hier eine Zeitlang über Wasser zu halten und dann mit Hilfe der Amerikaner nach Caminflour zurückzukehren, wonach es mich trotz Wegfall der triftigen Gründe noch immer dringend verlangt.

Ich werde in ein gutbürgerliches Haus als Manager eingewiesen und soll als solcher die französische Besitzerin kontrollieren, die Soldaten nach empfangenen Vorschriften unterbringen und ihnen im Rahmen der Möglichkeiten die Zimmer zuteilen, darüber wachen, daß niemand Schwarzmarkt betreibt, weder mit Lebensmitteln noch mit Zigaretten, und keiner ein Mädchen auf sein Zimmer nimmt und niemand sich in Trunkenheit im Hause ungebührlich benimmt. Ich nehme meine Vorschriften sehr ernst; der Nachtdolmetscher, der mich bei meinem Abgang vertritt, duldet den Zigarettenhandel und nimmt selbst daran teil. Er versteht sich auch besser mit der Wirtin und läßt es zu, daß in meiner Abwesenheit Zimmer so vertauscht werden, daß weniger gut aussehende Soldaten in einem Zimmer zusammengepfercht werden, dafür Herren mit gepflegtem Äußeren und vorhandenen Privatgeldern Einzelzimmer beziehen und dort auch verstohlen Mädchen empfangen. Schließlich beklagen sich zwei Indianer, die ihr Zimmer nur kurzfristig zu verlassen pflegen, um nämlich vor dem Hause auf einer dort zeitweise aufgestellten Bank ihre Pfeife zu rauchen, es sei ihnen ihr ganzer Zigarettenvorrat, dazu Kleidung und Wäsche und je eine goldene Uhr gestohlen worden. Ich habe den Eindruck, daß diese Leute nicht lügen, und untersuche den Fall. Ich vernehme auch einige Verdächtige und komme darauf, daß ein ganzer Ring besteht, der in diesem und anderen Hotels die Diebstähle organisiert und bis in die Military-Police sowie in die französische Polizei reicht.

Der Sous-Chef Chécole läßt mich kommen und erklärt in

festem Ton, ich möge meine Untersuchungen sogleich einstellen, man habe mich nicht als Untersuchungsrichter, sondern als kleinen Dolmetscher engagiert. Es sei wohl recht, wenn ich meine Vorschriften ernst nähme, es wäre aber besser für mich, wenn ich sie konzilianter handhaben und nicht bei der Wirtin Anstoß erregen würde. Wie ich zurückkehre, stelle ich fest, daß ich das Hotel nicht mehr allein zu verwalten habe, sondern daß man mir einen Holländer beigegeben hat, der zwar schlecht Englisch kann und sich mehr für den Ankauf von Valuten und Gold interessiert, sich aber in meiner Abwesenheit schon mit der Wirtin angefreundet hat. Der Nachtdolmetscher, dessen Namen ich nicht erfahre, ist bereits in das üble Hotel nebenan versetzt, und ich soll nun sein Amt hier übernehmen. Offenbar glaubt man, daß ich zur Schlafenszeit die Augen eher geschlossen halten werde.

Meine Machtvollkommenheit ist so zwar beschränkt, doch beläßt man mir dasselbe Gehalt und die beiden reichlichen Mahlzeiten untertags, die ich mit allen Dolmetschern einnehme. An der Tafel treffe ich hier und da auch wirkliche Elite unter meinen Kollegen, wie den Sohn eines Salzburger Polizeipräsidenten, einen Grafen R., den ich schon in Österreich kannte und der die Absicht hat, in Frankreich Anwalt zu werden, nachdem er bereits naturalisiert ist. Weniger sympathisch kommt mir der Bruder eines österreichischen Bankpräsidenten vor, jenes Mannes, den ich vergebens um Auszahlung der Pension meiner Mutter in Frankreich angegangen bin. Auch er begrüßt mich als einen alten Bekannten, obwohl ich mich nicht erinnere, ihm jemals vorgestellt worden zu sein. Besonders nett scheinen mir zwei Engländer zu sein, ein älterer, der auch schreibt und eine höhere Stellung bei den Amerikanern einnehmen soll, und ein jüngerer, der die beste Eignung zum Dolmetscher hat, weil er moderne Philologie auf zwei Universitäten, in Grenoble und in Cambridge, studiert hat.

Wie ich abends in mein Hotel zurückkehre, finde ich die Anordnungen, die ich mit Mühe durchgesetzt habe, sowie jene, die ich durchsetzen wollte, über den Haufen geworfen.

Es betritt das Hotel jeder, der will. Die Wirtin vergibt die Zimmer, ohne mich zu fragen. Ein fleischiges Mädchen, ihre Nichte, hat es auf einen Feldwebel abgesehen, und dieser wird in die Privaträume der Familie übergesiedelt. Der Mann soll auch im Garten der Familie zur Ernte des Frühobstes eingesetzt werden. Ich bestehe auf meinen Rechten. Die Wirtin telephoniert nach Herrn Chécole. Der ist zwar nicht da, wird aber aus seiner Privatwohnung geholt. Wie er kommt, wirft er einen mitleidigen Blick auf mich und erklärt: »Da Sie hier offenbar Anstoß erregen, versetze ich Sie hiermit in das Nachbarhaus, in dem Sie wieder den Tagdienst übernehmen können. Auch werden Sie dort Ihren früheren Nachtdolmetscher wiederfinden. Ich glaube, daß Sie sich so auch wohler fühlen werden, da Ihnen ein Informationsbüro aus jungen Mädchen an die Seite gestellt wird. Auch hat man vor, den Offizieren einen Teil der Manageraufgaben zu übertragen.«

Es hat keinen Sinn, sich bei Herrn Chécole auf die pflichtgemäße Ausführung meiner Aufgaben zu berufen. Diese steht hier nicht zur Diskussion. Ich habe wiederum Anstoß erregt und könnte, da es das zweite Mal ist, entlassen werden. Ich wundere mich, daß man sich damit begnügt, mich in der Spelunke kaltzustellen, in der ich sogar meinen früheren Nachtdolmetscher und ein Informationsbüro, bestehend aus Mädchen, wiederfinden soll.

Der Mann, der angeblich mein Nachtdolmetscher war und auch jetzt mein Adlatus werden soll, empfängt mich in der Spelunke in Gesellschaft des Wirtes und dessen Gattin wie ein Alleinherrscher mit seinem Anhang. Er teilt mir mit, daß ich in ihm einen verständnisvollen Kollegen finden würde, daß jeder dann Dienst mache, wann es ihm passe, und daß meine Anwesenheit hier überhaupt überflüssig sei, denn er sei auch die Vormittage und die meisten Nachmittage über da. Ich könne mich, wenn ich wolle, aber ab und zu zeigen. Der Wirt, der einem Bordellinhaber nicht unähnlich ist, bestätigt mir, wie sehr er mit diesem Herrn zufrieden sei, und die Wirtin, eine dem Aussehen nach unterleibsleidende zerfließende

Blondine, gibt zu verstehen, daß er auch ihre Zufriedenheit habe.

Das läßt mich aber nunmehr kalt. Die Fresse meines Gegenübers und die Visagen seiner Empfehler lassen mich meine alte starre Haltung wiederfinden, ganz gleichgültig, was nun geschehen mag. Ich erkläre nun, daß er nur der Nachtdolmetscher sei und ich die Leitung des Hotels und den Dolmetscherdienst bei Tag übernähme und auch bei Nacht Kontrollen machen würde, ob die Arbeit klaglos versehen werde. Damit hielte ich meine Mitteilungspflicht für erfüllt und wünschte nur noch, daß er seine Vorstellung wiederhole, da ich seinen Namen schlecht verstanden hätte. »Das habe ich mir gedacht, daß Sie schlecht verstehen«, sagt mein dreistes Gegenüber, »denn wir kennen uns schon von anderswo. Nie etwas von Herrn Häubener gehört, was? Und ihm nie wo begegnet?« Ich wußte nicht, wo ich den Inbegriff der Niedertracht, den ich diesem Zerrbild eines Gesichtes entnehme, hintun sollte, aber weiß es jetzt. Der soll meiner nicht Herr werden, trotz der prophetischen Stimme des toten Dr. Honigmann.

Ich versehe den Dienst nach meiner Art und wechsle mit den Wirtsleuten nur gelegentliche Worte. Nun wird ein Informationsbüro bei uns eingerichtet. Aussicht auf die Straße besteht nicht. Das Mädchen Hermine, das diesem Büro angehört, möchte nach Mädchenart die Aussicht genießen. Über das Glasdach eines darunter liegenden Geschäftes geleite ich sie bis zu einem Punkt, von dem aus sie alles überblickt. Als sie aber dann von dort allein zurückkehrt, da ich sie dienstlicher Verrichtungen halber kurze Zeit sich selbst überlassen mußte, bricht sie auf einer dünnen Scheibe, die vermutlich als Ersatz einer stärkeren, im Laufe der Zeit beschädigten eingeflickt worden war, ein und zeigt die Untenansicht ihres Körpers hüllenlos einer angesammelten Menge, ohne sich aus dieser Zurschaustellung befreien zu können. Wiederum muß ich eingreifen, um sie zurückzubringen, wegen ihrer Schnittwunden zu einem Arzt zu führen und die Reparatur des Glasdachs zu veranlassen.

Nun werden ganz junge Mädchen ins Informationsbüro eingestellt, darunter zwei Russinnen, sechzehn und siebzehn Jahre alt, erst kürzlich von ihrem Vater, der einst Bankier war, von dort gebracht, als er selbst aus der UdSSR flüchtete. Ein kahler Weißrusse sitzt mit ihnen auf dem Boden, er muß weit über fünfzig sein, erfreut sich aber an allerhand Annäherungen an die jungen Dinger coram publico. Als ich ihnen sage, sie sollten ihre Freundlichkeiten gegenüber Herren außerhalb des Hauses verlegen, erklären sie mir, heute seien sie nicht mehr frei, morgen würden sie aber gerne mit mir ausgehen. Ich bin wieder mißverstanden worden und sehe, daß ich mich nicht verständlich machen kann. Ich habe nun vor, den Russen zu stellen, aber statt seiner erscheint am nächsten Tage ein anderer, der bloß graue Haare hat und sich einzeln mit jedem der beiden Mädchen in die Wirtswohnung zurückzieht. Dort habe ich nichts dreinzureden.

Es ist auch ein schwarzes deutsches Mädchen jüdischer Abkunft hier, das klaglos seinen Dienst versieht, von dem man aber eines Tages erfährt, daß es einen linkischen Apotheker heiraten soll, der hier als Korporal zu Gast ist. Als ich das einem langen Feldwebel berichte, hält er sich den Bauch vor Lachen und sagt zu seinem Nachbarn: »Stell dir vor, Jonny, das schwarze Mädchen, das uns der Nachtdolmetscher zugeführt hat, mit dem wir alle geschlafen haben, will Charly heiraten. Wir müssen ihn davon abbringen.« Berta, so heißt die Schwarze, fragt mich, ob sie einen rituellen Juden heiraten solle, sie ist deutsch bis in die Knochen, obwohl die Deutschen ihre Eltern und Geschwister vergast haben. Ich rate ihr zu, wenn Charly noch will. Dieser ist fromm genug, sich durch böse Gerüchte nicht von seinem Entschluß abbringen zu lassen. So heiratet die Soldatenhure einen uniformierten, uninformierten Apotheker, oder besser einen, der Informationen zurückweist.

Am nächsten Tag wird einem Soldaten Geld gestohlen und ein Betrunkener des Diebstahls verdächtigt. Der Wirt, der sich inzwischen mit Häubener wegen eines für ihn fehlgeschlagenen Geschäftchens überworfen hat, meint, daß es der Betrunkene nicht gewesen sein könne, weil er nicht im Stande gewesen wäre, in den hochgelegenen Raum ohne fremde Hilfe hinaufzusteigen. Doch sei Häubener oben gewesen. Dazu kommt, daß sich die Wirtin beklagt, ihr bestes und ältestes Stubenmädchen sei von Häubener in die Zimmer dreier Amerikaner vermittelt worden, und bald darauf ist es die Schwester der Wirtin selbst, die angeblich von Häubener zu gleicher Wallfahrt bewogen worden. Da jedoch diese Beziehungen offenbar nicht hinreichend sind, führt Häubener die Mädchen aus dem nahegelegenen Freudenhaus ebenfalls über das Glasdach herüber, und einmal geht ein Soldat ihnen entgegen, fällt durch das Dach und bricht sich den Hals. Ich lasse Häubener kommen und mache ihm Vorhaltungen. Er erklärt: »Ich stelle nicht die Reize der Informationsmädchen öffentlich untertags allen Leuten auf der Straße zu Schau und lasse auch nicht Sachen unter meinem Schreibtisch versteckt meinen Freunden zugehen.« Ich verlange, daß der Mann sich deutlicher erklärt, und erfahre: »Das Abenteuer mit Hermine brauche ich Ihnen nicht zu erzählen, das weiß die ganze Stadt. Gestern war Ihr Freund Marassino, der berühmte Schmuggler, hier und hat sich Waren geholt, die die Amerikaner unter Ihrem Schreibtisch versteckt haben. Ich nehme an, nicht ohne Ihre Kenntnis, Herr Kucku.«

Ich laufe sofort zu Marassino, um die Wahrheit zu erfahren. »Du bist doch in dem Hotel über dem Glasdach, hast du mir gesagt. Ein Soldat dort hält Decken feil, die er aus Deutschland mitgebracht hat. Du hast doch zwei Decken von der Widerstandbewegung bekommen, das sind zwar keine wollenen, aber doch gut genug. So brauchst du keine weiteren. Freunde von mir brauchen aber welche. Und da sie billig waren, habe ich sie mir geholt.« »Warum, um Gottes willen, hast du sie aber unter meinem Schreibtisch versteckt?« »Der Nachtdolmetscher hat mir nicht gefallen, ich habe geglaubt, daß du Dienst machst. Er hat mir gesagt, du seist jetzt nicht da, aber hier sei dein Schreibtisch. Der Soldat könne, was ich kaufe, dort für mich deponieren.« »Merkwürdig, und du hast das zugelassen, obwohl dir der Nachtdolmetscher nicht gefallen hat.« »Ja, du, daß ich es nicht vergesse, deine Reise nach Caminflour ist gesichert. Nimm dir Urlaub bei den Amerikanern! Jeanne möchte auch gerne Caminflour sehen; ich habe nichts dagegen, wenn sie mit dir dort hinauffährt.«

Ich habe jetzt keine Lust, mit Jeanne nach Caminflour zu fahren. Ich muß die Affäre Häubener bereinigen, und das soll anders geschehen, als es mir die prophetische Stimme des toten Doktor Honigmann ins Ohr zu flüstern scheint. »Sie stehen nur noch mit einem Fuß auf der Erde, Herr Kucku. Was wollen Sie dem Häubener tun? Ihm kann nichts geschehen, er ist lebendiger als wir alle.«

Als ich das Gasthaus betrete, um zu sehen, was Häubener macht, finde ich einen neuen Nachtdolmetscher vor. Man hat ihn erst gestern eingestellt. Wo Häubener ist, kann mir der Wirt nicht vermelden. Wohl aber sagt er mir, ein blondes Mädchen habe heute nach mir gefragt, als der Dienst zu Ende gegangen sei. Sie werde morgen wiederkommen. »Es war ein sehr schönes Mädchen«, grinst der Hotelier. Ich kenne niemand mehr und bestelle mir auch kein Mädchen an meine Dienststelle. Darling Withorse ist nicht hier und weiß auch nicht, wo ich beschäftigt bin.

Wie ich aber heute meinen Dienst antrete, ist es doch Darling Withorse, die mich erwartet. In ihrer Begleitung befinden sich diesmal ihr kleiner Bruder und ein französischer Offizier. Tags zuvor soll sie allein dagewesen sein. Über den Grund ihres Kommens sagt sie mir zunächst nichts. Sie behauptet nur, sie habe dem Herrn zeigen wollen, was für ein großer Mann ich geworden sei. Nun bin ich auf meine Dolmetschertätigkeit und die sonstige Rolle, die ich in dieser Spelunke spiele, durchaus nicht stolz, und ich kann mit ihrer Erklärung nichts anfangen. Aber Darling meint weiter, ich sei in gesicherter Position, und das ist schon ein anderer Aspekt, wiewohl meine Lage keineswegs eine gesicherte ist, aber sie könnte dies annehmen. Doch ich sehe bald, daß sie den französischen Offizier verabschieden will, indem sie immer wieder auf die unverbrüchliche Freundschaft mit mir hinweist, bis er geht und sie mit ihrem kleinen Bruder bei mir zurückbleibt. »Pierre«, sagt sie schließlich, »heute abend wird ein englischer Film über die Liebe der Elisabeth Barrett zu Robert Browning gespielt. Wollen Sie nicht mit mir mitkommen? Ich möchte so gerne hin.« Das sehe ich schon eher ein, wiewohl ich noch immer nicht begreife, warum sie gerade mit mir ausgehen will, aber sie wird es mir schließlich sagen.

Ich glaube, entgegen der Stimme Dr. Honigmanns in meinen Ohren, mit beiden Füßen fest auf der Erde zu stehen, und mache mir nichts aus dieser Zusammenkunft mit Sibylle Withorse. Der Film läuft vor uns ab, und als der Vater Barretts zu verstehen gibt, daß er in sträflicher Liebe an seiner Tochter hänge, ist es nicht die imaginäre Stimme des toten Dr. Honigmann, sondern die lebendige von Darling Withorse, die mir etwas zuflüstert, und das, was sie sagt, ist eine gräßliche Bestätigung dessen, was mir Lebleu am Beginn unserer Freundschaft erzählt hat: »Ganz wie in unserer Familie.« Ich weiß nicht, warum sie mich zum Mitwisser der unnatürlichen Neigungen ihres Vaters macht, aber nach dem Kino verlangt sie einen andern Dienst von mir: »Ich glaube, Pierre, Sie sind der einzige Freund unserer Familie. Sie wissen vielleicht, daß mein Bruder Colt demnächst wegen des Einbruchdiebstahls bei den Schlächtern vor Gericht stehen muß. Wir haben uns auf Ihre Zeugenschaft berufen.« »Ich habe doch mit den Einbrüchen Ihres Bruders nichts zu tun.« »Aber Sie wissen aus dem Brief, den ich Ihnen gebracht habe, daß die Schlächter darin Order gegeben haben, einen Betrag, den sie uns hätten auszahlen sollen, bis zu ihrer Ermächtigung zurückzubehalten.« Ich verspreche mir wenig von diesem Zeugnis, zumal ich auch nicht aus eigener Wahrnehmung bestätigen kann, was die Withorse wirklich mit den Schlächtern ausgemacht haben, doch verspreche ich, zu Gericht zu kommen. Zum erstenmal küßt mich Darling auf den Mund.

Darling hat mich wirklich im denkbar letzten Augenblick

zu Gericht berufen. Ich habe meine Schwierigkeiten, mich für diesen Tag freizumachen, denn ich erhalte keine gerichtliche Ladung und glaube eigentlich nicht recht, daß mich ein Richter vernehmen wird; ich selbst würde als Richter auch keinen Zeugen mit solchem Beweisthema hören.

Wie ich ankomme, ist die ganze Familie Withorse in der »Halle der verlorenen Schritte«, das ist der Ort, an dem man seinen Aufruf erwartet, versammelt. Colt wirkt am ruhigsten. Er hat auch seine hübsche Braut mitgebracht, die beinahe besser als Darling wirkt in ihrer überzeugenden Frische. Darling läuft überall herum und interessiert sich für alle Säle. In fast jedem von ihnen steht heute irgendein junger Mann vor Gericht, der angeblich die Widerstandsbewegung nur dazu benützte, um zu betrügen, zu stehlen oder zu veruntreuen. Manche von den Inkulpaten sind Italiener, fast alle Angehörige einer fremden Nationalität. Sibylle empfindet mit jedem von ihnen und bittet ihre Mutter, zu erwägen, ob man nicht da oder dort mit einem Zeugnis nachhelfen könne. Die Mutter ist aber nur für Colt, dessen Anwalt auch bald erscheint und mit jenem Serabouche identisch ist, dem ich in Caminflour den Brief der Baronin gebracht und den ich dort zuletzt gesehen habe, als er mit mir die Armeleutesuppe trank, welche ich dann in Form von Pisse vom Dachboden den Nazis darunter weitergegeben. Er begrüßt mich als einen alten Bekannten und hofft, von mir viel Unterstützung zu erhalten. Ich erkläre ihm, daß ich nur von einem Brief wisse, in dem von einer Zahlungssperre bis auf Order die Rede war, während angeblich eine unbedingte Zahlungsleistung vereinbart gewesen sei. Er meint, das, was ich wisse, sei für sich allein das Ei des Columbus; er verspreche sich von mir alles, was man sich überhaupt von diesem Fall versprechen könne.

Seine Bescheidenheit scheint mir verwunderlich. Ich freue mich geradezu, daß ich alleinbleibe, als die Sache beginnt und die Beschuldigten aufgerufen werden. Es ist außer Colt noch ein Freund von ihm, Rodolphe Vanille, der die Diebesbeute zu Geld gemacht haben soll. Derselbe hat einen robusten

Anwalt, der sich sichtlich mehr ins Zeug legt als der Colts, Sänger im Wald, gelegentlicher Verseschreiber und Stabträger der Anwälte von Nice, Serabouche. Nun verschwinden auch die zugelassenen Zeugen, und ich bin Gott sei Dank nicht darunter. Ich nehme an, daß mich auch niemand rufen wird. Was hat das für einen Sinn, zu beweisen, daß die Schlächter Gauner sind, wo es sich doch nur darum handeln kann, ob man sie bestohlen hat oder nicht, so sehr Laie kann nicht einmal der blutigste Rechtsunkundige sein, geschweige denn ein Jurist.

Aber wie ich mich bereits unverrichteter Dinge entfernen will, werde ich aufgerufen und um meine näheren Umstände befragt. Ich teile mit, daß ich früher Anwalt war, und das wird zum ersten Mal von einer französischen Stelle günstig aufgenommen. Darauf erzähle ich, daß ich die Familie Withorse kenne und man mir erzählt hat, daß sie irgendwie von den Grafen von Nice abstamme. Der Richter scheint das auch zu wissen und nickt beifällig. Ich erzähle nun, daß Darling Withorse mich eines Tages besucht hat und mir mitteilte, ihre Mutter habe eine Transaktion mit den Schlächtern gemacht, und diese sollten ihr Geld überweisen. Der Richter fragt, wer Darling Withorse sei, und ich erkläre, daß es Sibylle sei. Ich zeige auf sie, die auf der Zuschauerbank sitzt. Der Richter wiederholt: »Aha, das Mädchen war also bei Ihnen. Es ist offenbar Ihre Braut.« Ich erkläre: »Es ist nur wegen des Briefes gekommen!« Der singende Anwalt von Caminflour, Serabouche, souffliert mir: »Erzählen Sie die Geschichte dieses Briefes, Maître Coucou, confrère Coucou!« Ich sage aus: »Die Withorse verstehen kein Deutsch. Der Brief war deutsch geschrieben und sollte von den Withorse einem Boten übergeben werden. Wie mir Darling mitteilte, sollte in dem Brief stehen, daß das Geld bedingungslos an Frau Withorse auszubezahlen sei, dessen Gegenwert sie bereits berichtigt habe.« »Und Darling ist dieses Mädchen Sibylle, das noch nicht Ihre Braut ist.« »So ist's.« »Und was stand wirklich in dem Brief?« fragt der Verteidiger Colts eindringlich. »Es stand darin, daß das Geld erst auf besondere Order der Schlächter ausbezahlt werden dürfe.«

Hier springt der Anwalt der Geschädigten auf, anscheinend ein Jude, der naturalisiert wurde. Was er sagt, ist richtig und einleuchtend: »Was hat diese Aussage mit den Diebstählen an meinen Mandanten zu tun?« Der Richter wird unsicher und schaut mich an: »Das frage ich mich auch. Aber vielleicht kann Maître Coucou uns darüber Aufschluß geben.« Der singende Anwalt und hinter diesem Darling machen beschwörende Gesten. Ich kann meinem Zeugnis höchstens hinzufügen, daß ich auf Darlings Veranlassung den Brief so umgefälscht habe, daß er so lautete, wie er angeblich hätte lauten sollen. Damit aber wäre weder Colt, und schon gar nicht Darling oder mir selbst gedient. Ich sage daher nicht mehr aus, sondern erkläre nur die Wichtigkeit meiner Aussage, was eigentlich der Verteidigung obleg hätte: »Meine Herren, das ist nämlich so. Colt ist kein Jurist, nur der Angehörige einer alten und guten Familie aus Nice. Er hört, daß seine Mutter von den Schlächtern bestohlen werden soll. Nun denkt er vielleicht, er könne hier Gleiches mit Gleichem kompensieren. Das ist natürlich eine gänzlich laienhafte Auffassung. Aber Colt ist nur Aristokrat, nicht Jurist. Er nimmt sich, was man seiner Mutter nimmt.«

Durch den Saal geht ein Gemurmel, das ich nicht veranlassen wollte, das aber ansteckend wirkt und alle im Raum erfaßt, mit Ausnahme der nunmehr völlig isolierten Schlächter und ihres Geschädigtenanwalts. »Man soll die Fremden hinausschmeißen. Man darf nicht zulassen, daß unsere Besten, die Angehörigen alter Familien, vor Gericht gestellt werden.« Der Blick von Darlings Mutter ist auf mich gerichtet wie auf einen deus ex machina, der ihre Sache gerettet hat. Darling ruft mir Bravo zu. Der Anwalt Colts ist ganz Lächeln. Der des Diebsgenossen schreit aus vollem Halse: »Man muß mit den Métèques in Frankreich Schluß machen.« Ich sehe ihn scharf an, und er fügt einschränkend hinzu: »Es gibt natürlich Ausnahmen.« So hat man es in Österreich auch gehalten, bis man alle Juden ans Messer lieferte. Es tut mit leid, soviel zugunsten des Colt gesprochen zu haben, und ich frage, ob ich mich zurückziehen kann. Der Anwalt der Geschädigten wagt eine berechtigte Frage: »Was wissen Sie, Herr Zeuge, darüber, wie die Vereinbarungen der Schlächter mit den Withorse tatsächlich waren?« »Der Zeuge hat alles gesagt, was er wußte«, erklärt der Richter, »ich lasse die Frage nicht zu.« »Schreiben Sie aber immerhin ins Protokoll, wie er die Tat des Colt auslegt, das scheint mir bemerkenswert.« »Ich protestiere«, sagt der Schlächter-Vertreter, »das ist eine Meinung des Zeugen.« »Eine immerhin bemerkenswerte Meinung«, wirft der Verteidiger des Diebsgenossen ein, »von einem eminenten Anwaltskollegen, der nicht nur Französisch kann, sondern sich auch in französische Seelen hineinfinden...«

Der Richter erklärt, daß ich zwar gehen könnte, daß er es aber gut fände, wenn ich bis zum Schluß des Verfahrens bliebe: »Sie werden so, Herr Rechtsanwalt, feststellen können, daß man auch in unserem Land alles Für und Wider genau erwägt, das einen Angeklagten betrifft.« Ich setze mich ganz hinten auf eine Bank und folge dem weiteren Verfahren kaum. Auch vermeide ich jeden Blickkontakt mit den offenbar dankbaren Gesichtern der Familie Withorse oder den zustimmenden im Zuschauerraum. Ich sehe die großgewachsenen Schlächter sich nun sehr klein machen, sooft in den Plädoyers der Anwälte mein Name auftaucht und im Zusammenhang damit ihre Hinrichtung ihren Anfang nimmt. Ich höre in der Urteilsbegründung meine Gedankengänge bereits als Motiv für die Tat des Colt, der nur eine bedingte Freiheitsstrafe erhält, und als Milderungsgrund für seinen Helfershelfer, dessen Strafe mit der Untersuchungshaft verbüßt ist. Der Staatsanwalt verzichtet auf Rechtsmittel, und die Angeklagten umarmen einander vor dem Gericht.

Wie die Schlächter mit ihrem Anwalt zur Halle der verlorenen Schritte hinausstreben, ballen sich die Fäuste der Zuhörer nach ihnen, und es sind Worte wie »jüdische Betrüger« allgemein vernehmbar. Das also war das Endergebnis meines Sieges über sie und der Rettung Colts vor langer Strafhaft. Der tote Dr. Honigmann flüstert mir ins Ohr: »Sie arbeiten gut an Ihrer Vergasung, Peter Kucku!«

Nun verlasse ich schnell das Gerichtshaus und verzichte auf den Dank der Withorse. Ich begegne noch den Schlächtern, die aber nicht einmal wagen, die Augen zu mir zu erheben, so erledigt sind sie. Sie haben auch ihre privatrechtlichen Ansprüche nicht durchsetzen können. Aber wie ich durch die Straßen in mein Quartier renne, werde ich von dem Chef der örtlichen Widerstandsbewegung eingeholt, jenem jungen Mann, der mir die Decken für die Teilnahme an dem Aufmarsch gegeben und mich über die Helden von der Victoire und von Ariane aufgeklärt hat. »Monsieur Coucou, laufen Sie nicht so schnell, ich habe Ihr Plädoyer gehört, ich war im Zuhörerraum. Sie sind ein ausgezeichneter Anwalt. Die Widerstandsbewegung braucht solche Leute. Ich werde bei Malraux intervenieren, daß er Ihnen Dispens erteilt, nach nur einer Prüfung vertreten zu dürfen. Man naturalisiert Sie schnell, wenn wir uns einsetzen. Am besten heiraten Sie vorher ein nettes französisches Mädchen aus guter Familie. Wir kennen doch beide eins, oder nicht?« Ich empfehle mich und erkläre, daß ich derzeit einen gesicherten Platz als Dolmetsch bei den Amerikanern habe. Er wendet ein: »Ist das nicht wenig für einen geborenen Anwalt, und ist der Platz so sicher? Hat es nicht auch Schwierigkeiten gegeben?«

In der Tat sind diese Schwierigkeiten bereits überwunden. Der ältere Engländer im Dienst der Amerikaner, den ich bei den Mahlzeiten kennengelernt habe und dem die Disziplinaruntersuchungen obliegen, kommt selbst, um mir das Ergebnis mitzuteilen: »Verehrter Freund, Sie werden vielleicht nicht wissen, daß ein obskurer Geselle namens Häubener Sie bei uns fälschlich denunziert hat. Wir konnten die Untersuchung führen, ohne Sie selbst befragen zu müsen. Über Ihre Person und Familie haben uns der Graf von R. sowie der Bruder eines Bankpräsidenten Auskunft geben können. Wie einwandfrei Sie hier gewirkt haben und wie Häubener sich im Gegensatz dazu benommen hat, wissen wir aus den Angaben des Wirtes und seiner Frau und von den Mädchen des Informationsbüros, insbesondere von Berta. Das einzige Belastende, was wir in Ihrem Schreibtisch fanden, ist dieses Stück.« Er hält den Anfang eines Stückes in Händen, das ich in Caminflour für Darling Withorse schrieb. Dann sagt er zärtlich: »Ich selbst bin Dichter. Darf ich es ins Englische übersetzen?«

»Ich glaube nicht, daß dieses Stück eine Übersetzung verträgt«, erkläre ich nun. Es ist die Darstellung des Lebens eines jungen Mannes, der sich in eine Tote verliebt und ihr sein ganzes Leben widmet. Vielleicht war schon die Übersetzung meiner Gefühle für Darling in dieses Stück eine schlechte Idee. In Wirklichkeit hätte es darum gehen müssen, daß sich ein Toter in eine Lebende verliebt, die nichts davon weiß und die für ihn nicht mehr empfindet als das, was ein Mädchen für einen Toten, für ein Gespenst empfinden kann.

Als ich das nächste Mal bei den Withorse bin, lese ich Darling die ›Lenore‹ von Bürger vor und versuche, es ihr zu übersetzen. Sie findet die Verse wundervoll, den Gedanken noch immer vertretbar. »Und die Toten reiten schnell.« »Schade, daß Sie nicht Wilhelm heißen. Ich könnte Sie lieben, wenn ich Lenore wäre. Ich könnte mir Sie und mich in dieser Rolle vorstellen.«

»Was ist mit der Übersetzung Ihres Stücks?« fragt mich der Engländer an einem der nächsten Tage wieder. »Haben Sie es sich anders überlegt?« »Nein es bleibt dabei. Vielleicht gebe ich Ihnen ein anderes Stück. Ich habe vor, Bürgers ›Lenore‹ zu dramatisieren.« »Wirklich?« »Ja, das scheint mir mehr den Tatsachen zu entsprechen.« »Vielleicht haben Sie recht. Jedenfalls wäre es aktueller.« »Das ist es eben. Was haben Sie übrigens mit Häubener gemacht?« »Wir haben ihn natürlich weggeschickt. Sie müssen es doch bemerkt haben. Es lag auch so viel gegen ihn vor. Tut er Ihnen vielleicht leid?« »Gewiß nicht, er hat es verdient.« »Und doch ist er lebendiger als Sie«, flüstert mir Dr. Honigmann ins Ohr, »denn er wurde befreit und bleibt es. Er ist entkommen.«

Ich habe große Sehnsucht nach Caminflour. Mein Gefühl sagt mir, daß dort Boden ist, auf den ich noch treten kann, der nicht nachgibt unter mir, auch wenn Darling Withorse nicht dort ist. Man kann auch auf festem Boden träumen. Ich mache mir vor, auch auf einer unsentimentalen Reise seien Träume gerade noch erlaubt. Ich hoffe, daß mich die Stimme Dr. Honigmanns, der mich nie etwas anging, außer daß er mit mir in einem Auffanglager war und ich entlassen wurde, aber er nicht, daß mich diese Stimme eines mir fremden Vergasten nicht dorthin verfolgen wird.

Am Abend bin ich wieder bei Marassino. Er ist nicht da. Jeanne empfängt mich in einem Schwimmtrikot, das sie gerade probiert. Dieses deckt das Obligatorische und hebt es gleichzeitig hervor. Es ist giftgrün und gibt ihrem Körper jeden Vorteil, der ihm gebührt. Als die Anprobe zu Ende ist und die Schneiderin geht, bleibt Jeanne in ihrem Trikot und bereitet das Abendessen zu. Dabei singt sie ein Lied mit einer Stimme wie ein in Scherben zerspringender Topf. Darling Withorse hat eine süße und angenehme Stimme. Ansonsten bemerke ich keinen Unterschied.

Auch als sich Jeanne darauf in einen Küchendress wirft, denn es wird kälter und der Tag geht zu Ende, wirkt sie nicht weniger nackt und verfänglich. Auch ihre brüchige Stimme unterstützt diese Wirkung. Marassino kommt zurück und neckt mich mit Darling Withorse. »Du warst ein guter Zeuge für den Bruder deiner Liebsten, habe ich gehört.« Jeanne wirft Papierkugeln auf meinen Kopf, um ihr Baby zu belustigen, und erreicht den gewünschten Effekt. Das Kind ist bester Laune, als es hinausgetragen wird. »Sie sind der Ritter ohne Furcht und Tadel, und Ihre Dame heißt Darling Withorse.« Ich ringe mit Jeanne, sie ist ziemlich stark. Es ist mir auch nicht darum zu tun, sie zu besiegen, sondern nur, sie zu berühren. Sie ergreift ein Messer, aber nur spielerisch, sie hat ja lange genug mit Gangstern gelebt. Ich nehme ihr das Messer weg und schlage sie auf den Hintern. Marassino protestiert scherzhaft. Er könnte mich mit seinem Gewicht erdrücken, wenn er wollte: »Und dabei habe ich sie dir anvertrauen und euch zusammen nach Caminflour schicken wollen.« »Es gilt,

Pierre«, sagt Jeanne, »wenn du mich statt Darling mitnehmen willst. Wann fahren wir?« »Morgen, wenn Sie wollen.« »Es gilt für morgen«, sagt Marassino. »Aber ihr dürft euch nicht gegenseitig umbringen. Sonst verliere ich den Freund und die Frau auf einmal.« »Wir haben ja keine Papiere«, wende ich ein. »Die Papiere sind da«, sagt mein Freund, der Schmugglerkönig, »ich habe sie längst besorgt. Eure Fahrkarten lasse ich morgen früh reservieren. Der Wagen geht, soviel ich weiß, am Nachmittag ab. Du mußt es nur mit deiner Dienststelle in Ordnung bringen.« »Schade«, sagt Jeanne, »was mache ich in Caminflour mit dem grünen Schwimmtrikot?« »Es wird sicher gut zu den Bäumen passen«, meint Marassino.

Ich habe weder den Eindruck, daß Marassino mir seine Frau nach Caminflour mitgeben will, noch daß sie die Absicht hat, mich wirklich dorthin zu begleiten. Trotzdem komme ich mit dem Nachtdolmetscher überein, daß er für mich eine Woche lang untertags Dienst macht, ich will ihn dann meinerseits vertreten. Außerdem treffe ich wieder den Engländer beim Mittagessen und erzähle ihm von meinem Plan. Er sagt: »Lieber Freund, wenn Sie sich nach der unliebsamen Affäre mit Häuberer erholen wollen, finde ich das nur berechtigt. Ich nehme Ihre Abmeldung vom Dienst zur Kenntnis und werde für Ihre Vertretung sorgen. Sie haben jetzt bezahlten Urlaub ab heute nachmittag.« Ich fürchte, daß die Sache nicht klappt, und schränke ein: »Wenn das Projekt im letzten Augenblick scheitert, komme ich morgen schon wieder.« Der Brite winkt ab: »Nichts scheitert, was wir ernstlich wollen.« »Wollen Sie es auch ernstlich?« murmelt der tote Dr. Honigmann.

Die Fahrt nach Caminflour ist so improvisiert wie mein bisheriges Leben. Ich habe nicht einmal das Papier in Händen und weiß nicht genau, wo ich Jeanne treffen soll. Ich hole sie daher eine Stunde vor Abfahrt des Autocars ab. »Es ist hoffentlich kein richtiger Autobus.« So nennt man in Frankreich die langsamen Fahrzeuge. Jeanne hat ein Papier für sich und einen Begleiter, der Name des Begleiters ist nicht der meine, sondern ein anderer. Das Papier ist aber von der Militärstelle gestempelt. Ich habe Bedenken, den Ausweis zu benützen, und will lieber meine Legitimation von den Amerikanern herzeigen. »Nichts als Skrupel hat dieser Coucou«, erklärt Marassino, der uns zum Autobus begleitet. »Einem solchen Menschen kann ich dich ruhig anvertrauen, selbst in deinem giftgrünen Schwimmtrikot.« »Auch nackt im Bett, willst du sagen«, ergänzt Jeanne.

Wie wir in Caminflour La Commune ankommen, zeigen sich die Bewohner verwundert in den Fenstern. Mein amerikanisches Papier hat tatsächlich genügt. Jeanne konnte ohne weiteres kommen, sie ist Französin. Im übrigen ist keiner von den Gästen mehr hier, die ich gekannt habe. Die Kämpfe haben zwar aufgehört, trotzdem bleibt die Lage nicht ganz geheuer. Der amerikanische Hauptmann ist längst durch einen andern ersetzt. Lebleu hat einen schweren Anfall gehabt und ist in ein Lungenspital gebracht worden, irgendwo auf einer andern Anhöhe. Daß die Withorse nicht hier sind, weiß ich ohnehin. Auch der Zöllner Bougu, der neben mir gewohnt hat, ist versetzt. Er wollte nicht in der Gegend bleiben, in der er mit seiner Frau und seinem Kind gelebt hatte, denn diese ist im Winter während der letzten Kämpfe, als sie versuchte, einen Alpenkamm zu überqueren, um zu Ihren Angehörigen zu gelangen, erfroren. Mein Quartier ist besetzt. Es hätte Jeanne ohnehin nicht zugesagt. Ich führe sie ins Hotel des bösen Wirts. Der gute hat das seine geschlossen. Schon am nächsten Tage geht sie mit mir in ihrem giftgrünen Schwimmtrikot aus. Die Bewohner sperren die Augen weit auf. Die Frauen sind höchst ungehalten. Es klafft ein Abgrund zwischen den Ansichten in der Provinz und denen der Großstadt.

Jeanne bemerkt es und zieht sich um. Währenddessen gehe ich über den Platz, von dem aus man weit in die Gegend sieht und wo das burgähnliche Haus steht. Dort hält der Chef der Zollwache, derselbe, der mich seinerzeit zum Bürgermeister deklarieren wollte, Feribondaux, eine gewaltige Rede. Als er damit fertig ist, kommt er auf mich zu. »Über wen, glauben Sie, haben wir gerade gesprochen?« »Über mich natürlich.« »Erraten.« »Wahrscheinlich haben Sie über mich geschimpft.« »Das nicht«, sagt er, »aber gelobt haben wir Sie auch gerade nicht.« »Wahrscheinlich wegen der Dame nicht.« »Was geht uns Ihre Dame an. Das ist Ihre private Sache. Wir sind ja keine Weiber. Im übrigen gratuliere ich. Sie sieht gut aus, fast so gut wie Darling Withorse.« »Was haben Sie also über mich gesprochen?« will ich ihm das Wort über Darling abschneiden. »Wie die Deutschen da waren, hätten wir Sie angeben können. Es hat doch in der Luft gelegen, daß mit Ihnen etwas nicht in Ordnung war. Und als die Alliierten gekommen sind und Ihnen die Deutschen doch vorher nichts getan haben, hätten wir Sie wieder angeben können. Wir haben es nicht gemacht.« »Und warum nicht?« frage ich. »Weil beide nur am Anfang einen Preis geboten haben, da haben wir noch zu wenig von Ihnen gewußt. Erst 5000, dann 500, dann 150 Franken. Zuletzt hat es geheißen, man bekommt nur die Hälfte von den Sachen des Betreffenden. Was, glauben Sie, hätten wir mit Ihren paar lausigen Büchern anfangen können?« Das ist natürlich verständlich.

Ich steige mit Jeanne Varien zur mildherzigen Wirtin von Caminflour Audelà hinauf. Sie empfängt uns ungemütlich. Von den guten Braten, die sie sonst zu bieten pflegte, keine Spur. Und selbst die Spaghetti sind schlechter, als man sie in einem italienischen Beisel erhält. Verwundert fragt mich Jeanne, was ich an diesem Wirtshaus Besonderes finde. »Die Leute sind hier wirklich ekelhaft. Ich werde wieder mein grünes Schwimmtrikot tragen. Kein Grund, die Weiber nicht herauszufordern.«

In La Commune arbeitet auf einem Bauerngut ein deutscher Gefangener. Ich spreche ein paar Worte mit ihm und schenke ihm eine Zigarette, die er lange entbehrt hat. Jeanne wird wütend und will sie ihm aus der Hand schlagen: »Welcher Schwärmer sind Sie, Pierre, beschenken Ihre Todfeinde mit Zigaretten. Der Mann hätte Sie seelenruhig vergast, wenn er Sie rechtzeitig bekommen hätte.«

Bleibt mir nur noch, Jeanne zu den schönen Aussichtsplätzen und zu den Pilzen zu führen. Allein die Aussichtsplätze sind militärisch gesperrt und die Pilze nicht mehr vorhanden. Wie ich endlich doch einen finde und ihn Jeanne anbieten möchte, hat eine Kugel ihn weggeschossen, bevor ich die Hand danach ausstrecken kann. Ein Indianer in amerikanischer Uniform tritt hinter den Büschen hervor. Ich frage ihn, was er hier macht. Er behauptet, Hasen und nicht Pilze zu jagen. Als er meinen Korb sieht, meint er: »Sie haben wahrscheinlich Chicken darin. Geben Sie her. Ich liebe das.« Ich zeige ihm, daß der Korb leer ist, und erkläre ihm, daß ich Pilze suche. Jeanne findet dieses Abenteuer nicht anziehend und schlägt vor, am nächsten Tag nach Nice zurückzukehren.

Am Autocarbahnhof erwartet uns Marassino und lächelt befriedigt: »Es scheint, Ihr habt euch doch nicht gegenseitig umgebracht. Die Zeit hat wahrscheinlich nicht ausgereicht dazu.« Dann fügt er mit geheucheltem Ernst dazu: »Wann wirst du endlich mit Darling Withorse schlafen? Es wäre an der Zeit. Du kannst nicht dein Leben lang ohne Weib bleiben und liebst doch nur die eine.« »Er wartet, bis alle andern sie gehabt haben«, erwidert Jeanne. »Man hat mir das Mädchen gezeigt. Es hat mindestens zwanzig amerikanische und zehn französische Freunde«, fügt sie hinzu.

»Gott sei Dank«, flüstert mir Dr. Honigmann ins Ohr, »Sie sind uns erhalten geblieben. Ich habe schon gefürchtet, daß Sie auch entkommen werden. Mit Jeanne Varien wäre es möglich gewesen. Darling ist so tot für Sie, wie Sie es sind für Darling.«

Ich gehe wieder zu Frau von Quanten, zu den Nazialten und zu Festenberg. Ich schulde Frau von Quanten nichts mehr und habe auch Festenberg nahezu alles zurückbezahlt. Damit ich mich nun bald der Restschuld entledigen kann, nehme ich das Angebot des Saarländers Knause an, ihn während der Urlaubszeit als Professor in einer Maturaschule zu vertreten, und unterrichte Deutsch, Englisch und Philosophie. Bei den Amerikanern habe ich durch meine vorzeitige Rückkehr zum Dienst an Achtung gewonnen und kann es mir so einteilen, daß ich meine Schulstunden unterbringe.

Der Urlaub des Saarländers wird vorzeitig abgebrochen. In der Maturaschule drängen sich die Schlechtqualifizierten zu meinen Vorträgen und Prüfungen. Die, welche er vorzog, beklagen sich über mich. So kommt er früher als vorgesehen wieder und löst mich ab. Die Nazialten, denen ich von meinem Mißerfolg Bericht erstatte, sagen mir: »Und bedanken Sie sich nicht bei ihm! Er kann Unannehmlichkeiten haben, weil Sie doch nicht vom Lehrfach sind.« Ich frage jedenfalls nach dem Mann. Er ist nicht mehr in der Maturaschule, auch nicht mehr Professor. Er ist inzwischen Minister geworden. So kann ihm auch meine Stellvertretung nicht mehr schaden.

Meine Schuld an Festenberg ist abgetragen. Doch mangelt es mir vorläufig nicht an Geld. Mutter Withorse kommt zu mir und bringt mir den geschuldeten Betrag für das Los Holz. Dann lädt sie mich ein: »Wir haben eine kleine Familienfeier, weil doch Colt dank Ihrer Hilfe freigekommen ist, oder beinahe freigekommen. An diesem Tag wird Darling für uns das Essen zubereiten. Sie werden uns doch keinen Korb geben.«

Ich gebe ihr in der Tat keinen Korb, obwohl ich ungern hingehe. Ich habe den Eindruck, daß man mich für eine Gemeinheit bezahlen will, denn im Effekt ist meine Verteidigung Colts nichts anderes gewesen. Wenn gesagt wird, daß Darling das Essen zubereitet, so geschieht dies mit niedergeschlagenen Augen, wie wenn man etwas Unzüchtiges sagt. Fast möchte ich von Darling niemals Besitz ergreifen, wüßte ich nicht, daß »fast« nur bedeutet, daß man das nicht erreicht, was man will, daß man an sich selber zweifelt oder sich aufgibt. Etwas fast zu wollen, kann nur bedeuten, daß man zu wollen nicht wagt.

Das Mahl bei den Withorse ist erträglich. Entweder hat Darling es nicht selbst zubereitet oder sie hat dazugelernt. Es stört mich, daß der andere Diebsgenosse dabei ist. Daß Colt dabei ist, muß ich hinnehmen. Er hat ja schließlich nur eine bedingte Strafe erhalten, auch gehört er zur Familie. Aber dieser gehört offenbar nicht dazu. Es könnte der Liebhaber der Tante sein, die hat sich für einen Freund Colts entschieden.

Ich fürchte aber, daß er der Darlings ist, denn ich sehe, daß sie sich zu ihm hinneigt. Wie ich fortgehe, begleitet mich Colt hinaus: »Nächsten Sonntag heirate ich. Sie werden hoffentlich kommen. Alle werden kommen, außer Sibylle. Die möchte von meiner Hochzeit nichts wissen. Vergessen Sie Sibylle! Sie ist Ihrer nicht wert.«

Ich nehme an, daß Darling Withorse ein Snob ist und die Kommunisten nicht mag, so wie ich ungern mit Leuten an der Tafel sitze, die als Diebe vorbestraft sind und sitzen mußten. Gegen die, welche nicht sitzen mußten, kann ich nichts haben. Sie sind überall in Gesellschaft zugelassen. Und vielleicht bin ich auch so ein Dieb, denn ich habe mein Leben gestohlen. »Aber Sie sind so ehrlich und geben es wieder zurück, bevor Sie angezeigt werden«, sagt mir Doktor Honigmann.

Die Aufrichtigkeit Colts bezüglich meiner Zuneigung für seine Schwester hindert mich daran, seine Einladung zur Hochzeit auszuschlagen. An der Tafel erhalte ich den Ehrenplatz neben der Braut. Neben mir befindet sich ein künftiger Polizeichef aus Marseille, der verspricht, die Stadt von den Gangstern zu befreien. Er ist ein Mitglied der Familie der Braut und wurde wahrscheinlich auch vor dem Prozeß zugunsten Colts eingesetzt. Uns gegenüber sitzt der Bruder von Colts verstorbenem Vater, Joe Withorse. Er soll dem Intelligence-Service angehören. Neben diesem, ganz in Schwarz, sitzt seine Tochter, die sich auch mit mir unterhält. »Die beiden haben ein Kind miteinander«, flüstert mir Colt zu. »Der Onkel auch?« frage ich, da ich dasselbe vom Vater gehört habe. »Nur der Onkel«, antwortet Colt.

Der Polizeichef begeht den ersten Fauxpas und hält eine Moralpredigt gegen die Blutschande. Er ist darauf zu sprechen gekommen, so sehr man ihn davon ablenken wollte, auf dem Umweg über die Barbarei und Unmenschlichkeit der Zeit und die sittliche Verlotterung ebenderselben. Nun ist es zu spät. Joe Withorse, der sich angeblich öffentlich mit der nackten Tochter vor dem Schoß auf der Terrasse seines Hauses gezeigt hat, ohne Anstoß zu erregen oder zumindest ohne ernstlichen Widerspruch zu finden, scheint von der ihm wohl absichtlich erscheinenden Anrede des Polizeichefs unangenehm berührt. »Und Sie wollen die Gangster in Marseille ausrotten?« sagt er schließlich in höchster Wut. »Sie müssen aufpassen, daß Sie nicht selbst von einem Gangster umgelegt werden«, fügt Joes Tochter hinzu. Ich betrachte währenddessen nur das hübsche Gesicht von Colts Braut und möchte mir dieses einprägen. Vielleicht verkörpert es an diesem Tisch noch die Unschuld. Nur ein leichter Leberfleck, wie ein Hauch, der den Reiz noch erhöht, durchbricht die Reinheit des Teints.

»Sie sprechen immer gegen den schwarzen Markt«, sagt drei Tage später der Leutnant zu mir, den man mir in meinem Hotel jetzt beigesellt hat. »Wenn Sie von mir Zigaretten kaufen, sind sie vielleicht etwas teurer, aber das Geschäft ist in Ordnung, Sie sind gedeckt. Ihre Kollegen sind nicht so schrullig wie Sie. Einer hat fast eine Wagenladung umgesetzt und ist Millionär dabei geworden. Er war auch einmal Anwalt wie Sie. Warum wollen Sie Grundsätze haben und arm bleiben? Und mit den Mädchen, warum sind Sie so streng? Daß die Soldaten keines hinaufnehmen dürfen, ist eine Frage der Zucht und Ordnung. Aber ich bin doch Offizier. Wollen Sie mir auch Vorschriften machen?« »Ganz gewiß kann und darf ich Ihnen keine Vorschriften machen, Herr Leutnant. Aber wenn Sie die andern hindern, schwarzen Markt zu betreiben, ist es nur recht und billig, daß Sie mit gutem Beispiel vorangehen. Und wenn Sie selbst sich ein Mädchen hinaufnehmen, werde ich die andern nicht hindern können, dasselbe zu tun.«

Am Abend läßt mich der Leutnant rufen. »Meine Cousine ist bei mir. Haben Sie etwas gegen meine Cousine? Sie kennt Sie übrigens und möchte selbst mit Ihnen sprechen.« Ich bin darauf gefaßt, Darling Withorse bei ihm zu finden. Daher bin ich beglückt, als es eine andere ist. »Trinken Sie ein Glas mit mir, Pierre, auf meinen heutigen Abend mit dem Leutnant! Sie glauben doch auch nicht an Treue, oder doch?« Ich betrachte das hübsche Gesicht, das aus dem Bett herausschaut und die Hand mit dem Ehering, die mir das Glas entgegenhält. Auf dem feinen Teint ist ein zarter Leberfleck sichtbar, der dessen Reinheit nicht unterbricht. »Sie also sind die Cousine des Leutnants?« »Hand aufs Herz, sind Sie nicht angenehm enttäuscht, daß es diesmal nicht Darling Withorse ist?« Ich gebe es zu und lasse dem Leutnant seine Cousine.

Wie ich fortgehe, treffe ich einen Senegalneger in französicher Uniform, der von einem gleichfarbigen, aber wesentlich stattlicheren Amerikaner verbotenermaßen Waren kaufen will. Der amerikanische Schwarze spuckt verächtlich vor ihm aus und sagt: »Nigger«, zwischen den Zähnen. Obzwar ich mich darüber wundere, weise ich den Fremden aus dem Hause und erkläre ihm, daß ihm sonst die erstandene Ware weggenommen würde. Spät abends verlasse ich das Hotel, denn diesmal vertrete ich den Nachtkollegen zum Ersatz für die Zeit, welche er mit meiner Vertretung hier zubrachte. Da mich die Neustadt heute anekelt und ich niemand mehr bei seinem nächtlichen Treiben begegnen will, begebe ich mich in die engen Viertel der Altstadt, obwohl ich weiß, daß hier in der letzten Zeit sogar amerikanische Soldaten überfallen und niedergestochen wurden. Kaum befinde ich mich in einer engen Gasse, als ein schwarzer Schatten auf mich zuspringt. Es ist derselbe Neger, den ich wegen seines verbotenen Handels vor kurzem aus dem Hotel gewiesen habe, und es scheint nicht zweifelhaft, daß er Rache nehmen wird. Das ist aber nicht der Fall. Er erklärt, daß er mir für meine ehrlichen Worte danken müsse. Ich hätte ihn gewarnt, er habe mir nicht gefolgt. Die Militärpolizei habe ihm alles konfisziert. Ich weiß nach meinen Erfahrungen nicht, welchen Weg das konfiszierte Gut gehen wird und ob eine Moral in der Geschichte ist. Doch bin ich diesmal dem Tod entronnen. »Das ist kein Sterben für einen Kucku«, sagt mir Dr. Honigmann.

Es heißt, daß die Entlassung aller Ausländer aus dem amerikanischen Dienst unmittelbar bevorsteht. Die Franzosen, die uns keine Arbeit erlauben, haben diese Ausnahme bisher geduldet. Bald haben sie jedoch herausgefunden, daß wir zu gut bezahlt werden und obendrein noch das Essen bekommen. Jetzt wird die Abendmahlzeit eingestellt. Auch soll das Mittagessen vereinfacht werden. Den Franzosen ist das nicht genug. Sie wollen, daß alle Ausländer weggeschickt werden und nur die Franzosen bleiben. Man hat mir versprochen, daß man mich bis zum Schluß behalten wird. Doch glaube ich nicht recht daran.

Mutter Withorse ist in großer Not und wendet sich an mich. Sie hat nirgendwoher mehr Geld bekommen. Sie meint, daß ich ihr vielleicht welches borgen könnte. »Aber sagen Sie dem armen Kind nichts! Es würde vor Scham sterben!« Sagt Marassino: »Bist du verrückt? Du wirst es nie zurückbekommen.« Ich gebe ihr dreitausend Franken. Es bleiben mir immerhin noch dreitausend. Und der Dienst bei den Amerikanern geht noch weiter.

Nach drei Wochen soll das Geld zurückbezahlt werden, weil dann die Withorse Geld aus Amerika bekommen sollen. Frau Suzy hat mir sogar hohe Zinsen angeboten, die sie wahrscheinlich ihren sonstigen Borgern entrichten muß. Ich habe dies natürlich als eine Beleidigung zurückgewiesen. Inzwischen hat man mit dem Abbau der Dolmetscher im Hotel-Management begonnen. Man weiß nicht einmal, wie lange die ganze USA-Riviera-Recreation-Area mit den meisten Hotelbetrieben aufrechterhalten wird. Man hat schon eine Reihe von Herbergen zurückgegeben, darunter die Spelunke, in der ich Dienst gemacht habe. Ich bin anstelle eines früheren Anwaltskollegen, der waggonweise Schwarzhandel betrieb, als Dolmetscher-Direktor in ein großes Hotel übergesiedelt.

Da auch die Informationsbüros eingeschränkt werden, glaube ich, den Soldaten die Aufklärungen schuldig zu sein, die ihnen bisher die Mädchen geben sollten. Deren außerberufliche Funktionen kann ich allerdings nicht erfüllen. Da alle in wenigen Hotels zusammengedrängt werden, kommt es nun vor, daß gleichzeitig Neger und Weiße einlangen. Ich soll es so einrichten, daß niemals beide Rassen in einem Zimmer zusammenkommen. Einmal geht die Rechnung nicht auf. Ich lege daher den jüdischen Korporal Levi, von dem man sagt, daß er die Brücke von Remagen genommen hat, mit einem langen Neger zusammen.

Wie ich nun in der Nacht auch die Funktionen des nicht eingetroffenen Stellvertreters in der Dolmetscherkunst übernehme, bemerke ich, daß Levi nicht in sein Zimmer hinaufgegangen, sondern in der Halle geblieben ist. Darauf frage ich ihn, ob ihm etwas fehlt. Er erklärt, er sehe, daß ich ihn nicht lieb hätte. Ich frage ihn nach dem Grund für diese Annahme. Er antwortet: »Warum haben Sie den Schwarzen zu mir gesteckt?« »Weil ich mir gedacht habe, daß zwei Menschen, die wegen ihrer Abstammung verfolgt werden, sich miteinander verstehen könnten.« »Wieso?« fragt Levi. »Bin ich schwarz?«

Im übrigen stehe ich mit den Leuten gut. Am Abend, wenn ich mit einigen über Kunst, Literatur, Geschichte, Sprachen oder Mykologie spreche, setzen sich immer andere dazu, die zuhören. Einmal ist sogar ein Mann eine Stunde bei uns gewesen und hat erst später schüchtern erklärt, er sei der Soldat, den ein Italiener in der Altstadt gestochen hat, der vor Monaten bei mir in einem anderen Hotel gewesen und nun zu mir zurückgekehrt sei, um von mir Abschied zu nehmen.

Nun beraten sich auch Soldaten mit mir, die heiraten wollen. Ich halte mich weiß Gott zu solchem Ratgeber nicht befähigt. Einer will ein Mädchen nehmen, das viele Sprachen spricht. Ich halte das nicht für ein Ehehindernis. Als er dann aber nach vollzogener Trauung mit der ihm nun für ewig Verbundenen erscheint, erweist sich bald, daß diese ihre sprachlichen Kenntnisse bei einem längeren Aufenthalt im Bordell zu Kairo erworben hat.

Nun ist es sicher, daß auch die letzten Hotels bald gesperrt werden. Ich werde noch einmal versetzt, diesmal in ein Hotel der Luxusklasse am Strand, doch steht mein Abschied unmittelbar bevor. Man wird auch dieses Haus nicht behalten und schließlich den ganzen Betrieb schließen.

Es wäre mir nun recht gewesen, wenn Mutter Suzy Withorse mir die dreitausend termingemäß zurückgegeben hätte. Das war ihr aber nicht möglich. Nach den drei Wochen ist nichts für sie aus den USA eingelaufen, aber die Withorse haben kaum noch genug zu essen. Sie sollen bei dem Greißler schon zu sehr verschuldet sein, als daß man ihnen noch Kredit gewährte. Auch ist Colts Ehe gleich wieder in die Brüche gegangen, und Colt hat noch immer keinerlei geregelten Verdienst. Darling soll irgendwo arbeiten, näheres hierüber erfährt man nicht. Geld für den Haushalt läuft davon derzeit nicht ein.

Ich biete daher den Withorse noch tausend Franken an. Sie benötigen aber mindestens zweitausend. Übermorgen ist außerdem das große Fest im Casino Municipal. Wie gerne wäre Darling hingegangen. Anscheinend hat der Freund, mit dem sie gerechnet hat, seine Einladung zurückgezogen. Ich erkläre mich daher bereit, sie hinzubegleiten. »Das geht nicht«, sagt die Mutter. »Das kostet mindestens tausend Franken.«

Bleibt immerhin noch das Gehalt, das ich erwarte, und ein Rest von den laufenden Bezügen. Sie soll tanzen, mit wem sie will, sie soll sich unterhalten. Die Mutter findet, sie müsse auch noch eine weibliche Begleitung haben. Diese wird von einer Halbnegerin gestellt, denn Frau Suzy trägt sich mit dem Gedanken, mit deren Mutter nach Kamerun zu fahren. Der europäische Boden ist ihr zu heiß unter den Füßen. Dort verspricht die tropische Hitze Kühlung.

Die Negerin hat ihre Karte bezahlt. Sie kommt mit Darling in meine kleine Kammer. »Oh, Sie schlafen hier wie in einem Sarg«, konstatiert sie dabei. Doch wohne ich dem Festsaal nahezu gegenüber. So vermeidet man das Gedränge und erspart die Garderobegebühren. Auch bringt mir Darling einen Domino. Darling legt bei mir ab, die Negerin nimmt ihren Umhang schließlich mit.

Wir kommen viel zu früh auf das Fest. Die Halle ist geschlossen. Es sind bisher nur Zuschauer da, die den Aufzug der Masken erwarten. Wir sind die ersten Ballbesucher und haben die Masken nicht auf. Ich trage meinen Domino über dem Arm. Unter denen, die uns anstarren, aber offenbar nicht in den Saal wollen, bemerke ich die Schlächter. Sie wundern sich, daß Darling mit mir eingehängt geht, als gehöre sie zu mir. Die Negerin geht nur nebenher, sie ist ja nicht von mir ausgesucht, sondern von der Mutter mitgeschickt.

Man öffnet endlich. Man macht die Runde. Man tanzt ziemlich steif die ersten Tänze. Zunächst sind wenig Masken vorhanden, dann wird es belebter. Ich sage Darling, sie solle jemand suchen. Sie sucht auch wirklich jemand, aber anscheinend jemand Bestimmten, wahrscheinlich den, mit dem sie hätte auf das Fest gehen sollen und wollen. Sie findet ihn aber offenbar nicht und kehrt zu mir zurück. Ich tanze inzwischen mit der Negerin und auch mit Veronica, die bei diesem ersten großen Fest nicht fehlen zu dürfen meint. Sogar ihre Schwester hat sie mitgebracht. Man begrüßt einander herzlich, doch erklärt die wieder zurückgekehrte Sibylle Withorse in bezug auf Veronica: »Mit ihr brauchen Sie nicht gerade zu tanzen.«

Die Masken ziehen auf. Man wählt die schönsten. Vorschrift ist allerdings ein weißes Kostüm. Das Auge des Direktors fällt sogleich auf Darling Withorse. Sie trägt leider einen billigen, geliehenen schwarzen Domino. »Wie schade, Mademoiselle«, sagt der Chef der Schiedsrichter, »Ihr Domino widerspricht der Vorschrift. Das nächste Mal hoffentlich.« Darling hat nun keinen Preis bekommen, doch tanzt sie jeden Tanz und jeden Tanz mit mir. Wir bilden auch mit den andern eine Kette und reißen sie so schnell mit, daß die Kette niemals vor uns, immer hinter uns zerbricht.

»Es ist mein erster Ball«, sagt Darling Withorse, »Vater sagte immer, daß es hier so wild zugeht, daß man den Mädchen die Kleider vom Leib reißt und sie vergewaltigt.« »Wollen Sie dann zu mir kommen, Darling?« »Ich will, aber später.« Wir tanzen jeden Tanz und sind uns ganz nahe mit unsern Körpern, so nahe, daß es für andre eine Herausforderung sein könnte. Der Direktor aber konstatiert: »Wir haben den Eintrittspreis so erhöht, weil wir nur besseres Publikum wollen. Mit Freuden stellen wir fest, daß unser Vorhaben ganz geglückt ist. Es sind freilich weniger Besucher, damit mußten wir rechnen.« Ich gehöre heute also zum besseren Publikum, weil ich meine letzten tausend Franken geopfert habe. Jeanne hatte mir noch die Masche gebunden und gesagt: »Sie sehen gut aus in dem Smoking, als ob Sie darin geboren wären!« Ihr Gatte setzte hinzu: »Nur Mut, wenn du Darling nimmst, bist du ein anderer Mensch.« Das Gesäusel des toten Dr. Honigmann, das mich durch Wochen verfolgt, habe ich heute überhaupt nicht gehört.

Ich tanze mit Darling und empfinde Gewissensbisse, daß ich zu irgend jemand über sie gesprochen habe. Ich empfinde es nunmehr als Verrat, daß ich Mitteilungen machte, wie viel sie mir bedeutet, wie sehr ich sie mag und daß ich sie nie nie berührt habe. Ich hätte nicht einmal daran denken dürfen, daß es auf der Welt noch andere Leute gibt, außer um mich vor diesen in acht zu nehmen.

Wir bestellen Wein, nicht Champagner, für alle drei. Darling findet den Champagner zu teuer. Ich gehe mit Darling im Saal herum, ich bin sehr glücklich. Ich könnte das allen sagen, die es doch gar nichts angeht. Ich kann es ihr nicht sagen, aus Furcht, dem Glück könnte was geschehen. Ich werfe meine Vorsätze wieder über den Haufen. Man tanzt an Bord. Es ist eine unsentimentale Fahrt. Ich tanze längst nicht mehr mit der Negerin. »Sie müssen abwechselnd mit einer von uns tanzen. Sie hat ja keinen Tänzer.« Ich tue es nicht mehr, und bald verlangt sie es auch nicht mehr. Wir tanzen, als wären wir eine einzige Gestalt, die sich immerfort bewegt, und als nähme die Musik kein Ende. Ein Blick aus meinen Augen ist in die ihren eingedrungen und spiegelt sich darin. Es muß ein Blick gewesen sein, von dem ich selbst nicht mehr gewußt habe, daß ich ihn noch habe, und der unmöglich einen andern Weg hätte nehmen und anderswo bleiben können. Als die Musik schließlich aufhört, bin ich mir nicht mehr bewußt, daß es noch etwas außer uns gibt.

Die Negerin will nach Hause, und Darling fragt, ob ich gehen oder bleiben will. »Peter allein bestimmt, was wir beide tun werden.« Ich nehme an, daß sie wünscht, nicht mit der Negerin fortzugehen, wir könnten in ihrem Beisein weder unser Vorhaben ausführen, noch uns vor meinem Haus von ihr verabschieden. Ich sage daher, daß wir bleiben. Die Negerin bleibt aber auch.

Wir lassen sie stehen und bestellen nun Champagner nur für uns zwei, soviel, bis nichts von meinem Gelde übrigbleibt. Alles ist gleich, wenn nur diese unsentimentale Reise zu Ende geht und so zu Ende geht, daß Darling Withorse bei mir ist und ich bei Darling Withorse.

Die Negerin kommt wieder. Ihr schwarzer Schatten fällt auf meine Entscheidung. »Gehen wir endlich?« »Pierre wird es Ihnen sagen.« »Nein«, sage ich. Die Negerin versteht nicht. »Wir sind doch zusammen gekommen. Ich nehme an, daß Sie nicht verlangen, daß ich allein nach Hause gehe?« Ihre Stimme wird energisch. Ich versuche, um die Antwort herumzukommen, und tanze mit Darling davon, da die Musik von neuem beginnt. Aber obwohl ich mich von der Negerin zusehends entferne, kann ich nicht mehr verhindern, daß sie uns verfolgt, denn es sind nur mehr wenige Leute im Saal. »So können Sie nicht fort«, sagt die Negerin wieder, »dieses Mädchen ist uns beiden anvertraut. Sie sind früher Rechtsanwalt gewesen und dürften wissen, was das in diesem Fall bedeutet.« Ich glaube wir müssen jetzt gehen. Das heißt, ich glaube es gar nicht, ich gehe und bedauere es im nächsten Augenblick. Auf der Straße stampft Darling mit dem Fuß: »Mir ist, als sei ein Teufel aus der Hölle gekommen und zöge mich und Pierre dorthin. Aber ich fühle, daß ich mich werde losmachen können, Pierre aber nicht mehr. Ich habe nicht die Kraft, ihn hinaufzuziehen.« Ich habe aufgehört zu träumen und bin ganz gründlich erwacht. Wir sind bei mir angelangt, aber nur um die Garderobe zu holen und dann den Rückweg anzutreten.

Ich bereite noch Karfiol, den ich fürs Abendessen reserviert hatte. Wir essen ihn halbroh, die Negerin ißt das meiste. Ich zitiere Bürger. »Die Toten reiten schnell«, sagt Darling. Die Negerin sitzt dabei. Ich versuche von Liebe zu sprechen. Darling schneidet mir das Wort ab. Der Traum ist aus. Ich sage, zu der Dunklen gewendet: »Sie haben mir gesagt, daß dieser schmale und kleine Raum ein Sarg ist, und er ist es geworden, wie Sie es gesagt haben.«

Wir sind schon draußen auf der Straße. Ich hänge Darling meinen Mantel um, weil sie friert. Sie meint: »Der Smoking steht Ihnen besonders gut. Sie müssen ihn auf meiner Hochzeit tragen.« Es ist klar, daß sie den andern heiraten will, den, mit dem sie heute zum Ball gehen wollte und der nicht gekommen ist. Ich habe meine Chance nicht wahrgenommen und mich von der Negerin einschüchtern lassen. Es ist mir gar nichts mehr daran gelegen, ob ich das Vertrauen von Sibylles Mutter mißbraucht habe, ich habe von ihr nichts zu befürchten, es konnte keinen Skandal geben, ob Darling nun siebzehneinhalb ist oder schon die achtzehn überschritten hat, auch sind die Gesetze hier ganz anders als bei uns und die Anwendung ist wieder anders. Aber vielleicht hat es doch nicht sein dürfen. Liebe soll keine Bezahlung sein, weder für ein Plädoyer in einem Prozeß zugunsten des Bruders, noch für einen gefälschten Brief, noch für geliehene und vielleicht verlorene fünftausend, noch für die Einladung zu einem ersten Ball, wenn auch alles dabei draufgeht, was der Liebende hat. In diesem Sinne hätte ich richtig gehandelt. Aber ich habe es nicht, denn sie wollte es auch und will es jetzt nicht mehr.

In meinem Zimmer, das eng ist wie ein Sarg, liege ich und möchte weinen. Aber Tote weinen nicht, und Tränen sind überhaupt nicht erlaubt auf einer unsentimentalen Reise. Ich weiß nicht, ob ich die Gashähne geschlossen habe, als wir nach dem halbrohen Abendessen noch Tee bereiteten, aber ich erhebe mich nicht, um nachzusehen. Das Zimmer scheint nach Gas zu riechen.

Sagt Dr. Honigmann. »Wo wir jetzt nackt sind als die letzten, und man hat schon begonnen, das Gas einzulassen, Sie haben nichts erreicht und die andern auch nicht. Draußen liegen der Schuster, Agnes, Stiglitz, Ehrlich. Wohin haben Sie gewollt mit Ihrem Traum?«

»Hinaus«, sage ich.

Die Welt – eine private und politische Zufallskomödie

Z.Z. das ist die Zwischenzeit, die Jahre um den Anschluß Österreichs an das Deutsche Reich. Am Schicksal eines jungen Juden, das sein eigenes ist, zeigt Drach die allmähliche Entmündigung, Demütigung und Denunziation der Juden. Für den Sohn – einen anderen Namen erhält er im Roman nicht – ist es eine politische wie private Übergangszeit, zwischen dem Tod des Vaters und der Flucht vor den Nazis nach Triest, die Vorgeschichte seiner *Unsentimentalen Reise*.

›Z.Z.‹ das ist
die Zwischenzeit
352 Seiten. Leinen.

Zeugen unseres Jahrhunderts

Schalom Ben-Chorin:
Jugend an der Isar
dtv 10937

Yue Daiyun:
Als hundert Blumen
blühen sollten
Die Odyssee einer
modernen Chinesin
vom Langen Marsch
bis heute
dtv 11040

Inge Deutschkron:
Ich trug
den gelben Stern
dtv 10402

Lotte H. Eisner:
Ich hatte einst ein
schönes Vaterland
Memoiren
dtv 10848

Lisa Fittko:
Mein Weg über die
Pyrenäen
Erinnerungen 1940/41
dtv 11028

Ingeborg Hecht:
Als unsichtbare
Mauern wuchsen
Eine deutsche
Familie unter den
Nürnberger Rassen-
gesetzen
dtv 10699

George F. Kennan:
Memoiren eines
Diplomaten
dtv 10096

Christian Graf von
Krockow:
Die Reise nach
Pommern
Bericht aus einem
verschwiegenen Land
dtv 10885

Hans Graf von
Lehndorff:
Menschen, Pferde,
weites Land
dtv 10162

Ostpreußisches
Tagebuch
Aufzeichnungen eines
Arztes aus den
Jahren 1945-1947
dtv 2923

Danièle Philippe:
Es begann in der
Normandie
Eine französische
Kindheit im Zweiten
Weltkrieg
dtv 10634

Pu Yi:
Ich war Kaiser von
China
Vom Himmelssohn
zum Neuen Menschen
dtv 10710

Vilma Sturm:
Barfuß auf Asphalt
Ein unordentlicher
Lebenslauf
dtv 10404

Marion Yorck von
Wartenburg:
Die Stärke der
Stille
Erzählung eines
Lebens aus dem
deutschen Widerstand
dtv 10772

Krystyna Zywulska:
Tanz, Mädchen . . .
Vom Warschauer Getto
nach Auschwitz
Ein Überlebensbericht
dtv 10983

Isaac B. Singer im dtv

Feinde, die Geschichte einer Liebe
Immer noch von Ängsten gepeinigt, lebt ein der Nazi-Verfolgung entkommener Jude in einer fatalen Konstellation zwischen drei Frauen. dtv 1216

Der Kabbalist vom East Broadway
Geschichten von jiddisch sprechenden Menschen, denen Singer in seiner geliebten Cafeteria am East Broadway begegnete. dtv 1393

Leidenschaften – Geschichten aus der neuen und der alten Welt
Autobiographische Erzählungen über Okkultisches, Übersinnliches und Phantastisches. dtv 1492

Das Landgut
Kalman Jacobi, ein frommer jüdischer Getreidehändler, wird 1863 Pächter eines enteigneten Landguts in Polen und gerät mit seiner Familie in den Sog der neuen Zeit. dtv 1642

Schoscha
»Eine Liebesgeschichte aus dem Warschauer Ghetto und zugleich ein Gesellschaftsroman unter Intellektuellen.« (Stuttgarter Zeitung) dtv 1788

Das Erbe
Auch Kalman Jacobis Familie wird von den politischen und sozialen Veränderungen gegen Ende des 19. Jahrhunderts erfaßt. dtv 10132

Eine Kindheit in Warschau
Singer erinnert sich an seine Kindheit im Warschauer Judenviertel. dtv 10187

Verloren in Amerika
Singer als kleiner Junge auf der Suche nach Gott, als junger Mann auf der Suche nach Liebe, und als einsamer Emigrant in New York. dtv 10395

Die Familie Moschkat
Eine Familiensaga aus der Welt des osteuropäischen Judentums in der Zeit von 1910 bis 1939. dtv 10650

Old Love
Geschichten von der Liebe
dtv 10851

Ich bin ein Leser
Gespräche mit der Literaturwissenschaftler Richard Burgin. dtv 10882

Der Büßer
Joseph Shapiro entkommt dem Holokaust und bringt es in den USA zu Vermögen, Ehefrau und obligater Geliebter. Eines Tages merkt er, daß er seine – wenn auch ökonomisch wie erotisch erfolgreiche – Existenz nicht mehr aushält ... dtv 11170

Schalom Ben-Chorin im dtv

Die Heimkehr
Jesus, Paulus und Maria
in jüdischer Sicht

Mit dieser Triologie will Schalom Ben-Chorin die tragenden Gestalten des neuen Testaments sozusagen ins Judentum heimholen und damit einen Beitrag zum »Abbau der Fremdheit zwischen Juden und Christen durch den lebendigen Dialog« leisten.
Kassettenausgabe in drei Bänden
dtv 5996
Auch einzeln lieferbar:

Bruder Jesus
Der Nazarener in jüdischer Sicht
dtv 1253

Paulus
Der Völkerapostel in jüdischer Sicht
dtv 1550

Mutter Mirjam
Maria in jüdischer Sicht
dtv 1784

Jugend an der Isar
Ich lebe in Jerusalem
Autobiographie
Kassettenausgabe in 2 Bänden
dtv 59001
Auch einzeln lieferbar:

Jugend an der Isar
Ben-Chorins Schulzeit in München das Engagement in der jüdischen Jugendbewegung, die Begegnung und Auseinandersetzung mit Martin Buber und dessen Werk, und seine Liebe zur Dichtung seiner Zeit. dtv 10937

Ich lebe in Jerusalem

Ben-Chorin, 1935 von München nach Jerusalem emigriert, schildert in seinen Erinnerungen das Wachsen und Werden dieser berühmten Stadt. dtv 10938

Zwischen neuen und
verlorenen Orten
Beiträge zum Verhältnis von
Deutschen und Juden

»Unwissenheit erzeugt Mißtrauen, Mißtrauen erzeugt Haß, Haß erzeugt Gewalttaten. Wir alle müssen die Kettenreaktion beim untersten Glied abbauen. Christen müssen mehr von Juden und umgekehrt Juden von Christen mehr wissen, damit die Fremdheit verschwindet.« dtv 10982

Der Engel mit der Fahne
Geschichten aus Israel

Gemütvolle Geschichten aus einem halben Jahrhundert »zwischen den Welten«, zwischen der Vaterstadt München und dem Jerusalem von heute, zwischen Christentum und Judesein. dtv 11087

Oskar Maria Graf im dtv

Die Chronik von Flechting

Aus den Aufzeichnungen seines Großonkels schuf Graf einen kraftvollen Dorfroman, ein ungeschminktes Bild vom ländlichen Leben im vorigen Jahrhundert. dtv 1425

Unruhe um einen Friedfertigen

Eindringliches Panorama der Zeit vom Ersten Weltkrieg bis zu Hitlers Machtergreifung. dtv 1493

Die gezählten Jahre

Ein packender, zeitgeschichtlicher Roman, den Graf unter dem Eindruck eigener Erlebnisse 1934 im Exil schrieb. dtv 1545

Wir sind Gefangene
Ein Bekenntnis

Schonungslos offen und mit entwaffnender Selbstironie schildert Graf seine Erlebnisse in den Jahren von 1905 bis zum Ausgang des Ersten Weltkriegs. dtv 1612

Das Leben meiner Mutter

Aus der Lebensbeschreibung einer einfachen Frau aus dem Volke, Grafs Mutter, erwächst eine Chronik bäuerlich-dörflichen Daseins und der politischen Ereignisse der Zeit. dtv 10044

Die Flucht ins Mittelmäßige

Der Emigrant Martin Ling, der grüblerische und einsame Held dieses Romans, lebt seit zwanzig Jahren in New York, ohne »amerikanisch« zu werden. dtv 10159

Gelächter von außen
Aus meinem Leben 1918-1933

Kurz vor seinem Tode schrieb Oskar Maria Graf diese Lebenserinnerungen. dtv 10206

Größtenteils schimpflich

Erlebnisse aus meinen Schul- und Lehrlingsjahren.
dtv 10435

Horst Bienek
im dtv

Foto: Isolde Ohlbaum

Die erste Polka
Ein Tag vor Ausbruch des Zweiten Weltkriegs in Gleiwitz/Oberschlesien: Im Hause des Fotografen Leo Maria Piontek und seiner Frau Valeska deuten nur die einquartierten Soldaten auf die drohende Gefahr hin... dtv 1499

Septemberlicht
Wie schon in »Die erste Polka« beschreibt Bienek mit liebevoller Genauigkeit einen Tag im Leben der Familie Piontek. Der Krieg hat begonnen. dtv 1566

Zeit ohne Glocken
»Horst Bienek ist in diesem dritten Band seiner Oberschlesien-Saga noch tiefer in die von ihrer Existenznot geprägten, oft auch korrumpierten Gestalten seiner Heimatlandschaft eingedrungen.« (Die Welt) dtv 1737

Erde und Feuer
Januar 1945 in Gleiwitz: Aus Angst vor der immer näher rückenden Roten Armee verlassen viele Bewohner die Stadt. Im letzten Augenblick entschließt sich auch Valeska Piontek zur Flucht...
dtv 10374

Gleiwitzer Tetralogie
Kassetten-Ausgabe der vier oben genannten Bände. dtv 5983

Beschreibung einer Provinz
Diese Aufzeichnungen entstanden während der zehnjährigen Arbeit an der »Gleiwitzer Tetralogie«. Sie markierten den Hintergrund, vor dem die erdachten Personen erst ihre Authensität gewinnen, sind Werkkommentar und Tagebuch in einem. dtv 10576

Königswald
Eine Novelle

Mai 1945: Im Schloß Königswald in Böhmen warten acht alte adlige Damen und eine Zofe auf das Ende des Krieges. Doch amerikanische und russische Truppen nähern sich, die Waffen-SS besetzt das Schloß...
dtv 10801

Die Zelle
Verzweifelt wehrt sich der Häftling in der Einzelzelle gegen die quälenden Bilder der Erinnerung.
dtv 11211 (Mai 1990)

Taschenbücher zum Dritten Reich

Anatomie des
SS-Staates
Band I
Hans Buchheim:
Die SS – das
Herrschaftsinstrument
Befehl und Gehorsam
Band II
Martin Broszat:
Konzentrationslager
Hans-Adolf Jacobsen:
Kommissarbefehl
Helmut Krausnick:
Judenverfolgung
dtv 2915, 2916

Robert Antelme:
Das Menschen-
geschlecht
Als Deportierter
in Deutschland
dtv 11279 (Juli 1990)

Jean Améry:
Jenseits von Schuld
und Sühne
Bewältigungsversuche
eines Überwältigten
dtv/Klett-Cotta 10923

Martin Broszat:
Nach Hitler
Der schwierige Umgang
mit unserer Geschichte
dtv 4474

Martin Broszat:
Die Machtergreifung
Der Aufstieg der
NSDAP und die
Zerstörung der
Weimarer Republik
dtv 4516

Martin Broszat:
Der Staat Hitlers
dtv 4009

Inge Deutschkron:
Ich trug den gelben
Stern
dtv 10402

Das Dritte Reich
Dokumente zur Innen-
und Außenpolitik
Hrsg. von W. Michalka
Band 1:
»Volksgemeinschaft«
und Revisionspolitik
1933 – 1938
dtv 2925
Band 2:
Weltmachtanspruch
und nationaler
Zusammenbruch
dtv 2926

Helen Epstein:
Die Kinder
des Holokaust
Gespräche mit Söhnen
und Töchtern von
Überlebenden
dtv 11276 (Juni 1990)

Norbert Frei:
Der Führerstaat
Nationalsozialistische
Herrschaft 1933 bis 1945
dtv 4517

Hermann Graml:
Reichskristallnacht
Antisemitismus und
Judenverfolgung im
Dritten Reich
dtv 4519

Ingeborg Hecht:
Als unsichtbare
Mauern wuchsen
Eine deutsche Familie
unter den Nürnberger
Rassengesetzen
dtv 10699

Joe J. Heydecker:
Das Warschauer Getto
Fotodokumente eines
deutschen Soldaten
aus dem Jahr 1941
dtv 10247

Arno Klönne:
Jugend im Dritten
Reich
Die Hitler-Jugend
und ihre Gegner
dtv 11173

Claude Lanzmann:
Shoah
Vorwort von
Simone de Beauvoir
dtv 10924

Marion Yorck von
Wartenburg:
Die Stärke der Stille
Erzählung eines Lebens
aus dem deutschen
Widerstand
dtv 10772

Krystyna Zywulska:
Tanz, Mädchen ...
Vom Warschauer Getto
nach Auschwitz
Ein Überlebensbericht
dtv 10983